Ad statuam licet confugere

Wiener Studien zu Geschichte, Recht und Gesellschaft
Viennese Studies in History, Law, and Society
Herausgegeben von Nikolaus Benke

Band/Vol. 1

PETER LANG
Frankfurt am Main · Berlin · Bern · New York · Paris · Wien

Richard Gamauf

Ad statuam licet confugere

Untersuchungen zum Asylrecht im römischen Prinzipat

PETER LANG
Europäischer Verlag der Wissenschaften

Die Deutsche Bibliothek - CIP-Einheitsaufnahme

Gamauf, Richard:

Ad statuam licet confugere : Untersuchungen zum Asylrecht im römischen Prinzipat / Richard Gamauf. - Frankfurt am Main ; Berlin ; Bern ; New York ; Paris ; Wien : Lang, 1999
(Wiener Studien zu Geschichte, Recht und Gesellschaft ; Bd. 1 - Viennese Studies in History, Law, and Society ; Vol. 1)
Zugl.: Wien, Univ., Diss., 1992
ISBN 3-631-34824-X

Der Verein der Freunde der Rechts- und Staatswissenschaftlichen Fakultät der Universität Wien sowie die Stiftung Bank Austria zur Förderung der Wissenschaft und Forschung an der Universität Wien haben die Drucklegung dieses Bandes durch Zuschüsse ermöglicht.

Der Umschlag wurde unter Verwendung einer Monotypie von Veronika Dirnhofer (1992) gestaltet.

Gedruckt auf alterungsbeständigem, säurefreiem Papier.

ISSN 1432-7422
ISBN 3-631-34824-X

Printed in Germany 1 2 3 4 6 7

DEM ANDENKEN MEINER MUTTER

O statua gentilissima
Benché di marmo siate ...

Vorwort

In den letzten Jahren haben aktuelle Entwicklungen auch zu einem vermehrten wissenschaftlichen Interesse an Fragen des Asylrechts geführt. Gerade deswegen scheint der Begriff Asyl nur im erklärenden Untertitel dieser Arbeit auf. Einem primär an der Diskussion um das moderne Asylrecht interessierten Leser soll dies signalisieren, daß die Arbeit ein historisches Phänomen behandelt, welches zwar als Asyl bezeichnet wird, sich äußerlich aber nicht mit dem deckt, was die Rechtswissenschaft heute unter diesem Begriff versteht. Diese Untersuchung gilt einer rechtshistorischen Fragestellung ohne den Anspruch zu erheben, die Entwicklung des Instituts zum geltenden Recht hin zu verfolgen oder einen Beitrag zur Interpretation des geltenden Rechts zu leisten.

Für manche Leser werden vielleicht trotzdem die unübersehbaren Parallelen, die sich zu aktuellen Diskussionen über "Asyl von unten" u.ä. ergeben, und die römische Reaktion auf ähnliche Bewegungen entweder als historisches Phänomen an sich oder als Modelle für Konfliktbewältigung am "Rande der Rechtsstaatlichkeit" interessant sein.

Die Möglichkeit, auch bei "rein" historisch orientierten Untersuchungen auf solche Zusammenhänge zu stoßen, ist jeder rechtsgeschichtlichen Forschung immanent. Wie alle Historiker sind auch Rechtshistoriker bei ihren Versuchen, die Vergangenheit zu rekonstruieren, Gefangene ihrer eigenen Zeit. Das Bild der Vergangenheit hängt damit stets auch von ihren Erfahrungen und ihrer Umwelt ab. Somit hat jede Zeit "ihre Geschichte", weil sie die Quellen von einem anderen Ausgangspunkt aus und damit auch anders liest, als frühere Generationen es taten. Wir sind heute sicherlich weniger optimistisch als die Forscher des späten 19. Jahrhunderts, daß die bestehenden rechtlichen Verfahren stets ausreichen, um neue soziale Konflikte befriedigend zu lösen. Vielleicht ist sogar unsere Toleranz gegenüber sozialen Randgruppen, abweichendem Verhalten und Minderheitsmeinungen so weit gestiegen, um anzuerkennen, daß die Durchsetzung rechtlich nicht geschützter Interessen mit außerrechtlichen Mitteln nicht immer illegitim ist, sondern oft sogar Anstoß zur Rechtsreform werden kann. Dieser veränderte Hintergrund läßt es lohnend erscheinen, die vor einem Jahrhundert entwickelten, aber bis heute weitgehend akzeptierten Ansichten, wie mit solchen Problemen in der römischen Antike auf rechtlicher Ebene umgegangen wurde, neuerlich zu überprüfen.

Sollte sich also ein Gegenwartsbezug zeigen, so liegt er darin, daß die Problematik keineswegs zeitgebunden ist: In jeder hochdifferenzierten Rechtsordnung kann das positive Recht manchmal mit in der Gemeinschaft verankerten Wertvorstellungen kollidieren, oder kann es passieren, daß Personen vor der Durchsetzung von Recht Schutz suchen. Inwieweit eine Gesellschaft aber bereit ist, unter Umständen mit der Vollstreckung rechtlicher Sanktionen oder rechtmäßiger Machtausübung innezuhalten, um Gelegenheit zur neuerlichen Auseinandersetzung mit dem zugrundeliegenden Konflikt zu schaffen, ist eine Frage, die Juristen immer interessieren sollte. Die historische Sichtweise, die den genuin römischen und daher geschichtlich einmaligen Umgang mit diesen Fragen, der sich in den juristisch-technischen Details niedergeschlagen hat, besonders hervorhebt, schließt nicht aus, die zugrundeliegenden Probleme auch als grundsätzlich zu jeder Zeit aktuelle Herausforderungen zu verstehen: Die Wandlungsfähigkeit sozialer Systeme, die Bereitschaft zur flexiblen Reaktion auf gesellschaftliche Konflikte und die Erstreckung des Rechtsschutzes auf Personen, die ihn der herrschenden Ideologie zufolge nicht verdienen, sollten stets zu den Kernthemen jeder Rechtswissenschaft zählen.

Diese Arbeit geht auf eine Dissertation zurück, die im Wintersemester 1991/92 an der Rechtswissenschaftlichen Fakultät der Universität Wien approbiert und danach in allen Teilen überarbeitet und erweitert wurde. Das Manuskript wurde im Sommer 1997 abgeschlossen.

Die Dissertation wurde von Herrn Professor Dr. Reinhard Willvonseder und Herrn Professor Dr. Peter E. Pieler betreut. Beide haben mit steter Aufmunterung und wertvoller Kritik meine ersten Versuche begleitet.

Herr Professor Dr. Herbert Hausmaninger hat sich der Mühe unterzogen, die Arbeit in verschiedenen Fassungen zu lesen und kritisch zu kommentieren. Für zahlreiche Verbesserungsvorschläge und Anregungen, vor allem aber für die Bereitschaft zur geduldigen Aufopferung seiner Zeit schulde ich ihm besonderen Dank.

Meine Freunde und Kollegen am Institut für Römisches Recht und Antike Rechtsgeschichte in Wien standen mir immer als aufmerksame Zuhörer und kritische Diskussionspartner zur Verfügung.

Herr Professor Dr. Nikolaus Benke war bereit, die Arbeit in die *Wiener Studien zu Geschichte, Recht und Gesellschaft* aufzunehmen, wofür ich ihm an dieser Stelle nochmals herzlich danken möchte.

Wien, im September 1998

Inhaltsverzeichnis

Abkürzungsverzeichnis

AM	Mitteilungen des Deutschen archäologischen Instituts. Athenische Abteilung
AJAH	American Journal of Ancient History
H. BELLEN	H. BELLEN, Studien zur Sklavenflucht im römischen Kaiserreich (1971)
G.G. BELLONI	G.G. BELLONI, 'Asylia' e santuari greci dell'Asia Minore al tempo di Tiberio, in: M. SORDI (Hg.), I santuari e la guerra nel mondo classico (1984) 164 ff.
K. BRADLEY	K. BRADLEY, Slavery and Society at Rome (1994)
W.W. BUCKLAND	W.W. BUCKLAND, The Roman Law of Slavery. The Condition of the Slave in Private Law from Augustus to Justinian (1908)
bzw.	beziehungsweise
CAH	The Cambridge Ancient History
T.J. CORNELL	T.J. CORNELL, The Beginnings of Rome. Italy and Rome from the Bronze Age to the Punic Wars (c. 1000 - 264 BC) (1995)
G. CRIFò	G. CRIFò, Asilo (diritti antichi), ED III (1958) 191 ff.
DNP	H. CANCIK/H. SCHNEIDER (Hg.), Der Neue Pauly. Enzyklopädie der Antike (ab 1996)
J.CH. DUMONT	J.CH. DUMONT, Servus. Rome et l'esclavage sous la république (1987)
G. FREYBURGER	G. FREYBURGER, Le droit d'asile à Rome, Les études classiques 60 (1992) 139 ff.
FS Nicholas	P. BIRKS (Hg.), New Perspectives in the Roman Law of Property. Essays for B. Nicholas (1989)

FS Parlasca	CH. BÖRKER/M. DONDERER (Hg.), Das antike Rom und der Osten. FS K. Parlasca (1990)
C. GIOFFREDI	C. GIOFFREDI, *Ad statuas confugere*, SDHI 12 (1946) 187 ff.
B. HUWILER	B. HUWILER, Homo et res: Skizzen zur hellenistischen Theorie der Sklaverei und deren Einfluss auf das römische Recht, Mél. Wubbe (1993) 207 ff.
IK	Inschriften griechischer Städte aus Kleinasien (ab 1972)
IDidyma	R. HARDER (Hg.), Didyma II: Die Inschriften von A. Rehm (1958)
Kap.	Kapitel
M. KASER, RPR I	M. KASER, Das römische Privatrecht I: Das altrömische, das vorklassische und klassische Recht[2] (1971)
M. KASER, RPR II	M. KASER, Das römische Privatrecht II: Die nachklassischen Entwicklungen[2] (1975)
M. KASER/K. HACKL, RZP	M. KASER/K. HACKL, Das römische Zivilprozeßrecht[2] (1996)
H. LANGENFELD	H. LANGENFELD, Christianisierungspolitik und Sklavengesetzgebung der römischen Kaiser von Konstantin bis Theodosius II (1977)
O. LENEL, EP	O. LENEL, Das Edictum perpetuum. Ein Versuch zu seiner Wiederherstellung[3] (1927)
O. LENEL, Pal.	O. LENEL, Palingenesia iuris civilis I/II (1889; Ndr. 1960)
A.D. MANFREDINI	A.D. MANFREDINI, 'Ad ecclesiam confugere', 'ad statuas confugere' nell'età di Teodosio I, Atti dell'Accademia Romanistica Costantiniana VI (1986) 39 ff.
m.E.	meines Erachtens
m.w.N.	mit weiteren Nachweisen
TH. MOMMSEN, StR	TH. MOMMSEN, Römisches Strafrecht (1899; Ndr. 1955)
Ndr.	Neudruck, Nachdruck

OIR	Orbis Iuris Romani. Journal of Ancient Law Studies (seit 1995)
J. REYNOLDS	J. REYNOLDS, Aphrodisias and Rome (1982) (Seite bzw. Nummer der Urkunde)
K.J. RIGSBY	K.J. RIGSBY, Asylia. Territorial Inviolability in the Hellenistic World (1996) (Seite bzw. Nummer der Urkunde)
s., S.	siehe, Seite
E. SCHLESINGER	E. SCHLESINGER, Die griechische Asylie (1933)
R.K. SHERK	R.K. SHERK, Roman Documents from the Greek East. *Senatus consulta* and *epistulae* to the Age of Augustus (1969) (Seite bzw. Nummer der Urkunde)
s.v.	sub voce
P. TIMBAL DUCLAUX DE MARTIN	P. TIMBAL DUCLAUX DE MARTIN, Le droit d'asile (1939)
u.ä.	und ähnliche(s)
u.U.	unter Umständen
vgl.	vergleiche
A. WATSON, RSL	A. WATSON, Roman Slave Law (1987)
F. WIEACKER, RGG	F. WIEACKER, Römische Rechtsgeschichte. Quellenkunde, Rechtsbildung, Jurisprudenz und Rechtsliteratur I: Einleitung, Quellenkunde, Frühzeit und Republik (1988)
F. V. WOESS	F. V. WOESS, Das Asylwesen Ägyptens in der Ptolemäerzeit und die spätere Entwicklung. Eine Einführung in das Rechtsleben Ägyptens besonders der Ptolemäerzeit (1923)
Z.	Zeile
z.B.	zum Beispiel

Hier nicht angeführte Abkürzungen folgen den Handbüchern von M. KASER bzw. M. KASER/K. HACKL und F. WIEACKER; die Abkürzungen antiker Autoren und Werktitel dem Kleinen Pauly.

1. Einleitung

1.1. Asylbegriff

1.1.1. TH. MOMMSEN und der formale Asylbegriff

Für die historische Beschäftigung mit dem Asylrecht[1] in Rom sind seit circa einem Jahrhundert[2] nicht allein die Aussagen der Quellen, sondern oft auch ein Urteil entscheidend gewesen, das THEODOR MOMMSEN 1899 in seinem Buch "*Römisches Strafrecht*" zu diesem Problembereich geäußert hatte. Über das Asylrecht in Rom schrieb MOMMSEN:

> (Der) Schutz der Person vor der Strafgewalt, die Unzulässigkeit der Verhaftung eines Angeschuldigten, so lange er in dem Heiligthum verweilt, ist ein durch die dauernde Rechtsunsicherheit der griechischen Politien hervorgerufener Missbrauch, von dem die römische Republik sich freigehalten hat.[3]

Diese Worte stehen bei MOMMSEN indes nicht am Ende der Erörterung des Asylrechts, sondern an deren Beginn. Er resümiert darin nicht, was aus den Quellen gewonnen wurde, sondern stellt der Quelleninterpretation die Prämisse voran, daß das Asylrecht ausschließlich zur Vereitelung rechtmäßiger Verfolgung diente. Zwischen berechtigter Inanspruchnahme von Asyl und dem Mißbrauch differenziert er nicht. Bei dieser grundsätzlichen Ablehnung verwundert es nicht, daß MOMMSEN, trotz des richtigen Hinweises auf die wichtige Rolle des Asyls in Zeiten politischer

---

1 Asylrecht wird in dieser Arbeit grundsätzlich nicht im Sinne des modernen völkerrechtlichen oder verfassungs- bzw. verwaltungsrechtlichen Begriffs verstanden. Während heute bei Asyl meist an die Aufnahme eines Flüchtlings in einem anderen Staat gedacht wird, handelt es sich in der Antike auch um den Schutz des Flüchtlings vor Nachstellungen innerhalb der politischen Gemeinschaft, in der er ständig lebte.
Zum Schutz vor zwischenstaatlicher Auslieferung in römischer Zeit s. z.B. S. VEROSTA, International Law in Europe and Western Asia between 100 and 650 A.D., Recueil des Cours 111 (1964) 518.
Ausgespart bleibt ebenfalls die Problematik des Exils (*exilium*) und dessen Korrelat, die Aufnahme in eine fremde Stadt, obwohl für Orte, die aufgrund vertraglicher Vereinbarungen mit Rom regelmäßig Verbannte aufnahmen, im wissenschaftlichen Schrifttum manchmal der Ausdruck "Asylstädte" Verwendung findet.

2 Für ältere Gesamtdarstellungen des Asylrechts vgl. die Nachweise bei P. TIMBAL DUCLAUX DE MARTIN.

3 StR 458 f.

Unruhen und Unsicherheit, keine gerechtfertigte Asylflucht für denkbar hält. Auch das zwischen den einzelnen Elementen seiner Aussage bestehende Spannungsverhältnis bemerkt er nicht.

Unter diesem Blickwinkel führt MOMMSEN sodann die römischen Quellen vor und entwirft folgendes Bild: Die römische Republik war von Asylen frei, in den eroberten griechischen Provinzen hielten sich Asyle nur als "ausländische Institution", welche "unter dem schlaffen republikanischen Regiment geduldet", aber im Prinzipat "factisch beseitigt" wurden, und erst anknüpfend an den Kaiserkult gewann das Asylrecht wieder eine "gewisse Geltung"[4]; es schützte mißhandelte Sklaven aber keinesfalls Freie[5].

Bei genauer Betrachtung sind MOMMSENs Ergebnisse oft mit seiner Prämisse nur schwer vereinbar, das von ihm gezeichnete Gesamtbild bleibt in vielen Punkten ambivalent. Es wäre müßig, bereits hier die vermutlich rasch abgefaßten Sätze Punkt für Punkt den Belegen gegenüberzustellen, die dieses Bild aus heutiger Sicht quellenfern erscheinen lassen. Dazu wird es im Zuge der Arbeit kommen. An dieser Stelle ist es viel wichtiger, der nicht reflektierten, sondern instinktiv eingenommenen Haltung nachzugehen, die MOMMSEN zur Ablehnung motivierte. MOMMSEN schloß von vornherein aus, daß es Verfolgte gegeben haben könnte, die legitimerweise in Asyle flüchteten. Seiner Meinung nach handelte es sich stets um Personen, die rechtmäßigen Zugriffen zu entkommen versuchten. Die diesem Bild unausgesprochen zugrundegelegte Annahme war, daß widerrechtlich bedrohten Personen in der römischen Antike durch das Recht effektiv geholfen wurde und Asyle daher grundsätzlich entbehrlich waren. MOMMSENs Bild war die Projektion einer liberal-rechtsstaatlichen Ideologie[6] auf die Antike, seine Haltung keine andere, als die von

4 Str 459 f.

5 Str 460 f.

6 Die formierende Rolle zeitgenössischer Haltungen auf die rechtsgeschichtliche Forschung in diesem Themenbereich zeigt sich auch bei anderen Forschern. A. WACKE hebt mit Recht hervor, daß L. MITTEIS' Umgang mit Digestenstellen, die von *potentiores* handeln (dazu S. 147 ff.), durch einen starken Zeitbezug geprägt war (Die *potentiores* in den Rechtsquellen, ANRW II/13, 1980, 605 ff.). Zu optimistisch (in der Einschätzung der "Unparteilichkeit" des bürgerlichen Rechtsstaats der Jahrhundertwende) erscheint jedoch die Folgerung, daß MITTEIS' Sichtweise nicht durch die liberalistisch-rechtsstaatliche Ideologie bedingt war, sondern auf der Erfahrung mit einer dieser Ideologie tatsächlich entsprechenden zeitgenössischen Realität beruhte: "In den prosperierenden Jahrzehnten der wilhelmischen Epoche vor dem ersten Weltkrieg, als L. MITTEIS (im Jahre 1912) seine Skizze verfaßte ... Diese selten glückliche Periode war vielleicht die einzige, die **keine** *potentiores* unter den Zeitgenossen hatte ... Daß die Realisierung einer Rechtsnorm an der sozialen Übermacht, am überragenden Einfluß einer Person scheitern kann, dafür fehlte damals einfach das Vorstellungsvermögen" (Hervorhebungen im Original).
Der, wohl richtig beobachtete, letzte Punkt ist vielleicht am besten damit zu erklären, daß die geltenden Normen die wesentlichen Interessen der ökonomisch und politisch tonangebenden Kreise ohnehin schützten. Diese brauchten ihre Interessen nicht gegen das Recht durchzusetzen, sondern konnten sich dazu des Rechts bedienen. Spätestens seit

CESARE BECCARIA in "*Dei delitti e delle pene*" 1764 formulierte Verdammung der innerstaatlichen Asyle als Verbrecherprivilegien:

> § XXXV. Asili: Dentro i confini di un paese non dev'esservi alcun luogo indipendente dalle leggi. La forza di esse seguir deve ogni cittadino, come l'ombra segue il corpo. L'impunità e l'asilo non differiscono che di piú e meno, e come l'impressione della pena consiste piú nella sicurezza d'incontrarla che nella forza di essa, gli asili invitano piú ai delitti di quello che le pene non allontano. Moltiplicare gli asili è il formare tante piccole sovranità, perché dove non sono leggi che comandano, ivi possono formarsene delle nuove ed opposte alle comuni, e però uno spirito opposto a quello del corpo della società.[7]

Bei BECCARIA ist es das Gewaltmonopol des neuzeitlichen Territorialstaates, das er, den Ideen der Aufklärung verpflichtet, gleichzeitig als Garanten rechtsstaatlicher Gewaltausübung versteht und der Asylidee gegenüberstellt[8].

War die stillschweigende Übertragung neuzeitlicher Begrifflichkeit und konstitutioneller Rechtsstaatsvorstellungen auf die Antike wirklich gerechtfertigt? Knapp eine Generation nach MOMMSEN wertete FRIEDRICH VON WOESS Papyrusmaterial aus dem ptolemäischen Ägypten aus, das die Erstellung eines differenzierten Bilds vom Asylwesen Ägyptens ermöglichte, bei dem sichtbar wurde, daß Asyle sehr oft in Anspruch genommen wurden, wenn soziale Konflikte rechtlich nicht befriedigend gelöst werden konnten oder wenn der Rechtsschutz versagte[9]. Das Bild war vielleicht auch deswegen anders, weil V. WOESS in aktuellen Ereignissen Parallelen zur Antike fand, die zu einem anderen Verständnis der antiken Quellen beitrugen[10]. Das Asylrecht wurde sogar zum "habeas corpus" der alten Welt aufgewertet[11].

---

der Diskussion um die mangelnde soziale Orientierung des bürgerlichen Rechts im Zusammenhang mit dem ersten BGB-Entwurf wurde von manchen Kritikern die formelle Unparteilichkeit des bürgerlichen Rechts angegriffen, weil sie einerseits die zur Entfaltung von sozialer Übermacht notwendigen rechtlichen Voraussetzungen bot und dies andererseits als formale Rechtsgleichheit verschleierte.

7 C. BECCARIA, Dei delitti e delle pene (Hg. F. VENTURI)[2] (1994) 87.

8 Die Verweigerung der Auslieferung von Verbrechern wollte BECCARIA im Völkerrecht nur vorübergehend dulden, bis alle Staaten den rechtsstaatlichen Anforderungen genügten (C. BECCARIA, Fn. 7, 87).

9 F. V. WOESS passim; ders., *Asylía*, SZ 46 (1926) 32 ff.

10 V. WOESS (Fn. 9) 32 f. vergleicht die Zuflucht von Streikenden in Tempel (PSI 562, BGU VI 1245) mit einem ähnlichen, damals aktuellen Fall in Japan, in dem Streikende in einem Buddha-Schrein Zuflucht gesucht hatten und Priester Vermittlungsversuche unternahmen.

11 So F. V. WOESS 3 für Ägypten und für die gesamte Antike verallgemeinernd E.F. BRUCK, Römisches Staatsrecht und Propaganda: Ius Imaginum und Consecratio Imperatorum, in: ders., Über römisches Recht im Rahmen der Kulturgeschichte (1954) 19. Ähnlich auch F. CASAVOLA, Potere imperiale e stato delle persone tra Adriano ed Antonino Pio, in: ders., Giuristi adrianei (1980) 226.

Allerdings: Bei seinem Exkurs zu den römischen Verhältnissen folgte selbst V. WOESS der Leitlinie MOMMSENs[12], den er nur kritisierte, weil MOMMSEN am Asylrecht der Kaiserstatuen keine Zweifel geäußert hatte[13].

Auch die methodische Grundlage, auf der das Asylrecht aus den römischen Quellen "hinausgelesen" wurde, hat MOMMSEN vorgegeben:

> Wenn Cicero de l. agr. 2, 14, 36 von den *sacella* spricht, *quae maiores in urbe partim periculi perfugia esse voluerunt*, so mag daraus geschlossen werden, dass in älterer Zeit man sich scheute den Schuldner oder den flüchtigen Sclaven an geweihten Orten zu greifen; ein Rechtsschutz aber ist dies nicht.[14]

Quellen, die von Zufluchtsstätten u.ä. sprachen, wurden aufgrund dieses Konzepts, aus rein begrifflichen Gründen bloß als Bezeugungen von etwas faktisch Geduldetem verstanden, nicht aber als Nachweise für die rechtliche Anerkennung von Asyl in Rom. Zur terminologisch präziseren Erfassung wurde die im griechisch-hellenistischen Rechtsbereich beheimatete Unterscheidung zwischen faktisch respektierten Zufluchtsorten und rechtlich garantierten Asylrechten (Hiketie und Asylie) auch mit Bezug auf Rom angewendet[15].

Dieser Zugang war nicht frei von methodischen Ungereimtheiten: Auf der einen Seite behauptete man, die Römer hätten die Einrichtung des Asyls abgelehnt und generell nicht anerkannt; auf der anderen Seite unterstellte man den Römern zugleich eine ganz bestimmte, dogmatisch durchgebildete Asylkonzeption, die sogar eine Differenzierung zwischen verschiedenen Formen des Schutzes erlaubte.

MOMMSEN und seine Nachfolger haben diese Annahmen nicht willkürlich getroffen. Sie waren ausgezeichnete Kenner der Quellen, jedoch lasen sie die Quellen unter bestimmten zeitbedingten Voraussetzungen und Anforderungen. Das Bild, das nicht offengelegt wurde, aber bereits vor der Lektüre der römischen Quellen feststand, war folgendes: Rechtliche Unsicherheiten, die in Ägypten oder Griechenland die Asyle legitimierten, gab es in Rom nicht. Im römischen Rechtsstaat widerstrebten Asyle der Rechtsgleichheit; die Zulassung der Zuflucht in Asyle wäre damit einem Verbrecherprivileg gleichgekommen.

Dieses wiederum deutlich an die seit BECCARIA vertretene Sichtweise angelehnte Bild basierte auf einem unkritischen und unhistorischen Umgang mit Aussagen der Quellen. Man übersah, daß die von den römischen Juristen angeführte Argumentation mit dem Widerspruch zwischen Asylschutz und Rechtsgleichheit[16] insofern irreführend war, als in der Antike diese formale Gleichheit und Gleichberechtigung nicht allein im Gegensatz zur politischen, ökonomischen oder

12 F. v. WOESS 206 ff.

13 F. v. WOESS 210.

14 StR 459 Fn. 3.

15 S. unten S. 24 ff.

16 Zu diesem Topos unten S. 149 und S. 152.

sozialen Benachteiligung weiter Bevölkerungsschichten stand, sondern stets nur die Gleichheit von Standesgenossen war.

Menschen der Antike, die zu Schichten gehörten, deren Benachteiligung rechtens war und damit die gerühmte Rechtsgleichheit nicht verletzte, blieb in der Auseinandersetzung mit sozialer Übermacht, die dazu noch das Recht auf ihrer Seite hatte, nur der kollektive Widerstand als erfolgversprechender Ausweg. (Nicht anders beispielsweise als den unterprivilegierten Arbeitern im frühen 19. Jh.)

Die Forscher, die sich mit dem Thema beschäftigten, sahen darin dennoch nichts anderes als eine Form von rechtswidrigem Verhalten, das ihrer Ansicht nach seitens der Staatsgewalt nicht einfach hingenommen werden konnte. Sie zogen allerdings nicht in Erwägung, daß antike Gesellschaften auf kollektive Selbstverteidigung rechtlich benachteiligter Schichten nicht allein mit Unterdrückungsmaßnahmen reagieren konnten, wie dies anhand des Beispiels der staatlichen Reaktion auf ähnliche soziale Konflikte im 19. Jh. naheliegend war. Zur Durchsetzung eines Gewaltmonopols, das dem eines modernen Staats vergleichbar gewesen wäre, fehlten in Rom zu Beginn des Prinzipats sowohl die faktischen als auch die politisch-sozialen Voraussetzungen. Da soziale Unruhen nicht allein durch Gewalt beseitigt werden konnten, mußte die Kontrolle über Unruhepotentiale durch andere Maßnahmen sichergestellt werden. Zu diesen gehörte einerseits die rechtliche Anerkennung gewisser Forderungen und andererseits die Entschärfung mancher Spielarten von Ungehorsam durch ihre Überführung in institutionalisierte und zugleich kontrollierte Formen. In diesen Zusammenhang gehören die in der Kaiserzeit weiterbestehenden bzw. neuentwickelten Asylformen.

Solche Prozesse ließen sich in der positivistisch-pandektistischen Begrifflichkeit, der gerade im Gefolge MOMMSENs auch zahlreiche Rechtshistoriker verpflichtet waren, nicht beschreiben. Für Grauzonen zwischen Legalität und kollektivem Widerstand fanden sich in ihrer Sprache keine passenden Vokabel. Was sich der Dichotomie "verboten - erlaubt" entzog, hatte in einem durch diese strenge Schematisierung determinierten Geschichtsbild keinen Platz.

Um die Prämisse von der Rechtsstaatlichkeit Roms, dessen Rechtsordnung allen gleichermaßen Schutz bot, nicht zu gefährden, mußten Asyle aus den römischen Quellen hinausdefiniert werden, wozu sich eine formalistische Sichtweise des Asylrechts als methodisches Hilfsmittel anbot.

Aus der Sicht des 19. Jh. konnten Recht und (innerstaatliches) Asyl nur als unversöhnliche Gegensätze verstanden werden, und mit diesem Vorverständnis wurden die einschlägigen Texte aus der Antike interpretiert. Die römischen Juristen verwendeten zwar ähnliche Argumente, aber ihre Ablehnung war nicht von dieser grundsätzlichen Schärfe. Zwischen Recht und Asyl sahen sie zwar ein Spannungsverhältnis, aber keinen prinzipiellen Widerspruch, der Asyle jedenfalls ausgeschlossen hätte, weil diese mit dem Wesen des Rechts unvereinbar waren. Das Verhältnis der Jurisprudenz zur Einrichtung des Asyls war ambivalent und gespannt, aber nicht durchwegs ablehnend. Bei der Verwendung des Worts *asylum* in juristischen Quellen fällt kein negativer Beiklang auf[17].

Nach außen hin dürfte die römische Jurisprudenz keinen absolut "asylfeindlichen" Eindruck erweckt haben. Sonst wäre nicht zu erklären, warum der Historiker Aelius Spartianus[18] seine Anerkennung für Papinians unerschütterlich ablehnende Haltung bei der Ermordung Getas dadurch zum Ausdruck brachte, daß er den Juristen als *iuris asylum et doctrinae legalis thesaurum* bezeichnete.

1.1.2. Funktionaler Asylbegriff

In den Quellen ist keine für römische Verhältnisse zugeschnittene fachjuristische Asyldefinition überliefert. Die von vielen modernen Autoren übernommenen formalen Unterscheidungen aus dem griechisch-hellenistischen Rechtsbereich tragen zum Verständnis der römischen Quellen nicht bei[19]. Wohl aber waren sich die Römer der Funktionen von Asylen oder vergleichbaren Einrichtungen bewußt, sodaß die unterschiedlichen Formen des Schutzes in Republik und Prinzipat am besten unter einem funktionalen Asylbegriff zusammenzufassen sind. Diese Sichtweise hat außerdem den Vorteil, daß sie für eine entwicklungsgeschichtliche Darstellung besonders geeignet ist, weil sie das Eingehen auf Entstehung und Verschwinden unterschiedlicher Asylformen bzw. ihre Verdrängung oder Ersetzung durch andere Schutzmechanismen zuläßt. Anknüpfend an einen Definitionsversuch von O. HENSSLER, der zur entwicklungsgeschichtlichen Darstellung des germanischen Asylrechts einen sehr weiten Asylbegriff wählte[20], kann man auch mit Bezug auf Rom Asyl am besten funktional definieren.

Unter Asyl/Asylschutz wird in dieser Arbeit daher ein Schutz gegen existentielle Bedrohungen durch widerrechtliche Übergriffe oder legale Verfolgungshandlungen verstanden, der primär von Personen in Anspruch genommen wurde, denen die Rechtsordnung generell oder gegenüber der konkreten Bedrohung keinen effizienten Schutz bot. Er knüpfte an religiöse Vorstellungen (Respekt vor einer Gottheit bzw. vor der sakralen Sphäre eines Priesters) oder außergewöhnliche Macht (Respekt vor

---

17 Dazu unten S. 25 und S. 65 ff.; zu den negativen Urteilen über das *asylum Romuli* S. S. 183 f.

18 H.A. Sev. 21.8. Für ähnliche Urteile Ciceros über das Verhältnis von Rechtsschutz und Asyl vgl. unten S. 196 Fn. 109.

19 Vgl. dazu unten S. 24 ff.

20 O. HENSSLER, Formen des Asylrechts und ihre Verbreitung bei den Germanen (1954) 10, definiert Asyl als "eine verbindliche Form der dauernden oder vorübergehenden Unverletzlichkeit eines Menschen kraft bestimmter Beziehungen räumlicher, persönlicher oder zeitlicher Art".
Vgl. weiters O. HENSSLER, Asylrecht, Handwörterbuch zur Deutschen Rechtsgeschichte I (1971) 243 ff.; K. KROESCHELL, Asylrecht, Reallexikon der Germanischen Altertumskunde I (1973) 460 ff.

dem römischen Kaiser) an und setzte dann ein, wenn der Flüchtling direkt oder symbolisch eine Beziehung zum Träger der respektierten Sphäre herstellte (Flucht in den Tempel, zum Priester oder zum Kaiserbild; Verwendung eines tragbaren kaiserlichen Bilds). Wesentlich war außerdem, daß dieser Schutz undifferenziert war; d.h. unabhängig davon, ob sich die Inanspruchnahme nachträglich rechtfertigen ließ, blieb der Flüchtling zumindest vorübergehend verschont. Und dazu kam in vielen Fällen, daß der Flüchtling zusätzlich auf die Sympathien und die Unterstützung der Bevölkerung vertrauen konnte, falls der Verfolger ein Asyl nicht respektierte.

Der zuletzt angesprochene Punkt erklärt vielleicht am besten, wie Asyle entstanden sind und was neben der Ehrfurcht vor göttlicher oder kaiserlicher Macht ihre Respektierung sicherte: Sie beruhten auf der Bereitschaft breiter Schichten der Bevölkerung, die Asyle aus religiösen oder politischen Gründen zu schützen und damit zugleich Widerstand gegen unverstandene Zwangsmaßnahmen, gegen Übergriffe auf Unschuldige oder auf Standesgenossen zu leisten.

In römischen Quellen wird oft deutlich, daß Asylflüchtlinge die Unterstützung der Bevölkerung brauchten. Darin berührt sich das römische Asylwesen - inbesondere in seiner eigenständigen Form von *confugere ad statuam* - mit modernen Konzepten wie bürgerlichem Ungehorsam, dem Widerstandsrecht oder dem sogenannten "Asyl von unten". Gerade in den letzten Jahren mehrten sich in Westeuropa Fälle, daß Kirchengemeinden unter Berufung auf ein "Kirchenasyl" Flüchtlinge in Gotteshäuser aufnahmen und sie durch (passiven) Widerstand gegen Räumungsversuche der Polizei zu schützen trachteten.

Diese Parallelen sollen nicht weiterverfolgt werden: Auch auf dieser Ebene fehlen direkte Traditionszusammenhänge mit der Gegenwart. Die Römer hatten keine Theorie des kollektiven Bürgerungehorsams oder des zivilen Widerstandes, und diejenigen, die heute aus ethischer Überzeugung gerade den Menschen "Asyl" gewähren wollen, denen der Staat und damit das positive Recht ein "Asylrecht" verweigern, sind sich ihrer antiken Vorläufer nicht bewußt[21].

1.2. Plan der Darstellung

Die folgende Untersuchung des römischen Asylrechts im Prinzipat ist in drei Abschnitte gegliedert.

Der umfangreiche erste Teil gilt der genuin römischen Ausprägung des Asylschutzes im Prinzipat, der Zuflucht zu einer Kaiserstatue (*ad statuam confugere*),

21 Zu dieser Bewegung vgl. z.B. W.D. JUST, Asyl von unten. Kirchenasyl und ziviler Ungehorsam - Ein Ratgeber (1993); K. BARWIG/D.R. BAUER, Asyl am heiligen Ort: Sanctuary und Kirchenasyl - vom Rechtsanspruch zur ethischen Verpflichtung (1994); E.J. NAGL, Flüchtlinge und "Kirchenasyl" (1995); Landeskirchenamt der evangelischen Kirche im Rheinland (Hg.), Asyl in der Gemeinde: eine Arbeitshilfe[2] (1995); M. BECK KADIMA/J.C. HUOT, Kirche und Asyl: legitimer Widerstand im Rechtsstaat? (1996).

die aufgrund ihrer Behandlung durch die römischen Juristen einer eingehenden rechtshistorischen Untersuchung zugänglich ist. Es werden die Entstehungsbedingungen und die rechtlichen Mechanismen dargestellt (Kap. 2), dann die Zuflucht von Sklaven (Kap. 3) und die damit zusammenhängenden Vorschriften über die Sklavenbehandlung (Kap. 4, 5 und 6). Darauf folgt eine Diskussion des Asylrechts für freie Personen (Kap. 7) und des Asylrechts der *signa* (Kap. 8).

Die Behandlung der griechischen Asyle unter der römischen Herrschaft konzentriert sich auf die Rolle der Asyle im Prinzipat, vor allem auf die Asylüberprüfung der Jahre 22 und 23 n.Chr. (Kap. 9).

Der abschließende Abschnitt über das *asylum Romuli* (Kap. 10) verfolgt das römische Asylwesen zurück in die Republik und führt weiters zu Problemen der römischen Frühgeschichte. Thematisch hängt jedoch auch er mit dem Prinzipat zusammen, da sogar im Umkreis des Stadtgründungsmythos, im sagenhaften Bericht von der Einrichtung eines Asyls durch den Stadtgründer, wertvolle Anhaltspunkte für die Einschätzung der Institution des Asyls im Prinzipat zu finden sind.

Durch die zeitliche Beschränkung auf den Prinzipat bleiben die spätantiken Entwicklungen, die zum Asylrecht der christlichen Kirchen führten, ausgespart. Diese knüpften zwar teils an das Vorhandene an, teils kamen in ihnen freilich neue Ideen und Kräfte zur Wirkung, sodaß eine Ausklammerung dieses Themenbereichs angezeigt ist[22].

---

22 Zum Übergang vom antiken zum Kirchenasyl vgl. zuletzt A.D. MANFREDINI, 'Ad ecclesiam confugere', 'ad statuas confugere' nell'età di Teodosio I, Atti dell'Accademia Romanistica Costantiniana VI (1986) 39 ff.; G. BARONE-ADESI, "Servi fugitivi in ecclesia". Indirizzi cristiani e legislazione imperiale, Atti dell'Accademia Romanistica Costantiniana VIII (1990) 695 ff.; H. SIEMS, Zur Entwicklung des Kirchenasyls zwischen Spätantike und Mittelalter, in: O. BEHRENDS/M. DIESSELHORST (Hg.), Libertas. Grundrechtliche und Rechtsstaatliche Gewährungen in der Antike und Gegenwart (Symposion aus Anlaß des 80. Geburtstages von F. Wieacker) (1991) 139 ff.; A. DUCLOUX, L'Eglise, l'asile et l'aide aux condamnés d'après la constitution du 27 juillet 398, RH 69 (1991) 141 ff.; dies., *Ad ecclesiam confugere*. Naissance du droit d'asile dans les églises (IVe - milieu du Ve s.) (1994); M. DREHER, Das Asyl in der Antike, Tyche 11 (1996) 94 ff.

2. Die Entstehung des Asylrechts bei kaiserlichen Statuen

2.1. Einleitung

In seinem an den jungen Nero adressierten Fürstenspiegel *De clementia* (1.18.1 ff.) stellte Seneca die Situation der römischen Untertanen der Position von Sklaven gegenüber:

> *Servis imperare moderate laus est. et in mancipio cogitandum est, non quantum illud inpune possit pati, sed quantum tibi permittat aequi bonique natura, quae parcere etiam captivis et pretio paratis iubet. quanto iustius iubet hominibus liberis, ingenuis, honestis non ut mancipiis abuti sed ut his, quos gradu antecedas quorumque tibi non servitus tradita sit, sed tutela.* (2) *servis ad statuam licet confugere; cum in servum omnia liceant, est aliquid, quod in hominem licere commune ius animantium vetet ...* (3) *quemadmodum domini crudeles tota civitate conmonstrantur invisique et detestabiles sunt, ita regum et iniuria latius patet et infamia atque odium saeculis traditur; quanto autem non nasci melius fuit, quam numerari inter publice malo natos!*

Diese Ausführungen sollten Nero die Bedeutung der *clementia* als Fürstentugend vor Augen führen[1]. Dazu diente der provokant drastische Vergleich des römischen Volks mit Sklaven[2] und der damit verbundene Hinweis, daß Sklaven bei Machtmißbräuchen ihrer Herren ein Ausweg zur Verfügung stehe - *servis ad statuam licet confugere* -, während die Untertanen, denen ein vergleichbarer Schutz fehle, auf die *clementia* des Kaisers vertrauen müßten.

Der offenkundig rhetorische Ton verbietet es, die Äußerungen als wahrheitsgetreue Beschreibung der Realität zu nehmen. Seneca behauptete doch, *confugere ad statuam* würde den Sklaven eine bessere Stellung gewähren als freien Römern[3]: Die Zuflucht bei der Statue sicherte Sklaven den Schutz ihres "Menschenrechts" (*commune ius animantium*[4]). Hinter der rhetorischen Übersteigerung wird aber die zeitgenössische Bewertung dieser Einrichtung sichtbar: Sie diente dem Schutz der

---

1 Sen.clem. 1.19.1 *Excogitare nemo quicquam poterit, quod magis decorum regenti sit quam clementia, quocumque modo is et quocumque iure praepositus ceteris sit.* Zum Inhalt der Schrift vgl. G. MAURACH, Seneca (1991) 94 ff.; zur *clementia* T. ADAM, Clementia Principis (1970).

2 Zu diesem Vergleich s. weiters K. BRADLEY 5 f. und 144.

3 An anderer Stelle beklagte er, daß die Macht der *domini* die der Kaiser überträfe: Sen.ira 3.24.1 *Numquid in domo mea plus possum quam toto orbe terrarum divus Augustus potuit?*

4 Zu dieser Formulierung s. A. MANTELLO, 'Beneficium' servile - 'Debitum' naturale (1979) 165 ff. und B. HUWILER 254.

Sklaven, wenngleich Seneca ihre praktischen Auswirkungen an dieser Stelle bewußt übertrieb.

2.1.1. Fragestellungen und Untersuchungsziele

Dem modernen Leser drängen sich dazu mehrere Fragen auf: An welche Statue dachte der Philosoph? Wovor bot sie Schutz? Warum gewährte gerade eine Statue Schutz? Unter welchen Voraussetzungen war die Zuflucht bei der Statue möglich? Welche Wirkungen und Folgen hatte diese? Was bedeutete *confugere ad statuam* für die Rechtsstellung und das Leben der Sklaven? Stand diese Möglichkeit nur Sklaven offen?

Seneca brauchte diese Fragen nicht zu berühren. Seine Ausführungen waren an eine Leserschaft gerichtet, für die die Formel *confugere ad statuam* konkrete Bedeutungen hatte, die mit dieser Einrichtung vertraut war. Heute lassen sich die Antworten nur mehr durch eine detaillierte Untersuchung aller zu *confugere ad statuam* überlieferten Quellen gewinnen.

Um im Zuge der Untersuchung nicht den Zusammenhang zwischen den Einzelfragen aus den Augen zu verlieren, dürfte es hilfreich sein, bereits an dieser Stelle ein Gesamtbild der von Seneca mit *confugere ad statuam* bezeichneten Einrichtung zu skizzieren: *Confugere ad statuam* war die Zufluchtsuche bei einer kaiserlichen Statue (*confugere ad statuam principis*) und die Inanspruchnahme des durch sie vermittelten Asylrechts. Bei der Statue war der Flüchtling vorläufig vor Verfolgung sicher. Jedoch wurden die Gründe, aus denen er geflüchtet war, einer behördlichen Überprüfung unterzogen. Gelang einem Sklaven der Nachweis, von seinem Herrn ungerechtfertigt mißhandelt worden zu sein, konnte er an einen neuen Eigentümer verkauft werden. Bei freien Personen diente das Verfahren in erster Linie zur Prüfung, ob die Zuflucht nicht einem anderen zum Nachteil gereichen sollte.

Juristische und literarische Quellen konzentrieren sich auf rechtliche Voraussetzungen und Wirkungen von *confugere ad statuam*. Der unter sozialhistorischem Blickwinkel interessante Hintergrund, der reale Vorgang einer Zuflucht, der Lebenssachverhalt, der sich hinter der trockenen Formel *confugere ad statuam* verbirgt, wird in den meisten Texten nur undeutlich erkennbar. Gerade die Schriften der römischen Juristen bieten ein stark verkürztes Bild der Lebenswirklichkeit, das alle normativ nicht bedeutsamen Elemente vernachlässigt. Dies behindert den Blick hinter die juristischen Mechanismen.

Welche Vorstellungen führten zur Unverletzlichkeit und zum Schutz der kaiserlichen Statuen? Was bewog Menschen in Bedrohungen, bei einer Statue Schutz zu suchen? Wie schützte die Statue in der Praxis?

Direkte Antworten werden heutigen Lesern von den antiken Autoren vorenthalten. Das für moderne Betrachter merkwürdige Phänomen wurde von ihnen offenbar so unmittelbar erlebt und war ihnen so wohlvertraut, daß sie - soweit dies heute noch erkennbar ist - keinen Grund sahen, es zum Gegenstand der Reflexion zu machen. Die antiken Quellen reduzieren die Vorgänge bei einer Zuflucht auf die vordergründig wahrnehmbaren äußeren Ereignisse: Bedrohte Menschen suchten und fanden bei kaiserlichen Statuen Schutz. Dies beschreibt die Kurzformel *ad statuam confugere*. Selbst die Motive der Flüchtlinge werden nur vereinzelt explizit erwähnt. Und Hinweise auf Entstehung und Funktionsweise des Asylschutzes sucht man in den Quellen vergeblich.

Warum kaiserliche Statuen diese Funktion erhielten, ist die zentrale Frage für das Verständnis der befremdlichen und vielleicht sogar irrational wirkenden Einrichtung. Gerade sie läßt sich nicht aufgrund expliziter Aussagen der Quellen beantworten. Dies liegt vor allem daran, daß weder Sklaven noch andere Angehörige der Unterschichten, für die der Schutz primär von Bedeutung war, schriftliche Zeugnisse ihrer Ideenwelt hinterlassen haben. Die Motive, die einen Flüchtling den "Weg zur Statue" nehmen ließen, sind nur auf indirektem Wege erschließbar.

Die zur Verfügung stehenden Quellen zeigen die Unterschichten und ihre Vorstellungen aus der verzerrenden Perspektive der Eliten. Sie präsentieren Sichtweisen und Bewertungen des Asylrechts oder der Motive von Flüchtlingen, die unter diesem Aspekt kritisch hinterfragt und relativiert werden können. Die Haltung der berichtenden Autoren sollte bei der Interpretation ihrer Berichte berücksichtigt werden, um der Mentalität der Sklaven oder der *plebs* näherzukommen. Von besonderem Wert ist dafür die Analyse von konkreten Verhaltensweisen von Sklaven oder der *plebs* in prekären Situationen, aus denen von den Wertungen der antiken Autoren unabhängige Rückschlüsse auf die Vorstellungswelten der agierenden Gruppen gezogen werden können. So wird ein unmittelbarerer Blick auf die Ideen möglich, die das Verhalten in Notsituationen bestimmten, und auf die Formen des Schutzes, auf den die Unterschichten vertrauten.

Diese Methode hat immanente Grenzen. Sie erlaubt bloß, modellhaft vorzuführen, wodurch das Bewußtsein der Zeitgenossen geprägt war. Die konkreten Erwartungen derjenigen, die bereits bei Statuen Zuflucht suchten, bevor *confugere ad statuam* rechtlich institutionalisiert war, lassen sich nur vermuten. Sie sind dennoch für das Verständnis wesentlich, da sie den Prozeß in Gang setzten, der zur rechtlichen Institutionalisierung des Asyls bei der Kaiserstatue und damit zur Anerkennung eines Asylrechts führte.

Leider sind aufgrund der fragmentarischen Quellenlage nicht mehr alle Voraussetzungen rekonstruierbar, die für die Entstehung von *confugere ad statuam principis* von Relevanz gewesen sein mögen. Es läßt sich jedoch skizzieren, welche Erwartungen mit einer Zuflucht bei der Statue verbunden waren, wie diese entstanden und warum die staatliche Autorität zur Anerkennung der kaiserlichen Statuen als Zufluchtsorte veranlaßt wurde. Ähnliche Ideen beeinflußten unter anderem die Haltungsänderung gegenüber der Sklaverei im Prinzipat, die auch zu Wandlungen der sozialen und rechtlichen Position der Sklaven führte.

Es kann nicht der Anspruch erhoben werden, ein geschlossenes Gesamtbild zu präsentieren, dessen Harmonie durch irritierende oder gar widersprüchliche Details unbeeinträchtigt wäre. Beim Stand der Quellen wäre dieses in weiten Strecken reine Konstruktion. Die auf uns gekommenen, versprengten Nachrichten sollen als

Zeugnisse dieser vielschichtigen Lebenswelten jedoch dazu dienen, einzelne Aspekte von *confugere ad statuam* in einem deutlicheren Licht als bisher erscheinen zu lassen.

Nicht allein die hier vorgeschlagene Einbeziehung einer sozialhistorisch-mentalitätsgeschichtlichen Perspektive zum tieferen Verständnis dieses juristischen Themas rechtfertigt eine neuerliche und umfassende Gesamtuntersuchung des Asylrechts bei den Kaiserstatuen. Die letzte und bislang auch einzige allein diesem Problem gewidmete Arbeit von C. GIOFFREDI[5] liegt nunmehr ein halbes Jahrhundert zurück und bietet keine erschöpfende Behandlung der juristischen Aspekte. Der Meinungsstand wird bis heute ganz wesentlich durch die Autorität von TH. MOMMSENs Darstellung und seiner ablehnenden Beurteilung des Asylrechts geprägt[6]. Längere Erörterungen einzelner mit der Asylfunktion der Statuen zusammenhängender Probleme finden sich unter anderem in Arbeiten von F. V. WOESS[7], H. BELLEN[8], R.A. BAUMAN[9] und A.D. MANFREDINI[10]. Meist wird das Thema außerdem in Werken gestreift, die sich mit Fragen der Sklaverei, dem Asylrecht im allgemeinen oder dem Kirchenasyl beschäftigen. Darüber hinaus fanden nur Einzelfragen in der Literatur Beachtung.

2.2. Die Rolle der Kaiser

2.2.1. Vorbemerkungen

Bereits die Feststellung Senecas *servis ad statuam licet confugere* bietet einen deutlichen Hinweis, daß die Römer das Asylrecht bei den Kaiserstatuen vor allem als eine Schutzmöglichkeit für Sklaven verstanden. Diesen - allerdings ungenauen - Eindruck bestätigen die juristischen Quellen, in denen von *ad statuam confugere* die Rede ist: Sie betreffen mit wenigen Ausnahmen *ad statuam confugere* von Sklaven. Auch die wenigen Stellungnahmen der römischen Juristen zu Rechtsfragen der Sklavenbehandlung stehen in engem Zusammenhang mit der Inanspruchnahme des Asylrechts[11]. Daher kann die Herausbildung des Asylrechts am besten im Kontext der Entwicklungen im Sklavenrecht und den gewandelten Einstellungen gegenüber der Sklaverei in der Prinzipatszeit erklärt und dargestellt werden. Dabei muß, da es sich um die Zuflucht zu einer kaiserlichen Statue handelte, vor allem auf die besondere Rolle der Kaiser in diesem Prozeß eingegangen werden.

---

5 *Ad statuas confugere*, SDHI 12 (1946) 187 ff.

6 Römisches Strafrecht (1899; Ndr. 1955) 458 ff.

7 Das Asylwesen Ägyptens in der Ptolemäerzeit und die spätere Entwicklung (1923) 206 ff.

8 Studien zur Sklavenflucht im römischen Kaiserreich (1971) 64 ff.

9 Impietas in Principem (1974) 85 ff.

10 'Ad ecclesiam confugere', 'ad statuas confugere' nell'età di Teodosio I, Atti dell' Accademia Romanistica Costantiniana VI (1986) 39 ff.

11 S. unten S. 81 ff.

2.2.2. Die Bewertung der Sklaverei zu Beginn des Prinzipats

Zur Zeit der römischen Republik war die Behandlung der Sklaven rechtlich nicht geregelt[12]. Die rechtlich unbegrenzte Macht des *dominus* wurde nur durch den *mos maiorum* gemäßigt. Die Mißhandlung von Sklaven mochte mit gesellschaftlicher Ächtung verbunden gewesen sein[13], rechtliche Folgen wurden an sie nicht geknüpft. Dionysios von Halikarnassos berichtet zwar, daß Übergriffe der *domini* durch die Zensoren im Rahmen der *cura morum* gerügt worden seien[14], doch wird sein undeutlicher Bericht kaum als Beleg für effizienten Sklavenschutz angesehen werden können[15]. Eine nachträgliche Rüge durch die Zensoren bot vor allem keinen Schutz vor neuerlichen Übergriffen. Der rhetorische Ton, in welchem einige antike Autoren auf die Möglichkeit der Volkstribunen hinweisen, sogar Sklaven zu Hilfe zu eilen[16], erweckt Zweifel an der praktischen Wirksamkeit dieses Schutzes[17].

---

12 Vgl. M. KASER, RPR I 114; W.W. BUCKLAND 36; A. WATSON, The Law of Persons in the Later Roman Republic (1967; Ndr. 1984) 173 f.; K. BRADLEY, Slaves and Masters in the Roman Empire (1984) 122 f.; F. WIEACKER, RGG 365 f. und J.CH. DUMONT 137 ff.

13 Dies vermutet U.E. PAOLI, Das Leben im alten Rom² (1961) 146. Diese Annahme ist jedoch zu relativieren: Bei der harschen Verurteilung des Vedius Pollio (Sen.clem. 1.18.2, Text unten Fn. 56 und S. 20 f.), auf die sich diese Vermutung vor allem stützt, schwangen auch die Vorurteile gegen den neureichen Emporkömmling mit.
Andere Standards galten auf der Bühne. Für die Zuschauer römischer Komödien war die grundlose Mißhandlung der handelnden Sklaven bloß ein komisches Element. S. R.C. BEACHAM, The Roman Theatre and its Audience (1991) 30 f. und R.P SALLER, Patriarchy, property and death in the Roman family (1994) 148.

14 Dion.Hal.ant. 20.13. Dazu TH. MOMMSEN, Römisches Staatsrecht II/1 (1887; Ndr. 1952) 381; W.L. WESTERMANN, Sklaverei, RE Suppl. VI (1935) 989; A. WAGNER, Die soziale Entwicklung des Sklavenrechts in der römischen Kaiserzeit (1968) 21 und J.CH. DUMONT 143 ff.

15 Skeptisch äußern sich auch TH. MOMMSEN, StR 24 Fn. 1; E. PÓLAY, Das "regimen morum" des Zensors und die sogenannte Hausgerichtsbarkeit, St. Volterra III (1971) 272; W. SIMSHÄUSER, Sozialbindungen des spätrepublikanisch-klassischen römischen Privateigentums, FS Coing I (1982) 338; A. WATSON, RSL 115 ff.; ders., Roman Slave Law and Romanist Ideology, in: ders., Legal Origins and Legal Change (1991) 279 ff.; E. BALTRUSCH, Regimen morum (1988) 15 f. und J. GEBHARDT, Prügelstrafe und Züchtigungsrecht im antiken Rom und in der Gegenwart (1994) 191.

16 Sen.contr. 3.9; Ps.Quint.decl. 380.

17 Positiver urteilen E.M. STAERMAN, Die Blütezeit der Sklavenwirtschaft in der römischen Republik (1969) 179 ff. und J.CH. DUMONT 147 ff. (jeweils m.w.N.).
Nicht überzeugend ist eine weitergehende Annahme von R. GÜNTHER, Der Aufstand des Spartacus⁵ (1987) 60 f.: Er schreibt bereits den Tribunen (in offensichtlicher Vorwegnahme des kaiserzeitlichen Beschwerderechts) die Befugnis zu, Sklaven an bessere Herren zu verkaufen. Die Vermutung von W.L. WESTERMANN, The Slave Systems of Greek and Roman Antiquity (1955) 82, daß bereits in der Republik die Möglichkeit zu einer Beschwerde gegen den Eigentümer bestand, beruht auf einem offenkundigen Mißverständnis von Sen.benef. 3.22.3, wo die Lage in der frühen Kaiserzeit beschrieben wird. Dazu unten S. 51 ff.

Im Unterschied dazu wurden in den beiden ersten Jahrhunderten der Kaiserzeit erhebliche Anstrengungen zur rechtlichen Regelung der Freilassung, der Kontrolle der Sklaven und der Sklavenbehandlung unternommen[18]. Während das republikanische Recht gegenüber Interessen von Sklaven weitgehend indifferent geblieben war und einzelne Juristen geradezu sklavenfeindlich argumentiert hatten[19] - eine Tradition, die noch im Prinzipat fortgesetzt wurde[20] -, griff das Kaiserrecht wiederholt zugunsten der Sklaven ein[21]. Kaiserliche Rechtsetzungsakte verbesserten die Lage der Sklaven teilweise und brachten die Sklaverei unter staatliche Kontrolle[22]. Die partielle Verrechtlichung der Sklaverei, nicht aber der Inhalt der Normen selbst, markierte den Bruch mit der republikanischen Tradition und charakterisierte diese Maßnahmen: Das Kaiserrecht machte die Sklaverei zum Gegenstand staatlicher Intervention. Seit dem frühen Prinzipat wurde die Sklaverei nicht mehr als alleinige Privatsache der Sklavenhalter behandelt[23]. In inhaltlicher Hinsicht jedoch gingen die neuen Vorschriften freilich oft nicht über das hinaus, was ohnehin der geübten Praxis entsprach[24]. Kaiserliche Eingriffe richteten sich meist

---

18 Vgl. W.W. BUCKLAND 36 ff.; W.L. WESTERMANN (Fn. 17) 114 ff.; M. KASER, RPR I 285 f.; O. ROBLEDA, Il diritto degli schiavi nell'antica Roma (1976) 83 ff.; M. MORABITO, Les réalités de l'esclavage d'après le Digeste (1981) 228 ff.; G. BOULVERT/M. MORABITO, Le droit de l'esclavage sous le Haut-Empire, ANRW II/14 (1982) 115 ff.; J. GAUDEMET, Institutions de l'antiquité[2] (1982) 547 f.; N. BROCKMEYER, Antike Sklaverei[2] (1987) 182 f.; A. WATSON, RSL 120 ff. und F. DE MARTINO, Wirtschaftsgeschichte des alten Rom[2] (1991) 308 f.

19 Vgl. A. WATSON, Morality, Slavery and the Jurists in the Later Roman Republic, in: ders., Legal Origins and Legal Change (1991) 263 ff. Positiver urteilt über die republikanischen Juristen B. HUWILER 264 ff.

20 Vgl. die Stellungnahmen des C. Cassius zum *SC Silanianum* bei Tac.ann. 14.43 f. (unten S. 18 f.); zur Interpretation der Sklavenschutzvorschriften des Antoninus Pius durch die klassischen Juristen s. unten S. 95 ff.
P. BIRKS vermutet, daß der Jurist Gaius möglicherweise die Einrichtung der Sklaverei ablehnte (P. BIRKS, An Unacceptable Face of Human Property, FS Nicholas, 1989, 65).

21 Zum Verhältnis Prinzipat - Sklaverei s. vor allem O. BEHRENDS, Prinzipat und Sklavenrecht, in: U. IMMENGA (Hg.), Rechtswissenschaft und Rechtsentwicklung (1980) 53 ff.

22 M.T. GRIFFIN, Seneca. A Philosopher in Politics (1976) 268; K. BRADLEY (Fn. 12) 137 und TH. WIEDEMANN, Emperors and Gladiators (1992) 76 f.

23 Damit verbunden war die Pflicht zur Überwachung der Sklaven. Vgl. Tac.ann. 12.65.1, wo unter den Anklagepunkten gegen Domitia Lepida die Vernachlässigung der Aufsicht über ihre Sklaven aufgezählt wird: *Ceterum obiecta sunt ... quodque parum coercitis per Calabriam servorum agminibus pacem Italiae turbaret.*

24 Dazu ausführlich unten S. 91 ff. Als weiteres Beispiel dafür kann die *lex Aelia Sentia* dienen. Sie erschwerte die Freilassung von Sklaven, die jünger als 30 Jahre waren (vgl. M. KASER, RPR I 297). Epigraphisches Material zeigt, daß die Mehrzahl der Sklaven um ihr 30. Lebensjahr die Freiheit erhielt. Die kaiserliche Gesetzgebung deckte sich auch darin mit der gesellschaftlichen Praxis. Dazu G. ALFÖLDI, Die Freilassung von Sklaven und die Struktur der Sklaverei in der römischen Kaiserzeit, in: H. SCHNEIDER (Hg.), Sozial- und Wirtschaftsgeschichte der römischen Kaiserzeit (1981) 336 ff.

punktuell gegen Exzesse. Die kaiserliche Rechtspolitik verfolgte kein reformatorisches Gesamtkonzept, sondern versuchte, den bestehenden Zustand durch behutsame legislatorische Eingriffe zu stabilisieren[25]. Dabei hatte sie in erster Linie die Interessen der Mehrheit der Sklavenhalter im Auge zu behalten, gegen deren geschlossene Opposition eine Umsetzung solcher Vorschriften ohnehin nicht möglich war[26].

Für diese Rechtsreformen waren unterschiedliche Faktoren bestimmend. Zum einen bestand ein offenkundiges persönliches Interesse mancher Kaiser, vor allem von Augustus, durch politische Maßnahmen die Unterschichten an das kaiserliche Haus zu binden und dabei auch die Sympathie der Sklaven zu gewinnen[27]. Gleichzeitig machte sich innerhalb der Oberschichten eine geänderte Einstellung gegenüber den Sklaven bemerkbar, welche auf die Rechtspolitik nicht ohne Einfluß bleiben konnte. Wohl unter dem Eindruck von Ereignissen der Bürgerkriegszeit[28] wurde das Vorurteil, daß Sklaven moralisch minderwertig waren[29], für einige

---

Die konservative Haltung, die in der Gesetzgebung vorherrschte, bezeugte Augustus selbst. Res gest. 8 *Legibus novis me auctore latis multa exempla maiorum exolescentia iam ex nostro saeculo reduxi et ipse multarum rerum exempla imitanda posteris tradidi.*

25 Allgemein J. BLEICKEN, Zum Regierungsstil des römischen Kaisers (1982) 20 ff. und H. BELLEN, Antike Staatsräson, Gymnasium 89 (1982) 460 ff.; zur Sklaverei z.B. TH. WIEDEMANN, Greek and Roman Slavery (1981) 11.
Diesen Zweck verfolgte bereits die von Augustus betriebene Rückstellung von während der Bürgerkriegswirren geflohenen Sklaven. Res gest. 25 *Eo bello servorum, qui fugerant a dominis suis et arma contra rem publicam ceperant, triginta fere millia capta dominis ad supplicium sumendum tradidi.*

26 Das oftmals wiederholte Kastrationsverbot beweist, daß Vorschriften, die nicht mit den Interessen der Eigentümer in Einklang standen, umgangen oder offen verletzt wurden; vgl. P. GUYOT, Eunuchen als Sklaven und Freigelassene in der griechisch-römischen Antike (1980) 45 ff. Gleichfalls geringe Wirkungen auf die Praxis zeigte ein unter Hadrian ergangenes Verbot, Sklaven in *ergastula* zu sperren (H.A. Hadr. 18.9); vgl. H. BELLEN 21 f. Dazu weiters unten S. 133 f.
Die Sklavenhalter konnten auch durch Druck auf Beamte bestimmte Maßnahmen unterlaufen: 104 v.Chr. beschloß der Senat, daß alle von den Publikanen in Bithynien zu Unrecht versklavten Personen freizulassen waren. Als der Statthalter von Sizilien dies in seiner Provinz durchführen wollte, mußte er nach kurzer Zeit unter dem Druck der örtlichen Großgrundbesitzer die Vollziehung des Beschlusses beenden. Dies löste einen Sklavenaufstand aus (Diod. 36.3).

27 Dazu unten S. 20 ff.

28 Vgl. Vell. 2.67.2 *Id tamen notandum est, fuisse in proscriptos uxorem fidem summam, libertorum mediam, servorum aliquam, filiorum nullam* ...; s. weiters Val.Max. 6.8 *De fide servorum*; Tac.hist. 1.3; Sen.epist. 47.4 und dazu J. VOGT, Sklaverei und Humanität^2 (1972) 83 ff.
Zu den Auswirkungen der Proskriptionen auf das Verhältnis Herr - Sklave vgl. L. CANFORA, Proscrizioni e dissesto sociale nella repubblica romana, in: A. GIARDINA/A. SCHIAVONE (Hg.), Società romana e produzione schiavistica III (1981) 207 ff.

29 Vgl. die Quellennachweise bei TH. WIEDEMANN (Fn. 25) 4 f.; R. MACMULLEN, Roman Social Relations (1974) 115 f.; U.E. PAOLI (Fn. 13) 147; M.I. FINLEY, Die Sklaverei in der Antike (1985) 142 f. und K. BRADLEY 142 ff.; relativierend J. VOGT (Fn. 28) 83 ff. Zu

Gebildete fragwürdig[30]. Diese "entdeckten" die Menschlichkeit des Sklaven[31] und forderten Grenzen für die Willkür seines Herrn[32]. Wie auch immer die Bedeutung der philosophisch-moralischen Diskussionen für die praktische Rechtspolitik zu beurteilen ist[33], so überrascht das Interesse an solchen Fragen vor dem sozialen Hintergrund der frühen Kaiserzeit keineswegs: In Rom lebte nicht nur eine große Zahl von Sklaven, sondern auch ein beträchtlicher Teil der freien Bevölkerung bestand - nicht nur in den untersten Schichten - aus Freigelassenen und deren Abkömmlingen[34]. Innerhalb dieser Bevölkerungsgruppen betrachtete man Sklaven ohne weiteres als gleichwertige Menschen. Gerade im täglichen Leben der *plebs urbana* spielte der rechtliche *status* eine untergeordnete Rolle. Die Statusunterschiede konnten verschwimmen und einem Gefühl der Verbundenheit Platz machen, das durch die Ähnlichkeit der sozialen Situation und der Lebensumstände bestimmt war[35]. In Ermangelung verläßlicher äußerer Unterscheidungsmerkmale war im täglichen Leben nicht erkennbar (oder bekannt), ob jemand Sklave oder Freier war[36]. Es ist daher kaum überraschend, daß sich die *plebs urbana* für bedrohte Sklaven einsetzte[37].

Auf diese Situation wurde bei den polizeilichen Maßnahmen zur Ordnungssicherung in Rom Rücksicht genommen[38]. Der für die Ruhe und Sicherheit Roms zuständige *praefectus urbi* hatte den ausdrücklichen Auftrag, sowohl die Sklavenbevölkerung als auch andere zum Aufruhr neigende Bevölkerungsgruppen zu überwachen[39]. Die Eliten sahen die freie *plebs urbana* und die Sklaven gleichermaßen

---

solchen Vorstellungen allgemein C. MEILLASSOUX, Anthropologie der Sklaverei (1989) 125 ff.

30 Zu Seneca s. G. GILIBERTI, "Beneficium" e "iniuria" nei rapporti col servo, Sodalitas IV (1984) 1843 ff.

31 Z.B. Sen.epist. 47, benef. 3.18 f.; Petron. 71; Iuv. 6.219 ff.; Plin.epist. 8.16.

32 Sen.clem 1.18.2 *Cum in servum omnia liceant, est aliquid, quod in hominem licere commune ius animantium vetet.*

33 Dazu unten S. 122 ff.

34 Freigelassene und deren Nachkommen stiegen manchmal bis in den Ritterstand auf. Vgl. z.B. Plin.nat. 33.33 und dazu G. ALFÖLDI, Römische Sozialgeschichte[3] (1984) 107 f.

35 Vgl. J. A. CROOK, Law and Life of Rome (1967) 58; W.L. WESTERMANN (Fn. 17) 114; G. ALFÖLDI (Fn. 34) 114 ff. und H. KLEES, Griechisches und Römisches in den Traumdeutungen Artemidors für Herren und Sklaven, FS Parlasca (1990) 62 ff.

36 *Quia difficile dinosci potest liber homo a servo* (D 18.1.5, *Paul 5 Sab*). Weiters App.civ. 2.120; D 1.14.3 (*Ulp 38 Sab*), 24.3.22.13 (*Ulp 33 ed*), 41.3.44 pr (*Pap 23 quaest*). Bezeichnend für diese Problematik ist - ungeachtet der Authentizität der Details - folgender Bericht: H.A. Sev.Alex. 27 *In animo habuit omnibus officiis genus vestium proprium dare et omnibus dignitatibus, ut a vestitu dinoscerentur, et omnibus servis, ut in populo possent agnosci, ne quis seditiosus esset, simul ne servi ingenuis miscerentur. sed hoc Ulpiano Pauloque displicuit...*

37 Vgl. unten S. 17 ff.

38 S. vor allem W. NIPPEL, Aufruhr und "Polizei" in der römischen Republik (1988) 161 ff.

39 Tac.ann. 6.11. S. unten S. 51.

als Gefahr für die öffentliche Sicherheit an. Der rechtliche *status* von Unruhestiftern war unter diesem Gesichtspunkt nicht von Relevanz[40].

2.3. Das Verhältnis der Sklaven zum Kaiser: Die Signifikanz von Einzelfällen

2.3.1. Vorbemerkungen

Deutlich nachvollziehbar werden der Mentalitätswandel und seine Auswirkungen durch zwei Berichte über Ereignisse dokumentiert, die sich in der frühen Kaiserzeit zutrugen. Sie zeigen einerseits, wie die *plebs urbana* bei Übergriffen auf Sklaven reagieren konnte, und andererseits, daß der Kaiser selbst eine Rolle beim Sklavenschutz übernahm.

Es handelte sich um Einzelfälle, die so spektakulär waren, daß sie selbst für Angehörige der Elite interessant und damit überlieferungswürdig wurden. Man wird davon ausgehen können, daß von weiteren vergleichbaren Vorkommnissen nur deshalb Nachrichten fehlen, weil sie neben solch eklatanten Fällen zu alltäglich wirkten, um das Interesse von Schriftstellern auf sich zu ziehen. Darum kann man diese Ereignisse als Modellfälle heranziehen und die Wirkungsweise von Mechanismen studieren, welche auch in weniger extremen Situationen funktionierten und damit für die Durchsetzung von *confugere ad statuam principis* bedeutsam wurden.

2.3.2. Die Ermordung des Pedanius Secundus

Der tägliche enge Kontakt von freier *plebs urbana* und Sklaven und deren ähnliche soziale Situation förderte die Entstehung einer die Statusgrenzen außer Acht lassenden Solidarität, welche dazu führte, daß sich die *plebs urbana* im Interesse von Sklaven an den Kaiser um Unterstützung wandte. Für die politische Meinungsäußerung der unteren Bevölkerungsschichten bestanden keine institutionellen Wege[41]. Sie erfolgte vielmehr in Form von Tumulten, welche dem Kaiser Unzufriedenheit mit bestimmten Maßnahmen oder Zuständen anzeigten und sein Ein-

---

40 Zwar vereinzelt aber dennoch signifikant ist der Gebrauch des Ausdrucks *plebeis sine distinctione libertatis* einer Alimentationsinschrift (ILS 6271, ähnlich ILS 5672). Vgl. weiters die Gegenüberstellung von Sklaven und *plebs ingenua* in Tac.ann. 4.27 (s. unten S. 118 Fn. 10) und die Formulierung *servitiis Octaviae, quae plebis nomen indiderint* in Tac.ann. 14.61 (dazu J. SÜNSKES THOMPSON, Demonstrative Legitimation der Kaiserherrschaft im Epochenvergleich, 1993, 62).

41 Eine formalisierte Sichtweise auf die Interaktion von Kaiser und *plebs* befürwortet dagegen E. FLAIG, Den Kaiser herausfordern (1992) 38 ff.

greifen forderten[42]. Diese Verhaltensweisen ähnelten jenen Widerstandsformen, die man heute als bürgerlichen Ungehorsam (civil disobedience) bezeichnet[43].

Das bekannteste Beispiel eines solchen - wenn auch im konkreten Anlaßfall erfolglosen - Eingreifens städtischer Massen zugunsten verfolgter Sklaven ereignete sich 61 n.Chr.[44]: Der Stadtpräfekt Pedanius Secundus war von einem seiner Sklaven ermordet worden, und unter Anwendung des *SC Silanianum* sollten 400 seiner Sklaven hingerichtet werden. Dagegen richtete sich ein Aufruhr der *plebs*: *concursu plebis, quae tot innoxios protegebat, usque ad seditionem ventum est, senatusque obsessus* (Tac.ann. 14.42). Diese *seditio* war eine an den Kaiser gerichtete politische Willenskundgebung. Nach Ansicht der *plebs* sollten die Sklaven willkürlich hingerichtet werden: Die Motive, aus denen das *SC Silanianum* erlassen worden war, konnten vielleicht unter Sklavenhaltern überzeugen, für die *plebs* waren sie ohne Gewicht. Die Teilnehmer des Aufruhrs stellten sich auf die Seite der gefährdeten Sklaven, weil deren Situation bei ihnen größere Sympathien weckte als die Interessen der Sklavenhalter.

Als es im Senat zur Debatte kam, waren die Meinungen geteilt[45]: Ein Teil der (potentiell ebenso durch ihre eigenen Sklaven bedrohten) Senatoren lehnte die strikte Anwendung des *SC Silanianum* ab. Sie empfanden übertriebene Strenge - zumindest in diesem Fall - als unangebracht. Die Diskussion entschied jedoch die Wortmeldung des Juristen C. Cassius Longinus[46]. Unter Berufung auf seine *auctoritas*[47] und unter Hinweis auf die Überlegenheit der alten Rechtseinrichtungen

---

42 Vgl. R. MACMULLEN, Enemies of the Roman Order (1966; Ndr. 1992) 172 f., 178 f.; A.W. LINTOTT, Violence in Republican Rome (1968) 15 f.; J. SÜNSKES THOMPSON (Fn. 40) 30 f. und W. NIPPEL (Fn. 38) 155 ff.

43 Dazu allgemein D. DAUBE, Civil Disobedience in Antiquity (1972).

44 Tac.ann. 14.42 ff. Dazu E. KOESTERMANN, Cornelius Tacitus Annalen IV (1968) 105 ff.; Z. YAVETZ, Plebs and Princeps (1969) 29 ff.; ders., The Urban Plebs in the Days of the Flavians, Nerva and Trajan, in: Opposition et résistances à l'empire d'Auguste à Trajan (Entretiens Hardt XXXIII, 1987) 153 ff.; M.I. FINLEY (Fn. 29) 122 ff. und V. RUDICH, Political Dissidence under Nero (1993) 49 ff.

45 Zur Senatsdebatte vgl. F. D'IPPOLITO, Ideologia e diritto in Gaio Cassio Longino (1969) 59 ff.; D. NÖRR, Rechtskritik in der römischen Antike (1974) 50; ders., C. Cassius Longinus: Der Jurist als Rhetor, FS Bengtson (1983) 187 ff.; Z. YAVETZ (Fn. 44) 29 ff., 35.; D. DALLA, Senatus Consultum Silanianum (1980) 26 ff.; H. BELLEN (Fn. 25) 449 ff.; J.G. WOLF, Das Senatusconsultum Silanianum und die Senatsrede des C. Cassius Longinus aus dem Jahre 61 n. Chr. (1988); R.A. BAUMAN, Lawyers and Politics in the Early Roman Empire (1989) 92 ff. und V. RUDICH (Fn. 44) 49 ff.

46 Zur Person des C. Cassius s. die Arbeiten von D. NÖRR, C. Cassius Longinus (Fn. 45) 187 ff. und ders., Zur Biographie des Juristen C. Cassius Longinus, Sodalitas VI (1984) 2957 ff.

Zu C. Cassius Haltung gegenüber Sklaven vgl. F. D'IPPOLITO (Fn. 45) 66 ff.

47 Vgl. D 1.2.2.51 (*Pomp ls enchir*) *Huic successit Gaius Cassius Longinus natus ex filia Tuberonis, quae fuit neptis Servii Sulpicii: et ideo proavum suum Servium Sulpicium appellat. hic consul fuit cum Quartino temporibus Tiberii, sed plurimum in civitate auctoritatis habuit eo usque, donec eum Caesar civitate pelleret.* Dazu F. D'IPPOLITO (Fn. 45) 19 ff.

(*super omnibus negotiis melius atque rectius olim provisum*[48]) gelang es ihm, die Mehrheit der Senatoren davon zu überzeugen, daß jede Milde in dieser Angelegenheit Gefahren bringen würde.

Die Wortmeldung des Juristen hatte den Senat gewonnen, nicht aber das Volk, das sich anschickte, dem Vollzug der Strafe Widerstand entgegenzusetzen. Jetzt erst griff Nero ein: *Tum Caesar populum edicto increpuit atque omne iter, quo damnati ad poenam ducebantur, militaribus praesidiis saepsit* (Tac.ann. 14.45). Anders als Augustus, der in einer ähnlichen Situation zugunsten der bedrohten Sklaven entschieden hatte[49], folgte Nero in diesem Fall der Entscheidung des Senats[50].

Wenngleich dem Eingreifen des Volks kein Erfolg beschieden war, so lassen sich in dieser Konfrontation wichtige Gesichtspunkte erkennen, die über diesen Fall hinaus von Bedeutung waren: Rechtliche Regelungen, welche die Situation der Sklaven unerträglich machten, fanden bei der Masse der Bevölkerung kein Verständnis. Diese hatte primär das Schicksal der Opfer und nicht den Nutzen der Unterdrückungsmaßnahmen vor Augen[51]. In solchen Fällen wurde vom Kaiser Abhilfe erwartet, der sich manchmal dem Druck der Straße beugte[52]. Ähnliche Stimmungen mögen auch die sklavenfreundliche kaiserliche Rechtspolitik beeinflußt haben.

---

48 Tac.ann. 14.43. Zum ideologischen Hintergrund vgl. D. NÖRR, Zum Traditionalismus der römischen Juristen, FS Flume I (1978) 166 f. und ders., C.Cassius Longinus (Fn. 45) 194 ff.

49 Sen.nat. 1.16.1; dazu H. VOLKMANN, Zur Rechtsprechung im Prinzipat des Augustus^2 (1969) 78 ff.; J.M. KELLY, Princeps Iudex (1957) 31 f.; J.G. WOLF (Fn. 46) 31; V. RUDICH (Fn. 44) 53. S. überdies unten bei Fn. 73.

50 Zur Rolle Neros vgl. B.W. HENDERSON, The Life and Principate of the Emperor Nero (1905; Ndr. 1968) 92 f.; T. BOLLINGER, Theatralis licentia (1969) 64; E. CIZEK, L'époque de Néron et ses controverses idéologiques (1972) 145 und E. FLAIG (Fn. 41) 78 f.

51 Vgl. Z. YAVETZ (Fn. 44) 35: "That this demonstration is to be considered a revolt against a crying injustice cannot be doubted."
Vgl. noch D. NÖRR, Rechtskritik (Fn. 45) 50; W. NIPPEL (Fn. 38) 159; V. RUDICH (Fn. 44) 49 und S. FARO, La *libertas ex divi Claudii edicto* (1996) 127 ff.
Eine noch weitergehende Interpretation versucht E. FLAIG (Fn. 41) 65 f. Er sieht in der geplanten Hinrichtung nur den Anlaß zum Aufruhr, während der Widerstand der *plebs* der oligarchischen Senatsherrschaft als solcher galt.

52 Zwar fehlen Belege dafür, daß Kaiser Sklaven auf Drängen des Volks gegen grausame *domini* in Schutz nahmen, belegt ist jedoch, daß es Zuschauern bei Spielen öfters gelang, Kaiser für sklavenfreundliche Akte, v.a. Freikäufe, zu gewinnen (Cass.Dio. 57.11.6). Zu Publikumsdemonstrationen im Zirkus vgl. T. BOLLINGER (Fn. 50).
Im zweiten Jahrhundert wurden solcherart erzwungene private Freilassungen verboten: D 40.9.17 pr (*Paul ls de libertat*) *Si privatus coactus a populo manumiserit, quamvis voluntatem accommodaverit, tamen non erit liber: nam et divus Marcus prohibuit ex adclamatione populi manumittere*. Vgl. weiters Cass.Dio. 69.16.3.
Dazu L. FRIEDLÄNDER/G. WISSOWA, Darstellungen aus der Sittengeschichte Roms II^{10} (1922; Ndr. 1964) 2 ff.; D. KIENAST, Augustus. Princeps und Monarch (1982) 169 f. und zur Freilassung im Circus allgemein E. PACK, Manumissio in circo? Zum sog. Freilassungsrelief in Mariemont, FS Vittinghoff (1980) 179 ff.

Für die Wirksamkeit des Asylrechts bei den kaiserlichen Statuen ergeben sich aus diesem Fall wertvolle Hinweise: Ein *dominus*, der seinen Sklaven von der an einem öffentlichen Ort aufgestellten Statue entfernen wollte, konnte damit rechnen, daß der Sklave von der Bevölkerung Unterstützung erhielt. Eine sympathisierende Menge konnte Übergriffe auf den Flüchtling genauso unmöglich machen, wie in Griechenland die Verfolgung von Personen, die in einem Tempelasyl Zuflucht gesucht hatten, verhindert wurde[53].

2.3.3. Die Maßregelung des Vedius Pollio

Aus der Sicht eines römischen Sklaven war der Kaiser nicht allein Adressat von Massenprotesten. Er konnte sogar die Rolle des Retters in höchster Not übernehmen. Eine Geschichte, die eine solche Stilisierung des Kaisers förderte, ist der mehrfach überlieferte Bericht von der aufsehenerregenden Intervention des Augustus zugunsten eines Sklaven in Todesgefahr im Jahre 15 v.Chr.[54]: Während eines Gastmahles im Hause des Vedius Pollio, an welchem auch Augustus teilnahm, zerbrach ein Sklave eine kostbare Kristallschale. Daraufhin ordnete sein Herr an, ihn zur Strafe lebendig durch Muränen auffressen zu lassen. Der Sklave entrann diesem grausamen Tod, indem er den anwesenden Kaiser um Gnade anflehte[55]. Der Kaiser erhörte die Bitte, rettete den Sklaven und befahl, an dessen Stelle die wertvolle Kristallsammlung des Vedius Pollio in das Becken zu den Muränen zu werfen.

Der Vorfall war unter verschiedenen Aspekten außergewöhnlich und hinterließ deswegen - wie die mehrfache Überlieferung deutlich zeigt - bei den Zeitgenossen einen nachhaltigen Eindruck. Die Art der von Vedius Pollio beabsichtigten Strafe empörte sogar seine - nach modernen Maßstäben gemessen - sicherlich nicht allzu feinfühligen Zeitgenossen[56]. Deswegen porträtierten die antiken Autoren Vedius Pollio als neureichen, zur Maßlosigkeit neigenden und verachteten Emporkömmling. Der Eingriff des Kaisers richtete sich in diesem Fall nicht gegen die Hinrichtung eines Sklaven als solche, sondern gegen deren extravagante Form[57]. Bei den Angehörigen der Oberschicht prägte die Episode das negative Image des Vedius Pollio.

---

53 Vgl. Cic.Verr. 2.1.85. Dazu unten S. 165.

54 Sen.ira. 3.40.2 ff., clem. 1.18.2; Plin.nat. 9.77; Cass.Dio 54.23.2 ff. Dazu A. WATSON, RSL 119 f. und J.CH. DUMONT 144 f. Zur Person des Vedius Pollio vgl. J. KEIL, P. Vedius Pollio, RE VIII A 1 (1955) 568 ff. und R. SYME, Who was Vedius Pollio?, in: ders., Roman Papers II (1979) 518 ff.

55 Sen.ira. 3.40.3 *Evasit e manibus puer et confugit ad Caesaris pedes nihil aliud petiturus, quam ut aliter periret, ne esca fieret.*

56 Vgl. Sen.clem. 1.18.2 *O hominem mille mortibus dignum ... quemadmodum domini crudeles tota civitate conmonstrantur invisique et detestabilis sunt.*

57 Dazu auch A. GUARINO, Le murene di Pollione, in: ders., Iusculum iuris (1985) 247 f. und TH. WIEDEMANN (Fn. 22) 76.

Wie aber mögen die Nachrichten über dieses Ereignis bei ihrer Verbreitung in Rom auf die Vorstellungswelt von Sklaven gewirkt haben? Welche Erwartungen riefen sie hervor?

Hiezu schweigen die Quellen leider. Es ist leicht vorstellbar, daß der dramatisch inszenierte Fall auf die Sklaven Roms einen noch viel tieferen Eindruck machte als auf ihre Herren, aus deren Schriften die lebendigen Schilderungen stammen. Im Schicksal dieses Sklaven konnte jeder Sklave seine eigene existentielle Situation wiedererkennen: Jeder war der Willkür seines Herrn ausgeliefert, der nahezu beliebig, auch aus geringen Anlässen, schwerste körperliche Strafen oder die Todesstrafe verhängen konnte. Jeder Sklave konnte in eine Situation geraten, in der er ähnlicher Hilfe bedurfte. In einer solchen Lage mochte auch für ihn vielleicht die Fürsprache eines Freundes des *dominus* von Nutzen sein, um das Äußerste abzuwenden[58].

Selbst diese Hoffnung hatte der Sklave schon aufgegeben. Für ihn ging es nicht um sein Leben, sondern um einen weniger unmenschlichen Tod. In dieser aussichtslosen Situation wandte er sich an Augustus, der ihm sein Leben wiederschenkte[59]. Angesichts der besonderen Unbarmherzigkeit des Vedius Pollio, mit der dieser seine Macht über Leben und Tod des Sklaven auszuüben im Begriffe stand, und der hoffnungslosen Lage des Sklaven mußte das Eingreifen des Kaisers eine fast wunderhafte Dimension gewinnen. Wer außer dem Kaiser selbst hätte in dieser Situation den Sklaven noch vor dem Tode bewahren können?

Gaben die Nachrichten von diesem Ereignis nicht allen Sklaven Anlaß zur Hoffnung, daß der Kaiser in einer ähnlichen Situation auch zu ihren Gunsten intervenieren würde? Mußten sie nicht unweigerlich daraus den Schluß ziehen, daß der Kaiser sie zu schützen bereit war[60] und daß sie von ihm ähnliche Hilfe erwarten durften?

---

58 Vgl. die Flucht des Sklaven Onesimos zu Paulus (NT Philem.; dazu P.J. VERDAM, St.-Paul et un serf fugitif, Symbolae van Oven, 1946, 211 ff. und H. GÜLZOW, Christentum und Sklaverei in den ersten drei Jahrhunderten, 1969, 29 ff.) und Petron. 30 und 52; ähnlich Plin.epist. 9.21, 24 (bezüglich eines Freigelassenen).
Zur indirekten juristischen Billigung dieser Praxis vgl. D 21.1.17.4 (*Ulp 1 ed aedil curul*) *Idem (sc. Vivianus) ait: interrogatus Proculus de eo, qui domi latuisset in hoc scilicet, ut fugae nactus occasionem se subtraheret, ait, tametsi fugere non posset videri, qui domi mansisset, tamen eum fugitivum fuisse: sin autem in hoc tantum latuisset, quoad iracundia domini effervesceret, fugitivum non esse, sicuti ne eum quidem, qui cum dominum animadverteret verberibus se adficere velle, praeripuisset se ad amicum, quem ad precandum perduceret ...* Dazu unten S. 67.

59 C. CASTELLO vermutet, wohl zu weitgehend, daß der Sklave durch den Kaiser sogar freigelassen wurde. C. CASTELLO, D. 40.1.14.1 - Manumissio e lege Augusti, St. Sanfilippo V (1984) 175 ff., und ders., "Humanitas" e "favor libertatis", Sodalitas V (1984) 2178. Dagegen bereits A. GUARINO (Fn. 57) 147.

60 Bereits C. CASTELLO, D. 40.1.14.1 (Fn. 59) 176 Fn. 91 sieht darin eine Vorform des Sklavenschutzes durch *ad statuam confugere*.

2.3.4. Die Rolle der kaiserlichen Propaganda

Solche Erwartungen kamen nicht von ungefähr, sondern wurden von den *principes* bewußt gefördert. Bereits während der Amtszeit des Augustus häuften sich unter den kaiserlichen Attributen Symbole, die für bessere Herrschaft und Gerechtigkeit standen und aus der Sicht von Sklaven Schutz verhießen[61].

Die Dichtung feierte den ersten Prinzipat als Rückkehr des goldenen Zeitalters, als Neubeginn der Herrschaft Saturns, einer Zeit ohne Sklaverei[62]. Legenden über die göttliche Abkunft des ersten *princeps*[63] entstanden. Sowohl die Attribute von Apollon und Jupiter[64], mit denen die Person des Augustus (und die seiner Nachfolger) in der kaiserlichen Propaganda ausgestattet wurde, als auch die Verbindung des Kaisers mit der Sonne (*sol invictus* etc.) wiesen dem Kaiser die Rolle eines besonderen Beschützers der Sklaven zu[65]. Solche Vorstellungen knüpften nicht an der individuellen Persönlichkeit an, sondern an einem kaiserlichen Idealbild, so daß persönliche Grausamkeit eines *princeps* gegen eigene Sklaven[66] diesen Erwartungen keinen Abbruch tat.

Die Hinwendung der Kaiser zur Sklavenbevölkerung beschränkte sich nicht ausschließlich auf ideologisch-propagandistische Maßnahmen, sondern manifestierte sich in einer, wenngleich beschränkten, Integration von Sklaven in das öffentliche Leben[67]. Sie erhielten wichtige Funktionen im neubelebten Kult der *Lares Compitiales*. Dieser war in der Republik Ausgangspunkt sozialer Unruhen gewesen und diente in seiner von Augustus erneuerten Form dazu, die unteren Volksschichten an

---

61 Zur Haltung der Sklaven zum Prinzipat s. O. BEHRENDS (Fn. 21) 53 ff. und R. GÜNTHER/R. MÜLLER, Das goldene Zeitalter (1988) 94 ff.

62 Vgl. Iust. 43.1.3 und Macr.Sat. 1.7.26. Dazu H. STRASBURGER, Zum antiken Gesellschaftsideal (1976) 98 ff.

63 Suet.Aug. 94.4 ... *Augustum ... Apollonis filium existimatum.* Dazu M. CLAUSS, *Deus praesens.* Der römische Kaiser als Gott, Klio 78 (1996) 416.

64 Zu Jupiter als Beschützer der Sklaven vgl. Macr.Sat. 1.11.2.

65 Vgl. A. ALFÖLDI, Insignien und Tracht der römischen Kaiser, in: ders., Die monarchische Repräsentation im römischen Kaiserreiche[3] (1980) 220 ff.; O. BEHRENDS (Fn. 21) 83 ff.; K. HOPKINS, Conquerors and Slaves (1978) 206; R. GÜNTHER/R. MÜLLER (Fn. 61) 100 ff.; P. ZANKER, Augustus und die Macht der Bilder (1987) 57 ff., 232 ff.; J. POLLINI, Man or God: Divine Assimilation and Imitation in the Late Republic and Early Principate, in: K.A. RAAFLAUB/M. TOHER (Hg.), Between Republic and Empire (1990) 334 ff. und K. MÖLLER, Götterattribute in ihrer Anwendung auf Augustus (1985).

66 Vgl. J. MARQUARDT, Das Privatleben der Römer I[2] (1886; Ndr. 1980) 183 Fn. 7 und K. BRADLEY (Fn. 12) 121.

67 Die Nähe der Sklaven zum Kaiser wurde von manchen *domini* als konkrete Bedrohung empfunden, weil die Sklaven so zum Ungehorsam und zur Denuntiation des Herrn veranlaßt werden konnten. S. Plin. paneg. 42.3 *Non enim iam servi nostri principis amici sed nos sumus, nec pater patriae alienis se mancipiis cariorem quam civibus suis credit. omnes accusatore domestico liberasti, unoque salutis publicae signo illud, ut sic dixerim, servile bellum sustulisti. in quo non minus servis quam dominis praestitisti: nos enim securos, illos bonos fecisti.*

den Kaiser und das Kaiserhaus zu binden[68]. Ähnliches gilt für die tragende Rolle der Freigelassenen im Kaiserkult[69].

Zwei Berichte zeigen, daß der besondere Schutz des Kaisers nicht auf Sklaven beschränkt war, sondern allen Einwohnern Roms zugute kommen sollte[70]: 13 v.Chr. beschloß der Senat, daß jeder, der sich innerhalb des *pomerium* an Augustus um Hilfe wandte, Straffreiheit genießen sollte[71]. Außerdem wurden an Tagen der Ankunft des *princeps* in Rom keine Todesstrafen vollzogen[72].

Die in diesen Akten zu Tage tretende Vorstellung eines besonderen kaiserlichen Charismas war natürlich in Wechselwirkung mit der Festigung der faktischen Macht des Kaisers und der rechtlichen Ausgestaltung seiner Stellung entstanden. Daß Augustus berechtigt war, Vedius Pollio in die Schranken zu weisen, stand für die Zeitgenossen außer Frage. Worin die konkrete Rechtsgrundlage seines Eingreifens bestand, war in dieser Hinsicht von sekundärer Bedeutung[73]. Die Übernahme zensorischer Aufgaben und Befugnisse durch Augustus[74], die Betrauung

---

68 F. BÖMER, Untersuchungen über die Religion der Sklaven in Griechenland und Rom I² (1981) 34 ff.; K. HOPKINS (Fn. 65) 211 f.; D. KIENAST (Fn. 52) 164 ff.; P. ZANKER (Fn. 65) 136 ff. und E. SIMON, Augustus (1986) 97 ff.

69 A.M. DUFF, Freedmen in the Early Roman Empire (1928) 133 ff.; D. KIENAST (Fn. 52) 209 f.; K. HOPKINS (Fn. 65) 211 ff.; S.E. OSTROW, The *Augustales* in the Augustan Scheme, in: K.A. RAAFLAUB/M. TOHER, Between Republic and Empire (1990) 364 ff. und D. LADAGE, Soziale Aspekte des Kaiserkultes, FS Vittinghoff (1980) 377 ff.

70 S. vor allem Cass.Dio. 69.6.3 (dazu unten Fn. 213). Zur Haltung der Provinzialen vgl. inschriftlich erhaltene Hilfeersuchen wegen Untätigkeit bzw. Übergriffen von Beamten in J. KEIL/A. V. PREMERSTEIN, Bericht über eine dritte Reise in Lydien, Denkschr. Öst. Akad. phil. Kl. 57 Abh. 1 (1914) Nr. 55 (aus der Severerzeit) und CIL III 12336 = FIRA I Nr. 106 (238 n.Chr.).

71 Cass.Dio 54.25.3. Augustus lehnte diese Form der Ehrung jedoch ab. S. dazu H. VOLKMANN (Fn. 49) 123 Fn. 1. Zu einer ähnlichen Ehrung Caesars s. App.civ. 2.144 und ST. WEINSTOCK, Divus Julius (1971) 243.

72 Suet.Aug. 57.2 *Observatum etiam est, ne quotiens introiret urbem, supplicium de quoquam sumeretur.*

73 S. A. WATSON, RSL 120: "Augustus's response was extralegal but was permitted by his position of power. Augustus, it may be recalled, was later to restore the censorship." In diesem Sinne argumentiert ebenfalls A. GUARINO (Fn. 57) 147 f. H. VOLKMANN (Fn. 49) 123 bestreitet "eine gesetzliche Handhabe einzuschreiten". Vgl. außerdem J.CH. DUMONT 144 f.
Genauso umstritten ist die rechtliche Grundlage für die Aussetzung des *SC Silanianum* nach der Ermordung des Hostius Quadra (Sen.nat. 1.16.1). Für Augustus war maßgeblich, daß der Ermordete wegen seiner bekannten Neigung zu sexuellen Ausschweifungen *indignum vindicta* erschien. Dazu H. VOLKMANN (Fn. 49) 78 ff.; J.M. KELLY (Fn. 49) 31 f. und J.G. WOLF (Fn. 46) 31.

74 Den ihm vermachten Palast des Vedius Pollio ließ Augustus abreißen und an seiner Stelle die *porticus Liviae* errichten, um jegliche Erinnerung an Vedius Pollio zu tilgen; J. KEIL (Fn. 54) 569; R. SYME (Fn. 54) 527. Ovid (fast. 647 f.) verbindet dies mit der zensorischen Tätigkeit des Kaisers: *Sic agitur censura et sic exempla parantur, cum vindex, alios quod monet, ipse facit.* Vgl. dazu F. KOLB, Rom (1995) 363 f.

des Kaisers mit der *cura et tutela rei publicae*[75] und der mit ihr verbundenen *cura legum et morum*[76] oder die *tribunicia potestas* des Kaisers[77] boten zahlreiche Anknüpfungspunkte, um den Schutz verfolgter Sklaven zu legitimieren. Wesentlich war nicht die konkrete Rechtsgrundlage des kaiserlichen Tätigwerdens, sondern das in der Intervention erkennbare Engagement für die Anliegen der Sklaven.

Deutlich wird diese Rolle weiters durch die Übertragung von Aufgaben des Sklavenschutzes und der Sklavenkontrolle an kaiserliche Beamte[78]. Nicht zuletzt konnte auch die Entwicklung der kaiserlichen Rechtsprechung, die in der generellen Zulassung der Appellation an den Kaiser gipfelte[79], zu verstärkter Inanspruchnahme des Kaisers für die Belange von Sklaven führen[80].

2.4. Die Bedeutung der kaiserlichen Statuen

2.4.1. *Ad statuam confugere* und Asyl: Bemerkungen zur Terminologie

Bei einer kaiserlichen Statue Zuflucht zu nehmen - *ad statuam confugere* - war eine von den römischen Juristen anerkannte Form des Asylschutzes. In der wissenschaftlichen Literatur wird in diesem Zusammenhang gelegentlich versucht, die dem griechisch-hellenistischen Recht bekannte Unterscheidung zwischen Asylie (*asylía*) und Hikesie/Hiketie (*hiketeía*)[81] auf die römischen Verhältnisse zu übertragen[82]. Während unter Hiketie der Schutz eines Flüchtlings verstanden wird, der seine Wurzeln in religiöser Scheu vor dem Göttlichen oder im Respekt vor einem Heiligtum hatte, soll Asylie nur das durch einen besonderen Rechtsakt verliehene

---

75 A. v. PREMERSTEIN, Vom Werden und Wesen des Prinzipates (1937) 117 ff.

76 A. v. PREMERSTEIN (Fn. 75) 149 ff. und E. BALTRUSCH (Fn. 15) 172 f.

77 Auf diese führt C. GIOFFREDI 188 *ad statuas confugere* zurück; ähnlich A.D. MANFREDINI 47.

78 S. unten S. 51 ff.

79 Vgl. M. KASER/K. HACKL, RZP 445 ff., 501 ff.; W. LITEWSKI, Die römische Appellation in Zivilsachen, ANRW II/14 (1982) 60 ff. (jeweils m.w.N.).

80 Vgl. A. PIGANIOL, Les empereurs parlent aux esclaves, Rom 1 (1958) 7 ff.

81 Zur Hikesie/Hiketie in griechischen Bereich vgl. vor allem J. GOULD, Hiketeia, Journal of Hellenic Studies 93 (1973) 74 ff.; G. FREYBURGER, Supplication grecque et supplication romaine, Latomus 47 (1988) 501 ff.; U. SINN, Das Heraion von Perachora, AM 105 (1990) 71 ff.; W. PÖTSCHER, Die Strukturen der Hikesie, Wiener Studien 107/108 (1994/95) (= *Sphairos*. FS W. Schwabl) 51 ff.; M. DREHER, Das Asyl in der Antike, Tyche 11 (1996) 84 ff.; K.J. RIGSBY 9 ff. und die weiteren auf S. 155 Fn. 1 zitierten Arbeiten.

82 F. v. WOESS 208 ff.; C. GIOFFREDI 188; H. LANGENFELD 107 ff. und G. CRIFÒ 197.

Asylrecht bezeichnen[83]. *Ad statuam confugere* ordnen Autoren, die diese Unterscheidung treffen, der Hiketie zu[84].

Gegen die Übernahme dieser Differenzierung in einer Darstellung des römischen Rechts sprechen mehrere Gründe: In den Quellen findet sich kein Anhaltspunkt dafür, daß eine vergleichbare Unterscheidung von den römischen Juristen auf den Schutz bei den kaiserlichen Statuen angewandt wurde[85]. Wie die durchgängige Verwendung der Formel *ad statuam/statuas confugere* zeigt, galt das juristische Interesse dem Verhalten des Flüchtlings und dessen rechtlichen Konsequenzen, nicht den Grundlagen des Schutzes. Dieser wurde vorausgesetzt. Die Verwendung des Worts *asylum* in juristischen Quellen erlaubt ebensowenig einen Schluß auf eine von römischen Juristen entwickelte Asylkonzeption, die eine Unterscheidung zwischen Asylie und Hiketie rechtfertigen könnte. *Asylum* kommt in der juristischen Literatur nur zweimal, nämlich in D 21.1.17.12 (Ulpian/Labeo/Caelius Sabinus, *Ulp 1 ed aedil curul*)[86] und in einer Konstitution der Kaiser Honorius und Theodosius aus dem Jahre 419 n.Chr. vor[87].

Außerdem sind die gegen die Bezeichnung von *ad statuam confugere* als Asylschutz vorgebrachten inhaltlichen Einwände keineswegs zwingend. Selbst bei Übernahme der dieser Ansicht zugrundeliegenden Prämisse, daß von Asylrecht nur dann gesprochen werden sollte, wenn der Schutz "auf der besonderen rechtlichen Anerkennung eben dieser Stätte beruhte"[88], ist die Ablehnung der Bezeichnung "Asyl" für *ad statuam confugere* verfehlt. Der Schutz des Flüchtlings ging auf den Respekt vor dem Kaiser und seinen Statuen zurück und war dadurch rechtlich abgesichert, daß Kaiserbilder unter dem strafrechtlichen Schutz der *lex Iulia de maiestate* standen. Nach diesem Gesetz wurden die *maiestas* des Kaisers verletzende Handlungen gegenüber bzw. in der Nähe einer Statue geahndet. Zu diesen zählte auch die Entfernung eines Flüchtlings, der bei dieser Statue Schutz gesucht hatte[89]. Für die Anwendbarkeit der *lex Iulia de maiestate* und damit zur Herbeiführung des

83 Dieses Konzept wird für die Asylie griechischer Tempel jüngst von K.J. RIGSBY 4 ff. grundsätzlich in Frage gestellt. Nach seiner Auffassung war die Anerkennung der Unverletzlichkeit nicht wesentlich für den Schutz. Dazu unten S. 156.

84 F. v. WOESS 211; C. GIOFFREDI 188 und H. LANGENFELD 110 f.

85 So jedoch die oben in Fn. 82 zitierten Autoren.

86 Zu dieser Stelle s. unten S. 65 ff.

87 CTh 6.27.18 (*Impp. Honorius et Theodosius AA. Helioni magistro officiorum*) *Ad scholam agentum in rebus passim plurimi velut ad quoddam asylum convolarunt, quos vita culpabiles et origo habet ignobiles et ex servili faece proripuisse demonstrat* ... (*Dat. XII kal. Feb. Constantinopoli Theodosio A. VII et Paladio conss.*)

88 F. v. WOESS 211. In diesem Sinne C. GIOFFREDI 188: "... il diritto d'asilo implica un esplicito riconoscimento del privilegio proprio di certi luoghi ...".
Die rechtliche Anerkennung bestreitet H. LANGENFELD 112, der dafür einen gesetzgeberischen Akt fordert, während er die Behandlung durch die Juristen als "Registrierung" ohne normative Bedeutung ansieht.

89 S. unten S. 32 ff.

Schutzes bedurfte es eines individuellen Rechtsakts, der *dedicatio* oder *consecratio*[90]. Mit dem Rechtsakt der Weihe wurde der Asylschutz begründet. Zwar wurde die Statue nicht geweiht, um als Zufluchtsort dienen zu können, sie bot aber nur Schutz, weil sie konsekriert war. Dies läßt die Anwendung des Terminus Asylrecht auf den Schutz bei kaiserlichen Statuen vertretbar erscheinen.

Außerdem entspricht eine formalistische terminologische Unterscheidung zwischen Asyl und Hiketie für den Bereich des römischen Rechts nicht der allgemeinen Übung im wissenschaftlichen Schrifttum. Sogar Autoren, die eine Unterscheidung zwischen Asylrecht und Hiketie treffen, beachten diese nicht immer[91]. Meist wird *ad statuam confugere* in der Literatur als dem Asylrecht eng verwandte Einrichtung[92] oder einfach als Asyl behandelt[93].

2.4.2. Die Zuflucht bei einem Kaiserbild und verwandte Phänomene in den Quellen

Über die Zuflucht zu einer kaiserlichen Statue oder den Gebrauch eines Kaiserbilds, um Schutz zu finden, berichten die Quellen des untersuchten Zeitraumes von der Zeit des Bürgerkriegs zwischen Antonius und Oktavian bis in das frühe dritte Jahrhundert.

---

90 Dazu unten S. 35 ff. Unscharf TH. PEKARY, Das römische Kaiserbildnis in Staat, Kult und Gesellschaft (1985) 130: "In der Folgezeit überträgt sich das Asylrecht (sc. des Tempels des *divus Iulius*), wenn es auch nicht formell beschlossen wird, auf alle Kaiserstatuen ..."

91 Z.B. H. LANGENFELD 111 Fn. 258.

92 Z.B. F. v. WOESS 206 ff.; H. LANGENFELD 107 ff.; H. BELLEN 64 ff.; TH. MOMMSEN, StR 458 ff.; P. TIMBAL DUCLAUX DE MARTIN 28 f.
Die funktionelle Ähnlichkeit erklärt die Verweise von *confugere ad statuam* auf Tempelasyle (Tac.ann. 3.36.2, unten S. 139 f.) bzw. von den Tempelasylen auf die Statuen (Tac.ann 3.63.4, unten S. 170) bei Tacitus und Ulpian (D 21.1.17.12, *Ulp 1 ed aedil curul*; unten S. 65 f.).

93 A. PERNICE, Marcus Antistius Labeo I (1873) 116; P. STENGEL, Asylon, RE II (1896) 1885; F. AFFOLTER, Die Persönlichkeit des herrenlosen Sklaven (1913) 92 Fn. 2; R.H. BARROW, Slavery in the Roman Empire (1928) 59; R.S. ROGERS, Studies in the Reign of Tiberius (1943) 128; L. WENGER, Asylrecht, RAC I (1950) 839 f.; B. BIONDI, Il diritto romano cristiano I (1952) 389 f.; U.E. PAOLI, Asilo, NNDI I (1958) 1036; G. CRIFÒ 197; R.A. BAUMAN, Impietas in principem (1974) 85 ff.; K. BRADLEY (Fn. 12) 124 f.; TH. PEKARY (Fn. 90) 130 f.; A. WACKE, Die *potentiores* in den Rechtsquellen, ANRW II/13 (1980) 601 ff.; W. NIPPEL (Fn. 38) 165; R. ZIEGLER, Die "Historia Apollonii Regis Tyri" und der Kaiserkult in Tarsos, Chiron 14 (1984) 225 f.; A. WALLACE-HADRILL, Image and Authority in the Coinage of Augustus, JRS 76 (1986) 73; J. GEBHARDT (Fn. 15) 200 f.; G. DE BONFILS, Gli schiavi degli ebrei nella legislazione del IV secolo (1992) 52 und M. DREHER (Fn. 81) 91 f.

Aus literarischen Quellen kennt man die Zuflucht des Marcus Antonius Antyllos zu einer Statue des *divus Iulius* in Alexandria 30 v.Chr.[94], mehrere Fälle aus der Regierungszeit des Tiberius[95] und Erwähnungen bei Seneca, Plinius sowie in einer Episode der *Historia Apollonii regis Tyri*[96].

Die älteste Äußerung von Juristen zu diesem Thema geht vielleicht schon auf den Frühklassiker Labeo und damit auf die Regierungszeit des Augustus oder Tiberius zurück[97]. Später wird *ad statuas confugere* von den Juristen Caelius Sabinus[98], Gaius[99], Q. Cervidius Scaevola[100] und Callistratus[101], sowie den Kaisern Antoninus Pius[102] und Septimius Severus[103] behandelt.

2.4.3. Die Funktionen der kaiserlichen Statuen

Allein die Idee, bei einer Statue in einer Notsituation Schutz zu erwarten, mag auf moderne Menschen ungewöhnlich wirken. Noch befremdlicher ist, daß die Statue tatsächlich Schutz bot. In diesem Phänomen zeigt sich ein Verhältnis der Römer zu Kaiserbildern, das sich von heutigen Auffassungen grundsätzlich unterscheidet: Für die Menschen der Antike war die Statue eines Kaisers nicht bloß ein Kunstwerk, sondern Träger vielfältiger Botschaften[104] und in mancherlei Hinsicht mehr als die bloße Abbildung eines Menschen. Die Statue wurde nicht als Darstellung des Kaisers gesehen, sondern mit dem Kaiser selbst identifiziert[105]. Man kann durchaus behaupten, daß jede Abbildung den Kaiser "verdoppelte", daß auch der römische Kaiser in

---

94 Suet.Aug. 17. Dazu auf S. 40.

95 Tac.ann. 3.36 (21 n.Chr.); Tac.ann. 4.67.4 (27 n.Chr.); Philostr. vita Apoll. 1.15 (nicht näher datierbar). S. weiters Tac.ann. 3.63.4 (22 n.Chr.; dazu unten S. 170.)

96 Sen.clem. 1.18.2 (55 n.Chr.); Plin.epist. 10.74 (110 n.Chr.); Hist.Apoll. 29 (wohl in das frühe 3. Jh. zu datieren).

97 Antistius Labeo (gestorben zwischen 10 und 21 n.Chr.) in D 21.1.17.12 (*Ulp 1 ed aedil curul*). Vgl. jedoch unten S. 72 ff.

98 Caelius Sabinus (Konsulat 69 n.Chr.) in D 21.1.17.12 (*Ulp 1 ed aedil curul*). Vgl. jedoch unten S. 72 ff.

99 Gai 1.53 (um 161 n.Chr.)

100 D 47.10.38 (*Scaev 4 reg*) 2. Hälfte des 2.Jh.

101 D 48.19.28.7 (*Call 6 cogn*) Beginn des 3.Jh.

102 Reskript an Aelius Marcianus in Coll 3.3.2 f. (*Ulp 8 off procon*).

103 *Epistula* an Fabius Cilo in D 1.12.1.1 (*Ulp ls off praef urbi*).

104 P. ZANKER (Fn. 65) passim.

105 H. KRUSE, Studien zur offiziellen Geltung des Kaiserbildes im römischen Reiche (1934) passim; weiters A. ALFÖLDI, Die Ausgestaltung des monarchischen Zeremoniells am römischen Kaiserhofe, in: ders., Die monarchische Repräsentation im römischen Kaiserreiche³ (1980) 70 ff.; H.E. KILLY/M. HÖPFNER, Bild II, RAC II (1954) 308 f.; J.P. ROLLIN, Untersuchungen zu Rechtsfragen römischer Bildnisse (1979) 117 ff.; TH. PEKARY (Fn. 90) 134 und K. HOPKINS (Fn. 65) 221.

mancher Hinsicht "zwei Körper" hatte[106]. Dieses Konzept zeigen einige Nachrichten antiker Autoren deutlich: Caligula ließ eine Statue errichten, die täglich so eingekleidet wurde, wie er selbst an diesem Tag gekleidet war[107]. Für Artemidor (2. Jh.n.) war die Mißhandlung eines Kaiserbildnisses gleichbedeutend mit der des Kaisers[108]. Und noch Athanasios aus Alexandrien (4. Jh.n.) ließ im Rahmen eines Gleichnisses ein Kaiserbild aussprechen: "Ich und der Kaiser sind eins. Ich bin in ihm und er ist in mir."[109]

Bildnisse waren natürlich politische Zeichen. Ab der Bürgerkriegszeit vermittelten die Statuen des *divus Iulius*[110] oder die von Antonius und Oktavian verbreiteten Darstellungen politische Botschaften und Programme. Statuen und die Abbildungen des Augustus auf Münzen, Kameen oder Gemmen spielten später eine wesentliche Rolle als Propagandamittel für die Verbreitung der Prinzipatsideologie[111].

Da der Kaiser nicht im ganzen Reich gleichzeitig physisch anwesend sein konnte, nahmen oft Statuen seine Stelle ein[112]. Kaiser legten großen Wert darauf, ihre Bilder nach dem Regierungsantritt sofort im gesamten Reich zu verbreiten, um durch diese Form der Allgegenwart ihre Herrschaft zu manifestieren[113]. Statuen "vertraten" den Kaiser beispielsweise bei Truppenabteilungen und bei Gerichtsverhandlungen[114]. Diese Vorstellungen führten dazu, daß im Falle eines Aufruhrs

---

106 Die in der 1957 erschienenen, einflußreichen Studie von E.H. KANTOROWICZ, Die zwei Körper des Königs. Eine Studie zur politischen Theologie des Mittelalters (1990) entwickelten Ansätze unterstützen auch das Verständnis der antiken Phänomene. KANTOROWICZ vermutet sogar antike Vorbilder für das Konzept der "zwei Körper" (487 ff.).

107 Suet.Cal. 22.

108 Artem.onirocrit. 4.31. Artemidor behandelt die Bedeutung des Kaisers in Träumen: Jemand hatte geträumt, den Kaiser zu treten; daraufhin fand er eine Goldmünze (mit dem Bild des Kaisers), indem er zufällig auf sie trat.

109 Or 3 contra Arianos c 5 (PGr 26, 332 A).

110 Dazu K. HOPKINS (Fn. 65) 202.

111 Zu Statuen vgl. H. G. NIEMEYER, Studien zur statuarischen Darstellung der römischen Kaiser (1968) 14 ff.; D. KIENAST (Fn. 52) 211 ff.; P. ZANKER (Fn. 65) 42 ff. und E. SIMON (Fn. 68) 52 ff.
Zu Münzen, Gemmen u.ä. s. P. ZANKER (Fn. 65) 61 ff.; E. SIMON (Fn. 68) 153 ff.; R. SCHEIPER, Bildpropaganda der römischen Kaiserzeit unter besonderer Berücksichtigung der Trajanssäule in Rom und korrespondierender Münzen (1982) 205 ff. und W. KUHOFF, Felicior Augusto melior Traiano (1993) 17 ff.

112 Severian, *De mundi creatione* Or 6.5. Dazu H. KRUSE (Fn. 105) 79 f. und H.G. NIEMEYER (Fn. 111) 20 ff.

113 H. KRUSE (Fn. 105) 12 ff.; A. ALFÖLDI (Fn. 105) 71 ff. und W. KUHOFF (Fn. 111) 37.
Zu den Münzbildern H. KRUSE (Fn. 105) 13, 16 und W. KUHOFF (Fn. 111) 28 ff.

114 H. KRUSE (Fn. 105) 51 ff., 79 ff. und H.G. NIEMEYER (Fn. 111) 22, 24.

Kaiserstatuen gestürzt[115] und bei einer *damnatio memoriae* planmäßig unkenntlich gemacht oder zerstört wurden[116].

Diese Stellvertretung war keine Stellvertretung im juristischem Sinn[117]. Das Bild vertrat den Kaiser auf einer symbolischen Ebene und bot die Möglichkeit zur Kommunikation mit dem Kaiser. Im Verhalten gegenüber dem Bild kamen die Einstellung zum Kaiser und die Wünsche an den Kaiser zum Ausdruck.

Da ein Bild mit dem Dargestellten symbolisch gleichgesetzt wurde, konnte das Bildnis anstelle der Person des Dargestellten zum Opfer von Angriffen werden, die direkt nicht möglich waren. Durch Übergriffe auf das Bild wurde der Dargestellte gerügt und beleidigt, oder man bestrafte ihn ersatzweise für Verbrechen, wenn eine reale Ahndung wegen seiner Machtposition nicht zu erwarten war: Die *plebs* versuchte 20 n.Chr. Statuen des Piso, den sie für den Tod des Germanicus verantwortlich machte, auf der gemonischen Treppe zu zertrümmern und ihn so in effigie hinzurichten[118], da an diesem Ort üblicherweise die Leichen Hingerichteter zur Schau gestellt wurden. Und als Nero im Jahre 58 n.Chr. nach der Ermordung Agrippinas in die Hauptstadt zurückkehrte, wurde ihm vom Volk deutlich gezeigt, daß er für diesem Mord verantwortlich gemacht wurde[119]: An eine seiner Statuen wurde ein Ledersack gehängt, der an die Säckung als Strafe für ein *parricidium*[120] erinnern sollte. Auch nach dem Tod unbeliebter Persönlichkeiten oder der *damnatio memoriae* von Kaisern zerstörte das Volk ihre Statuen[121].

Die Statue erlaubte nicht nur die Manifestation von kritischen Haltungen. Bereits die Errichtung einer Kaiserstatue war ein Loyalitätsbeweis, vor allem dann,

---

115 H. KRUSE (Fn. 105) 14 ff.; E. FLAIG (Fn. 41) 37; J. SÜNSKES THOMPSON (Fn. 40) 45 und A. PESCH, De perduellione, crimine maiestatis et memoria damnata (1995) 287 ff.

116 F. VITTINGHOFF, Der Staatsfeind in der römischen Kaiserzeit (1936) 12 ff.; H.G. NIEMEYER (Fn. 111) 22; TH. MAYER-MALY, Damnatio Memoriae, KP I (1964) 1374; TH. MOMMSEN, Staatsrecht III/2 (1888; Ndr. 1952) 1190; L. FRIEDLÄNDER/G. WISSOWA, Darstellungen aus der Sittengeschichte Roms III^{10} (1923; Ndr. 1964) 59 f.; ausführlich TH. PEKARY (Fn. 90) 134 ff. und J.P. ROLLIN (Fn. 105) 165 ff.
Die Statuen verbannter Privatleute wurden zerstört (D 48.19.24, *Mod 11 pandect*), ihre Neuerrichtung war nicht ausgeschlossen (D 48.22.17 pr., *Pomp ...*).

117 Unhaltbar ist die Kritik von J.P. ROLLIN (Fn. 105) 117 ff. an H. KRUSE zu diesem Punkt. KRUSE äußert an keiner der von ROLLIN zitierten Stellen die ihm unterstellte "These, das Bildnis vertrete den Kaiser selbst und rechtswirksam" (S. 117). ROLLIN verfolgt in seiner eigenen Argumentation unnötige Umwege (S. 119 ff.): Denn weder die von ROLLIN erörterte Ablehnung direkter Stellvertretung im römischen Privatrecht noch die adjektizische Haftung erklären die Selbstverständlichkeit, daß juristischer Stellvertreter stets nur eine natürliche Person sein kann (S. 123). Im Anschluß an J.P. ROLLIN argumentiert aber noch J. ENGEMANN, Herrscherbild, RAC XIV (1988) 1038.

118 Tac.ann. 3.14. Dazu Z. YAVETZ (Fn. 44) 28 und W. NIPPEL (Fn. 38) 158.

119 Cass.Dio 62(61).16.1 und 2a.

120 TH. MOMMSEN, StR 921 ff.

121 Vgl. die Belege bei Z. YAVETZ (Fn. 44) 27; TH. PEKARY (Fn. 90) 135 ff. und J. SÜNSKES THOMPSON (Fn. 40) 21 ff.

wenn sie durch freiwillige Spenden des Volks finanziert wurde[122]. Loyale Anhänger versuchten auch, die Vernichtung der Statuen von ihnen verehrter Personen zu verhindern[123]. Eine Statue konnte Ehrungen empfangen, welche dem Dargestellten galten: Trajan feierte seinen Triumph über die Parther erst nach seinem Tode in effigie[124]. Gegenüber einer Statue war die gleiche Ehrfurcht am Platz, wie gegenüber dem Kaiser selbst; Äußerungen, welche in Gegenwart des Kaisers unziemlich waren, sollten nicht einmal vor seinen Statuen gemacht werden[125]. Konsequenterweise schützte die *lex Iulia de maiestate* auch die kaiserlichen Abbilder[126].

Sogar Vertrauen in die kaiserliche Macht und die Bitte um kaiserlichen Schutz konnten mittels einer Statue zum Ausdruck gebracht werden: Bittschriften wurden vor einer Statue ebenso niedergelegt[127], wie zu ihr Zuflucht genommen wurde. *Confugere ad statuam principis* bedeutete den direkten Appell an den Kaiser und zeigte, daß von ihm Schutz erwartet wurde[128]. Dies war notwendig, wenn die Bedrohung unmittelbar war und die Zeit nicht ausreichte, um eine schriftliche Eingabe zu machen oder ihre Erledigung abzuwarten[129], oder keine Gelegenheit bestand, sich unmittelbar an einen kaiserlichen Beamten zu wenden. In einem solchen Fall mußte der Schutz des Kaisers auf einem direkteren Weg eingefordert werden. Dies erreichte die gefährdete Person dadurch, daß sie bei einer Statue Schutz suchte, ein Bildnis des Kaisers einem Verfolger entgegenhielt[130] oder auch nur demonstrativ den Kaiser um Unterstützung anrief[131].

---

122 S. dazu TH. PEKARY (Fn. 90) 18 ff.

123 Zu Caesars Statuen C. COGROSSI, Pietà popolare e divinizzazione nel culto di Caesare del 44 a.C., in: M. SORDI (Hg.), Religione e politica nel mondo antico (1981) 143 f.

124 E. BICKERMAN, Consecratio, in: Le culte des souverains dans l'Empire romain (Entretiens Hardt XIX, 1973) 20 f.

125 Apul.apol. 85 ... *ante has imperatoris Pii statuas, filius matri suae pudenda exprobret stupra.*

126 Dazu unten S. 32 ff.

127 Vgl. CPR 20. Ein Inhaftierter läßt 250 n.Chr. eine Bittschrift zu Füßen einer Kaiserstatue niederlegen. Vgl. dazu F. v. WOESS 200 f., 220 f.; C. KUNDEREWICZ, Quelques remarques sur le rôle des *kaisareîa* dans la vie juridique de l'Egypte romaine, JJP 13 (1961) 127 f. und K. HOPKINS (Fn. 65) 223.

128 S. auch H. BELLEN (Fn. 25) 464. Anders J.P. ROLLIN (Fn. 105) 150: "Die Flucht in das Asyl am Kaiserbildnis hatte Rechtswirkungen nur zwischen dem Rechtsverfolger und dem verfolgten Asylsuchenden, ohne daß eine Interpellationswirkung des Kaisers selbst eingetreten wäre, d.h. der Fall wurde nicht etwa vom Kaiser selbst, sondern, soweit es sich um Sklaven handelte, in Rom vom Praefectus urbi entschieden."
Liv. 23.10.11 berichtet von einem Fall aus Ägypten, wo eine Flucht *ad statuam* diese Folge nach sich zog: ... *Magius ad statuam Ptolomaei regis confugisset, deportatus a custodibus Alexandream ad Ptolomaeum ...*

129 Bezeichnenderweise betreffen die erhaltenen Reskripte an Sklaven hauptsächlich Statusfragen, aber nicht die Behandlung durch den *dominus*. S. vor allem A. PIGANIOL (Fn. 80) 7 ff.

130 Tac.ann. 3.36; dazu unten S. 139 f.

131 Tac.ann. 13.14.6 (*consecratum Claudium invocare*); Apul.met. 3.29 und 9.41 (*Caesaris nomen enuntiare, fidem Caesaris implorare*); Epikt. 3.22.55. Dazu R.A. BAUMAN (Fn. 93) 91 f.

2.4.4. Die Wirkungsweise der Zuflucht zu einer Statue

Ausschlaggebend für die Wirksamkeit des Schutzes einer Statue war weiters, daß der Hilferuf an den Kaiser öffentlich erfolgte und zugleich die Personen, die ihn hörten, um Unterstützung angerufen wurden. Deutlich wird dieser Umstand in einer Episode der sogenannten *Historia Apollonii Regis Tyri*. In diesem Roman erteilt eine Amme der Tochter des Apollonius den Rat, bei ungerechter Behandlung durch ihre Pflegeeltern bei der Ehrenstatue ihres Vaters Schutz zu suchen. Dies werde die Bürger aus Verbundenheit mit ihrem Vater veranlassen, sie gegen drohendes Unrecht zu verteidigen.

> *"... ascende in forum, et invenies statuam patris tui Apollonii: apprehende statuam et proclama 'ipsius sum filia, cuius est haec statua'. cives vero memores beneficiorum patris tui Apollonii liberabunt te e necessitate".*[132]

Für das Verständnis von *confugere ad statuam principis* ist diese bisher nur wenig beachtete Stelle besonders wertvoll. Die Entstehungszeit des Romans fällt in das frühe dritte Jahrhundert, und das historische Vorbild für die Figur des Apollonius war Kaiser Caracalla[133]. Der Roman beschreibt die Aufforderung zu *confugere ad statuam* und vermittelt einen Eindruck, wie eine Zuflucht vor sich ging: Der Flüchtling berührte die Statue und rief die Bevölkerung um Hilfe und zum Widerstand gegen den Verfolger auf[134]. Bei einer Zuflucht zu einer Kaiserstatue war ein Verfolger zusätzlich der Gefahr ausgesetzt, das kaiserliche Bild und damit die kaiserliche Macht zu mißachten, wenn er den Flüchtling in seine Gewalt zu bringen versuchte[135]. Da dies in aller Öffentlichkeit geschah, hatte er eine Denuntiation und die nachfolgende Anklage zu fürchten.

Floh ein Sklave zu einer Statue, so lag sein Schutz im Zusammenspiel dieser Elemente. In Einzelfällen wirkten diese Kräfte auch gegeneinander. Als Nero und Agrippina von Agenten des Tiberius aufgefordert wurden, entweder zu den germanischen Heeren zu fliehen oder auf dem Forum bei der Statue des *divus Augustus* Zuflucht zu nehmen und das Volk um Hilfe zu ersuchen (*celeberrimo fori effigiem*

Zur Appellation an den Kaiser durch Ausrufen seines Namens s. A.W. LINTOTT, Provocatio, ANRW I/2 (1972) 263 ff. Zum Fall des Apostels Paulus (z.B. NT act.apost. 25.12) vgl. A.H.M. JONES, 'I Appeal unto Caesar', in: ders., Studies in Roman Government and Law (1960) 51 ff.; K. HOPKINS (Fn. 65) 223 und H.W. TAJRA, The Trial of St. Paul (1989) 147 ff. Die Übergehung einer solchen Appellation konnte ein *crimen laesae maiestatis* bilden (Cass.Dio 63.2.3).

132 Hist.Apoll. 29.

133 S. R. ZIEGLER (Fn. 93) 225 ff.

134 S. auch Tac.ann. 4.67.4. Zum Hilferuf an die Öffentlichkeit (*quiritatio*) vgl. A.W. LINTOTT (Fn. 42) 11 ff. und P. GARNSEY, Social Status and Legal Privilege in the Roman Empire (1970) 191 f.

135 Gegen eine zu starke Betonung der Rolle des Kaisers bei verbalen Hilferufen (vgl. oben Fn. 131) A.W. LINTOTT (Fn. 42) 16: "However, this was not so much an appeal to the emperor or his representative direct, but, as before, an appeal to the people of the place, who were expected to show their *fides* to the emperor and prevent a breach of peace."

divi Augusti amplecti populumque ac senatum auxilio vocare[136]), sollte damit die Sympathie des Volks für den *divus Augustus* gegen den regierenden Kaiser ausgespielt werden. Zur tatsächlichen Zuflucht kam es jedoch nicht[137]. Auch ein römischer Magistrat konnte bei einer Statue vor einer aufgebrachten Volksmenge Zuflucht suchen[138].

2.4.5. Rechtsstellung und strafrechtlicher Schutz kaiserlicher Statuen

Die Sonderstellung kaiserlicher Abbilder und die Identifikation des Kaisers mit seinem Bildnis erklären, weshalb jemand bei einer Statue Zuflucht suchte, nicht aber, warum er dort rechtlich anerkannten Schutz fand, mit anderen Worten, warum die Statuen Asyl boten. Es liegt jedoch auf der Hand, daß die rechtlichen Konsequenzen mit dieser Vorstellungswelt eng zusammenhingen.

Den Ansatzpunkt bildete die Handhabung des Majestätsverbrechens während der frühen Kaiserzeit, die den Statuen einen besonderen Rechtsschutz verlieh[139]. Grundsätzlich galt jede Beleidigung des Kaisers als *crimen laesae maiestatis*[140]. Vor allem unter Tiberius erweiterte sich der Anwendungsbereich des *crimen laesae maiestatis* auf jedes Verhalten, in dem ein Mangel an Ehrfurcht und Respekt oder fehlende Loyalität gesehen werden konnte[141]. Unter der Vielzahl von Verhaltensweisen, die zu Anklagepunkten nach der *lex Iulia de maiestate* gemacht wurden[142],

---

136 Tac.ann. 4.67.4. Zum Eingreifen der *plebs* zugunsten verfolgter Angehöriger der kaiserlichen Familie s. E. FLAIG (Fn. 41) 67 ff.

137 Zum Prozeß, in dem ihnen die nie stattgefundene Zuflucht dennoch zum Vorwurf gemacht wurde, s. unten S. 148.

138 Philostr. vita Apoll. 1.15. Dazu S.R.F. PRICE, Rituals and Powers (1984) 192; J.J. FLINTERMAN, Power, *Paideia* & Pythagoreanism (1995) 111 f. und G.W. BOWERSOCK, The Mechanics of Subversion in the Roman Provinces, in: Opposition et résistances à l'empire d'Auguste à Trajan (Entretiens Hardt XXXIII, 1987) 307 f.

139 TH. MOMMSEN, StR 582 ff.; B. KÜBLER, Maiestas, RE XIV (1928) 542 ff.; E. BUND, Maiestas, KP III (1969) 897 ff.; R.A. BAUMAN, The Crimen Maiestatis in the Roman Republic and Augustan Principate (1967, Ndr. 1970) und ders. (Fn. 93) passim.
Zu den gesetzlichen Grundlagen s. R.A. BAUMAN, Crimen Maiestatis 266 ff.; zum strafrechtlichen Schutz der Kaiserbilder J.P. ROLLIN (Fn. 105) 175 ff. Mit B. KÜBLER 552 ist davon auszugehen, daß Angriffe auf Statuen zwar nach der *lex Iulia* bestraft wurden, aber die Statuen in der *lex* selbst nicht erwähnt waren. Ähnlich R. DÜLL, Zum Recht der Bildwerke in der Antike, St. Betti III (1962) 135.

140 TH. MOMMSEN, StR 583 und A.D. MANFREDINI, Contributi allo studio dell'"iniuria" in età repubblicana (1977) 234.

141 Dazu vor allem E. KOESTERMANN, Die Majestätsprozesse unter Tiberius, Historia 4 (1955) 72 ff.; zur Beurteilung durch die antiken Historiker s. M. BAAR, Das Bild des Kaisers Tiberius bei Tacitus, Sueton und Cassius Dio (1990) 97 (m.w.N.).

142 Nicht jede Anklage führte zu einer Verurteilung; diese wurde manchmal von Tiberius selbst verhindert.

waren auch Handlungen gegenüber und in der Nähe kaiserlicher Statuen und anderer kaiserlicher Bildnisse.

In den erhaltenen Juristenschriften und in Berichten von Historikern werden in erster Linie physische Angriffe auf Statuen (Einschmelzen[143], Entfernung von Teilen - z.B. des Kopfes[144] - oder von Kränzen[145], Bewerfen mit Steinen[146]) erwähnt. Vergleichbare Angriffe auf private Statuen (Entfernung[147] oder Beschädigung der Statue oder eines Abbilds[148]) wurden mit privatrechtlichen Rechtsbehelfen geahndet[149]. Wenn das Tatobjekt indessen eine kaiserliche Statue war, wurde die Respektlosigkeit gegenüber dem Abbild zur Beleidigung des Kaisers und zu einem *crimen maiestatis*.

Die römischen Juristen schränkten den Anwendungsbereich des *crimen maiestatis* bei direkten, physischen Angriffen auf vorsätzlich begangene Handlungen ein[150]. Aus den Quellen ist nicht erkennbar, daß ebenso bei anderen Formen unzulässiger Handlungen vorgegangen wurde. Für die Strafbarkeit anderer Taten, die als Ausdruck des mangelnden Respekts vor dem Kaiser angesehen wurden, reichte aus, daß sie mit einem Kaiserbild oder in dessen Nähe gesetzt worden waren.

Als Herabsetzung des Kaisers galten beispielsweise der Verkauf seiner Statue[151], eine ohne Genehmigung erfolgte Versetzung[152] oder die Aufstellung einer

---

143 D 48.4.6 (*Venul Saturnin 2 iud publ*, Text unten S. 35); D 48.4.4.1 (*Scaev 4 reg*, Text unten Fn. 168) und Tac.ann. 3.70. Dazu R.A. BAUMAN (Fn. 93) 82 ff. Nach der Ansicht von F. WIEACKER, Augustus und die Juristen seiner Zeit, TR 37 (1969) 332 Fn. 4 wurde *conflare* kaiserlicher Statuen erst im Laufe des 2. Jh. zu einem Tatbestand.
Eine Anspielung auf die Strafbarkeit solcher Akte bereits im frühen Prinzipat enthält möglicherweise Prop. 4.7.47 ... *te patiente meae conflavit imaginis aurum ardente e nostro dotem habitura rogo.*

144 Suet.Tib. 58; Tac.ann. 1.74. Zur neuerlichen Verwendung alter Statuen als Kaiserstatuen s. H. BLANCK, Wiederverwendung alter Statuen als Ehrendenkmäler bei Griechen und Römern (1969) 15 ff.

145 H.A. Carac. 5.

146 D 48.4.5.1 (*Marcian 5 reg*, Text unten Fn. 150).

147 S. D 41.1.41 (*Ulp 9 ed*), 42.5.29 (*Paul 5 leg Iul et Pap*), 43.24.9.2 (*Ulp 71 ed*); 43.24.11.2 (*Ulp 71 ed*), 44.1.23 (*Lab 6 pith a Paul epit*), 47.12.2 (*Ulp 2 ed*); PS 1.21.8.
Zu den Rechtsbehelfen gegen die Entfernung von öffentlich aufgestellten Statuen, welche nicht Kaiser darstellten, s. F. MUSUMECI, "*Statuae in publico positae*", SDHI 44 (1978) 191 ff. und G. WESENER, Nichtediktale Einreden, SZ 112 (1995) 130 f.

148 D 47.2.31 pr (*Ulp 41 Sab*), 47.10.27 (*Paul 27 ed*, Text in Fn. 149).

149 D 47.10.27 (*Paul 27 ed*) *Si statua patris tui in monumento posita saxis caesa est, sepulchri violati agi non posse, iniuriarum posse Labeo scribit.*
Diskutiert wurde das Vorliegen des Delikts *iniuria*, wenn sich jemand gegen die Ehrung einer Privatperson durch Statuen aussprach (D 47.10.13.4, *Ulp 57 ed*). Zur Rechtslage bei der Weigerung, einem Kaiser Statuen zu errichten, s. unten S. 36.

150 D 48.4.5.1 (*Marcian 5 reg*) *Nec qui lapide iactato incerto fortuito statuam attigerit, crimen maiestatis commisit: et ita Severus et Antoninus Iulio Cassiano rescripserunt.*

151 D 48.4.5.2 (*Marcian 5 reg*, Text unten S. 36); Cass.Dio 57.24.7. In Tac.ann. 1.73 lehnt Tiberius eine Anklage aus diesem Grund noch ab. S. dazu J. BLEICKEN, Senatsgericht und Kaisergericht (1962) 52 f.

anderen Statue, welche die kaiserliche überragte[153]. Anklagen wurden auch erhoben, wenn in der Nähe eines Bilds respektlose Handlungen gesetzt wurden[154]. Im Urteil der Zeitgenossen stellten die meisten Anklagen Willkürakte dar[155] und kaiserliche Zurückhaltung auf diesem Gebiet galt als lobenswerte Herrschertugend[156]. Dennoch handelte es sich dabei - zumindest zur Zeit, aus der die Schriften der Juristen stammen - um anerkannte Rechtsprinzipien. Auch Sueton, der in seiner Biographie des Tiberius die exzessive Handhabung des Majestätsverbrechens anprangert, weist deutlich auf die rechtlichen Grundlagen hin: *Sub isdem tempus consulente praetore an iudicia maiestatis cogi iuberet, "exercendas esse leges" respondit et atrocissime exercuit*[157]. Selbst der Jurist Ateius Capito widersprach dem Kaiser unter Hinweis auf das öffentliche Interesse an der Verfolgung dieser Straftaten, als Tiberius eine Anklage wegen Einschmelzung einer *effigies principis* zu verhindern versuchte[158].

Der strafrechtliche Schutz erfaßte nicht ausschließlich Bildnisse eines regierenden Kaisers, sondern ebenso die von verstorbenen Herrschern[159]. Diese standen weiterhin unter dem Schutz der *lex Iulia de maiestate*, da der Kaiser in der Statue quasi weiterlebte. Ausgenommen waren davon natürlich die Abbilder von damnierten Kaisern; diese wurden in der Regel planmäßig zerstört.

Die *lex Iulia* schützte nicht nur die Statue vor Angriffen. Der strafrechtliche Schutz schuf in der Nähe der Statue einen Bereich, in dem alle Verhaltensweisen

---

152 S. das 2. Edikt aus Kyrene, FIRA I Nr. 68 II Z. 52 ff. und Plin.epist. 10.8 (dazu unten S. 36). Vgl. weiters CTh 15.1.44 (= C 8.11[12].16, Arcad/Honor, a. 406).

153 Tac.ann. 1.74.

154 Umkleiden (Suet.Tib. 58; Cass.Dio 67.12); Mitnehmen ins Bordell (Suet.Tib. 58; Cass.Dio 78.16); Verrichtung der Notdurft (Suet.Tib. 58; Sen.benef. 3.26; ähnlich H.A. Carac. 5).
Skeptisch äußert sich zur Glaubwürdigkeit dieser Fälle A. WALLACE-HADRILL (Fn. 93) 73 und ders., Rome's Cultural Revolution, JRS 79 (1989) 162.
Zu einem vergleichbaren Fall in den *Acta Pauli et Theclae* s. S.R.F. PRICE (Fn. 138) 170 f.

155 Z.B. Sen.benef. 3.26. Dazu TH. MOMMSEN, StR 583 und J.M. KELLY (Fn. 49) 47 f.

156 Tac.ann. 1.74; Cass.Dio 57.24.7 und 68.1.2; vgl. weiters Plin.paneg. 34 und epist. 10.82.

157 Suet.Tib 58. S. ebenso Tac.ann. 1.72 *Mox Tiberius, consulante Pompeio Macro praetore, an iudicia maiestatis redderentur, exercendas leges esse respondit.* Dazu M.T. GRIFFIN, Tacitus, Tiberius and the Principate, in: I. MALKIN/Z.W. RUBINSOHN, Leaders and Masses in the Roman World. Studies in Honor of Z. Yavetz (1995) 49 ff.

158 Tac.ann. 3.70. Tacitus verwendet dies als Vorwurf gegen den Juristen: *Capito insignitior infamia fuit, quod humani divinique iuris sciens egregium publicum et bonas domi artes dehonestavisset* (ähnlich die Wertung in ann. 3.75).
In diesem Sinn noch die Deutung bei F. WIEACKER (Fn. 143) 343. Die meisten modernen Autoren vermuten sachliche Beweggründe für Capitos Einspruch. R.S. ROGERS, Ateius Capito and Tiberius, Synteleia Arangio-Ruiz I (1964) 123 ff.; R.A. BAUMAN (Fn. 93) 82 ff.; J.P. ROLLIN (Fn. 105) 175 f.; J.W. TELLEGEN, The Juridical Nature of Statues of Roman Emperors: Pliny, X. 8 - 9, in: Questions de responsabilité (1993) 344 f. und D. BARGHOP, Forum der Angst (1994) 100 ff.

159 R.A. BAUMAN (Fn. 93) 87; TH. PEKARY (Fn. 90) 130. Teilweise abweichend J.W. TELLEGEN (Fn. 158) 349 ff., der davon ausgeht, daß ursprünglich nur die Statuen der *divi imperatores* geschützt waren.

verboten waren, welche die Ehre des Kaisers minderten. Für *ad statuam confugere* bedeutete dies, daß jemand, der einen bei der Statue Zuflucht nehmenden Sklaven zu entfernen versuchte, damit die Macht des Kaisers, an den der Flüchtling appellierte, in Frage stellte und so die kaiserliche *maiestas* herabsetzte[160].

Eine Bestrafung wegen der Entfernung eines Flüchtlings von der Statue als *crimen laesae maiestatis* ist zwar nicht belegt, es finden sich aber durchaus vergleichbare Fälle. Tacitus berichtet, daß Sklaven und Freigelassene ihre Herren und Patrone ungestraft beleidigen konnten, wenn sie deutlich sichtbar ein Bildnis des Kaisers bei sich trugen[161]. Außerdem wurden die Mißhandlung oder Tötung eines Sklaven in der Nähe einer kaiserlichen Statue zum Anlaß für Anklagen genommen[162].

Die Quellen kennen keine Differenzierung des Asylschutzes nach der Form des Kaiserbilds. Aus der Form ergab sich jedoch ein praktischer Unterschied für die Wirkungsweise des Asylschutzes: Eine Zuflucht (*confugere*) war nur bei einer festaufgestellten Statue möglich, während ein bewegliches Bild, d.h. eine Münze o.ä., sowohl dazu verwendet werden konnte, um Übergriffe abzuwehren, als auch um unter seinem Schutz Angriffe auszuführen. Strenge terminologische Unterscheidungen im Hinblick auf die verschiedenen Formen kaiserlicher Abbilder sind den Quellen allerdings fremd. Während *statua* und *simulacrum* die an einem Ort aufgestellte Statue bezeichnen[163], werden *imago* und *effigies* für kaiserliche Abbilder auf Kameen oder Gemmen, Münzen und Medaillen, wie auch für Statuen, Büsten oder kaiserliche Porträtköpfe verwendet[164].

Nicht jedes Abbild eines Kaisers war freilich durch die *lex Iulia de maiestate* geschützt, sondern nur jene, an denen eine *consecratio/dedicatio* vollzogen worden war[165].

> D 48.4.6 (*Venul Saturnin 2 iud publ*) *Qui statuas aut imagines imperatoris iam consecratas conflaverint aliudve quid simile admiserint, lege Iulia maiestatis tenentur.*

---

160 TH. MOMMSEN, StR 585; M. BRUTTI, La problematica del dolo processuale nell' esperienza romana II (1973) 542; A.D. MANFREDINI 48 und G. CRIFÒ 196.

161 Tac.ann. 3.36; s. dazu unten S. 139 f.

162 Suet.Tib. 58; Philostr. vita Apoll. 1.15.

163 Suet.Tib. 58.

164 Kameo oder Gemme: *imago* (Sen.benef. 3.26.); *effigies* als Kaiserbild auf einem Ring (Suet.Tib. 58).
Münzen oder Medaillen: *effigies* (Suet.Tib. 58); *imago* (Tac.ann. 3.36; D 48.19.28.7, *Call 6 cogn* und D 47.10.38, *Scaev 4 reg*).
Imago für Statue (D 48.19.28.7, *Call 6 cogn*); *effigies Tiberii* für den Kopf einer Statue (Tac.ann. 1.74).

165 Allgemein W. EISENHUT, Consecratio, KP I (1964) 1278; zum sakralrechtlichen Bezug der *consecratio* vgl. G. WISSOWA, Consecratio, RE IV (1901) 896 ff. und ders., Dedicatio, RE IV (1901) 2356 ff.; L. KOEP, Consecratio I und II, RAC III (1957) 269 ff. und ders., Dedicatio, RAC III (1957) 643 ff.; TH. PEKARY (Fn. 90) 107 ff.; R. DÜLL (Fn. 139) 145 ff. Zum Verhältnis dieser Bezeichnungen zueinander weiters M. KASER, RPR I 378 und C.J. CLASSEN, Recht - Rhetorik - Politik (1985) 257 Fn. 122 (m.w.N.).

D 48.4.5.2 (*Marcian 5 reg*) *Idem (sc. Antoninus) Pontio rescripsit non videri contra maiestatem fieri ob imagines Caesaris nondum consecratas venditas.*

Die Zerstörung oder der Verkauf von Kaiserbildern[166] waren erst nach der *consecratio*[167] verboten, da der Schutz der *lex Iulia de maiestate* ab diesem Zeitpunkt wirkte. Sonst hätte nicht einmal der Hersteller mißlungene Stücke einschmelzen[168] oder fertige verkaufen können. Daher blieb die Weigerung, für den Kaiser Statuen zu errichten, sanktionslos[169].

Die hauptsächlich mit strafrechtlichen Fragen beschäftigten Texte der römischen Juristen lassen klar erkennen, daß eine *consecratio* die Voraussetzung für die Anwendbarkeit der *lex Iulia de maiestate* bildete. Sie enthalten keine Aussagen darüber, ob durch eine *consecratio* die Statue zur *res sacra* wurde, und wer zur *consecratio* einer Statue berufen war.

Im Hinblick auf die erste Frage hat R. DÜLL die Ansicht vertreten, daß "sie (sc. die Statuen) aber wohl, namentlich in späterer Zeit, zum Bereich der *res sacrae* gehört haben"[170]. Für die "spätere Zeit", d.h. sobald sogar der lebende Kaiser als Gott angesehen wurde, mag die Einordnung unter die *res sacrae* zutreffen, im ersten Jahrhundert war dies aber noch nicht der Fall[171]. Die Einordnung unter die *res sacrae* hätte solche Statuen vom Privatrechtsverkehr ausgeschlossen[172]. Die juristischen Quellen geben darüber keinen Aufschluß. Ein Brief des Plinius, in welchem er um die Genehmigung zur Verlegung und Neuaufstellung von Kaiserstatuen ersucht[173], zeigt hingegen, daß ein Erwerb grundsätzlich möglich war[174]. Zu den *res sacrae* zähl-

---

166 Z.B. Cass.Dio. 57.24.7. In diesem Fall konnte Tiberius noch nahegelegt werden, für einen Freispruch zu stimmen (ähnlich Tac.ann. 1.74). Zu den Vorsichtsmaßnahmen beim Erwerb von Kaiserbildern s. Plin.epist. 10.8. (dazu sogleich).

167 Mit TH. PEKARY (Fn. 90) 107 den Schluß zu ziehen, "daß Kaiserstatuen offenbar immer geweiht waren", ist m.E. nicht zwingend.

168 Vgl. D 48.4.4.1 (*Scaev 4 reg*) *Hoc crimine liberatus est a senatu, qui statuas imperatoris reprobatas conflaverit.* Jedoch vertritt J.P. ROLLIN (Fn. 105) 166 die Ansicht, daß dadurch die Strafbarkeit der Einschmelzung von Bildern eines geächteten und später rehabilitierten Kaisers ausgeschlossen wurde.

169 D 50.12.6.3 (*Ulp 5 off procons*) *Si cui res publica necessitatem imposuerit statuarum principi ponendarum, qui non promisit, non esse ei necesse obtemperare rescriptis imperatoris nostri et divi patris eius continetur.*

170 R. DÜLL (Fn. 139) 149 f.

171 Zweifelnd dazu TH. PEKARY (Fn. 90) 108 unter Berufung auf WISSOWAS RE-Artikel (oben in Fn. 165). Erst später wurde alles, was mit dem Kaiser im Zusammenhang stand, als heilig bezeichnet. Vgl. TH. PEKARY (Fn. 90) 108 f. und S.R.F. PRICE (Fn. 138) 246.

172 D 18.1.6 pr (*Pomp 9 Sab*). S. dazu M. KASER, RPR I 378 und R. ZIMMERMANN, The Law of Obligations (1990) 688.

173 Plin. epist. 10.8 ... *petii ab eo* (sc. Nerva), *ut statuas principum, quas in longinquis agris per plures successionibus traditas mihi, quales acceperam, custodiebam, permitteret in muncipium transferre adiecta sua statua.* Dazu A.N. SHERWIN-WHITE, The Letters of Pliny (1966; Ndr. 1985) 571 ff. und J.W. TELLEGEN (Fn. 158) 333 ff.

174 Daß die Statuen geweiht waren, wird im Text nicht ausdrücklich erwähnt. J.W. TELLEGEN (Fn. 158) 339 nimmt an, daß Plinius um eine Erlaubnis zur Konsekration er-

ten Statuen, die in Tempeln kultisch verehrt wurden[175], nicht aber solche, die ornamentalen Zwecken an öffentlichen Orten dienten.

Die Wirkungen der *consecratio* sind m.E. die besten Hinweise auf eine Lösung der umstrittenen Frage, durch wen die Weihung einer Kaiserstatue vorzunehmen war[176]: Die *consecratio* war kein privater Rechtsakt, sondern bedurfte der behördlichen Genehmigung oder Mitwirkung[177]. Daher zeigen die Mehrzahl der überlieferten Weiheakte Beamte als Dedikanten[178]. Weiters war die Aufstellung einer Kaiserstatue durch die Stadt, in der sie erfolgen sollte, in Rom durch den Senat oder sogar durch den Kaiser selbst zu beschließen oder zu genehmigen[179]. Für die Vollziehung der *lex Iulia* war es unerläßlich, daß den Beamten bekannt war, welche Statuen geweiht und geschützt waren. Man wird davon ausgehen können, daß deshalb meist nur öffentlich aufgestellte Statuen[180] und nicht auch die Kaiserbilder in Privathäusern[181] geweiht waren.

---

suchte. Da Plinius überdies ausdrücklich die Genehmigung zur Verlegung der alten Statuen erbittet, dürften diese bereits konsekriert gewesen sein. Nur deswegen konnten sie nicht ohne Genehmigung von ihrem (hier auf einem Privatgrundstück gelegenen) Aufstellungsort entfernt werden.
Von einer Anklage wegen der Versetzung eines Bildnisses des Augustus ohne Genehmigung ist bereits im 2. Edikt aus Kyrene (FIRA I Nr. 68 II Z. 52 ff.) die Rede. Dazu A. v. PREMERSTEIN, Die fünf neugefundenen Edikte des Augustus aus Kyrene SZ 48 (1928) 461; TH. PEKARY (Fn. 90) 115 und R.A. BAUMAN (Fn. 139) 290 ff.

175 Zu diesen s. S.R.F. PRICE (Fn. 138) 177 ff. und J.W. TELLEGEN (Fn. 158) 347.

176 S. TH. PEKARY (Fn. 90) 109.

177 Eine Regelung der Aufstellung von Statuen des *divus Iulius* in Italien könnte die in zwei Inschriften erwähnte *lex Rufrena* getroffen haben: *divo Iulio iussu populi Romani statutum est lege Rufrena* (CIL VI 872 = ILS 73) und *deivo Iulio i[ussu] p. R. [st]atut[um est] lege [Rufrena]* (CIL IX 5136 = ILS 73 a). Dazu L.R. TAYLOR, The Divinity of the Roman Emperor (1931; Ndr. 1975) 268 f.; H.G. NIEMEYER (Fn. 111) 26; J.P. ROLLIN (Fn. 105) 76 ff.; TH. PEKARY (Fn. 90) 143 f. Anhaltspunkte für die Vermutung von ST. WEINSTOCK (Fn. 71) 397, die *lex Rufrena* könnte Caesars Statuen ausdrücklich das Asylrecht verliehen haben, sind keine ersichtlich.

178 E. BICKERMAN (Fn. 124) 5 f.; TH. PEKARY (Fn. 90) 109 f. und S.R.F. PRICE (Fn. 138) 71.

179 Z.B. P. Lond 1912; Plin.epist. 10.8; FIRA I Nr. 68 II Z. 52 ff.; CIL XI 3303 = ILS 154.
Vgl. L. FRIEDLÄNDER/G. WISSOWA III (Fn. 116) 74; H.G. NIEMEYER (Fn. 111) 36 f.; TH. PEKARY (Fn. 90) 110 ff.; S.R.F. PRICE (Fn. 138) 174; R. DÜLL (Fn. 139) 136 ff. und R.J.A. TALBERT, The Senate of Imperial Rome (1984) 364 ff.

180 Dazu TH. PEKARY (Fn. 90) 42 ff. und L. FRIEDLÄNDER/G. WISSOWA III (Fn. 116) 58 ff., 74 f.
Vgl. D 43.9.2 (= PS 5.6.1b, *Paul 5 sent*) *Concedi solet, ut imagines et statuae, quae ornamenta rei publicae sunt futurae, in publicum ponantur.*

181 Archäologisch läßt sich die Aufstellung von kaiserliche Statuen in Privathäusern nicht dokumentieren, in literarischen Quellen wird sie dagegen erwähnt. S.R.F. PRICE (Fn. 138) 119 f. gegen E. BICKERMAN (Fn. 124) 5 f. und K. HOPKINS (Fn. 65) 220 Fn. 33. Dazu auch H.G. NIEMEYER (Fn. 111) 25 f. und TH. PEKARY (Fn. 90) 53 f.

Die Beschränkung des Asylschutzes auf öffentlich aufgestellte Statuen[182] erklärt allein jedoch noch nicht, warum die Quellen nur wenige tatsächliche Fälle von *confugere ad statuam* berichten. Zumindest im Gebiet der Stadt Rom gab es tausende Kaiserstatuen[183], die potentielle Zufluchtsorte bildeten. Zur Erklärung dieser Diskrepanz sind nach dem Stand der Quellen nur Vermutungen möglich. Denkbar wäre, daß nicht alle Statuen die Asylfunktion hatten oder die *domini* oft verhinderten, daß Sklaven zu einer Statue gelangten; weiters wurden potentielle Schutzsuchende vielleicht davon abgeschreckt, daß das Verfahren nach der Zuflucht nur geringe Erfolgschancen bot und selbst ein erfolgreiches Verfahren für Sklaven erhebliche Nachteile bringen konnte[184].

2.5. Der Kaiserkult und das Asylrecht

Über die Bedeutung des Kaiserkults für die Entstehung von *ad statuas confugere* fehlen eindeutige Aussagen in den Quellen. In der nahezu unübersehbaren Literatur, die sich mit dem römischen Kaiserkult beschäftigt[185], ist auch auf die Bedeutung des Kaiserbildnisses im Kult hingewiesen worden[186]. *Ad statuas confugere* wurde oft pauschal und ohne nähere Begründung auf den Kaiserkult zurückgeführt[187].

Magisch-religiöse Vorstellungen bestimmten sicherlich das Verhältnis des antiken Menschen zu Statuen und die Identifikation von Darstellung und Dargestelltem. Da dieses Phänomen nicht auf kaiserliche Statuen beschränkt war, darf daraus allein noch nicht auf eine Beziehung zum Kaiserkult geschlossen werden. Für ein Verständnis dieses Zusammenhangs und der Rolle des Kaiserkults bei der rechtlichen Institutionalisierung des Asylrechts, empfiehlt sich eine Differenzierung der

---

182 Anders M. MORABITO (Fn. 18) 231; G. BOULVERT/M. MORABITO (Fn. 18) 118 und S. FARO (Fn. 51) 138.

183 Vgl. die Angaben bei L. FRIEDLÄNDER/G. WISSOWA III (Fn. 116) 83; K. HOPKINS (Fn. 65) 220; H.G. NIEMEYER (Fn. 111) 29 und TH. PEKARY (Fn. 90) 42 ff.

184 S. unten S. 127.

185 Vgl. die bibliographischen Angaben bei L. CERFAUX/J. TONDRIAU, Le culte des souverains dans la civilisation gréco-romaine (1957) 51 ff.; A. WLOSOK (Hg.), Römischer Kaiserkult (1978) 551 ff.; P. HERZ, Bibliographie zum römischen Kaiserkult (1955 - 1975), ANRW II/16.2 (1978) 833 ff. und S.R.F. PRICE (Fn. 138) 275 ff.

186 Z.B. H. G. NIEMEYER (Fn. 111) 17 ff.; TH. PEKARY (Fn. 90) 116 ff. und S.R.F. PRICE (Fn. 138) 170 ff.

187 Z.B. TH. MOMMSEN, StR 460; P. TIMBAL DUCLAUX DE MARTIN 28; G. CRIFÒ 197; TH. WIEDEMANN (Fn. 25) 12; A. ALFÖLDI (Fn. 105) 70; H. G. NIEMEYER (Fn. 111) 23; H. BELLEN 69; H. LANGENFELD 110 f.; CH. HABICHT, Diskussionsbeitrag, in: Le culte des souverains dans l'Empire romain (Entretiens Hardt XIX, 1973) 36; S.R.F. PRICE (Fn. 138) 192 f.; R. ZIEGLER (Fn. 93) 226; A. MOMIGLIANO, How Roman Emperors became Gods, in: ders., On Pagans, Jews, and Christians (1987) 102; A.D. MANFREDINI 47; M. BALZARINI, "De iniuria extra ordinem statui" (1983) 137; M. CLAUSS (Fn. 63) 421 f. und K.J. RIGSBY 386.

Fragestellung danach, ob sich Einflüsse des Kaiserkults auf die Motive der Flüchtlinge und auf die rechtlichen Regelungen nachweisen lassen.

Leider existiert kein Text, der mit Sicherheit darüber Auskunft geben könnte, ob für die Entscheidung zur Zuflucht *ad statuam* eher das Vertrauen auf die übernatürliche Hilfe des Kaisers oder das Wissen um deren Rechtsfolgen bestimmend waren. Obwohl die Person des Kaisers in einem Übergangsbereich zwischen Mensch und Gottheit stand, liegt die Vermutung näher, daß ein Flüchtling vom Kaiser reale Unterstützung durch dessen irdische Macht erwartete, als deren Träger er in der Statue verkörpert war[188]. Wunder wurden vom Kaiser nicht gefordert. In Notsituationen richtete man Gebete nur an die Götter[189], während man den Kaiser auf "irdischem Weg" um Hilfe ersuchte[190]. Auch wenn die Bedrohungen, denen ein Flüchtling bei einer Zuflucht *ad statuam* zu entkommen suchte, "irdischer" Natur waren, läßt sich das Vertrauen auf die göttlichen Fähigkeiten des Kaisers als verstärkendes Motiv einer Zuflucht nicht ausschließen.

Die rechtlichen Konturen des Asylrechts werden aus den Quellen deutlicher faßbar. Soweit in Rechtstexten von *ad statuam confugere* als Rechtseinrichtung die Rede ist, fehlt jeglicher Hinweis auf eine Beziehung zum Kaiserkult[191]. Für den Asylschutz durch die Kaiserstatue kam es nicht darauf an, daß es sich um die Statue eines Gottes handelte[192], es wurde daher kein Unterschied zwischen der Statue des lebenden Kaisers und der eines *divus* gemacht[193]. Für die juristische Wirkungsweise des Asylrechts bei den kaiserlichen Statuen waren nicht kultische Gesichtspunkte bestimmend[194], sondern der strafrechtliche Schutz des Kaisers vor Beleidigungen[195].

---

188 Vgl. auch M. CLAUSS (Fn. 63) 431.

189 CH. HABICHT, Die augusteische Zeit und das erste Jahrhundert nach Christi Geburt, in: Le culte des souverains dans l'Empire romain (Entretiens Hardt XIX, 1973) 42 ff.; A. MOMIGLIANO (Fn. 187) 105 und P. VEYNE, Glaubten die Griechen an ihre Mythen? (1987) 109.

190 S. dazu oben Fn. 70.

191 Unzutreffend ist die entgegenstehende Behauptung von S.R.F. PRICE (Fn. 138) 192: "The same points ... about the religious background (sc. des Asyls bei Statuen und in Tempeln) are clear in the legal sources".

192 Zur Zuflucht bei Götterstatuen in Griechenland vgl. U. SINN, Greek Sanctuaries as Places of Refuge, in: N. MARINATOS/R. HÄGG (Hg.), Greek Sanctuaries. New Approaches (1993) 88 f. Im Unterschied zu den römischen Kaiserstatuen handelte es sich dabei um in Tempeln oder auf Altären befindliche Kultbilder.

193 Vgl. oben S. 34.

194 Der institutionalisierte Schutz hing mit der politischen Position des Kaisers und nicht mit seiner Göttlichkeit zusammen. Deswegen konnten die Texte zu *ad statuam confugere* in die justinianische Kompilation insoweit unverändert übernommen werden, während der Hinweis auf das Asylrecht heidnischer Tempel bei Gai 1.53 in IJ 1.8.2 in christlichem Sinn umformuliert wurde.
Ähnlich dachten wohl französische Juristen des 16. Jh., als sie das Asylrecht für Statuen des französischen Königs rezipierten. Vgl. E.H. KANTOROWICZ (Fn. 106) 422 Fn. 371.

195 Ähnlich B. BIONDI (Fn. 93) 390.

Die Statuenverehrung hatte in Rom nicht religiöse Wurzeln (im modernen Sinn)[196], sondern politische[197]. Bereits in der Republik entstand im Volk der Brauch, Statuen beliebter Persönlichkeiten (z.B. der Gracchen) göttergleiche Verehrung erweisen, selbst wenn dies nicht als offizieller staatlicher Kult anerkannt wurde[198]. Daran schloß später der Kult des *divus Iulius* (Konsekration am 1. Jänner 42 v.Chr.) an[199]. Dieser Kult wurde von der *plebs* initiiert[200], welche auch gegen die Zerstörung von Caesars Statuen protestierte[201]. Außerdem dienten die Statuen als Mittel der politischen Propaganda des Oktavian[202]. Im übrigen fand der erste überlieferte Fall einer Zuflucht *ad statuam* bei einer Statue des *divus Iulius* statt[203]: Marcus Antonius Antyllos, der Sohn des Antonius, suchte bei einer Statue Caesars vor den Soldaten Oktavians Schutz, die ihn dennoch ermordeten. Man wird das Versagen des Schutzes vielleicht den Wirren des Bürgerkrieges zuschreiben können, weiters vielleicht der Tatsache, daß Oktavian kein Interesse hatte, den Sohn und damit einen potentiellen Nachfolger seines Gegners zu schonen. Deutlich wird jedoch, wenn man dieses Ereignis vor dem Hintergrund von *ad statuam confugere* als Rechtseinrichtung sieht, daß der Respekt vor dem toten Caesar oder die religiöse

---

Daß Ulpians Aussage *Proximum sacrilegio crimen est, quod maiestatis dicitur* (D 48.4.1, *Ulp 7 off procons*), keine Gleichsetzung dieser Delikte bedeutet, wie sie G. CRIFÒ 197 behauptet, zeigt schon R.A. BAUMAN (Fn. 139) 288 ff.

196 Zum Fehlen der Statuenverehrung in der römischen Religion s. R. MUTH, Vom Wesen römischer "religio", ANRW II/16.1 (1978) 333 f.

197 Gleiches gilt für den Kaiserkult, der Loyalität zeigte, - und darin liegen Berührungspunkte zur Statuenverehrung - aber kein religiöser Glaube war. Vgl. dazu die Nachweise bei A. WLOSOK (Fn. 185) 34 f. und S.R.F. PRICE (Fn. 138) 15 f.
Berührungspunkte anerkennt J.D. BRECKENRIDGE, Roman Imperial Portraiture from Augustus to Gallienus, ANRW II/12.2 (1981) 481, während M. CLAUSS (Fn. 63) jüngst betont, daß religiöse Aspekte von Anfang an größte Bedeutung genossen und die göttliche Verehrung bereits zu Lebzeiten Caesars und der *principes* nicht nur in den östlichen Provinzen, sondern selbst in Rom eine wesentliche Rolle spielte.

198 Zur Statuenverehrung in republikanischer Zeit vgl. A. ALFÖLDI (Fn. 105) 66; K. HOPKINS (Fn. 65) 201 und J.P. ROLLIN (Fn. 105) 45 ff.

199 S. dazu H. GESCHE, Caesar (1976) 162 ff.

200 Zur Entstehung der Verehrung Casesars durch das Volk vgl. Suet.Caes. 85 *Postea solidam columnam ... in foro statuit scripsitque: Parenti Patriae. apud eam longo tempore sacrificare, vota suscipere, controversias quasdam interposito per Caesarem iure iurando distrahere perseveravit.*

201 Vgl. C. COGROSSI (Fn. 123) 143 f.

202 Suet.Aug. 13 ... *sed capite Bruti Romam misso, ut statuae Caesaris subiceretur* ... und Cass.Dio 47.49.2. Vgl. dazu V. GARDTHAUSEN, Augustus und seine Zeit I/1 (1891) 175 und ST. WEINSTOCK (Fn. 71) 398 f.

203 Suet.Aug. 17 *Antonium iuvenem ... simulacro Divi Iuli, ad quod post multas et irritas preces confugerat, abreptum interemit.* Dazu TH. MOMMSEN, StR 460; V. GARDTHAUSEN (Fn. 202) 447 und ST. WEINSTOCK (Fn. 71) 397.
F. v. WOESS 220 vermutet daher, diese Einrichtung sei aus dem Osten, möglicherweise aus Ägypten, nach Rom gekommen. C. GIOFFREDI 187 sieht hellenistische Vorbilder, aber eine "forma tipicamente romana". Dagegen bereits G. CRIFÒ 196.

Verehrung für den *divus Iulius* allein nicht ausreichend schützten. Der Knabe wurde zwar nicht direkt vor der Statue ermordet, sondern erst nachdem man ihn (aus welchen Gründen auch immer) weggebracht hatte. Der bloße Respekt vor dem durch die Statue Verkörperten schützte nur in unmittelbarer Nähe der Statue selbst. Das Fehlen der Mechanismen, welche erst den weitergehenden Schutz bewirkten, wie das Eingreifen einer sympathisierenden Volksmenge oder eines Beamten, wird in diesem Fall ganz deutlich.

Für die Anerkennung von *ad statuam confugere* dürfte der Kaiserkult keine bestimmende Rolle gespielt haben. Die Zufluchtsmöglichkeit entstand schon unter den ersten *principes*, die eine göttliche Verehrung in Rom zu Lebzeiten regelmäßig ablehnten[204]. Daher dürfte die Zulassung der Zuflucht keinen kultisch-religiösen Hintergrund gehabt haben. Nach dem Selbstverständnis der frühen Kaiser waren göttliche Ehrungen für ihre Person unangebracht. So ist der Einwand zu verstehen, den C. Cestius in der Senatssitzung 21 n.Chr. machte[205]: ... *principes quidem instar deorum esse, sed neque a dis nisi iustas supplicum preces audiri, neque quemquam in Capitolium aliave urbis templa perfugere, ut eo subsidio ad flagitia utatur.* Auf den ersten Blick scheint diese Rede anzudeuten, daß der Asylschutz der Kaiserbilder auf der Göttlichkeit des Kaisers beruhte. Jedoch zielen diese Worte nicht auf eine Begründung des Schutzes eines Kaiserbilds[206], sondern dessen Beschränkung[207]. Der Hinweis auf die Göttlichkeit des Kaisers[208] soll die Beschränkung bei offenkundigem

204 Deutlich sind dazu die Äußerungen Neros bei Tac.ann. 15.74 ... *nam deum honor principi non ante habetur, quam agere inter homines desierit* und der Vespasian zugeschriebene scherzhafte Ausruf "*vae ... puto deus fio*" (Suet.Vesp. 23). In die gleiche Richtung weist Tiberius' Begründung für die Beschränkungen der Statuenaufstellung in den Provinzen: Suet.Tib. 26 ... *etiam statuas atque imagines nisi permittente se poni, permisitque ea sola condicione, ne inter simulacra deorum, sed inter ornamenta aedium ponerentur.* Ähnlich auch D 43.9.2 (*Paul 5 sent*, Text oben in Fn. 180). In dieser Tradition regeln später noch Mark Aurel und Commodus in einem griechischen Reskript die Aufstellung ihrer Statuen in Athen, aber weisen gleichzeitig göttliche Ehrungen zurück (J.H. OLIVER, Greek Constitutions of Early Roman Emperors from Inscriptions and Papyri, 1989, Nr. 196)

S. auch C. GIOFFREDI 187; A. ALFÖLDI (Fn. 105) 65 f.; CH. HABICHT (Fn. 189) 51 ff., 76 ff. und L. KOEP, Consecratio II (Fn. 165) 285 f. und R. SELINGER, Die Religionspolitik des Kaisers Decius (1994) 66 f. Jüngst tritt M. CLAUSS (Fn. 63) 400 dagegen nachdrücklich für die gegenteilige These ein: "Der *princeps* war Gott. Er war dies von Anfang an, seit Caesar und Augustus ...".

205 Tac.ann. 3.36; s. dazu unten S. 145.

206 So verstehen jedoch TH. MOMMSEN, StR 460; H. BELLEN 69 Fn. 489; M. BALZARINI (Fn. 187) 137 und M. CLAUSS (Fn. 63) 431 die Stelle.

207 Ähnlich begründete Tiberius selbst (Tac.ann. 1.73), weshalb wegen des Verkaufs eines Grundstücks, auf welchem sich eine Statue des *divus Augustus* befunden hatte, keine Anklage erhoben werden sollte: ... *nec contra religiones fieri, quod effigies eius, ut alia numinum simulacra, venditionibus hortorum et domuum accedant.*

208 In einer solchen Bezeichnung schwingen nicht unbedingt religiöse Überzeugungen mit; sie konnte als Schmeichelei sogar auf Privatpersonen angewendet werden. Vgl. A. MOMIGLIANO (Fn. 187) 97.

Mißbrauch ermöglichen, ohne Tiberius Anlaß zu einer Anklage wegen des *crimen maiestatis* zu bieten. Der Kaiser konnte diesen Vorschlag nicht ablehnen, ohne den Eindruck zu erwecken, er beanspruche größeren Respekt als die Götter. Vielleicht läßt sich so die Feststellung Philostrats erklären, daß die Statuen des Tiberius mehr gefürchtet wurden und deshalb besser Schutz boten (*asylóteroi*) als die Zeusstatuen in Olympia: Während das Asylrecht bei den Altären und Tempeln der Götter grundsätzlich nur unschuldig Verfolgten zugestanden wurde, war der Schutz von Kaiserstatuen vor den 21 n.Chr. erlassenen Beschränkungen absolut[209].

In den östlichen Provinzen, wo die Herrscherverehrung seit hellenistischer Zeit eingebürgert war, mochte die ausdrückliche Anerkennung von Statuen als Asyle[210] ihre Bedeutung im Kult wohl verstärken[211], Rückschlüsse auf das (ursprüngliche) römische Konzept sollte man daraus jedoch nicht ziehen. Und selbst im Osten führte die kultische Verehrung von Angehörigen des kaiserlichen Hauses nicht dazu, daß ihre Statuen zu Asylorten wurden[212].

2.6. Ergebnisse

Die politische Neuordnung und die tiefgreifenden Veränderungen der römischen Gesellschaft in der frühen Prinzipatszeit hatten signifikante Auswirkungen auf die Einstellung zur Sklaverei. Deutlich zeigt sich diese Zeitströmung in kaiserlichen Rechtsetzungsakten, welche die Sklaverei betrafen, und bei Fürsorgemaßnahmen, die von den Kaisern zugunsten der Sklaven ergriffen wurden. In diesen Rahmen fällt die Anerkennung der Asylfunktion kaiserlicher Statuen und der Zuflucht bei diesen (*confugere ad statuam principis*).

Für die Entstehung des Asylrechts war die besondere Position des römischen Kaisers von ausschlaggebender Bedeutung. Die persönliche Autorität des Kaisers prägte den politischen Hintergrund, die rechtlichen Regelungen und die Erwartungshaltungen der Bevölkerung, durch die seine Statuen zu Asylorten wurden. Die römischen Unterschichten (dies schließt Sklaven mit ein) erwarteten vom Kaiser Engagement für ihre Anliegen. Die Kaiser akzeptierten diese Rolle und nutzten die propagandistische Wirkung persönlichen Eingreifens in spektakulären Fällen. Jedes

209 Philostr. vita Apoll. 1.15. H. BELLEN 72 Fn. 516, hält diese Bemerkung hingegen für unzutreffend. S. auch S.R.F. PRICE (Fn. 138) 202 und M. CLAUSS (Fn. 63) 430 f. Zur Beschränkung des griechischen Asylrechts auf unschuldig Verfolgte vgl. unten S. 164 f.

210 Vgl. z.B. Tac.ann. 3.63.4. S. dazu S. 170.

211 S.R.F. PRICE (Fn. 138) 193.

212 Mitgliedern der kaiserlichen Familie wurden zwar Statuen errichtet, denen man kultische Ehrungen erwies. Die Statuen dienten allerdings nicht als Asyle, da diese Personen nicht die politische Macht hatten, Flüchtlinge zu unterstützen.
Zu Statuen und Münzbildern von weiblichen Mitgliedern der kaiserlichen Familie vgl. TH. SPÄTH, 'Frauenmacht' in der frühen römischen Kaiserzeit?, in: M.H. DETTENHOFER (Hg.), Reine Männersache? Frauen in Männerdomänen der antiken Welt (1994) 187 f.

Entgegenkommen im Einzelfall war zugleich eine politische Geste, welche darauf zielte, die *plebs urbana* als Gegengewicht zur Aristokratie für das kaiserliche Haus zu gewinnen. Dieser von Einzelfällen ausgehende Prozeß gewann eine Eigendynamik, die zu einer wechselseitigen Verstärkung der beiden Faktoren führte: Jedes Eingreifen des Kaisers, das den Wünschen des Volks entgegenkam, bestätigte und verstärkte zugleich das in den Kaiser gesetzte Vertrauen und provozierte so weitere Forderungen nach seiner Intervention. Schließlich hatten sich die Erwartungen so stark verfestigt, daß der Kaiser in der öffentlichen Meinung als zur Hilfe verpflichtet angesehen wurde: Aus der ursprünglich freiwilligen Gewährung von Gnadenakten war eine kaiserliche Pflicht geworden[213].

Die persönliche Intervention des *princeps* war zwar propagandistisch besonders wirksam, die Erwartung umfassender kaiserlicher Fürsorge konnte allerdings nur durch Loslösung des kaiserlichen Schutzes von dessen Person und die Überführung in eine institutionalisierte Form erfüllt werden. Ein wesentlicher Schritt dazu war, daß auch Beamte als Vertreter des Kaisers in solchen Fällen eingriffen.

Erweitert wurde der Schutz durch die im gesamten Reich zahlreich vorhandenen kaiserlichen Abbilder. Seit der späten Republik war den Römern die Vorstellung vertraut, Statuen (oder andere Abbilder) seien Vertreter des Dargestellten und mit diesem in gewisser Weise identisch. Ein Bild bot daher Gelegenheit, Wünsche und Erwartungen an den Dargestellten heranzutragen: Wer bei einer kaiserlichen Statue Schutz suchte, wandte sich so an den Kaiser selbst um Hilfe.

Der faktische Schutz bei solchen indirekten Appellen resultierte aus der politischen Position des Kaisers: Er wurde von der Statue verkörpert, Übergriffe auf die Statue oder auf Personen, welche bei ihr Schutz gesucht hatten, waren Angriffe auf den Kaiser selbst, Verletzungen seiner *maiestas.* Gerade die Willkür bei der Handhabung des Majestätsverbrechens, die Beliebigkeit, mit der von einigen der frühen *principes* Tatbestände für Anklagen und Verurteilungen konstruiert wurden, ließ es für Angehörige der Oberschichten geraten erscheinen, alles zu vermeiden, was geeignet war, den Verdacht der Illoyalität gegenüber dem *princeps* hervorzurufen. Dies führte zur Respektierung der Zuflucht bei einem Kaiserbild und schuf einen Ausgleich für den geminderten oder fehlenden Rechtsschutz der unteren Schichten[214].

Wann das Zusammenwirken der soeben aufgezählten Faktoren zur Anerkennung von *confugere ad statuam principis* als Rechtseinrichtung führte, entzieht sich nach dem Stande der Quellen einer präzisen Datierung. Es könnte bereits unter der Herrschaft des Augustus der Fall gewesen sein, da die Einrichtung schon zur Zeit des Tiberius in institutionalisierter Form erscheint[215].

---

213 Signifikant dafür ist die Anekdote, daß Hadrian von einer Frau sogar zur Abdankung aufgefordert wurde, weil er vorgab, für ihre Anliegen keine Zeit zu haben (Cass.Dio. 69.6.3). Dazu F. PRINGSHEIM, The legal policy and reforms of Hadrian, Gesammelte Abhandlungen I (1961) 93 und J. BLEICKEN, Zum Regierungsstil des römischen Kaisers (1982) 19 f.

214 Dazu unten S. 152.

215 Zu Datierungsfragen vgl. unten S. 53 ff.

Zusammenfassend lassen sich drei Ebenen unterscheiden, die bei der Zuflucht zu einer Statue zusammenspielten. Man erkennt sie in den Intentionen des Flüchtlings, den Faktoren, die für den von der Statue vermittelten Asylschutz wesentlich waren, sowie im Eingreifen des Beamten und dem an die Zuflucht anschließenden Verfahren.

Aus der Perspektive des Flüchtlings waren folgende Gesichtspunkte wesentlich:

a) Die Zuflucht war ein Appell an den Kaiser um Hilfe.

b) Weiters sollte sie Passanten zum Beistand bewegen. Dies konnte aus Sympathie für den Verfolgten, aus Loyalität gegenüber dem Kaiser oder nur deswegen geschehen, weil die so angesprochenen Personen selbst damit rechneten, eines Tages in eine ähnliche Lage zu geraten.

c) Auf rechtlicher Ebene war die Zuflucht eines Sklaven zugleich ein Akt des Ungehorsams gegenüber dem *dominus*[216], der jedoch unter Berufung auf das Schutzrecht und die Schutzmacht des Kaisers erfolgte: Ergriff der Verfolger seinen Sklaven eigenmächtig, verletzte er das Schutzrecht des Kaisers; ein Verzicht auf die Ergreifung aber stellte sein Recht am Sklaven in Frage.

Der Schutz, solange sich ein Flüchtling bei einer Statue aufhielt, wirkte auf den gleichen Ebenen:

a) Da der Appell dem Kaiser galt, hätte jeder eigenmächtige Zugriff auf den Flüchtling die kaiserliche Macht negiert und wäre deshalb unter rechtlichem Blickwinkel eine Verletzung der *maiestas* des Kaisers gewesen.

b) Sobald die angerufene Menge sich mit dem Schutzsuchenden solidarisierte, mußte der *dominus* Gewalt anwenden, um den Sklaven wieder in seine Gewalt bringen.

c) Der zugrundeliegende Konflikt zwischen dem Sklaven seinem Herrn machte eine unabhängige Entscheidung notwendig, ob der Sklave mit Recht Widerstand geleistet hatte.

Im abschließenden Eingreifen des Beamten lassen sich dieselben drei Aspekte nochmals erkennen:

a) Als Vertreter des Kaisers zeigte er das kaiserliche Engagement und den kaiserlichen Schutz für den Verfolgten.

b) Durch die Intervention verhinderte er u.U. eine gewaltsame Auseinandersetzung zwischen dem Verfolger und der den Flüchtling schützenden Menge und beseitigte einen gefährlichen Unruheherd.

c) Im Rahmen der Anhörung wurden die Behauptungen des Sklaven geprüft. Stellte sich heraus, daß der Sklave zu Unrecht Asyl gesucht hatte, wurde er dem Herrn zurückgegeben. Ergab die Untersuchung, daß der Herr sein Recht über den Sklaven mißbraucht hatte, wurde er entweder zur Mäßigung angehalten oder der Sklave wurde ihm zwangsweise entzogen.

Über die Rolle, die die Juristen in diesem Prozeß spielten, unterrichten uns die Quellen nicht. Der Reformschub durch die Anerkennung von Mindestrechten der

216 Für die Zuflucht freier Personen gilt dies mutatis mutandis. Dazu unten S. 143 f.

Sklaven scheint von den Kaisern selbst ausgegangen zu sein. Ob die Juristen in ihrer Gesamtheit sklavenfreundliche Rechtsänderungen so vehement zu verhindern suchten, wie Tacitus dies Gaius Cassius Longinus in seiner berühmten Rede vor dem Senat tun läßt[217], muß offen bleiben. Zu schwer wiegen die Zweifel an der Authentizität dieses rhetorisch äußerst effektvoll gestalteten Auftritts. Tacitus läßt in Cassius mehr den konservativen Hardliner sprechen als den Juristen. Von besonderem Engagement der Juristen ist in diesem Bereich aber nichts zu bemerken[218]. Zu konservative Haltungen in solchen Fragen waren selbst bei der im Senat repräsentierten Schicht nur ausnahmsweise mehrheitsfähig, bei der übrigen Bevölkerung stießen sie nicht auf Verständnis, sondern auf Opposition.

217 Oben S. 18 f.

218 Vgl. auch unten S. 95 und S. 105 ff.

3. Die Zuflucht von Sklaven *ad statuam* und ihre Rechtsfolgen

3.1. Vorbemerkungen

Bei einer kaiserlichen Statue war ein Flüchtling bloß vorübergehend vor Bedrohungen sicher. Der Schutz wirkte nur in unmittelbarer Nähe der Statue und erlosch, sobald sich der Flüchtling entfernte. Anders als in den Tempelasylen, wo ein Flüchtling längere Zeit, vielleicht sogar sein restliches Leben, verbringen konnte[1], war die Dauer des Aufenthalts bei einer Statue praktisch begrenzt. Das weitere Schicksal des Flüchtlings hing daher vom Einschreiten einer Behörde ab. Die Zuflucht selbst gab den Anstoß zu einem staatlichen Verfahren, sie war in TH. MOMMSENs Worten "ein an die öffentliche Gewalt gerichteter Hülferuf"[2].

3.2. Das Verfahren nach einer Zuflucht

Über die Verfahrensschritte, die bei der Zuflucht eines Sklaven gesetzt wurden, informiert ein 110 n.Chr. verfaßter Brief des Plinius an Trajan. Darin berichtet Plinius von der Zuflucht eines Sklaven *ad statuam*[3]:

> *C. Plinius Traiano Imperatori: Appuleius, domine, miles, qui est in statione Nicomedensi, scripsit mihi quendam nomine Callidromum, cum detineretur a Maximo et Dionysio pistoribus, quibus operas suas locaverat, confugisse ad tuam statuam perductumque ad magistratus indicasse servisse aliquando Laberio Maximo captumque a Susago in Moesia et a Decibalo muneri missum Pacoro, Parthiae regi, pluribusque annis in ministerio eius fuisse, deinde fugisse atque ita in Nicomediam pervenisse. quem ego perductum ad me, cum eadem narrasset, mittendum ad te putavi; quod paulo tardius feci, dum requiro gemmam, quam sibi (habentem imaginem Pacori et quibus ornatus fuisset) subtractam indicabat. volui enim hanc quoque, si inveniri potuisset, simul mittere, sicut glebulam misi, quam se ex Parthico metallo attulisse dicebat. signata est anulo meo, cuius est aposphragisma quadriga.*

---

1 P. STENGEL, Asylon, RE II (1896) 1882, 1885; F. v. WOESS passim und zuletzt U. SINN, Greek Sanctuaries as Places of Refuge, in: N. MARINATOS/R. HÄGG (Hg.), Greek Sanctuaries. New Approaches (1993) 94 ff. (m.w.N.).

2 StrR 460.

3 Plin.epist. 10.74. Dazu A.N. SHERWIN-WHITE, The Letters of Pliny (1966; Ndr. 1985) 660 ff.; W. WILLIAMS, Pliny. Correspondence with Trajan from Bithynia (*Epistles X*) (1990) 123 f.; O. HIRSCHFELD, Die Sicherheitspolizei im römischen Kaiserreich, Kleine Schriften (1913) 597 f. und K. BRADLEY 23.

Den Anlaß des Berichts bildete nicht die Zuflucht als solche, sondern die bewegte Lebensgeschichte des Sklaven: Callidromus, der nach seinen eigenen Angaben einstmals Sklave des Laberius Maximus gewesen war[4], hatte beim parthischen König gedient und sich nach seiner Flucht aus dem Partherreich bei zwei Bäckern in Nikomedia in Dienst begeben. Als ihn diese, nachdem sie seinen Status entdeckt hatten, gegen seinen Willen festhielten, suchte er bei einer Statue des Trajan Zuflucht. Plinius schickte den wertvollen Informanten über die Verhältnisse am parthischen Hof zum Kaiser[5]. Über sein weiteres Schicksal erfahren wir nichts[6].

Besonders wertvoll sind die Angaben, die Plinius über die Vorgangsweise unmittelbar nach der Zuflucht macht. Der *ad statuam* geflohene Sklave war zu den Munizipalmagistraten gebracht und von ihnen über den Grund für seine Zuflucht vernommen worden. Daraufhin hatte man ihn an den Statthalter weitergeleitet.

Wenn man die in diesem Fall getroffenen Maßnahmen auf mögliche Rechtsgrundlagen hin untersucht, so fällt auf, daß die einzelnen Schritte genau dem Verfahren entsprechen, das spätere juristische Quellen bei Ergreifung eines *servus fugitivus* bezeugen[7].

> D 11.4.4 (*Paul 1 sent*)[8] *Limenarchae et stationarii fugitivos deprehensos recte in custodiam retinent. magistratus municipales ad officium praesidis provinciae vel proconsulis comprehensos fugitivos recte transmittunt.*

> D 11.4.1.8 (*Ulp 1 ed*) *Tamdiu autem custodiuntur, quamdiu ad praefectum vigilum vel ad praesidem deducantur.* (8a) *Eorumque nomina et notae et cuius se quis esse dicat ad magistratus deferantur, ut facilius adgnosci et percipi fugitivi possint (notae autem verbo etiam cicatrices continentur): idem iuris est, si haec in scriptis publice vel in aedes proponas.*

> D 1.15.5 (*Ulp ls off praef urbi*) *Imperatores Severus et Antoninus Iunio Rufino praefecto vigilum ita rescripserunt: "... fugitivos conquirere eosque dominis reddere debes."*

Die lokalen Beamten hatten die Befugnis, einen aufgegriffenen *fugitivus* in Gewahrsam zu nehmen und zu verhören. Daraufhin mußten sie ihn dem Statthalter oder dem *praefectus vigilum* übergeben und diesem die Ergebnisse der Befragung mit-

---

4 Zur Frage des *status* s. unten S. 151.

5 Genaueres dazu bei E. CIZEK, L'époque de Trajan (1983) 409 f.

6 Auch ohne den politischen Hintergrund hätte der Statthalter den Sklaven in diesem Fall nicht, wie sonst nach einer Zuflucht *ad statuam* üblich, verkaufen dürfen (dazu unten S. 56 ff.). Dies war unter anderem deswegen ausgeschlossen, weil nicht der *dominus* selbst für die Mißhandlungen verantwortlich war. Callidromus wäre aufgrund seiner früheren Flucht als einfacher *fugitivus* anzusehen gewesen (D 21.1.17.12, *Ulp 1 ed aedil curul ... Si tamen ante fugit et postea se contulit non ideo magis fugitivus esse desinit ...*; s. unten S. 65). Ihm hätte überdies eine Bestrafung gedroht, weil er vorgegeben hatte, frei zu sein (D 11.4.2, *Cal 6 cog*; s. unten S. 49).

7 Dazu H. BELLEN 9 ff.

8 = PS 1.6a.3 f. Dazu E. LEVY, Pauli Sententiae (1945) 113 ff.

teilen[9]. Ziel des Verfahrens war in erster Linie, den Eigentümer ausfindig zu machen und ihm den Sklaven zurückzustellen. Von einer sofortigen Rückgabe sollte allerdings abgesehen werden, wenn die aufgegriffenen Sklaven mit der Flucht auch andere Ziele verfolgt hatten, also keine *fugitivi simplices* waren, die sich "einfach" der Gewalt ihrer Herren zu entziehen versucht hatten. In einem solchen Fall wurde die Flucht zum Gegenstand eines behördlichen Verfahrens, bis zu dessen Beendigung ein Sklave in Haft gehalten wurde.

> D 11.4.2 (*Cal 6 cog*) *Fugitivi simplices dominis reddendi sunt: sed si pro libero se gesserint, gravius coerceri solent.*

Diesen Grundsätzen folgten die Maßnahmen nach einer Zuflucht *ad statuam*: Die Sklaven durften von den untergeordneten Magistraten nicht an die Eigentümer zurückgestellt werden[10], sondern waren einem zur Anhörung kompetenten Beamten - dem Provinzstatthalter oder dem *praefectus urbi*[11] - zu übergeben. Im Brief des Plinius wird dieses Verfahren deutlich beschrieben: Das Begleitschreiben des Appuleius teilt dem Statthalter den Namen des Sklaven und den seines Eigentümers sowie die Ergebnisse der ersten Vernehmung durch die Munizipalbehörden mit.

Diese Verfahrensweisen bei Ergreifung eines *fugitivus* werden von O. LENEL bereits auf das prätorische Edikt zurückgeführt[12]. Hingegen leitet sie H. BELLEN erst aus der *generalis epistula* von Mark Aurel und Commodus (D 11.4.1.2, *Ulp 1 ed*) ab, welche die Magistrate zur Unterstützung der Eigentümer bei der Suche nach *fugitivi* verpflichtete[13]. Dieser Ansatz ist jedenfalls zu spät, da bereits zur Zeit des Plinius das gleiche Verfahren in Gebrauch stand.

Die Anfänge der behördlichen Unterstützung bei der Suche nach *fugitivi* gehen sogar bis in die Republik zurück. Die Komödien des Plautus bezeugen, daß der Eigentümer bei der Verfolgung eines *fugitivus* nach Genehmigung durch den Prätor

---

9 Dazu A. PERNICE, Marcus Antistius Labeo II/1[2] (1895) 107 und O. LENEL, EP 54. Dies war vor allem dann der Fall, wenn die untergeordneten Beamten den Eigentümer nicht feststellen konnten (H. BELLEN 12).

10 K. BRADLEY, Slaves and Masters in the Roman Empire (1984) 125 vermutet hingegen, daß gerade das Einschreiten der örtlichen Magistrate oft die Ablieferung des Sklaven an den Statthalter verhinderte.

11 S. unten S. 51 ff.

12 O. LENEL, EP 54 und ebenso W.W. BUCKLAND 268 f.

13 Sklavenflucht 10 ff., insb. 12 Fn. 60. E. LEVY (Fn. 8) 113 sieht die Quellen von D 11.4.4 (= PS 1.6a.3, *Paul 1 sent*) sowohl im prätorischen Edikt als auch in der *generalis epistula* des Mark Aurel und des Commodus in D 11.4.1.2 (*Ulp 1 ed*) *Hoc autem senatus consultum aditum etiam dedit militi vel pagano ad investigandum fugitivum in praedia senatorum vel paganorum (cui rei etiam lex Fabia prospexerat et senatus consultum Modesto consule factum), ut fugitivos inquirere volentibus litterae ad magistratus dentur, multa etiam centum solidorum in magistratus statuta, si litteris acceptis inquirentes non adiuvent. sed et in eum, qui quaeri apud se prohibuit, eadem poena statuta. est etiam generalis epistula divorum Marci et Commodi, qua declaratur et praesides et magistratus et milits stationarios dominum adiuvare debere inquirendis fugitivis, et ut inventos redderent, et ut hi, apud quos delitescant, puniantur, si crimine contingantur.*

mit Hilfe eines Staatssklaven auch Hausdurchsuchungen vornehmen durfte[14]. Ein ähnliches Verfahren war nach der *lex Fabia* bereits in republikanischer Zeit in ganz Italien möglich[15]. In Rom hatten die *tresviri capitales* unter anderem die Befugnis zur Aufgreifung von *fugitivi*[16]. Diese Aufgaben nahmen ab der frühen Kaiserzeit der *praefectus urbi* und der *praefectus vigilum* wahr[17]. Es ist damit wahrscheinlich, daß rechtliche Regelungen über Verwahrung, Behandlung und Rückgabe von *fugitivi* schon vor der Zeit von Mark Aurel existierten.

Die einschlägigen Vorschriften enthielt das Edikt *de fugitivis*[18]. Es bestimmte die Maßnahmen bezüglich der *fugitivi*, die in den Gewahrsam der Munizipalmagistrate gekommen waren. Für das Edikt *de fugitivis* stand die faktische Entfernung des Sklaven im Vordergrund[19]. Dieser *fugitivus*-Begriff erfaßte gleichermaßen *fugitivi* und *errones* im Sinne des ädilizischen Edikts[20]. Auf den Willen des Sklaven zur dauernden Entfernung aus der Gewalt seines Herrn (*animus fugiendi*), der bei der Interpretation des Edikts der kurulischen Ädilen das wesentliche Merkmal zur Unterscheidung von *fugitivi* und *errones* bildete, kam es unter diesem Edikt nicht an[21]. Ergriffene *fugitivi* mußten, sofern es sich um *fugitivi simplices* handelte, den Eigentümern zurückgestellt werden.

Auch ein Sklave, der bei einer Statue Zuflucht gesucht hatte, war nach diesem Edikt ein *fugitivus*. Da er jedoch kein *fugitivus simplex* war, sollte er einem zur Anhörung zuständigen Beamten übergeben werden. In den Provinzen war dies der *praeses* bzw. *proconsul*, während in Rom diese Kompetenz im Unterschied zu den Fällen einer "einfachen" Flucht nicht dem *praefectus vigilum*, sondern dem *praefectus*

---

14 Plaut.Merc. 664 f.; Petron. 97 f. Vgl. H. BELLEN 9 f. und W. EDER, Servitus Publica (1980) 78 f.

15 H. BELLEN 10 und 52 ff.

16 Zu den Aufgaben der *tresviri capitales* s. TH. MOMMSEN, Staatsrecht II/1 (1887; Ndr. 1952) 594 ff.; W. KUNKEL, Untersuchungen zur Entwicklung des römischen Kriminalverfahrens in vorsullanischer Zeit (1962) 71 ff.; A.W. LINTOTT, Violence in Republican Rome (1968) 102 ff. und W. NIPPEL, Aufruhr und "Polizei" in der römischen Republik (1988) 33 ff.
Zur Ergreifung von *fugitivi* im besonderen W. NIPPEL 35; A.W. LINTOTT 104 und O.F. ROBINSON, Ancient Rome (1992) 180.

17 Vgl. H. BELLEN 13 und O.F. ROBINSON (Fn. 16) 188 f.

18 D 11.4. Zu diesem Edikt H. BELLEN 12 ff. und O. LENEL, EP 54.

19 D 50.16.225 (*Tryphonin 1 disp*) *"Fugitivus" est non is, qui solum consilium fugiendi a domino suscepit, licet id se facturum iactaverit, sed qui ipso facto fugae initium mente deduxerit ... et ideo fugitivum quoque et erronem non secundum propositionem solam, sed cum aliquo actu intellegi constat.* Dazu A. PERNICE (Fn. 9) 107.

20 D 11.4.1.5 (*Ulp 1 ed*) *Fugitivum accipe et si quis erro sit. fugitivi autem appellatione ex fugitiva natum non contineri Labeo libro primo ad edictum scribit.*

21 S. dazu unten S. 66 ff.

urbi zustand[22]. Die Zuständigkeit des Stadtpräfekten in diesen Fällen zeigt folgender Text:

> D 1.12.1.1 (*Ulp ls off praef urbi*) *Servos qui ad statuas confugerint ... de dominis querentes audiet.*

3.3. Das Beschwerderecht

Die Anhörung der *ad statuas* geflüchteten Sklaven gehörte zu den "polizeilichen" Aufgaben des *praefectus urbi*[23]. Schon Tacitus (ann. 6.11) sah als Grund für die Ernennung des ersten *praefectus urbi* die Kontrolle der Sklavenmassen und der zum Aufruhr neigenden Bevölkerung Roms.

> *Mox rerum potius ob magnitudinem populi ac tarda legum auxilia sumpsit e consularibus, qui coerceret servitia et quod civium audacia turbidum, nisi vim metuat.*

Unterstrichen wurde die Bedeutung dieses Auftrags dadurch, daß entgegen den republikanischen Gepflogenheiten dem Präfekten zu diesen Zwecken dauernd in der Stadt befindliche Truppen (*cohortes urbanae*) unterstanden[24].

Anders als Tacitus gab Ulpian in seiner Monographie *de officio praefecti urbi* ein differenzierteres Bild von den Mitteln, die dem Präfekten zur Verfügung standen, um Ruhe und Ordnung aufrechtzuerhalten[25]. Der Präfekt konnte nicht nur

---

22 Zur weitgehenden Übereinstimmung der Kompetenzen des Stadtpräfekten und der Provinzstatthalter vgl. A. SCHILLER, The Jurists and the Prefects of Rome, Bull 57/58 (1953) 73 ff.
Die von TH. MOMMSEN (Fn. 16) 1064 Fn. 4 angenommene Untersuchung von Fällen "einfacher" Sklavenflucht durch den *praefectus urbi* ist nicht belegt. MOMMSENs Belegstelle Ios.ant.Iud. 18.6.5 betrifft die Flucht eines in eine politische Intrige verwickelten Freigelassenen.
Eine bereits im Prinzipat gegebene Zuständigkeit des *praefectus praetorio* für diese Angelegenheiten (vgl. für die Rechtslage des 4. Jh. CTh 9.44.1, *Valentinian/Theodos/Arcad*, a. 386; dazu unten S. 138 f.), die von W.W. BUCKLAND 37 und ihm folgend A. WAGNER, Die soziale Entwicklung des Sklavenrechts in der römischen Kaiserzeit (1968) 27 behauptet wird, ist m.E. unwahrscheinlich.

23 TH. MOMMSEN (Fn. 16) 1059 ff.; E. SACHERS, Praefectus urbi, RE XXII (1954) 2502 ff.; G. VITUCCI, Ricerche sulla praefectura urbi in età imperiale (1956) sowie die Rezension von J. BLEICKEN, SZ 80 (1963) 440 ff. und W. NIPPEL (Fn. 16) 161 ff.

24 Daß die Zeitgenossen darin einen tiefgreifenden Traditionsbruch erblickten, klingt noch in der Begründung nach, die Hieronimus den ersten Präfekten für seine Amtsniederlegung angeben läßt: *Messala Corvinus primus praefectus urbi factus sexto die magistratu se abdicavit, incivilem potestatem esse contestans* (Euseb.-Hieron. Chron. p. 164 H; dazu W. NIPPEL, Fn. 16, 269). Tacitus führt hingegen an, er sei zur Amtsausübung unfähig gewesen (ann. 6.11).

25 Vgl. W. NIPPEL (Fn. 16) 165 ff. Zum *liber singularis de officio praefecti urbi* s. A. DELL'ORO, I *libri de officio* nella giurisprudenza romana (1960) 239 ff.

Zwangsmaßnahmen ergreifen, sondern zur Verhinderung von Auseinandersetzungen zwischen Sklaven und Herren präventiv einschreiten.

> D 1.12.1 (*Ulp ls off praef urbi*) (1) *Servos qui ad statuas confugerint, vel sua pecunia emptos ut manumittantur, de dominis querentes audiet. ...* (8) *Quod autem dictum est, ut servos de dominis querentes praefectus audiat, sic accipiemus non accusantes dominos (hoc enim nequaquam servo permittendum est nisi ex causis receptis), sed si verecunde expostulent, si saevitiam, si duritiam, si famem, qua eos premant, si obscenitatem, in qua eos compulerint vel compellant, apud praefectum urbi exponant. hoc quoque officium praefecto urbi a divo Severo datum est, ut mancipia tueatur ne prostituantur.*

Als Gründe für die Anhörung von Sklaven nennt Ulpian die Verweigerung der Freilassung beim Freikauf durch einen Dritten und die Beschwerde nach einer Zuflucht *ad statuam*[26]. Für diese Zuständigkeiten bezog sich Ulpian vor allem auf eine *epistula* des *divus Severus* an den Stadtpräfekten Fabius Cilo (D 1.12.1 pr, *Ulp ls off praef urbi*)[27], in welcher diese Aufgaben jedoch nicht erstmalig festgelegt worden waren. Bereits seit der Zeit Mark Aurels konnte ein *suis nummis* freigekaufter Sklave seine Freilassung einfordern[28], und das Beschwerderecht existierte sogar schon unter Nero, wie ein Hinweis bei Seneca zeigt:

> Sen.benef. 3.22.3 *Atqui de iniuriis dominorum in servos qui audiat positus est, qui et saevitiam et libidinem et in praebendis ad victum necessariis avaritiam conpescat.*

Obwohl Seneca den zuständigen Beamten nicht benennt, läßt die Identität der als Beschwerdegründe genannten Tatbestände keinen Zweifel zu, daß der *praefectus urbi* angesprochen ist[29].

Wann solche Anhörungen erstmalig zugelassen wurden, ist in der Literatur umstritten. Da, wie Seneca zweifelsfrei belegt, das Recht zur Zeit Neros jedenfalls

---

26 Weiters war der Präfekt mit der Bestrafung von beim Ehebruch mit der Frau des *dominus* ertappten Sklaven und ihren Patron schmähenden Freigelassenen betraut (D 1.12.1.5 und 10, *Ulp ls off praef urbi*).

27 S. E. GROAG, L. Fabius Cilo, RE VI (1907) 1766; F. AFFOLTER, Die Persönlichkeit des herrenlosen Sklaven (1913) 92 f.; A. SCHILLER (Fn. 22) 71 f.; A. DELL'ORO (Fn. 25) 242 ff. und D. MANTOVANI, Sulla competenza penale *del praefectus urbi* attraverso il *liber singularis* di Ulpiano, in: A. BURDESE (Hg.), Idee vecchie e nuove sul diritto criminale romano (1988) 171 ff.

28 D 40.1.4 (*Ulp 6 disp*). Dazu G. HORSMANN, Die *divi fratres* und die *redemptio servi suis nummis*, Historia 35 (1986) 308 ff.

29 H.A. WALLON, Histoire de l'esclavage dans l'antiquité III² (1879; Ndr. 1974) 57 und H. BELLEN 66; vgl. außerdem G. GILIBERTI, "Beneficium" e "iniuria" nei rapporti col servo, Sodalitas IV (1984) 1853 ff.
Dieser Beleg entkräftet den Verdacht von B. BIONDI, Il diritto romano cristiano II (1952) 437, der detaillierte Katalog von Beschwerdegründen in D 1.12.1.8 (*Ulp ls off praef urbi*) sei unklassisch.

anerkannt war, kann es spätestens unter dessen Herrschaft entstanden sein[30]. H. BELLEN verknüpft die Kompetenz mit der dauernden Einrichtung der Präfektur unter Tiberius und vermutet, daß sie durch eine Anordnung des Tiberius geschaffen wurde[31]. Diese Hypothese ist freilich nicht zwingend. Es ist durchaus möglich, daß die Präfektur bereits unter Augustus zum dauernden Amt wurde[32] bzw. daß die bei Abwesenheit des Augustus vorübergehend eingesetzten Präfekten[33] solche Befugnisse ausübten. Aufgrund dieses Arguments kommt auch die Regierungszeit des Augustus für die Entstehung des Beschwerderechts in Betracht[34]. Eine eindeutige zeitliche Festlegung erlaubt auch das von H. BELLEN herangezogene Kriterium nicht.

Die Datierung ist deswegen schwierig, weil die einzelnen Befugnisse des *praefectus urbi* nicht bereits von Anfang an klar definiert waren. Sie entwickelten sich erst im Laufe der Zeit als praktische Mittel zur Durchsetzung des allgemein gefaßten Ordnungssicherungsauftrags[35] und bedurften daher im einzelnen weder eines "gesetzlichen" Auftrags oder "gesetzlicher" Anerkennung[36] noch eines kaiserlichen Regulatives[37].

---

30 Für die Einrichtung unter Nero z.B. H.A. WALLON (Fn. 29) 56; J. CARCOPINO, Rom. Leben und Kultur in der Kaiserzeit[3] (1986) 94; B.W. HENDERSON, The Life and Principate of the Emperor Nero (1905; Ndr. 1968) 93 f.; W. NIPPEL (Fn. 16) 165; G. GILIBERTI, Studi sulla massima "*Caesar omnia habet*" (1996) 146; weitere Nachweise bei H. BELLEN 67 Fn. 477. Zweifel an dieser Datierung bei D. NÖRR, C. Cassius Longinus: Der Jurist als Rhetor, FS Bengtson (1983) 188.

31 H. BELLEN 67 f. So datieren weiters M. MORABITO, Les réalités de l'esclavage d'après le Digeste (1981) 230 f. und G. BOULVERT/M. MORABITO, Le droit de l'esclavage sous le Haut-Empire, ANRW II/14 (1982) 118.

32 Ausschlaggebend für die Zuweisung ist, ob Piso das Amt des *praefectus urbi* 13 oder 17 n.Chr. antrat. Zur Diskussion vgl. H. BELLEN 68 Fn. 480 und W. NIPPEL (Fn. 16) 269 f. (m.w.N.).

33 Zu diesen TH. MOMMSEN (Fn. 16) 1059 f.

34 Dafür M. VOIGT, Römische Rechtsgeschichte II (1899) 477 f.; vorsichtig R.H. BARROW, Slavery in the Roman Empire (1928) 59 f. und P. BONFANTE, Corso di diritto romano I (1925; Ndr. 1963) 200; K. BRADLEY 100 und ders. (Fn. 10) 123.
Zur Anerkennung der Prozeßfähigkeit des Sklaven in eigenen Angelegenheiten unter Augustus vgl. M. KASER/K. HACKL, RZP 452 f. und D. LIEBS, Der Schutz der Privatsfäre in einer Sklavenhaltergesellschaft: Aussagen von Sklaven gegen ihre Herren nach römischem Recht, Bull 83 (1980) 179.

35 Vgl. TH. MOMMSEN (Fn. 16) 1064; G. GILIBERTI (Fn. 29) 1855 und O.F. ROBINSON (Fn. 16) 190.
Zur Entstehung der judiziellen Funktionen des *praefectus urbi* J. BLEICKEN, Senatsgericht und Kaisergericht (1962) 116 f. und W. NIPPEL (Fn. 16) 165.

36 So für das Anhörungsrecht A. PERNICE, Marcus Antistius Labeo I (1873) 116 f.; F. NORDEN, Apulejus von Madaura und das römische Privatrecht (1912) 77 Fn. 3 und W. HÜTTL, Antoninus Pius I (1936) 86.

37 H. BELLEN 68 schließt auf ein solches bezüglich des Anhörungsrechts aufgrund der Formulierung *positus est* bei Sen.benef. 3.22.3. Ein Edikt Neros vermutet J. CARCOPINO (Fn. 30) 94.

Da eine Flucht *ad statuam* darauf angelegt war, die Sympathien der Menge zu erwecken und damit zu einem Faktor der Unruhe werden konnte, benötigte der Präfekt keine Spezialermächtigung, um in solchen Fällen angemessene Maßnahmen zu ergreifen[38].

21 n.Chr. war der Schutz der Kaiserbilder im Bewußtsein der Zeitgenossen bereits fest verankert. Flüchtlinge vertrauten auf ihn, und er wurde selbst von Senatoren respektiert[39]. Diese Anzeichen für eine erfolgreiche Institutionalisierung gestatten die Vermutung, daß der Schutz der Kaiserbilder bereits einige Zeit vor 21 n.Chr. entstanden und behördlicherseits durchgesetzt worden war. Aller Wahrscheinlichkeit nach konnten das Asyl- bzw. Beschwerderecht bereits unter Augustus in Anspruch genommen werden[40].

In den Provinzen hatten spätestens zur Zeit Trajans die Statthalter entsprechende Kompetenzen übernommen[41].

Ulpian erwähnt die Beschwerde beim *praefectus urbi* nur im Zusammenhang mit der Zuflucht bei einer Kaiserstatue. Wie Senecas Äußerung aber belegt, konnte sich ein Sklave auch direkt an den Beamten wenden[42]. Die Zuflucht gab einem Sklaven eine zusätzliche Möglichkeit, Beschwerden an den *praefectus urbi* heranzutragen, wenn ein direkter Zugang nicht möglich war.

Da ein Sklave in einem ordentlichen Prozeß weder für sich selbst auftreten konnte[43], noch gegen seinen Herrn aussagen durfte[44], handelte es sich bei der

---

38 Vgl. dazu allgemein G. VITUCCI (Fn. 23) 63 f.

39 Tac.ann. 3.36; dazu unten S. 139 ff.

40 In der Literatur wird allerdings auch eine weitaus spätere Entstehung vermutet: W. HÜTTL (Fn. 36) 86 geht davon aus, daß zur Zeit Senecas die Zuflucht zur Statue nur vor unmittelbaren Bedrohungen schützte, während das Beschwerderecht erst von Antoninus Pius zugelassen worden sei. Ähnliches meinen F. AFFOLTER (Fn. 27) 92; A. PERNICE (Fn. 36) 116 f.; F. NORDEN (Fn. 36) 77 Fn. 3; W. SIMSHÄUSER, Sozialbindungen des spätrepublikanisch-klassischen römischen Privateigentums, FS Coing I (1982) 353; A.D. MANFREDINI 51; B. HUWILER 260 und L. MANNA, *Actio redhibitoria* e responsibilità per i vizi della cosa nell'editto *de mancipiis vendundis* (1994) 60 Fn. 59.
H. BELLEN 67 ff. nimmt an, das Beschwerderecht und *confugere ad statuam* hätten ursprünglich nicht zusammengehört und seien im Laufe der Zeit zusammengewachsen. Dieser Prozeß habe erst unter Antoninus Pius seinen Abschluß gefunden. C. GIOFFREDI 190 sieht die rechtliche Anerkennung des Asylrechts der Statuen erst in CTh 9.44.1 (*Valentinian/Theodos/Arcad*, a. 386; dazu unten S. 138 f.). Vorher habe es sich nur um faktischen Schutz gehandelt.

41 So auch R.H. BARROW (Fn. 34) 60. Dagegen schreiben F. AFFOLTER (Fn. 27) 92 f., 134 f.; A. WACKE, Ursprung der eingeschränken Arbeitnehmerhaftung, Recht der Arbeit 40 (1987) 327 und G. GILIBERTI (Fn. 30) 146 diesen Schritt erst Antoninus Pius zu.

42 Anders D. LIEBS (Fn. 34) 178: "Freilich durften sich die Sklaven in diesem Fall nicht schnurstracks an den Richter (!) wenden, sondern mußten den Weg des Asylrechts wählen ..."

43 W.W. BUCKLAND 83 f.; M. KASER/K. HACKL, RZP 205; A. BISCARDI, La capacità processuale dello schiavo, Labeo 21 (1975) 143 ff. und D. MANTOVANI (Fn. 27) 200 ff.

44 Dazu umfassend L. SCHUMACHER, Servus Index (1982) und D. LIEBS (Fn. 34) 147 ff.

Beschwerde um ein Verfahren *extra ordinem*[45]. Aufgrund des Ausnahmecharakters insistierte Ulpian auf einer restriktiven Handhabung des Anhörungsrechts. Den Sklaven war nicht gestattet, allgemeine Anschuldigungen zu erheben (*non accusare dominos*[46]), sondern sie mußten sich auf Vorbringen beschränken, welche die Behandlung durch die Eigentümer betrafen. Eine Möglichkeit zur Beschwerde gegen die Übergriffe Dritter bestand nicht. Bei Verstößen gegen diese Vorschrift hatte der Sklave wohl mit strenger Bestrafung zu rechnen[47].

Eine weitere Einschränkung bestand darin, daß die Beschwerde *verecunde* vorzubringen war. H. HEUMANN/E. SECKEL[48] bestimmen die Bedeutung des Worts an dieser Stelle als "mit Achtung, Ehrerbietung"[49], während TH. MAYER-MALY in seiner Untersuchung des juristischen Sprachgebrauches von *verecundia* zur Ansicht kommt, das Wort "dürfte ... den Sinn von 'glaubwürdig' haben"[50]. Diese allgemeine Übersetzung trifft den Sinn von *verecunde* hier nicht. Dem Stadtpräfekten einzuschärfen, nur bei seiner Überzeugung nach wahrheitsgemäß erhobenen Vorwürfen gegen den Eigentümer eines Sklaven Sanktionen zu verhängen, war wohl überflüssig. *Verecunde* ist stattdessen im Sinne seiner Grundbedeutung zu verstehen und am besten als "mit dem gebotenen Respekt" zu übersetzen. Es beschränkte die verfahrensrechtliche Position des Sklaven, der bei der Beschwerde den höheren Rang seines

---

45 E.I. BEKKER, Die Aktionen des römischen Privatrechts II (1873) 194 f.; L. WENGER, Institutionen des römischen Zivilprozeßrechts (1925) 249; E. BALOGH, Beiträge zur Zivilprozeßordnung Justinians I, Atti del congresso internazionale di diritto romano (Roma 1933) II (1934) 286 ff.; M. KASER/K. HACKL, RZP 459 und G. GILIBERTI (Fn. 29) 1855.

46 Vgl. W.W. BUCKLAND 38. S. weiters D 47.11.5 (*Ulp 5 off procons*; unten S. 76 f.).

47 Nach dem Zeugnis der Historia Augusta wurden ihre Herren verleumdende Sklaven gekreuzigt (H.A. Pert. 9.10). Sklaven die fälschlicherweise behauptet hatten, sich *suis nummis* freigekauft zu haben, konnten zur Arbeit in den Bergwerken verurteilt werden: D 40.1.5 (*Marcian 2 inst*) *Si quis dicat se suis nummis emptum, potest consistere cum domino suo, cuius in fidem confugit, et queri, quod ab eo non manumittatur, Romae quidem apud praefectum urbis, in provinciis vero apud praesides ex sacris constitutionibus divorum fratrum, sub ea tamen denuntiatione, ut is servus, qui hoc intenderit nec impleverit, in opus metalli detur, nisi forte dominus reddi eum sibi maluerit, utique non maiorem ex ea causa poenam constituturus.*

48 Handlexikon zu den Quellen des römischen Rechts[11] (1971) 619.

49 In diesem Sinne übersetzen K.E. OTTO/B. SCHILLING/K.F.F. SINTENIS (Hg.), Das Corpus Iuris Civilis (Romani) ins Deutsche übersetzt I[2] (1839; Ndr. 1984) 269; O. BEHRENDS/R. KNÜTEL/B. KUPISCH/H.H. SEILER, Corpus Iuris Civilis: Text und Übersetzung II (1995) 148 und A. SICARI, Prostituzione e tutela giuridica della schiava (1991) 139 und 143.
S. weiters CH. LÉCRIVAIN, Le terme stoïcien verecundia dans la langue du Digeste, RH 14 (1890) 487 f.

50 TH. MAYER-MALY, 'Verecundia' in der Rechtssprache, Estudios Iglesias (1988) 383. Im Sinne MAYER-MALYs lautet die Übersetzung bei TH. MOMMSEN/P. KRÜGER/A. WATSON, The Digest of Justinian I (1985) 29.

Herrn zu respektieren hatte[51]. Die Statusunterschiede sollten durch die Beschwerdemöglichkeit nicht verwischt werden[52]. Wenn der Sklave die gebotene Form nicht wahrte, hatte seine Beschwerde keine Aussicht auf Erfolg. Darüber hinaus bestanden für die Ermittlung des Wahrheitsgehalts der Beschwerden keine bindenden Regeln.

Die Quellen enthalten keine direkten Aussagen zu den Erfolgsaussichten einer Beschwerde[53]. Die unscharf gefaßten Beschwerdegründe und die Abwägungen, die im Rahmen der Beweiswürdigung zwischen den Behauptungen des Sklaven und des Eigentümers zu treffen waren, boten dem untersuchenden Beamten einen weiten Spielraum, der tendenziell nachteilig für den Sklaven wirkte. Meist reichte wohl schon die Behauptung des *dominus*, er habe den Sklaven nicht *sine causa* mißhandelt, sondern wegen einer Übertretung bestraft, um der Beschwerde die Erfolgsaussichten zu nehmen. Spätere Belege in juristischen Werken lassen deutlich erkennen, daß die Gründe, die ein Eigentümer für sein Verhalten vorbrachte, selbst dann auf Verständnis stießen, wenn er einen Sklaven sehr schwer mißhandelt oder sogar getötet hatte[54]. Das erhebliche Risiko des Mißlingens und die Furcht vor den dann zu erwartenden Sanktionen des *dominus* ließen Sklaven die Entscheidung für eine Beschwerde wohl nicht leichtfertig treffen.

3.4. Die Rechtsfolgen einer Zuflucht *ad statuam* für den Eigentümer eines Sklaven

3.4.1. Der Zwangsverkauf

Wenn es dem Sklaven dennoch gelang, den untersuchenden Beamten davon zu überzeugen, daß er wegen ungerechtfertigter Mißhandlungen, sexueller Übergriffe oder schlechter Versorgung *ad statuam* geflohen war[55], konnte der Beamte den Verkauf

---

51 So auch TH.A.J. MCGINN, Ne serva prostituatur, SZ 107 (1990) 342 Fn. 99 und A. SICARI (Fn. 49) 139.

52 Vgl. die von Plinius ausgesprochene Warnung, bei der Ausübung der Gerichtsbarkeit über die Provinzialen Standesunterschiede (*discrimina ordinum dignitatumque*) zu achten (epist. 9.5). Dazu A.N. SHERWIN-WHITE (Fn. 3) 484 f. und P. GARNSEY, Social Status and Legal Privilege in the Roman Empire (1970) 77 f.

53 Skeptisch K. BRADLEY (Fn. 10) 126 f.; K. HOPKINS, Conquerors and Slaves (1978) 223; B. HUWILER 261 f. und J. GEBHARDT, Prügelstrafe und Züchtigungsrecht im antiken Rom und in der Gegenwart (1994) 199.

54 Vgl. z.B. Coll 3.2.1 (*Paul 5 sent*), 3.4.1 (*Diocletian/Maximian*, a. 285) und C 9.14.1 (= CTh 9.12.1, *Constantin*, a. 319; Text unten S. 99 Fn. 116). Dazu A. WATSON, RSL 124 ff.; J. GEBHARDT (Fn. 53) 213 ff. und A. LOVATO, Il carcere nel diritto penale romano (1994) 173 ff.

55 Zu den anerkannten Beschwerdegründen s. unten S. 84 ff.

des Sklaven anordnen[56]. Über diesbezügliche Verfügungen des Antoninus Pius wird in den erhaltenen Quellen mehrfach berichtet[57]. Die ausführlichste Fassung bietet die *Collatio legum Mosaicarum et Romanarum.*

> Coll 3.3 (*Ulp 8 off procons sub titulo de dominorum saevitia*) (2) *Cuius rescripti verba haec sunt: "Dominorum quidem potestatem in suos servos inlibatam esse oportet nec cuiquam hominum ius suum detrahi: sed dominorum interest, ne auxilium contra saevitiam vel famem vel intolerabilem iniuriam denegetur his, qui iuste deprecantur.* (3) *Ideoque cognosce de querellis eorum, qui ex familia Iuli Sabini ad statuam confugerunt, et si vel durius habitos, quam aequum est, vel infamiae iniuria adfectos cognoveris, venire iube, ita ut in potestatem Sabini non revertantur. Quod si meae constitutioni fraudem fecerit, sciet me admissum severius executurum".* ... (5) *Item divus Pius ad libellum Alfi Iuli rescripsit in haec verba: "Servorum obsequium non solum imperio, sed et moderatione sufficientibus praebitis et iustis operibus contineri oportet.* (6) *Itaque et ipse curare debes iuste ac temperate tuos tractare, ut ex facili requirere eos possis, ne, si apparuerit vel inparem te inpediis esse vel atrociore dominationem saevitia exercere, necesse habeat proconsul v. c., ne quid tumultuosius contra accidat, praevenire et ex mea iam autoritate te ad alienandos eos conpellere. Glabrione et Homullo cons."* [a. 152]

In dem Reskript an Aelius Marcianus[58], *proconsul* von Baetica in Spanien[59], verfügte der Kaiser, daß der Statthalter den Verkauf der Sklaven des Iulius[60] Sabinus anordnen solle, welche bei einer Statue Zuflucht gesucht hatten. Im Reskript an Alfius Iulius gab er dem Anfragenden den Bescheid, er solle seine Sklaven angemessen behandeln, damit der *proconsul* nicht zur Verhinderung von Tumulten einschreiten und ihn zum Verkauf der Sklaven zwingen müsse.

Im ersten Reskript findet man ein weiteres Zeugnis für die Verfahrensweise, die bereits Plinius eingehalten hatte: Die *ad statuam* geflohenen Sklaven waren zu Aelius Marcianus gebracht worden, der eine Untersuchung durchgeführt und die

---

56 Gai 1.53 - IJ 1.8.2 *cogantur ... vendere*; D 1.6.2 - Coll 3.3.3 (*Ulp 8 off procons*) *venire iube ... ut in potestatem ... non revertantur*; Coll 3.3.6 (*Ulp 8 off procons*) *te ad alienandos eos conpellere*; in anderem Zusammenhang D 48.18.1.27 (*Ulp 8 off procons*) *distrahi iubere ... ne umquam in potestatem domini revertatur.* Die in D 21.1.17.12 (*Ulp 1 ed aedil curul*) verwendete Formulierung *se venales postulant* kann nicht mit Sicherheit auf den Verkauf durch einen römischen Beamten bezogen werden (s. dazu unten S. 72 ff.).

57 Gai 1.53 - IJ 1.8.2 - D 1.6.1 (*Gai 1 inst*) - D 1.6.2 (*Ulp 8 off procons*) - Coll 3.3 (*Ulp 8 off procons*); s. dazu unten S. 81 Fn. 2 und S. 82 Fn. 8.

58 Für den Namen ist der Überlieferung in D 1.6.2 (*Ulp 8 off procons*) und IJ 1.8.2 der Vorzug zu geben. Vgl. W. HÜTTL, Antoninus Pius II (1933) 62 f. und W. KUNKEL, Herkunft und soziale Stellung der römischen Juristen[2] (1967) 258 f.

59 Für F. v. WOESS 209 ist "offenbar" das Asyl im Jupitertempel zu Baitokaike bei Apamea in Ägypten gemeint, wofür aber kein Anhaltspunkt besteht.

60 Diese Namensform ergibt sich wiederum aus D 1.6.2 (*Ulp 8 off procons*) und IJ 1.8.2.

Ergebnisse dem Kaiser mitgeteilt hatte[61]. Mehrere moderne Autoren haben aus der Stelle gefolgert, daß der Statthalter um Anweisungen hinsichtlich der weiteren Vorgangsweise ersuchte, weil dafür um die Mitte des zweiten Jahrhunderts noch keine verbindlichen Regeln bestanden, und der Kaiser anläßlich dieses Falls[62] erstmalig einen Verkauf *ad statuam* geflohener Sklaven zuließ[63]. Obwohl dieses Reskript das älteste Zeugnis für den Verkauf ist, dürfte dieser Schluß verfehlt sein. Es wäre nur schwer zu erklären, warum diese Möglichkeit erst von Antoninus Pius zugelassen wurde, obwohl Sklaven seit über einem Jahrhundert das Recht hatten, *ad statuam* Zuflucht zu nehmen und bei einem Beamten Beschwerden vorzubringen. Wahrscheinlicher ist, daß die Beamten seit jeher die ihnen angemessen erscheinenden Maßnahmen und damit auch einen Zwangsverkauf anordneten[64]. Vielleicht hing die Rückfrage im konkreten Fall damit zusammen, daß mehrere Sklaven des Iulius Sabinus Zuflucht gesucht hatten. Der Statthalter mag Zweifel gehegt haben, ob die üblichen Verfahrensweisen genauso bei einer verabredeten, gemeinschaftlichen Flucht mehrerer Sklaven angewendet werden sollten[65]; möglicherweise versuchte auch der Eigentümer, der den Verlust einer größeren Anzahl von Sklaven zu befürchten hatte, dem Verkauf Widerstand entgegenzusetzen.

Mit Bestimmtheit wies der Kaiser den Statthalter an, die Sklaven *ut in potestatem Sabini non revertantur* verkaufen zu lassen. Außerdem beauftragte er ihn, Iulius Sabinus nachdrücklich darauf hinzuweisen, daß Versuche, die vom Kaiser gebilligten Maßnahmen zu vereiteln, mit schweren Strafen geahndet würden[66].

Der Anlaßfall des anderen Reskripts ist dem erhaltenen Text nicht mehr zu entnehmen. Die Vermutungen, es habe sich um eine allgemein gehaltene Anfrage zur Sklavenbehandlung oder gar um eine Beschwerde des Alfius Iulius über den Ungehorsam seiner Sklaven gehandelt[67], erscheinen nicht begründet. Die wahrscheinlichste Annahme - die vor allem der von Ulpian hergestellte Zusammenhang mit dem ersten Reskript nahelegt - ist, daß dem Statthalter die Übergriffe aufgrund einer Zuflucht oder einer Beschwerde bekannt geworden waren. Deswegen hatte der *proconsul* eine Maßnahme getroffen, gegen die Alfius Iulius beim Kaiser Beschwerde führte. Dieser bestätigte jedoch die Verfügung des Beamten und drohte bei weiteren Unzulänglichkeiten die Erzwingung des Verkaufs der betroffenen Sklaven an. Auch

---

61 Vgl. F. MILLAR, The Emperor in the Roman World[2] (1992) 332.

62 Antoninus Pius hat in mehreren Reskripten zu diesen Fragen Stellung genommen. S. Gai 1.53 ... *consultus a quibusdam praesidibus provinciarum* ... Vgl. V. MAROTTA, Multa de iure sanxit (1988) 328 f. und W. WILLIAMS, Individuality in the Imperial Constitutions: Hadrian and the Antonines, JRS 66 (1976) 77.

63 A. PERNICE, Parerga VI: Friede und Friedenswahrung im römisch-griechischen Rechte, SZ 17 (1896) 178 und ders. (Fn. 36) 116 f.; F. NORDEN (Fn. 36) 77 Fn. 3; F. AFFOLTER (Fn. 27) 92 und W. HÜTTL (Fn. 36) 86.

64 Zur Datierung S. 52 ff.

65 Einvernehmliches Vorgehen der Sklaven gegen den Herrn galt als besonders gefährlich (vgl. Plut.Cato.mai. 21).

66 S. dazu V. MAROTTA (Fn. 63) 329 f. und W. WILLIAMS (Fn. 63) 76.

67 So V. MAROTTA (Fn. 63) 330.

bei Erlassung dieses Reskripts hatte sich der Kaiser veranlaßt gesehen, seine Unterstützung für das Vorgehen des Statthalters besonders hervorzuheben: Er beschied dem Anfragenden, daß der Statthalter nicht allein aufgrund seiner eigenen Befugnisse, sondern gestützt auf die kaiserliche *auctoritas* den Verkauf der Sklaven anordnen könne. Die Legitimation für dieses Vorgehen leitete sich so direkt aus der verfassungsrechtlichen Position des *princeps* ab[68].

Die Aufmerksamkeit, mit der Antoninus Pius diese Anfragen behandelte, kam nicht von ungefähr: Durch die Androhung von direkten Strafmaßnahmen im ersten Reskript und die Berufung auf seine *auctoritas* im zweiten wurde der Kaiser den Erwartungen an sein persönliches Eingreifen gerecht, die mit einer Zuflucht *ad statuam* verbunden waren. Es ist nicht auszuschließen, daß der eindringliche Ton dieser Stellungnahmen nicht nur ideologische Funktionen hatte, sondern die Effizienz der statthalterlichen Maßnahmen sicherstellen sollte. Jedenfalls bewirkten sie, daß weitere Proteste oder Umgehungsversuche als Widerstand gegen den Kaiser selbst anzusehen gewesen wären.

Das zweite Reskript deutet darauf hin, daß die behördlichen Maßnahmen flexibel waren: Der Verkauf war wahrscheinlich nicht die einzige und zwingend zu verhängende Sanktion[69], sondern die ultima ratio. Bei nicht allzu gravierenden Übergriffen konnte dem Eigentümer aufgetragen werden, die Sklaven anständig zu behandeln[70]. Die Verletzung solcher Aufträge führte sodann zu neuerlicher behördlicher Intervention und zum Verkauf der Sklaven. Zum sofortigen Verkauf kam es wohl nur in besonders krassen Fällen (Coll 3.3.6 [*Ulp 8 off procons*] *atrociore dominationem saevitia exercere*; Gai 1.53 *supra modum et sine causa ... saevire*).

Nach diesen Reskripten hatte der Eigentümer selbst den Verkauf vorzunehmen (*te ad alienandos eos conpellere; cogantur suos servos vendere*)[71]. Der Verkauf hatte so stattzufinden, *ut in potestatem domini non revertantur*[72]. Über die Folgen der Verletzung dieses Auftrags ist nichts überliefert. Privatrechtliche Sanktionen sind auszuschließen, da diese Klausel mit den bei privaten Sklavenkäufen geschlossenen Nebenabreden (z.B. *ut servus exportetur*, *ne serva prostituatur*, *ut servus manumittatur*,

---

68 Zur *auctoritas* s. die Literaturnachweise bei D. KIENAST, Augustus. Princeps und Monarch (1982) 72 Fn. 25; zur Stelle A. v. PREMERSTEIN, Vom Werden und Wesen des Prinzipats (1937) 210; R. ORESTANO, Il potere normativo degli imperatori e le costituzioni imperiali (1937; Ndr. 1962) 33; F. CASAVOLA, Potere imperiale e stato delle persone tra Adriano ed Antonino Pio, in: ders., Giuristi adrianei (1980) 222 ff. und dazu die Rezension von U. MANTHE, SZ 99 (1982) 425.

69 Der Verkauf des mißhandelten Sklaven wäre außerdem in den - quellenmäßig in diesem Kontext nicht belegten - Fällen unangemessen gewesen, daß ein im Miteigentum stehender Sklave von einem der Miteigentümer oder ein Dotalsklave vom Ehemann mißhandelt wurde. Zu den privatrechtlichen Folgen s. unten S. 113 Fn. 27 bzw. S. 111 f.

70 Dies vermutet ohne konkreten Quellenhinweis D. DAUBE, Civil Disobedience in Antiquity (1972) 57.

71 Gegen diese Möglichkeit F. AFFOLTER (Fn. 27) 92 Fn. 7; unentschieden W.W. BUCKLAND 37 Fn. 6.

72 D 1.6.2 (*Ulp 8 off procons*); IJ 1.8.2.

ne servus manumittatur[73]) und deren Sanktionen nicht vergleichbar war. Sie richtete sich nicht an den Käufer, sondern verbot dem Eigentümer, sich wieder in den Besitz des Sklaven zu setzen. Verstieß er dagegen, hatte er mit Strafen zu rechnen.

Der Beamte konnte auch selbst verkaufen[74]. In den Institutionen Justinians (1.8.2) wurde deshalb *ut pretium dominis daretur* zu Gai 1.53 ergänzt[75]. Das in den Institutionen weiters hinzugefügte *bonis condicionibus* verbot dem Eigentümer für den Sklaven nachteilige Nebenabreden[76], insbesondere die Rückgabe[77], auszubedingen.

3.4.2. Die Vorbilder für den Zwangsverkauf

Der Verkauf mißhandelter Sklaven wird innerhalb der wissenschaftlichen Literatur oft auf ein griechisches Vorbild, die nach manchen griechischen Rechten Sklaven gewährte Möglichkeit, bei Mißhandlungen in einem Tempel Zuflucht zu suchen und dort "den Verkauf zu verlangen" (= *prásin aiteín*)[78], und deren Rezeption in das römische Reichsrecht zurückgeführt[79]. Der Schluß aus ähnlichen Problemlösungen auf eine bewußte Übernahme fremder Rechtsideen ist aber voreilig[80], solange nicht untersucht wurde, ob die Idee des Zwangsverkaufs nicht als Weiterentwicklung von Ansätzen erklärbar ist, welche sich im Bereich des römischen Rechts selbst befanden.

---

73 S. dazu und den Sanktionen der Verletzung W.W. BUCKLAND 68 ff.; M. KASER, RPR I 562 und TH.A.J. MCGINN (Fn. 51) 315 ff. (jeweils m.w.N.).

74 Weitere Beispiele s. unten S. 62 ff.

75 Dies wurde bereits in klassischer Zeit gehandhabt (unten S. 63 f.) S. weiters Theophilus 1.8.2. Eine justinianische Neuerung vermuten darin F. AFFOLTER (Fn. 27) 135 Fn. 2 und F. WIEACKER, Textstufen klassischer Juristen (1960; Ndr. 1975) 191 Fn. 74.

76 Ebenso F. AFFOLTER (Fn. 27) 135 mit Nachweisen aus der älteren Literatur. R. BONINI sieht darin hingegen ein Verbot des Verkaufs unterhalb des Marktwerts (Note sul primo libro delle istituzioni giustinianee, St. Donatuti I, 1973, 155 Fn. 34). Gegen diese Sicht spricht, daß eine Zuflucht *ad statuam* den Wert des Sklaven jedenfalls verringerte (s. dazu S. 74 ff.).
Zu *bonis condicionibus vendere* s. M. MEMMER, Der "schöne Kauf" des "guten Sklaven", SZ 107 (1990) 10 ff.

77 Theophilus 1.8.2; F. AFFOLTER (Fn. 27) 92 Fn. 7 und W.W. BUCKLAND 37.

78 Dazu unten S. 163 f.

79 A. PERNICE (Fn. 36) 116 f. und ders. (Fn. 63) 178; TH. MOMMSEN, StR 461 Fn. 3; M. VOIGT (Fn. 34) 477 Fn. 28; K. LATTE, Heiliges Recht (1920) 107 Fn. 18; L. MITTEIS, Römisches Privatrecht bis auf die Zeit Diokletians (1908) 18; F. v. WOESS 175 f., 209; F. SCHULZ, Prinzipien des römischen Rechts (1934) 87; E. WEISS, Die große Inschrift von Gortyn und ihre Bestimmungen über Selbsthilfe und Prozeß, in: E. BERNEKER (Hg.), Zur griechischen Rechtsgeschichte (1968) 331; E.M. SCHTAJERMAN (STAERMAN), Die Krise der Sklavenhalterordnung im Westen des römischen Reiches (1964) 72; M. KASER, RPR I 179, 286 sowie H. LANGENFELD 191 Fn. 373.

80 Vgl. grundsätzlich U. v. LÜBTOW, Das römische Volk (1955) 499.

E.M. STAERMAN hat versucht nachzuweisen, daß diese Möglichkeit schon in der Republik bestand[81]. Sie argumentiert, daß Labeo zu Beginn der Kaiserzeit Rechtsfragen einer Sklavenflucht in ein *asylum* oder an einen Ort *quo solent venire qui se venales postulant* nur deshalb behandeln konnte, weil diese Einrichtung aus republikanischer Zeit stammte[82]. Positive Belege, die ein Beschwerderecht bereits in der Republik zeigen, existieren allerdings nicht[83].

Auch H. BELLEN hat sich gegen die Ansicht einer Rezeption gewandt[84]. Da ein Herr einen mißliebigen Sklaven durch Verkauf loswerden konnte, habe sich der Verkauf auch dann als Lösung angeboten, wenn der Sklave der Gewalt eines grausamen Herrn entzogen werden sollte. Dagegen spricht, daß der Zwangsverkauf in vermögensrechtlicher Hinsicht einer Enteignung[85] mit Entschädigung gleichkommt und damit das Gegenteil des freiwilligen Verkaufs darstellt.

Zu einem besseren Verständnis des Zwangsverkaufs führt jedoch BELLENs Hinweis, daß bereits von den ersten *principes* Eingriffe in das Privateigentum an Sklaven vorgenommen wurden. Ein häufiger Fall war die Umgehung des Aussageverbots gegen den eigenen Herrn durch den erzwungenen Ankauf der Sklaven[86]. Dieser erfolgte teils, um das Verbot des Einsatzes der Folter zur Erzwingung von Aussagen gegen den eigenen Herrn zu umgehen, teils, um die Wahrheitsfindung durch keinerlei Beeinflussung zu gefährden.

Die Entziehung des Eigentums an Sklaven aus öffentlichem Interesse erfolgte schon in der Republik. Sklaven, die wegen ihrer Verdienste um den Staat freigelassen werden sollten, wurden vom Staat angekauft und die Eigentümer damit entschädigt[87].

Die deutlichste, in diesem Zusammenhang bisher nicht gewürdigte Parallele findet sich - wie schon die verfahrensrechtlichen Regelungen - wiederum im Kontext

---

81 Die Blütezeit der Sklavenwirtschaft in der römischen Republik (1969) 179 f.

82 D 21.1.17.12 (*Ulp 1 ed aedil curul*); zu den Problemen dieser Stelle unten S. 65 ff.; s. dazu außerdem J.Ch. DUMONT 139 f.

83 Nachweise ähnlicher Meinungen oben S. 13 Fn. 17.

84 H. BELLEN 71.

85 F. AFFOLTER (Fn. 27) 92. M. PENNITZ, Der "Enteignungsfall" im römischen Recht der Republik und des Prinzipats (1991) 184 ff. betrachtet den Zwangsankauf von Sklaven und ähnliche Fälle im Kontext der Enteignung als Grenzfälle. Den erzwungenen Verkauf mißhandelter Sklaven trennt er von der Enteignungsproblematik, da es das Ziel dieses Verfahrens war, "die humane Nutzung des Sklaveneigentums und damit gleichzeitig ein bestimmts Verhalten der Herren gegenüber ihren Sklaven zu erreichen" (S. 190).

86 Dazu D. LIEBS (Fn. 34) 151 ff. und L. SCHUMACHER (Fn. 44) 111 ff.

87 Z.B. Liv. 32.26.4 ff.; weitere Beispiele aus späterer Zeit bei F. AFFOLTER (Fn. 27) 93 f. und M. PENNITZ (Fn. 85) 184 ff.

des Edikts *de fugitivis*[88]. Geflohene Sklaven, deren Eigentümer nicht ausfindig gemacht werden konnten, waren in Rom durch den *praefectus vigilum* zu verkaufen[89].

> PS 1.6a.6 *Fugitivi, qui a domino non agnoscuntur, per officium praefecti vigilum distrahuntur.*

Grund für den Verkauf war, daß trotz Unmöglichkeit der Rückgabe die Sklaven nicht dauernd in magistratischer Obhut bleiben konnten. Aus Rücksicht auf den Eigentümer unterblieb ein Verfall an den Staat. Der Eigentümer behielt die Möglichkeit, binnen dreier Jahre den Sklaven zu vindizieren. In diesem Fall konnte der Käufer beim *fiscus* Regreß nehmen[90].

Behördlich verkauft werden konnte ein Sklave auch dann, wenn der Herr die Rücknahme eines Sklaven verweigerte, der zur *poena vinculorum* verurteilt worden war[91].

> D 48.19.10 pr (*Macer 2 publ iud*) ... *Si sub poena vinculorum domino reddi iussus non recipiatur, venumdari et, si emptorem non invenerit, in opus publicum et quidem perpetuum tradi iubetur.*

Wenn der Verkauf gelang, so stand der Erlös wohl dem Eigentümer zu. Dies macht eine vergleichbare Bestimmung in einer der Bergwerksordnungen von Vipasca, der aus der Zeit Hadrians stammenden *lex metallis dicta*, wahrscheinlich:

> *Venae furem, si servos erit, procurator flagellis caedito et ea condicione vendito, ut in perpetuis vinculis sit neve in ullis metallis territorisve metallorum moretur; pretium servi ad dominum pertineto ...*[92]

---

88 An der Klassizität dieser Regelung bestehen trotz ihrer Überlieferung in den Paulus-Sentenzen keine Zweifel. S. E. LEVY (Fn. 8) 116 ff.; F. PRINGSHEIM, Servus fugitivus sui furtum facit, Gesammelte Abhandlungen II (1961) 163 und G. KLINGENBERG, Das *Edictum divi Marci de rebus alienis a fisco distractis*, RIDA 34 (1987) 195 ff.

89 Dazu E. LEVY (Fn. 8) 116 f. und A. SCHILLER (Fn. 22) 83.

90 PS 1.6a.7 *Intra triennium venditionis agniti fugitivi emptor pretium a fisco recipere potest.* Vgl. dazu E. LEVY (Fn. 8) 117 f.; F. PRINGSHEIM (Fn. 88) 163 ff. und G. KLINGENBERG (Fn. 88) 195 ff.
H. BELLEN 13 schließt aus dieser Anordnung, daß der Verkauf der *fugitivi* erst von Mark Aurel eingeführt wurde. Da das Problem schon vor Mark Aurel bestanden hat, kann vermutet werden, daß schon vorher *fugitivi* verkauft wurden. Die Erlassung der Vorschrift von PS 1.6a.7 reagierte auf diese Praxis und beseitigte Rechtsunsicherheiten, indem sie den Erwerber nach Ablauf einer Frist von drei Jahren gegen den Eigentümer schützte. Nach den allgemeinen Regeln der *usucapio* wäre ein Eigentumserwerb des Käufers unmöglich gewesen.

91 Zur Stelle vgl. TH. MAYER-MALY, "*Servum sub poena vinculorum domino reddere*", SDHI 23 (1957) 325 f. und A. LOVATO (Fn. 54) 123 f.
Cass.Dio 43.3.4a f. berichtet, daß zur Zeit Neros Herren sich weigerten, ihnen zur Bestrafung übergebene Sklaven zurückzunehmen, erwähnt aber nicht, wie daraufhin vorgegangen wurde.

92 FIRA I Nr. 104 Z. 27 ff.

Erst wenn der Verkauf scheiterte, verfiel der Sklave nach D 48.19.10 pr (*Macer 2 publ iud*) ohne Entschädigung an den Staat. Von einem Zwangsverkauf kann man in diesem Fall nicht sprechen, da nicht gegen den Willen des Eigentümers vorgegangen wurde, der ja die Möglichkeit gehabt hätte, den Sklaven zurückzunehmen.

Manchmal verschwimmt in den Quellen die Unterscheidung zwischen Fällen des Verkaufs mit Zustimmung des Eigentümers und aufgrund einer kaiserlichen Ermächtigung. Wenn es Kaisern wünschenswert erschien, einen mißhandelten Sklaven vor weiteren Gewalttätigkeiten seines Herrn zu bewahren, wurde unter Umständen sogar die Zustimmung des Eigentümers zum Verkauf des Sklaven unterstellt.

> D 48.18.1.27 (*Ulp 8 off procons*) ... *Et extat epistula divorum fratrum ad Voconium Saxam, qua continetur liberandum eum qui in se fuerat confessus, cuius post damnationem de innocentia constitisset. cuius verba haec sunt: "Prudenter et egregia ratione humanitatis, Saxa carissime, Primitivum servum, qui homicidium in se confingere metu ad dominum revertendi suspectus esset, perseverantem falsam demonstratione damnasti quaesiturus de consciis, quos aeque habere se commentitus fuerat, ut ad certiorem ipsius de se confessionem pervenires. nec frustra fuit tam prudens consilium tuum, cum in tormentis constiterit neque illos ei conscios fuisse et ipsum de se temere commentum. potes itaque decreti gratiam facere et eum per officium distrahi iubere, conditione addita, ne umquam in potestatem domini revertatur, quem pretio recepto certum habemus libenter tali servo cariturum."* ...

Die von Ulpian zitierte *epistula* der Kaiser Mark Aurel und Verus beschäftigte sich mit einem Sklaven, der aus Angst vor der Rückkehr zu seinem Herrn sogar einen Mord gestanden hatte und verurteilt worden war[93]. Da sich bei der weiteren Untersuchung seine Unschuld herausgestellt hatte, wiesen die Kaiser den Statthalter an, die Entscheidung aufzuheben und den Sklaven unter der Bedingung *ne umquam in potestatem domini revertatur* zu verkaufen.

Diese an das Reskript in Coll 3.3.3 (D 1.6.2, *Ulp 8 off procons*; IJ 1.8.2) erinnernde Bedingung diente in D 48.18.1.27 (*Ulp 8 off procons*) ebenso dazu, den mißhandelten Sklaven der Macht seines Herrn zu entziehen. Die Kaiser verfügten den Verkauf des Sklaven mit der Begründung, damit den Interessen des Eigentümers zu dienen, und unterstellten geradezu dessen Einverständnis mit diesem Vorgehen. Wäre er tatsächlich einverstanden gewesen, hätte es des Zusatzes nicht bedurft.

In wesentlichen Punkten gleicht dieser Fall daher einer gegen den Willen des Eigentümers erfolgenden Veräußerung nach einer Zuflucht. Das Motiv dieser Entscheidung trägt somit zum Verständnis des Zwangsverkaufs nach einer Zuflucht oder einer Beschwerde bei: Wenn die Kaiser behaupteten, daß der Eigentümer den Verkaufserlös der Rückgabe des Sklaven vorziehen würde, stand dahinter - wie in

---

93 Zur Stelle s. W. KUNKEL, Prinzipien des römischen Strafverfahrens, Kleine Schriften zum römischen Strafverfahren und zur römischen Verfassungsgeschichte (1974) 21 f. und K. BRADLEY 169.

den Reskripten des Antoninus Pius - unausgesprochen die Warnung vor Racheakten des gequälten Sklaven[94].

Wie gezeigt wurde, konnten Sklaven auch in anderen Fällen, aber aus ähnlichen Beweggründen wie nach einer Flucht *ad statuam*, behördlich verkauft werden, so daß keine Notwendigkeit besteht, gerade im Verkauf nach einer Zuflucht *ad statuam* eine bewußte Rezeption des griechischen *prásin aiteín* zu vermuten. Gegen die Rezeptionsthese sprechen außerdem die inhaltlich verschiedenen Konzepte, die *prásin aiteín* und *ad statuam confugere* zugrundelagen.

Mit der Anerkennung von *ad statuam confugere* räumte das römische Recht dem Sklaven nur ein Recht auf Anhörung seiner Beschwerde über den Herrn ein, nicht aber die Möglichkeit, direkt den Verkauf an einen neuen Herrn zu verlangen. Die nach einer erfolgreichen Beschwerde getroffenen Maßnahmen standen im Ermessen des Magistrats. Demgegenüber bedeutete *prásin aiteín*, daß der Sklave ausdrücklich seinen Verkauf an einen anderen Herrn verlangen konnte[95]. Der Verkauf war nach römischer Lösung grundsätzlich dem Herrn überlassen, der so über Käufer und Preis bestimmen konnte, und selbst wenn der Sklave durch den Magistrat verkauft wurde, blieb dem Herrn stets der Erlös. Diese Unterschiede finden ihren Grund darin, daß *ad statuam confugere* und das Beschwerderecht dem staatlichen Recht entsprangen, das vor allem die Sicherung der Interessen der Sklavenhalter in den Vordergrund rückte[96]. Das griechische Tempelasylrecht und der Verkauf durch die Priesterschaft basierten auf religiösen Wurzeln und berücksichtigten daneben die Interessen der Tempel, welche in den Genuß des Verkaufserlöses kamen oder den Sklaven als Tempeldiener behalten konnten. Diese unterschiedlichen Hintergründe erklären, warum mißhandelte Sklaven nach römischem Recht nicht die Freilassung erreichen konnten[97].

---

94 Ein Sklave, der mit dem eigenen Leben abgeschlossen hatte, galt als Gefahr für seinen Herrn. Vgl. D 21.1.23.3 (*Ulp 1 ed aedil curul*) *Excipitur et ille, qui mortis consciscendae causa quid fecerit. malus servus creditus est, qui aliquid facit, quo magis se rebus humanis extrahat, ut puta laqueum torsit sive medicamentum pro veneno bibit praecipitemve se ex alto miserit aliudve quid fecerit, quo facto speravit mortem perventuram, tamquam non nihil in alium ausurus, qui hoc adversus se ausus est.*

95 Vgl. H. KLEES, Herren und Sklaven (1975) 39 ff. S. weiters unten S. 163 f.

96 S. dazu unten S. 117 ff.

97 S. auch J. GEBHARDT (Fn. 53) 200. Hingegen konnten mißhandelte Haussöhne ihre Emanzipation erzwingen (D 37.12.5, *Pap 11 quaest*). Vgl. M. KASER, RPR I 350 und J. GEBHARD 202 ff. Eine Übertragung an einen neuen Gewalthaber schied bei diesen ja aus. Verfehlt ist die von G. DOBLHOFER aus D 1.6.2 (*Ulp 8 off procons*) gezogene Folgerung, daß von ihren Herren vergewaltigte und deswegen entlaufene Sklaven nicht mehr zu ihrem Eigentümer zurückkehren mußten (G. DOBLHOFER, Vergewaltigung in der Antike, 1994, 19, 80 und 104).

3.5. Privatrechtliche Konsequenzen einer Zuflucht *ad statuam*

3.5.1. Vorbemerkungen

Die Zuflucht eines Sklaven bei einer Statue warf nicht nur Rechtsfragen auf, die nach moderner Terminologie als öffentlichrechtliche zu bezeichnen wären. Sie wurde von römischen Juristen ebenso unter privatrechtlichen Gesichtspunkten behandelt. Erhalten sind einerseits Diskussionen über das Problem, ob derjenige Sklave, der *ad statuam* Zuflucht genommen hatte, als *fugitivus* im Sinne des ädilizischen Edikts galt, d.h. ein Verkäufer dies beim Verkauf anzuzeigen hatte. Andererseits wurde erörtert, welche Ansprüche geltend gemacht werden konnten, wenn ein Sklave zu einer nicht gerechtfertigten Zuflucht angestiftet worden war. Die Inanspruchnahme des Asylrechts wurde von den *domini* als ein der Fluchtneigung vergleichbarer Charaktermangel bewertet, der den Marktwert des Sklaven minderte.

Bereits die Problemstellung zeigt, daß der Einfluß der Vorschriften zum Schutz der Sklaven auf die Gesinnung ihrer Herren gering war. Sie sahen in der Zuflucht keine gerechtfertigte Reaktion auf ein verbotenes Verhalten seitens des Herrn, sondern einen unerwünschten Verstoß gegen die Pflicht des Sklaven zum Gehorsam. Und die von den römischen Juristen für diese Fälle geschaffenen Problemlösungen nahmen primär auf diese Interessenlage der *domini* Rücksicht.

3.5.2. *Si quis in asylum confugerit ... an fugitivus sit?* (D 21.1.17.12 f., *Ulp 1 ed aedil curul*)

Die ältesten Äußerungen von Juristen, die im Zusammenhang mit *ad statuam confugere* überliefert werden, stammen von Labeo und Caelius Sabinus. Nach dem Zeugnis Ulpians betrafen sie die Frage, ob der in ein Asyl geflüchtete Sklave als *fugitivus* im Sinne des Edikts der kurulischen Ädilen anzusehen war[98]. Im Anschluß daran erörterte Ulpian, wie dies bei einem Sklaven war, der *ad statuam* Zuflucht gesucht hatte.

> D 21.1.17 (*Ulp 1 ed aedil curul*) (12) *Apud Labeonem et Caelium quaeritur, si quis in asylum confugerit aut eo se conferat, quo solent venire qui se venales postulant, an fugitivus sit: ego puto non esse eum fugitivum, qui id facit quod publice facere licere arbitratur. ne eum quidem, qui ad statuam Caesaris confugit, fugitivum arbitror: non enim fugiendi animo hoc facit. idem puto et*

98 Zum Überblick vgl. O. LENEL, EP 554 ff.; G. IMPALLOMENI, L'editto degli edili curuli (1955) 9 f.; M. KASER, RPR I 558 ff.; R. ZIMMERMANN, The Law of Obligations (1990) 311 ff. und jüngst L. MANNA (Fn. 40) und É. JAKAB, Praedicere und cavere beim Marktkauf (1997) 125 ff.

> *in eum, qui in asylum vel quod aliud confugit, quia non fugiendo animo hoc facit: si tamen ante fugit et postea se contulit*[99], *non ideo magis fugitivus esse desinit.* (13) *Item Caelius scribit placere eum quoque fugitivum, qui eo se conferat, unde eum dominus reciperare non possit, multoque magis illum fugitivum esse, qui eo se conferat, unde abduci non possit.*

Die Interpretation dieses Texts wird dadurch erschwert, daß er, wie bereits F. v. WOESS feststellte, von den Kompilatoren wesentlich gekürzt wurde[100]. Dabei gingen die Antworten von Labeo und Caelius Sabinus auf die eingangs gestellte Frage verloren. Wie jedoch aus Paragraph 13 geschlossen werden kann, dürfte sie von beiden bejaht worden sein. Ferner ist nicht klar ersichtlich, an welche Sachverhalte die Juristen bei *in asylum confugerit aut eo se conferat, quo solent venire qui se venales postulant* dachten und ob die Zuflucht zu einer Statue schon in ihrer Diskussion Erwähnung fand.

Eindeutig überliefert ist nur die Ansicht Ulpians: Ulpian hielt den Sklaven, der bei einer Statue Schutz gesucht hatte, nicht für einen *fugitivus*, da dies erlaubt war. Er traf dieselbe Entscheidung für einen Sklaven, der *in asylum vel quod aliud confugit*. Die gleichlautende Begründung für alle Fälle war, daß bei einer solchen Zuflucht kein *animus fugiendi* vorlag, da der Sklave durch die Inanspruchname des Asylschutzes nicht rechtswidrig handelte. Ulpian verstand den *animus fugiendi* also in einem deliktsrechtlichen Sinn.

3.5.2.1. *Animus fugiendi* und Sklavenflucht

Nach dem Edikt der kurulischen Ädilen gehörte die Neigung zur Flucht zu denjenigen Eigenschaften, die der Verkäufer eines Sklaven beim Verkauf anzuzeigen hatte.

> D 21.1.1.1 (*Ulp 1 ed aedil curul*) *Aiunt aediles: "Qui mancipia vendunt certiores faciant emptores, quid morbi vitiive cuique sit, quis fugitivus errove sit noxave solutus non sit ..."*

Bei der Auslegung des Begriffs *fugitivus*[101] stellten die römischen Juristen nicht allein auf die faktische Entfernung aus der Macht des *dominus* ab, sondern legten - vor allem zur Entscheidung in Zweifelsfällen - besonderes Augenmerk darauf, in welcher Absicht sich der Sklave seinem Herrn entzogen hatte. Die Beachtung des Willensmoments war außerdem erforderlich, weil das Edikt eine Unterscheidung zwischen *fugitivus* und *erro* traf. Darüber hinaus verhinderte dieses Kriterium, einen Sklaven mit dem wertmindernden Makel der Fugitivität zu belasten, der aus berechtigten Gründen entwichen war, ohne zu versuchen, sich dem Zugriff seines Herrn auf Dauer zu entziehen. Ausschlaggebendes Merkmal einer Flucht (im technischen

---

99 A. PERNICE (Fn. 36) 116 Fn. 15 schlägt vor, *postea eo se contulit* zu lesen.

100 F. v. WOESS 208.

101 S. *Ulp 1 ed aedil curul*, D 21.1.17 pr - 16.

Sinn) war bei der Interpretation des ädilizischen Edikts, daß der Sklave den Wunsch gehabt hatte, nicht wieder in die Gewalt seines Eigentümers zurückzukehren: *Caelius autem fugitivum esse ait eum, qui ea mente discedat, ne ad dominum redeat* ...[102]

Aber ein Sklave war kein *fugitivus*, wenn sein Entkommen durch besondere Umstände veranlaßt und rechtfertigbar war, etwa wenn er vor Feinden, Räubern, einer Feuersbrunst oder einem Hauseinsturz das Weite gesucht hatte, wenn er wegen Mißhandlungen durch einen *praeceptor* oder Entleiher zu seinem Herrn heimgelaufen war[103] oder wenn er sich vor dem wütenden *dominus* verborgen hatte[104]. Gleiches galt, wenn der Sklave seine Mutter[105] oder einen Freund des *dominus* um Fürsprache bitten wollte[106]: *Qui ad amicum domini deprecaturus confugit, non est fugitivus* ... In solchen Zusammenhängen konnten die unterschiedlichen Intentionen des Sklaven sprachlich durch die Verwendung von *confugere*[107] anstelle von *fugere* hervorgehoben werden, was im Deutschen der Unterscheidung zwischen "Zuflucht suchen" und "fliehen" entspricht[108].

Ein Sklave galt nur dann nicht als *fugitivus*, wenn er die Ausnahmesituation nicht als Gelegenheit zur dauernden Entfernung zu mißbrauchen versuchte, d.h. *animus fugiendi* zeigte. Es kam stets auf die konkrete Absicht des Sklaven an. Damit wird deutlich, daß ein deliktsrechtliches Verständnis des *animus fugiendi*, welches Ulpian in D 21.1.17.12 f. (*Ulp 1 ed aedil curul*) zur Grundlage seiner Entscheidung nahm, keine Neuerung bildete, sondern der schon von Caelius Sabinus gegebenen Definition entsprach[109].

---

102 D 21.1.17.1 (*Ulp 1 ed aedil curul*, dazu sogleich im Text) und weiters D 21.1.17.8 (*Ulp 1 ed aedil curul*) *Idem Caelius ait, si servus, cum in fundo esset, exisset de villa ea mente, ut profugeret et quis eum, priusquam ex fundo tuo exisset comprehendisset, fugitivum videri: animum enim fugitivum facere.*
Vgl. weiters Cassius in D 21.1.17.2, Vivianus in D 21.1.17.3 (*Ulp 1 ed aedil curul*); D 50.16.225 (*Tryphonin 1 disp*, Text unten Fn. 110). Dazu W.W. BUCKLAND 267 f.; H. BELLEN 31 ff.; L. MANNA (Fn. 40) 57 ff. und É. JAKAB (Fn. 98) 127.

103 D 21.1.17.3 (*Ulp 1 ed aedil curul*). S. dazu A. DOLL, Von der vis maior zur höheren Gewalt (1989) 38 f.
Bei Mißhandlungen durch Dritte konnte der Sklave nicht vom Beschwerderecht Gebrauch machen, sondern nur den Schutz seines Herrn in Anspruch nehmen (s. auch oben S. 54 f. und unten S. 102).

104 D 21.1.17.4 (*Paul 1 ed aedil curul*).

105 D 21.1.17.5 (*Ulp 1 ed aedil curul*).

106 D 21.1.43.1 (*Paul 1 ed aedil curul*); s. auch D 21.1.17.4 (*Ulp 1 ed aedil curul*).

107 Vgl. dazu die Nachweise im Thesaurus Linguae Latinae s.v. (insb. im Kontext von *confugere ad aram, in asylum* o.ä.) sowie H. LANGENFELD 158 f. und J. HERRMANN, Cod. Theod. 9,45: De his, qui ad ecclesias confugiunt, Kleine Schriften zur Rechtsgeschichte (1990) 351. Für den Sprachgebrauch der juristischen Quellen vgl. H. HEUMANN/E. SECKEL (Fn. 48) 92.

108 Zur Vermeidung von Wiederholungen wurde davon abgesehen, diese terminologisch mögliche Unterscheidung im Text konsequent durchzuführen. Für "bei einer Statue Zuflucht suchen" werden deshalb auch inhaltlich gleichbedeutende Umschreibungen wie "*ad statuam* fliehen" o.ä. verwendet.

109 Vgl. weiters D 21.1.17.6 und 8 (*Ulp 1 ed aedil curul*).

D 21.1.17.1 (*Ulp 1 ed aedil curul*) *Caelius autem fugitivum esse ait eum, qui ea mente discedat, ne ad dominum redeat, tametsi mutato consilio ad eum revertatur: nemo enim tali peccato, inquit, paenitentia sua nocens esse desinit.*

Verdeutlicht wird die an deliktsrechtliche Vorstellungen angelehnte Konzeption durch das folgende Fragment, welches nach O. LENEL mit D 21.1.17.1 (*Ulp 1 ed aedil curul*) ursprünglich eine Einheit bildete[110].

D 47.2.(65)66 (*Ulp 1 ed aedil curul*) *Qui ea mente alienum quid contrectavit, ut lucrifaceret, tametsi mutato consilio id domino postea reddidit, fur est: nemo enim tali peccato paenitentia sua nocens esse desinit.*

In den in D 21.1.17.12 f. (*Ulp 1 ed aedil curul*) behandelten Sachverhalten betrachteten Caelius Sabinus und Labeo[111] die zufluchtsuchenden Sklaven jedoch als *fugitivi* und dies - wenn man aus Ulpians Äußerungen e contrario auf ihre Argumente schließt - vor allem deswegen, weil der *animus fugiendi* bejaht wurde und die Sklaven obendrein dem Zugriff des *dominus* entzogen waren, wie Caelius in Paragraph 13 ergänzte. Die frühklassischen Juristen nahmen bei einer Zuflucht offenbar die Absicht zur dauernden Entfernung an. Ulpian hingegen differenzierte diese Fälle anhand der unterschiedlichen Motive des Sklaven[112].

3.5.2.2. Die Bedeutung von *asylum* und *quo solent venire qui se venales postulant* in D 21.1.17.12 (*Ulp 1 ed aedil curul*)

Um die Rechtsmeinungen der Juristen zu verstehen, muß man zuerst die Sachverhalte prüfen, die hinter den Formulierungen *qui in asylum confugerit* und *eo se conferat, quo solent venire qui se venales postulant*[113] standen. Außerdem ist zu klären,

---

110 S. O. LENEL, Pal. II Sp. 888 (Nr. 1761). Eine ähnliche Argumentationweise findet sich in D 50.16.225 (*Tryphonin 1 disp*) *"Fugitivus" est non is, qui solum consilium fugiendi a domino suscepit, licet id se facturum iactaverit, sed qui ipso facto fugae initium mente deduxerit. nam et furem adulterum aleatorem quamquam aliqua significatione ex animi propositione cuiusque sola quis dicere posset, ut etiam is, qui numquam alienam rem invito domino subtraxerit, numquam alienam matrem familias corruperit, si modo eius mentis sit, ut occasione data id commissurus sit, tamen oportere eadem haec crimina adsumpto actu intellegi. et ideo fugitivum quoque et erronem non secundum propositionem solam, sed cum aliquo actu intellegi constat.*

111 Auf dessen gestrichene Ansicht bezieht sich *item Caelius scribit*. Dafür F. v. WOESS 208 und H. BELLEN 67 Fn. 471.

112 D 21.1.17.12 (*Ulp 1 ed aedil curul*) ... *Si tamen ante fugit et postea se contulit non ideo magis fugitivus esse desinit* ...

113 In symbolischer Bedeutung verwendet Augustinus die ähnliche Formulierung *se venalem petere* (tract. in Ioh. ev. 41.4/CC 36, 359). Vgl. H. LANGENFELD 190 ff.; R. KLEIN, Die Sklaverei in der Sicht der Bischöfe Ambrosius und Augustinus (1988) 194 ff. und H. BELLEN 73.

ob die Diskussion der Frühklassiker schon das Asylrecht bei den Kaiserstatuen betraf.

Eine einfache Gleichsetzung von *in asylum confugere* mit *ad statuam confugere* ist fragwürdig, da ein solcher Sprachgebrauch anhand weiterer Belege nicht nachweisbar ist[114]. Außer in D 21.1.17.12 (*Ulp 1 ed aedil curul*) kommt *asylum* in der juristischen Überlieferung nur ein weiteres Mal, nämlich in einer Konstitution von Honorius und Theodosius aus dem Jahre 419 n.Chr. vor[115]. Die im Thesaurus Linguae Latinae nachgewiesenen Belegstellen zu *in asylum confugere* und ähnlichen Formulierungen betreffen Fälle der Zuflucht in ein nach griechischem Muster eingerichtetes Tempelasyl.

Es wäre nicht allein aus terminologischen Überlegungen, sondern auch aus sachlichen Erwägungen naheliegend, bei der Formulierung *in asylum confugere* an solche Fälle zu denken. In den senatorischen Provinzen, wo sich die bekannten griechischen Tempelasyle befanden, war ein dem ädilizischen Edikt paralleles Edikt proponiert[116]. Die Frage, ob eine Zuflucht in ein Tempelasyl als Flucht im Sinne des ädilizischen Edikts anzusehen war, konnte sich weiters stellen, wenn ein Sklave, der bereits in ein provinziales Tempelasyl geflüchtet war, auf dem Markt in Rom zum Verkauf gelangen sollte.

Zuletzt muß noch die Möglichkeit in Erwägung gezogen werden, daß *asylum* einen Ort oder einen mit Asylrecht ausgestatteten Tempel bezeichnete, der sich in der Stadt Rom selbst befand[117]. Die Existenz von Tempelasylen in Rom während der Kaiserzeit ist nicht wahrscheinlich[118]. Außerdem diente *asylum* als topographische Bezeichnung für einen Ort in Rom, der zwischen Arx und Kapitol gelegen war und auch *inter duos lucos* genannt wurde, wo sich das Asyl des Romulus

---

114 Anders aber A. PERNICE (Fn. 36) 116 und J.P. ROLLIN, Untersuchungen zu Rechtsfragen römischer Bildnisse (1979) 150. Beide bezeichnen *ad statuam confugere* als Form von "ins Asyl flüchten".

115 CTh 6.27.18 (*Impp. Honorius et Theodosius AA. Helioni magistro officiorum*) *Ad scholam agentum in rebus passim plurimi velut ad quoddam asylum convolarunt, quos vita culpabiles et origo habet ignobiles et ex servili faece proripuisse demonstrat ... (Dat. XII kal. Feb. Constantinopoli Theodosio A. VII et Paladio conss.*; a. 419) Dazu H. LANGENFELD 111.

116 Gai 1.6 *Ius autem edicendi habent magistratus populi Romani. sed amplissimum ius est in edictis duorum praetorum, urbani et peregrini, quorum in provinciis iurisdictionem praesides earum habent; item in edictis aedilium curulium, quorum iurisdictionem in provinciis populi Romani quaestores habent: nam in provincias caesaris omnino quaestores non mittuntur, et ob id hoc edictum in his provinciis non proponitur.* Vgl. dazu A. GUARINO, La formazione dell'editto perpetuo, ANRW II/13 (1980) 78 f. Zu den übrigen Provinzen s. G. IMPALLOMENI (Fn. 98) 136.

117 TH. MOMMSEN, StR 461 Fn. 3 hält für möglich, daß bei *asylum* sowohl an provinzielle als auch an stadtrömische Tempelasyle zu denken ist. F. v. WOESS 208 sieht in dem Ausdruck einen Hinweis auf das Tempelasyl, ohne der Frage nachzugehen, ob sogar stadtrömische Tempel als *asyla* in Frage kamen.

118 S. zu diesem Problemkreis unten S. 197 ff.

befunden haben soll[119]. Anhaltspunkte dafür, daß gerade Caelius Sabinus diese Bedeutung präsent sein konnte, ergeben sich aus seiner Biographie. Im Bürgerkriegsjahr 69 n.Chr., als er von 30. April bis 30. Juni sein Suffektkonsulat bekleidete, kam es zur Erstürmung des Kapitols, wobei die Truppen des Vitellius *iuxta lucum asyli* bzw. *per asylum* auf das Kapitol vordrangen (Tac.hist. 3.71)[120]. Aber dieses Verständnis würde voraussetzen, daß dort ein anerkanntes Asyl bestand.

Noch weniger deutlich erkennbar ist, welchen Ort Labeo und Caelius Sabinus mit *quo solent venire qui se venales postulant* umschrieben. Schon für Ulpian scheint diese Formulierung keine klare Bedeutung mehr gehabt zu haben, wie der farblose Ausdruck *quod aliud confugit* andeutet.

F. v. WOESS hat vermutet, daß mit dieser Wendung die Flucht in einen Tempel angesprochen werden sollte, der kein ausdrücklich anerkanntes Asylrecht besaß, und daraus zu Unrecht abgeleitet, daß auch die römischen Juristen eine Unterscheidung zwischen Asylie und Hiketie trafen[121].

Nach der Auffassung von H. BELLEN[122] muß der mit *aliud* bezeichnete Platz "wohl mit dem Amtslokal des *praefectus urbi* identifiziert werden." *Se venalem postulare* ist jedoch keine juristisch präzise Bezeichnung dessen, wozu ein mißhandelter Sklave nach römischem Recht befugt war. Er durfte sich zwar über die Behandlung durch seinen Herrn beschweren, die Festsetzung der Rechtsfolgen oblag jedoch allein dem Präfekten[123]. Daher kann auch ausgeschlossen werden, daß es sich um eine unscharfe Umschreibung für *ad statuam confugere* handelt.

Es wäre weiters vorstellbar, *quo solent venire qui se venales postulant* in einem faktischen Sinn aufzufassen[124]. Man könnte sich darunter einen Ort vorstellen, der dafür bekannt war, daß ihn flüchtige Sklaven aufsuchten, die sich verkaufen lassen wollten. Wie H. BELLEN nachgewiesen hat, diente eine Sklavenflucht sehr oft nur dem Zweck, einen besseren Herrn zu finden, und hatte nicht das Ziel eines Lebens

---

119 Vgl. die Worte des C. Cestius in der Senatsdebatte um Annia Rufilla: Tac.ann. 3.36 ... *neque quemquam in Capitolium aliave urbis templa perfugere ...*

120 W. KUNKEL (Fn. 58) 131 f. Zur Erstürmung des Kapitols vgl. T.P. WISEMAN, Flavians on the Capitol, AJAH 3 (1978) 163 ff. und A. BARZANÒ, La distruzione del Campidoglio nell'anno 69 d.C., in: M. SORDI (Hg.), I santuari e la guerra nel mondo classico (1984) 107 ff.

121 F. v. WOESS 208 f. Dazu oben S. 24 ff.

122 Sklavenflucht 67; skeptisch dazu bereits H. LANGENFELD 191 Fn. 373.

123 Vgl. oben S. 51 ff.

124 Vgl. die Übersetzungen von K.E. OTTO/B. SCHILLING/K.F.F. SINTENIS (Hg.), Corpus Iuris Civilis II (Fn. 49) (1831; Ndr. 1984) 529: "wohin die (Sclaven) zu kommen pflegen, welche verkauft zu werden verlangen"; TH. MOMMSEN/P. KRÜGER/A. WATSON, Digest II (Fn. 50) 606: "a place frequented by those who declare themselves for sale"; S.P. SCOTT, The Civil Law V (1932; Ndr. 1973) 161: "where slaves are accustomed to be sold or exposed for sale". W.W. BUCKLAND 267 Fn. 8, spricht von einem "sale yard". An den Sklavenmarkt (*catasta*) dachte bereits Gothofredus (Corpus Iuris Civilis. Pars Prima, editio secunda, Lugduni, 1590, 656). Weitere Deutungsversuche älterer Autoren bei F. AFFOLTER (Fn. 27) 134 Fn. 4.

in Freiheit oder der Rückkehr in die alte Heimat[125]. Als Möglichkeit dazu bot sich manchmal die Kooperation des Sklaven mit einem berufsmäßigen Sklavenfänger (*fugitivarius*) an, welcher, anstatt den Flüchtling seinem Herrn auszuliefern, ihm bei der Flucht half und für diese Dienste dadurch entlohnt wurde, daß er den Sklaven an einen neuen Herrn verkaufte und den erzielten Preis für sich behielt[126]. Das setzt voraus, daß es bekannte Treffpunkte gab, an denen Sklaven, die auf diese Weise einen Verkauf anstrebten (*se venales postulant*), erwarten konnten, einen interessierten "Sklavenjäger" zu finden. Jedoch ist auszuschließen, daß Ulpian an diese Situation dachte, weil solche Sklaven für ihn *fugitivi* gewesen wären.

Schon die Gegenüberstellung von *asylum* und *quo solent venire qui se venales postulant* legt nahe, daß es sich dabei um einander ähnliche oder zusammengehörende Einrichtungen handelte und folglich mit den als *quo solent venire qui se venales postulant* bezeichneten Orten ebenfalls die Tempelasyle in den Provinzen gemeint waren. *Se venalem postulare* war nichts anderes, als die Übersetzung von *prásin aiteín*[127]. Damit umschrieben die römischen Juristen also die Möglichkeit, den Verkauf an einen neuen Herrn zu fordern, wie sie nach einigen griechischen Rechten mißhandelten Sklaven zustand. Caelius Sabinus konnte in D 21.1.17.13 (*Ulp 1 ed aedil curul*) einen zufluchtsuchenden Sklaven deswegen als *fugitivus* bezeichnen, weil er im Tempelasyl dem Zugriff seines Eigentümers entzogen war[128].

Als Zwischenergebnis ist also festzuhalten, daß Labeo und Caelius Sabinus Sklaven, die in einem griechischen Tempelasyl Zuflucht gesucht hatten, als *fugitivi* im Sinne des ädilizischen Edikts ansahen.

3.5.2.3. Ulpians eigene Stellungnahme in D 21.1.17.12 (*Ulp 1 ed aedil curul*)

Für Ulpian war ein Sklave kein *fugitivus*, wenn er von den in D 21.1.17.12 (*Ulp 1 ed aedil curul*) angesprochenen Zufluchtsmöglichkeiten Gebrauch gemacht hatte. Damit stand Ulpians Entscheidung, zumindest was die Zuflucht in ein Tempelasyl betraf, im Gegensatz zu den Ansichten der Frühklassiker.

Nach Ulpians Auffassung fehlte auch bei der Flucht in ein Tempelasyl der *animus fugiendi*. Dieser Unterschied ergab sich nicht aus einem geänderten Verständnis des *animus fugiendi*, sondern aus zwischenzeitlichen Rechtsänderungen: Konstitutionen des Antoninus Pius hatten angeordnet, daß bei einer Zuflucht in ein

---

125 H. Bellen 155 ff.

126 S. H. Bellen 52 f.; D. Daube, Slave-Catching, Collected Studies in Roman Law I (1991) 501 ff.

127 Die Basiliken sind zu *prásin* (*ex*)*aiteín* zurückgekehrt (Bas 19.10.15).

128 Vgl. die Definition bei Serv.Aen. 2.761 *IUNONIS ASYLO templo: unde nullus possit ad supplicium extrahi. dictum 'asylum' quasi 'asyrum'. alii 'asylum' ideo dictum, quod nullus inde tolleretur, id est quod sylásthai, hoc est abripi, nullus inde poterat* ... und Cic.Verr. 2.1.85 (unten S. 165).

Tempelasyl eine Untersuchung des Falls durch den Statthalter zu erfolgen habe und im übrigen wie bei einer Zuflucht *ad statuam* vorzugehen war[129]. Damit war klargestellt, daß auch das römische Recht anerkannte, daß mißhandelte Sklaven in einem Tempelasyl Zuflucht suchen durften (... *id facit quod publice facere licere arbitratur*). Aufgrund dieser Neuregelung konnte sich ein Sklave durch die Flucht in einen Tempel dem Zugriff seines Herrn allerdings nicht mehr gänzlich entziehen, indem er von der Priesterschaft verkauft wurde oder als Hierodoule beim Tempel verblieb. Er hatte bloß die Möglichkeit, ein Beschwerdeverfahren zu initiieren, aus welchem für den *dominus* außer einem Zwangsverkauf keine weiteren Nachteile erwachsen konnten. Die Zuflucht in einen Tempel hatte nicht mehr die faktischen Auswirkungen einer Flucht, und Ulpian konnte konsequenterweise nunmehr auch in diesen Fällen das Vorliegen des *animus fugiendi* und damit die Fugitivität des Sklaven im Sinne des ädilizischen Edikts verneinen.

3.5.2.4. Wurde *ad statuam confugere* bereits von den Frühklassikern behandelt?

Dem erhaltenen Text von D 21.1.17.12 (*Ulp 1 ed aedil curul*) ist nicht deutlich entnehmbar, ob *ad statuam confugere* schon von Labeo und Caelius Sabinus erwähnt wurde[130]. Ein starkes Argument gegen diese Annahme ist sicherlich Ulpians Begründung, da er seine Lösung für die von Labeo und Caelius Sabinus angerissenen Probleme aus einer Analogie zu *ad statuam confugere* ableitete.

Gänzlich auszuschließen ist die Behandlung von *ad statuam confugere* durch frühklassische Juristen jedoch nicht. Zu Lebzeiten des Caelius Sabinus war *ad statuam confugere* mit Sicherheit anerkannt; sogar eine Erörterung durch Labeo wäre in Erwägung zu ziehen, da die Wurzeln dieser Rechtseinrichtung bis in die augusteische Zeit reichten. Sollte D 21.1.17.12 (*Ulp 1 ed aedil curul*) jemals Äußerungen der Frühklassiker zu *ad statuam confugere* enthalten haben, wurden diese von den Kompilatoren gestrichen, weil dazu ohnehin die deutlichen Aussagen Ulpians vorlagen.

Bloße Vermutung ist daher, welche Haltung die Frühklassiker zu diesem Problem einnahmen. Die überlieferte Fassung von D 21.1.17.12 (*Ulp 1 ed aedil curul*) legt eher nahe, daß sie bei einer Zuflucht zur Kaiserstatue die Fugitivität des Sklaven bejahten. Für eine Entscheidung im Sinne Ulpians spricht, daß das *animus fugiendi*-Konzept, auf dem seine Entscheidung beruhte, schon der Frühklassik vertraut war. Es wäre also inkonsequent gewesen, hätten gerade diese Juristen bei einer Zuflucht

---

129 S. Gai 1.53; dazu unten S. 173 f. In diese Richtung auch L. MANNA (Fn. 40) 60 Fn. 59.

130 Dafür A.D. MANFREDINI 52, der die unterschiedlichen Entscheidungen der Frühklassiker und Ulpians damit erklärt, daß erst Antoninus Pius die Zuflucht *ad statuam* anerkannt habe. Für die Behandlung von *ad statuam confugere* durch Labeo tritt auch K.J. RIGSBY 580 ein.

ad statuam für die Fugitivität im Sinne des ädilizischen Edikts votiert. Die lückenhafte Überlieferung läßt dazu keine eindeutigeren Aussagen zu.

Weitere Unklarheiten über den Inhalt der ursprünglichen Diskussion in D 21.1.17.12 f. (*Ulp 1 ed aedil curul*), die nicht auf Eingriffe der Kompilatoren zurückgeführt werden können, zeigen sich, wenn man die Stellung dieser Paragraphen in Ulpians erstem Buch *ad edictum aedilium curulium* genauer betrachtet. Dabei fällt auf, daß Ulpian bei der Kommentierung des Begriffs *fugitivus* im Fragment D 21.1.17 (*Ulp 1 ed aedil curul*) ältere Juristen grundsätzlich zustimmend zitiert. Abgelehnt werden nur Äußerungen von Caelius Sabinus (einmal bei zehn Zitaten) und Labeo (zweimal bei drei Zitaten). Labeo kommt nur in den Paragraphen 12 bis 15 zu Wort. In diesen Paragraphen finden sich ebenfalls alle ablehnenden Zitate innerhalb des Fragments. Besonders deutlich distanziert sich Ulpian von Labeos Definition des Begriffs *erro*[131]:

> D 21.1.17.14 (*Ulp 1 ed aedil curul*) *Erronem ita definit Labeo pusillum fugitivum esse, et ex diverso fugitivum magnum erronem esse. sed proprie erronem sic definimus: qui non quidem fugit, sed frequenter sine causa vagatur et temporibus in res nugatorias consumptis serius domum redit.*

Mit dieser Begriffsbestimmung verwischte Labeo die im Edikt vorgesehene Unterscheidung zwischen *fugitivus* und *erro*[132] und stieß daher auf Ulpians Widerspruch. Allerdings berief sich Ulpian selbst im ersten Buch *ad edictum* bei der Erörterung des Edikts *de fugitivis* auf ebendiese Definition Labeos:

> D 11.4.1.5 (*Ulp 1 ed*) *Fugitivum accipe et si quis erro sit. fugitivi autem appellatione ex fugitiva natum non contineri Labeo libro primo ad edictum scribit.*

Aufgrund dieser Übereinstimmung kann vermutet werden, daß die von Ulpian in D 21.1.17.12 und 14 (*Ulp 1 ed aedil curul*) zitierten Stellungnahmen Labeos ursprünglich nicht dem Edikt der kurulischen Ädilen, sondern dem Edikt *de fugitivis* galten[133], bei dem die Gleichbehandlung von *fugitivus* und *erro* sinnvoll war. Da nach dem Modell dieses Edikts das Verfahren bei der Zuflucht eines Sklaven *ad statuam* gestaltet war, könnte Labeo in diesem Zusammenhang auch von der Zuflucht gesprochen haben. Diese Hypothese könnte erklären, warum der erhaltene Text von D 21.1.17.12 (*Ulp 1 ed aedil curul*) nahelegt, daß die Frühklassiker die Fugitivität eines *ad statuam* geflüchteten Sklaven bejahten, obwohl dies mit ihrer auf den *animus fugiendi* abstellenden Interpretation des ädilizischen Edikts nicht zu vereinbaren war.

---

131 S. auch L. MANNA (Fn. 40) 62 f.

132 D. BEHRENS, Begriff und Definition in den Quellen, SZ 74 (1957) 357 hält dies deshalb für eine Labeo nur unterschobene Glosse.

133 Labeo hat auch zum ädilizischen Edikt einen Kommentar verfaßt; vgl. F. SCHULZ, Geschichte der römischen Rechtswissenschaft (1961) 234. O. LENEL, Pal. I Sp. 544 (Nr. 298) schlägt für die fraglichen Zitate keine Zuordnung zu einem bestimmten Werk des Juristen vor.

Leider läßt sich aus diesem möglichen Zusammenhang nicht mehr gewinnen als ein anderer Ansatzpunkt für die Vermutung, daß sich bereits frühklassische Juristen mit den Problemen einer Zuflucht *ad statuam* auseinandersetzten.

3.5.3. *Si dixerit ... ad statuam numquam confugisse*

Ulpians Interpretation des ädilizischen *fugitivus*-Begriffs schloß eine ediktale Pflicht des Verkäufers zur Bekanntgabe aus, daß ein Sklave bei einer Kaiserstatue Zuflucht gesucht hatte. Der Verkäufer haftete nur, wenn er ein entsprechendes *dictum* abgegeben hatte[134].

> D 21.1.19.1 (*Ulp 1 ed aedil curul*) *Plane si dixerit aleatorem non esse, furem non esse, ad statuam numquam confugisse, oportet eum id praestare.*

Traf diese Zusage nicht zu, so konnte der Käufer im Rahmen der ädilizischen Marktgerichtsbarkeit mit der *actio redhibitoria* oder *actio quanti minoris* vorgehen. Außerhalb des Jurisdiktionsbereichs der kurulischen Ädilen mußte der Käufer auf die *actio empti* zurückgreifen.

Die Klausel stellte nach ihrem Wortlaut allein auf die Tatsache einer Zuflucht, nicht auf das Ergebnis der Beschwerde ab[135]. Sie war damit sowohl anwendbar, wenn sich ein Sklave zu Recht beschwert hatte und an einen neuen Eigentümer verkauft worden war, als auch wenn die Beschwerde keinen Erfolg gehabt hatte[136]. Eine Wertminderung des Sklaven trat in beiden Fällen ein[137]. Durch die Aufnahme dieser Klausel sicherte sich der Käufer gegen den Erwerb eines Sklaven ab, der die Tendenz zeigte, sein Schicksal nicht ohne Widerstand zu ertragen.

Unanwendbar war diese Klausel jedoch auf den Zwangsverkauf selbst, der nach einer erfolgreichen Zuflucht und Beschwerde erfolgte. Dies war sowohl dann der Fall, wenn der Sklave durch einen Beamten verkauft wurde[138] oder aus den

---

134 Vgl. M. KASER, Unlautere Warenanpreisungen beim römischen Kauf, FS Demelius (1973) 129 (m.w.N.). KASER interpretiert den Sachverhalt insofern ungenau, als er meint, es sollte ausgeschlossen werden, daß "der Sklave wegen eines Vergehens das Asylrecht bei einer Götterstatue angerufen" habe.

135 Analog dürfte der Fall behandelt worden sein, daß sich der Sklave mit seiner Beschwerde direkt an einen Beamten gewandt hatte.

136 A.L. OLDE KALTER, Dicta et promissa (1963) 49 f. und L. MANNA (Fn. 40) 123 meinen, daß die Anwendbarkeit der Klausel nur auf Fälle mißbräuchlicher Zuflucht beschränkt war.

137 S. noch oben S. 65 und unten S. 76 f.

138 Vgl. D 21.1.1.3 (*Ulp 1 ed aedil curul*) *Illud sciendum est edictum hoc non pertinere ad venditiones fiscales.*

Umständen für den Käufer erkennbar war, daß der Eigentümer den Verkauf über behördlichen Auftrag wegen einer Zuflucht *ad statuam* vornahm[139].

Leider sind über die Häufigkeit der Verwendung dieser Klausel und damit über die praktische Relevanz des Asylrechts bloß Vermutungen möglich[140]. Die standardisierte Form der Klausel ist der einzige Hinweis in den juristischen Quellen, daß das Asylrecht bei den kaiserlichen Statuen von praktischer Relevanz war. Daß sie trotzdem in urkundlich erhaltenen Sklavenkaufverträgen fehlt[141], mag damit zusammenhängen, daß eine Zuflucht ohnehin nur in Rom oder einer größeren Provinzstadt erfolgversprechend war, sodaß unter provinziellen Verhältnissen auf diese Eventualität nicht Rücksicht genommen wurde. Es ist denkbar, daß die Klausel vornehmlich dann in einen Vertrag gesetzt wurde, wenn der Käufer befürchtete, daß ein berufsmäßiger Sklavenaufkäufer, der einen Sklaven nach einer Zuflucht *ad statuam* günstig erworben hatte, nun den Makel verschwieg, um den Preis zu steigern.

Genausogut unterstützt die Existenz der Klausel die Vermutung, daß nicht jede erfolgreiche Beschwerde eines Sklaven zum Verkauf führte, sondern dem Eigentümer manchmal aufgetragen wurde, den Sklaven künftig angemessen zu behandeln. Verkaufte ihn dieser später, so war für den Käufer aus den Umständen nicht erkennbar, daß der Sklave das Asylrecht bereits einmal in Anspruch genommen hatte. Auch gegen dieses Risiko konnte die Klausel schützen.

3.5.4. Die *actio servi corrupti* bei Anstiftung eines Sklaven zu *ad statuam confugere*

Mit den Sanktionen gegen denjenigen, der einen Sklaven zur mißbräuchlichen Inanspruchnahme des Asylrechts bei einer Statue angestiftet hatte, beschäftigt sich

---

139 Vgl. D 21.1.1.6 (*Ulp 1 ed aedil curul*) *Si intellegatur vitium morbusve mancipii* (*ut plerumque signis quibusdam solent demonstrare vitia*), *potest dici edictum cessare: hoc enim tantum intuendum est, ne emptor decipiatur.*

140 Weite Verbreitung dieser Klausel nimmt A. WATSON, RSL 121 an: "But it was a standard practice in buying a slave to demand a guarantee that he had not fled to the statue." In diese Richtung argumentieren E.M. STAERMAN (Fn. 81) 181; H. BELLEN 73; J. HERRMANN, Kaiserliche Erlasse zum kirchlichen Asylschutz für Sklaven, Kleine Schriften zur Rechtsgeschichte (1990) 364 und J. GEBHARD (Fn. 53) 201.
Skepsis bei K. BRADLEY 171 und ders. (Fn. 10) 124 f.; O.F. ROBINSON, Slaves and the Criminal Law, SZ 98 (1981) 250 und F. KUDLIEN, Zur sozialen Situation des flüchtigen Sklaven in der Antike, Hermes 116 (1988) 245.

141 Vgl. FIRA III Nr. 87 - 89, 132 - 135; AE 1986, 167.

> D 47.11.5 (*Ulp 5 off proc*) *In eum, cuius instinctu ad infamandum dominum servus ad statuam confugisse compertus erit, praeter corrupti servi actionem, quae ex edicto perpetuo competit, severe animadvertitur.*[142]

Ein Sklave hatte Zuflucht gesucht und bei seiner Vernehmung behauptet, von seinem Herrn mißhandelt worden zu sein. Jedoch hatte sich bei der Untersuchung herausgestellt, daß der Sklave über Veranlassung eines Dritten geflüchtet war. So sollte der *dominus* in ehrenrühriger Weise öffentlich als "Sklavenschinder" bloßgestellt werden[143]. Als Sanktionen für den Anstifter nennt der Text die *actio servi corrupti* und die Anwendung von Koerzitionsmitteln.

Die *actio servi corrupti* schafft Ausgleich für die Entwertung des Sklaven durch die ungerechtfertigte Zuflucht: Der Eigentümer kann das *duplum* der Minderung des Verkehrswerts des Sklaven einklagen[144]. Die *corruptio*[145] des Sklaven bestand darin, daß er seinem Herrn weggelaufen war und ungerechtfertigte Vorwürfe gegen den *dominus* erhoben hatte[146].

Ad infamandum domini hat eine doppelte Bedeutung. Zum einen ist es ein Hinweis darauf, daß der Sklave zu Unrecht Zuflucht gesucht hatte[147]. Zum anderen beschreibt es die Intentionen des Anstifters: Dieser wollte den *dominus* dem öffentlichen Vorwurf der *saevitia* aussetzen[148]. Dies fiel unter den weiten Anwendungs-

---

142 Zur Textgestalt und Interpolationsannahmen vgl. die Übersicht bei F. PRINGSHEIM, Zur Bezeichnung des Hadrianischen Edikts als edictum perpetuum, Gesammelte Abhandlungen I (1961) 115 ff. PRINGSHEIM selbst hält das Fragment für inhaltlich unbedenklich, den Teil *praeter - animadvertitur* aber für unglücklich formuliert.

143 S. dazu oben S. 13 Fn. 13.

144 D 11.3.1 pr (*Ulp 23 ed*) *Ait praetor: "Qui servum servam alienum alienam recepisse persuasisseve quid ei dicetur dolo malo, quo eum eam deteriorem faceret, in eum quanti ea res erit in duplum iudicium dabo."*
Dazu O. LENEL, EP 175; M. KASER, RPR I 629 und ders., Quanti ea res est (1935) 182 ff.

145 Vgl. A. SCHILLER, Trade Secrets and the Roman Law; the Actio Servi Corrupti, in: ders., An American Experience in Roman Law (1971) 4 f.; B. ALBANESE, *Actio servi corrupti*, APal 27 (1959) 30 f.; G. LONGO, D. 11, 3, in: ders., Ricerche romanistiche (1966) 740; W. WARKALLO, Actio de servo corrupto directa - Ein Beitrag zur Frage der Vollkommenheit des römischen Privatrechts, in: M.N. ANDREEV/J. IRMSCHER/E. PÓLAY/W. WARKALLO (Hg.), Gesellschaft und Recht im griechisch-römischen Altertum (1968) 321 f.

146 D 11.3.1.5 (*Ulp 23 ed*) *Is quoque deteriorem facit, qui servo persuadet, ut iniuriam faceret vel furtum vel fugeret vel alienum servum ut sollicitaret vel ut peculium intricaret, aut amator existeret vel erro vel malis artibus esset deditus vel in spectaculis nimius vel seditiosus* ... PS 2.31.33 *Qui servo fugae consilium dedit, furti quidem actione non tenetur, sed servi corrupti.* D 11.3.15 (*Gai 6 ed provinc*) *Corrumpitur animus servi et si persuadeatur ei, ut dominum contemneret.*

147 D 48.19.28.7 (*Call 6 cogn*) *Ad statuas confugere vel imagines principum in iniuriam alterius prohibitum est* ... Dazu unten S. 150.

148 D. DAUBE, *Collatio* 2.6.5, Collected Studies in Roman Law I (1991) 120 und ders., *Ne quid infamandi causa fiat*, ebenda 472, nimmt zu Unrecht an, daß damit Infamie im tech-

bereich des Edikts *ne quid infamandi causa fiat*[149], weshalb dem *dominus* wohl die Möglichkeit offenstand, zusätzlich mittels *actio iniuriarum* gegen den Anstifter vorzugehen[150]. Die im Text angesprochenen Koerzitionsmittel konnten sowohl neben einer *actio servi corrupti*[151] als auch neben der *actio iniuriarum* verhängt werden[152]. Vor allem deswegen, weil die Verleumdung des Herrn eine *iniuria atrox* war[153], bestand die Möglichkeit zur Koerzition, wenn die üblichen Sanktionen gegen den Beklagten[154] nicht ausreichend erschienen[155].

3.6. Ergebnisse

Das Verfahren nach der Zuflucht eines Sklaven zu einer kaiserlichen Statue war entgegen einer in der Literatur weithin akzeptierten Annahme nicht durch die

---

nischen Sinn gemeint war. Zur Kritik an DAUBE s. F. RABER, Grundlagen klassischer Injurienansprüche (1969) 68 ff.
In eine ähnliche Richtung geht die Vermutung von F. AFFOLTER (Fn. 27) 135, daß der *dominus* der Gefahr einer infamierenden Strafe ausgesetzt wurde. Zur Bestrafung wegen Sklavenmißhandlung s. unten Fn. 152 und S. 129 ff.

149 O. LENEL, EP 401; D. DAUBE, *Collatio* (Fn. 148) 107 ff.; ders., *Ne quid* ... (Fn. 148) 465 ff.; M. KASER, Infamia und ignominia in den römischen Rechtsquellen, SZ 73 (1956) 220 ff. und F. RABER (Fn. 148) 56 ff.

150 Für die Kumulation auch E. PÓLAY, Iniuria Types in Roman Law (1986) 148.

151 D 1.18.21 (*Paul ls off adsessor*) *Praeses cum cognoscat de servo corrupto vel ancilla devirginata vel servo stuprato, si actor rerum agentis corruptus esse dicetur vel eiusmodi homo, ut non ad solam iacturam adversus substantiam, sed ad totius domus eversionem pertineat: severissime debet animadvertere.*
Dazu O. BEHRENDS, Der *assessor* zur Zeit der klassischen Rechtswissenschaft, SZ 86 (1969) 213 f.

152 Nicht zwingend ist daher die Annahme, daß es sich um einen Straftatbestand gehandelt habe. Dafür jedoch F. AFFOLTER (Fn. 27) 136; TH. MOMMSEN, StR 795, 807; A. SCHILLER (Fn. 145) 5 Fn. 38 sowie A. DELL'ORO (Fn. 25) 142. O.F. ROBINSON, The Criminal Law of Ancient Rome (1995) 35 erblickt darin einen strafrechtlichen Aspekt der *corruptio*.

153 Eine solche wird man in diesem Fall anzunehmen haben, da die *iniuria* vor einem Beamten und durch eine abhängige, sozial niedrigstehende Person begangen wurde. Vgl. D 47.10.7.8 (*Ulp 57 ed*) *Atrocem autem iniuriam aut persona aut tempore aut re ipsa fieri Labeo ait, persona atrocior iniuria fit, ut cum magistratui, cum parenti patrono fiat. tempore, si ludis et in conspectu: nam praetoris in conspectu an in solitudine iniuria facta sit, multum interesse ait, quia atrocior est, quae in conspectu fiat. re atrocem iniuriam haberi Labeo ait, ut puta si vulnus illatum vel os alicui percussum.* S. dazu unten S. 140 f.

154 F. PRINGSHEIM (Fn. 142) 116 bezieht *severe animadvertitur* unrichtigerweise auf den Sklaven anstatt auf den Anstifter.

155 Vgl. D 47.10.35 (*Ulp 3 omn tribunal*) *Si quis iniuriam atrocem fecerit, qui contemnere iniuriarum iudicium possit ob infamiam suam et egestatem, praetor acriter exequi hanc rem debet et eos, qui iniuriam fecerunt, coercere.* Dazu F. RABER (Fn. 148) 99 ff. und J. GEBHARDT (Fn. 53) 70 ff.

Übernahme griechischer Rechtsideen geprägt, sondern folgte den Regelungen des Edikts *de fugitivis*. *Fugitivus* war nach diesem Edikt jeder Sklave, der sich der Macht seines Herrn entzogen hatte, auch wenn er damit nicht die Absicht einer dauernden Entfernung verfolgt hatte. Die Herausbildung der dafür geltenden Regeln läßt sich bis in die republikanische Zeit zurückverfolgen. Ergriffene Sklaven wurden in behördlichen Gewahrsam genommen, verhört und dann an den Eigentümer zurückgestellt oder behördlich verkauft, wenn dies nicht möglich war. Genauso wurde mit Sklaven verfahren, die bei der Zuflucht zu einer Statue aufgegriffen wurden. Sie wurden von untergeordneten Beamten festgenommen, verhört und dann an den Provinzstatthalter oder den *praefectus urbi* weitergeleitet. Die Vernehmung diente in diesen Fällen zur Prüfung der Berechtigung der Zuflucht. Die Sklaven hatten daneben die Möglichkeit zur direkten Beschwerde. Der Sklave mußte den Beamten überzeugen, daß sein Herr ihn inakzeptabler sexueller Ausbeutung und grundlos schweren Mißhandlungen aussetzte oder schlecht versorgte. Dabei durfte die Form seines Vorbringens nicht die von den Statusunterschieden gezogenen Grenzen verletzen. Obwohl es sich um ein Verfahren *extra ordinem* handelte, war der Sklave gegenüber seinem Herrn in der schwächeren Position und hatte dessen Vorrechte zu respektieren. Fand der untersuchende Beamte die Beschwerde berechtigt, so verhängte er die zur Verhinderung weiterer Übergriffe nötigen Maßnahmen.

Viele Fälle mögen mit bloßen Ermahnungen in Anlehnung an die zensorische Rüge der republikanischen Zeit und der Rückgabe des Sklaven geendet haben. Der Beamte konnte den Eigentümer aber auch zum Verkauf des Sklaven zwingen bzw. selbst den Verkauf vornehmen, wobei dafür Sorge zu tragen war, daß der Sklave nicht wieder in die Gewalt seines Herrn zurückgelangte. Dieser erhielt immerhin den Erlös.

Die Zuflucht eines Sklaven galt als Flucht im Sinne des Edikts *de fugitivis*. Es ist der Überlieferung nicht mit Sicherheit zu entnehmen, ob frühklassische Juristen solche Sklaven noch als *fugitivi* im Sinne des ädilizischen Edikts betrachteten. Ulpian unterschied die Flucht von einer Zuflucht und verneinte die Fugitivität bei einer Zuflucht, da der Herr den Sklaven bzw. dessen Wert nicht vollständig einbüßte.

Eine Zuflucht minderte den Wert eines Sklaven. In Kaufverträge konnte die ausdrückliche Zusage aufgenommen werden, daß der Sklave bisher nicht bei einer Statue Zuflucht gesucht hatte. Wurde der Sklave von einem Dritten zur mißbräuchlichen Inanspruchnahme des Asyls angestiftet, haftete dieser dem Eigentümer aufgrund der *actio servi corrupti* auf das *duplum* der Wertminderung.

Diese Regelungen sind die einzigen Anhaltspunkte für die praktische Inanspruchnahme der Zufluchtsmöglichkeit und des Beschwerderechts. Sie waren zumindest so verbreitet, daß der Sklavenhandel auf sie Rücksicht nehmen mußte.

Es muß offen bleiben, wie groß die Erfolgschancen eines Sklaven waren, durch Zuflucht und Beschwerde seine Lebenssituation zu verbessern. Die Unbestimmtheit der Beschwerdegründe und der bei der Beschwerde zu beachtende Respekt vor dem *dominus* schränkten die Erfolgsaussichten von vornherein ein. Dazu kam, daß der untersuchende Beamte wohl eher Verständnis für die Motive des Eigentümers aufbrachte, als für die Nöte des Sklaven. Am einfachsten konnte der Herr den Vorwurf der Sklavenmißhandlung abwenden, indem er sich auf sein Züchtigungsrecht berief. Und selbst eine für den Sklaven erfolgreich verlaufende Beschwerde bedeutete nur, daß er in die Gewalt eines neuen Herrn kam, ohne dabei irgendeine Sicherheit zu haben, daß dieser milder oder gerechter war.

4. Die Vorschriften über die Sklavenbehandlung

4.1. Die Reskripte des Antoninus Pius

Die Regelungen, die um die Mitte des zweiten Jahrhunderts hinsichtlich der Sklavenbehandlung für alle Bewohner des römischen Reichs, Römer wie Peregrine, galten[1], faßte Gaius im ersten Buch seiner *institutiones* folgendermaßen zusammen[2]:

> Gai 1.53 *Sed hoc tempore neque civibus Romanis nec ullis aliis hominibus, qui sub imperio populi Romani sunt, licet supra modum et sine causa in servos suos saevire: nam ex constitutione sacratissimi imperatoris Antonini qui sine causa servum suum occiderit, non minus teneri iubetur, quam qui alienum servum*

---

1 L. MITTEIS, Reichsrecht und Volksrecht in den östlichen Provinzen des römischen Kaiserreiches (1891; Ndr. 1963) 219; C.A. MASCHI, Proprietà divisa per piani, superficie e l'estensione ai provinciali del principio "superficies solo cedit", St. Arangio-Ruiz IV (1953) 164; E. VOLTERRA, Manomissioni di schiavi compiute da peregrini, St. De Francisci IV (1956) 77; E. SCHÖNBAUER, Personalitätsprinzip und Privatrechtsordnung im Römerreiche, Anz.Ak.Wien 1960 Nr. 25 (1961) 204; A. BECK, Gedanken zum rechtsstaatlichen Aufbau vornehmlich des ausgehenden Prinzipats, in: ders., Itinera Iuris (1980) 87 Fn. 42 und H. WAGNER, Studien zur allgemeinen Rechtslehre des Gaius (1978) 71.

2 Vgl. weiters die Überlieferung in IJ 1.8.2 und D 1.6.1.2 (*Gai 1 inst*) (Textvarianten gegenüber der Überlieferung des Veroneser Gaius sind unterstrichen, Ausfälle durch spitze Klammern angezeigt.):
IJ 1.8.2 *Sed hoc tempore nullis hominibus, qui sub imperio nostro sunt, licet sine causa legibus cognita et supra modum in servos suos saevire. nam ex constitutione divi Pii Antonini qui sine causa servum suum occiderit, non minus puniri iubetur, quam qui servum alienum occiderit. Sed et maior < > asperitas dominorum < > eiusdem principis constitutione coercetur. nam consultus a quibusdam praesidibus provinciarum de his servis, qui ad aedem sacram vel ad statuas principum confugiunt, praecepit ut, si intolerabilis videatur dominorum saevitia, cogantur servos bonis condicionibus vendere, ut pretium dominis daretur, et < > recte < >: expedit enim rei publicae, ne quis re sua male utatur. < >*
D 1.6.1.2 (*Gai 1 inst*) *Sed hoc tempore nullis hominibus, qui sub imperio Romano sunt, licet supra modum et sine causa legibus cognita in servos suos saevire. nam ex constitutione divi Antonini qui sine causa servum suum occiderit, non minus puniri iubetur, quam qui alienum servum occiderit. sed et maior < > asperitas dominorum < > eiusdem principis constitutione coercetur.*
Zu den Varianten s. F. WIEACKER, Oströmische Gaiusexemplare, FS Schulz II (1951) 119 ff.; ders., Textstufen klassischer Juristen (1960; Ndr. 1975) 189 f.; H.L.W. NELSON, Überlieferung, Aufbau und Stil von Gai Institutiones (1981) 197 ff., 203 ff., 257, 403; M. KASER, Zur Methodologie der römischen Rechtsquellenforschung (1972) 66 Fn. 132; R. BONINI, Note sul primo libro delle istituzioni giustinianee, St. Donatuti I (1973) 153 ff. Zur Überlieferung in den Gaiusinstituionen s. M. DAVID/H.L.W. NELSON, Gai Institutionum Commentarii IV. Kommentar (1954) 70 ff.; R.G. BÖHM, Gaiusstudien III (1969) 123 ff. und ders., Gaiusstudien VIII/IX (1975) 167 ff.

occiderit. sed et maior quoque asperitas dominorum per eiusdem principis constitutionem coercetur: nam consultus a quibusdam praesidibus provinciarum de his servis, qui ad fana deorum vel ad statuas principum confugiunt, praecepit, ut si intolerabilis videatur dominorum saevitia, cogantur servos suos vendere. et utrumque recte fit: <*regula*>[3] *male enim nostro iure uti non debemus;* <*qua ratione et prodigis interdicitur bonorum suorum administratio*>[4].

Wie Gaius referiert, hatten mehrere Konstitutionen des Antoninus Pius die in diesem Rechtsbereich gültigen Grundsätze aufgestellt: In einer war die ungerechtfertigte Tötung eines eigenen Sklaven in strafrechtlicher Hinsicht der Tötung eines fremden gleichgestellt worden; in beiden Fällen hatte sich der Täter nunmehr wegen Mordes zu verantworten[5]. Weitere Konstitutionen hatten generell die Mißhandlung von Sklaven verboten. Was Gaius mit den vagen Formulierungen *supra modum et sine causa*[6] *... saevire, maior asperitas* bzw. *intolerabilis ... saevitia* meinte, wird aus zwei erhaltenen Konstitutionen des Antoninus Pius etwas deutlicher, von denen eine (Coll 3.3.2 f., *Ulp 8 off procons*) wahrscheinlich seine direkte Vorlage bildete[7].

Coll 3.3 (*Ulp 8 off procons sub titulo de dominorum saevitia*)[8] (1) *Si dominus in servum saevierit vel ad inpudicitiam turpemque violationem conpellat,*

---

3 Zu diesem Einschub s. unten S. 98 f.

4 Zum letzten Satz s. unten S. 96 ff.

5 Ein solches Verbot soll bereits Hadrian erlassen haben (H.A.Hadr. 18.7). R.A. BAUMAN sieht in den Konstitutionen des Antoninus Pius nur ein "restatement" dieses Verbots (The Resumé of Legislation in the Early Vitae of the Historia Augusta, SZ 94, 1977, 50). Dazu weiters TH. MOMMSEN, StR 616 f.; G. V. BESELER, Juristische Miniaturen (1929) 16 Fn. 1; F. GORIA, Schiavi, sistematica delle persone e condizioni economico-sociali nel Principato, in: Prospettive sistematiche nel diritto romano (1976) 346 ff. Fn. 75; M. MORABITO, Les réalités de l'esclavage d'après le Digeste (1981) 230 f. und B. HUWILER 259 f.
Zur Rechtslage bei der Tötung eines fremden Sklaven vgl. D 9.2.23.9 (*Ulp 18 ed*) *Si dolo servus occisus sit, et lege Cornelia agere dominum posse constat: et si lege Aquilia egerit, praeiudicium fieri Corneliae non debet.* Dazu D. LIEBS, Die Klagenkonkurrenz im römischen Recht (1972) 268 f.

6 Damit waren die schwerwiegendsten Fälle angesprochen, in denen die Sklaven jedenfalls verkauft werden sollten. S. oben S. 59.
S. SOLAZZI, Glosse a Gaio, Scritti di diritto romano VI (1972) 199 hält diese Zusätze für ein Glossem, da in *saevire* der Mißbrauch klar zum Ausdruck komme. Dagegen P. PESCANI, Difesa minima di Gaio, in: Gaio nel suo tempo (1966) 89 f. und F. DE MARTINO, Wirtschaftsgeschichte des alten Rom[2] (1991) 628 bei Fn. 94, der darin eine Einschränkung des prinzipiellen Verbots sieht.
In der Einführung des abstrahierenden Elements *sine causa* sieht G. DE BONFILS, Gli schiavi degli ebrei nella legislazione del IV secolo (1992) 53 f. wiederum die eigenständige Leistung des Gaius, der so die Kasuistik der Reskripte überwand.

7 S. dazu unten S. 97 f.

8 Vgl. die Mehrfachüberlieferung in D 1.6.2 (*Ulp 8 off proc*) und IJ 1.8.2:

quae sint partes praesidis, ex rescripto divi Pii ad Aurelium Marcianum proconsulem Baeticae manifestatur. (2) *Cuius rescripti verba haec sunt: "Dominorum quidem potestatem in servos suos inlibatam esse oportet nec cuiquam hominum ius suum detrahi: sed dominorum interest, ne auxilium contra saevitiam vel famem vel intolerabilem iniuriam denegetur his, qui iuste deprecantur.* (3) *Ideoque cognosce de querellis eorum, qui ex familia Iuli Sabini ad statuam confugerunt, et si vel durius habitos, quam aequum est, vel infamiae iniuria adfectos cognoveris, venire iube, ita ut in potestatem Sabini non revertantur. Quod si meae constitutioni fraudem fecerit, sciet me admissum severius executurum".*
(4) *Divus etiam Hadrianus Umbram quandam matronam in quinquennium relegavit, quod ex levissimis causis ancillas atrocissime tractaret.* (5) *Item divus Pius ad libellum Alfi Iuli rescripsit in haec verba: "Servorum obsequium non solum imperio, sed et moderatione sufficientibus praebitis et iustis operibus contineri oportet.* (6) *Itaque et ipse curare debes iuste ac temperate tuos tractare, ut ex facili requirere eos possis, ne, si apparuerit vel inparem te inpediis esse vel atrociore dominationem saevitia exercere, necesse habeat proconsul v. c., ne quid tumultuosius contra accidat, praevenire et ex mea iam autoritate te ad alienandos eos conpellere. Glabrione et Homullo cons."* [a. 152]

Antoninus Pius griff mit seinen Reskripten also in zweierlei Weise zugunsten schlecht behandelter Sklaven ein: Einerseits verbot er Mißhandlungen, andererseits

---

D 1.6.2 (*Ulp 8 off procons*) *Si dominus in servos saevierit vel ad impudicitiam turpemque violationem compellat, quae sint partes praesidis, ex rescripto divi Pii ad Aelium Marcianum proconsulem Baeticae manifestabitur. cuius rescripti verba haec sunt: "Dominorum quidem potestatem in suos servos illibatam esse oportet nec cuiquam hominum ius suum detrahi: sed dominorum interest, ne auxilium contra saevitiam vel famem vel intolerabilem iniuriam denegetur his qui iuste deprecantur. ideoque cognosce de querellis eorum, qui ex familia Iulii Sabini ad statuam confugerunt, et si vel durius habitos quam aequum est vel infami iniuria affectos cognoveris, veniri iube ita, ut in potestate domini non revertantur. < > qui si meae constitutioni fraudem fecerit, sciet me admissum severius exsecuturum". divus etiam Hadrianus Umbriciam quandam matronam in quinquennium relegavit, quod ex levissimis causis ancillas atrocissime tractasset.*
IJ 1.8.2 ... *cuius rescripti ad Aelium Marcianum emissi verba haec sunt: "Dominorum quidem potestatem in suos servos illibatam esse oportet nec cuiquam hominum ius suum detrahi. sed dominorum interest, ne auxilium contra saevitiam vel famem vel intolerabilem iniuriam denegetur his qui iuste deprecantur; ideoque cognosce de querellis eorum, qui ex familia Iulii Sabini ad statuam confugerunt, et si vel durius habitos, quam aequum est, vel infami iniuria affectos cognoveris, veniri iube, ita ut in potestatem domini non revertantur. < > qui Sabinus, si meae constitutioni fraudem fecerit, sciet me admissum severius exsecuturum."*
(Textvarianten gegenüber der *Collatio*-Überlieferung sind unterstrichen, Textausfälle durch spitze Klammern angezeigt.) Zu diesen sachlich aber nicht relevanten Abweichungen vgl. F. WIEACKER, Textstufen (Fn. 2) 392 ff.

schrieb er einen Mindeststandard der Behandlung vor[9]. Von Hadrian war die Sklavenmißhandlung in einem Einzelfall sogar bestraft worden[10].

4.2. Die Tatbestände der Sklavenmißhandlung

4.2.1. Überblick

Aus den Reskripten Hadrians, des Antoninus Pius, der *epistula* des Septimius Severus[11] und den Schriften der römischen Juristen zur Mißhandlung von Sklaven durch ihre Herren lassen sich drei Typen von Tatbeständen herausarbeiten, die als mißbräuchliche Ausübung der *dominicia potestas* angesehen wurden.

Am öftesten begegnet in den Quellen das Verbot der körperlichen Mißhandlung. Die Ausdrücke dafür sind: *saevitia*[12], *intolerabilis saevitia*[13], *saevire*[14], *atrociore dominationem saevitia exercere*[15]; *supra modum et sine causa saevire*[16]; *duritia*[17]; *durius habere, quam aequum est*[18]; *maior asperitas*[19], *atrocissime tractare*[20].

Daneben erscheint das Verbot, Sklaven schlecht zu versorgen: *fames*[21], *impar esse inpediis*[22].

Die letzte Gruppe bildet das Verbot sexueller Ausbeutung von Sklaven: *ad impudicitiam turpemque violationem conpellere*[23], *obscenitas*[24], *intolerabilis iniuria*[25], *infamiae/infamis iniuria adficere*[26].

---

9 Zum Verständnis der Reskripte bei den römischen Juristen s. aber unten S. 95 ff.

10 Dazu unten S. 129 ff.

11 D 1.12.1.8 (*Ulp ls off praef urbi*, Text oben S. 52).

12 Coll 3.3.2 f. (*Ulp 8 off procons*); D 1.12.1.8 (*Ulp ls off praef urbi*) (vgl. damit Sen.benef. 3.22.3; dazu oben S. 52).

13 Gai 1.53.

14 Coll 3.3.1 (*Ulp 8 off procons*).

15 Coll 3.3.6 (*Ulp 8 off procons*).

16 Gai 1.53.

17 D 1.12.1.8 (*Ulp ls off praef urbi*).

18 Coll 3.3.3 (*Ulp 8 off procons*).

19 Gai 1.53.

20 Coll 3.3.4 (*Ulp 8 off procons*).

21 Coll 3.3.2 (*Ulp 8 off procons*); D 1.12.1.8 (*Ulp ls off praef urbi*) (vgl. damit Sen.benef. 3.22.3 *in praebendis ad victum necessariis avaritia*).

22 Coll 3.3.6 (*Ulp 8 off procons*).

23 Coll 3.3.1 (*Ulp 8 off procons*).

24 D 1.12.1.8 (*Ulp ls off praef urbi*) (vgl. damit Sen.benef. 3.22.3 *libido*).

25 Coll 3.3.2 (*Ulp 8 off procons*).

26 Coll 3.3.3 (*Ulp 8 off procons*); dazu F. WIEACKER, Textstufen (Fn. 2) 393; W.W. BUCKLAND 37 und J.F. GARDNER, Women in Roman Law and Society (1986; Ndr. 1990) 221.

4.2.2. *Saevitia* und schlechte Versorgung

Die unscharfen Formulierungen in den kaiserlichen Verfügungen und der juristischen Literatur[27] gewinnen erst an Kontur, wenn man sie in Beziehung zu der übrigen Überlieferung setzt[28].

Unter *saevitia* verstand man Praktiken grausamer Herren (*dominus naturae asperae*[29]; *saevus dominus*[30]; *saevus quoque implacabilisque dominus*[31]) bzw. deren Gutsverwalter, Sklaven mehr oder weniger grundlos zu verprügeln[32], in die gefürchteten *ergastula*[33] zu sperren oder sie nach freiem, keiner Kontrolle unterliegenden Ermessen anderen, bisweilen noch grausameren, Bestrafungen zu unterwerfen[34]. Die

---

27 Diese typischen Formen der Schlechtbehandlung von Sklaven kehren wieder in C 5.37.22.2b (*Imp. Constantinus A. ad populum*) *Et tolerabilius est, si ita contigerit, servos mori suis dominis, quam servire extraneis. quorum fuga potius tutori adscribitur, sive neglegentia dissolutam patiatur esse disciplinam, sive duritia vel inedia atque verberibus eos adficiat.* (*D. id. Mart. Sirmi Constantino a. VII et Constantio C. conss.*; a. 326)

28 Zahlreiche Belege bei W.L. WESTERMANN, Sklaverei, RE Suppl. VI (1935) 1054.
Berichte über Mißbräuche lassen sich gleicherweise in literarischen Werken finden, die vor und nach der Erlassung der Sklavenschutzbestimmungen verfaßt wurden. Zur Vertrauenswürdigkeit dieser Belege vgl. W.L. WESTERMANN 1053 f. und F. NORDEN, Apulejus von Madaura und das römische Privatrecht (1912) 75 f.

29 Phaedr.app.perot. 20.

30 Plin.epist. 3.14.

31 Petron. 107. Zur berüchtigten *saevitia* des Vedius Pollio vgl. Sen.ira. 3.40.2, Plin.nat. 9.77 und oben 20 f.

32 Ach.Tat. 4.15.6; 5.17.6; Apul.met. 9.12; Phaedr.app.Perot. 20; Gell. 5.14.17; Sen.ira 3.24.2, 3.32; Plut.Cato.mai. 21; Martial. 3.94, 8.23, 14.68; Iuv. 6.481, 14.63; Petron. 30, 49; Tac.ann. 16.19; Gal.an.affect. 4.6 ff.; C 5.37.22.2b (*Constantin*, a. 326; Text oben in Fn. 27). Zu den Belegen bei Artemidor s. H. KLEES, Griechisches und Römisches in den Traumdeutungen Artemidors für Herren und Sklaven, FS Parlasca (1990) 71 f.
Gleiches zeigt die inschriftlich erhaltene Selbstbeschreibung eines "guten Sklaven" CIL XII 5026 ... *Officiis vicit [do]minum nec verbera sens[it]* ...
Zum Verprügeln und zur Auspeitschung als besonders erniedrigende und daher typischerweise für Sklaven verwendete Strafart s. K. BRADLEY 28 f.; R. SALLER, Corporal Punishment, Authority, and Obedience in the Roman Household, in: B. RAWSON (Hg.), Marriage, Divorce, and Children in Ancient Rome (1991) 151 ff. und ders., Patriarchy, property and death in the Roman family (1994) 137 f. Dafür wurden manchmal spezialisierte Unternehmer bzw. Sklaven (*tortores*) herangezogen (s. R.P. SALLER, Patriarchy 147 f.).

33 Sen.benef. 3.32; Apul.apol. 47. S. dazu W.L. WESTERMANN (Fn. 28) 1043; H. BELLEN 21 f. und W. BACKHAUS, *Servi vincti*, Klio 71 (1989) 321 ff.

34 Beine brechen (Sen.ira. 3.32); kreuzigen (Petron. 53; Iuv. 6.219; Martial. 2.82); Brandmarkung (Martial. 2.66; Petron. 69; Prop. 4.7.34); wilden Tieren vorwerfen (Petron. 45); Kastration (App.civ. 3.98); an den Haaren aufhängen (Prop. 4.7.45); eine Zusammenstellung ausgesuchter Grausamkeiten bietet C 9.14.1 pr f. (= CTh 9.12.1, *Constantin*, a. 319; Text unten Fn. 116).
Weitere Beispiele aus den Werken des Apuleius bei F. NORDEN (Fn. 28) 74 ff; zu den Sklavenstrafen in den Digesten vgl. M. MORABITO (Fn. 5) 228 ff. Zur Rechtfertigung der

wehrlose Auslieferung an die willkürliche Grausamkeit des Herrn war ein kennzeichnendes Merkmal der Situation der Sklaven, welche Dion von Prusa (14.12) daher mit den folgenden Worten charakterisierte[35]: "Wen aber ein anderer peitschen, binden, töten und behandeln kann, wie er will, der ist doch gewiß Sklave des anderen"[36].

Auch die schlechte Versorgung der Sklaven mit Kleidung[37] und Nahrung[38] findet man in anderen Quellen belegt.

4.2.3 Die sexuelle Ausbeutung von Sklaven

Schwierig hingegen ist es, ein klares Bild darüber zu gewinnen, gegen welche Formen sexueller Übergriffe auf Sklaven sich die Vorschriften richten sollten. Die in den Reskripten gebrauchten Begriffe sind in diesem Zusammenhang besonders undeutlich. Wahrscheinlich fielen darunter die Erzwingung homosexueller Akte, woran Ausdrücke wie *impudicitia* bzw. *turpis violatio* denken lassen[39], und die damit zusammenhängende Sklavenkastration[40].

---

strengen körperlichen Strafen vgl. K. BRADLEY, Slaves and Masters in the Roman Empire (1984) 134 und TH. WIEDEMANN, Emperors and Gladiators (1992) 73 ff.

35 Vgl. damit die drastische Rekonstruktion der Sklavenhaltermentalität durch TH. WIEDEMANN (Fn. 34) 104: "Since a slave's physical survival was perceived as a favour granted initially by whoever had decided to let him live in the first place (whether the soldier who might have killed him in battle or the owner of his mother when he was born, who might have ordered him to be exposed), and thereafter constantly in the gift of the *paterfamilias* of the household, membership of which gave the slave access to shelter, food and clothing, it followed that Roman owners had the right to revoke that favour at any time if the slave did not constantly show his appreciation."

36 Vgl. die von Cato geübte Kritik an der öffentlichen Auspeitschung Freier durch römische Magistrate in Gell. 10.3.17 *Quis hanc contumeliam, quis hoc imperium, quis hanc servitutem ferre potest?*
Da Auspeitschungen geradezu als Wesensmerkmal des Sklavenstatus galten, wurde die Auspeitschung eines Freien als besonders erniedrigend angesehen. Vgl. R.P SALLER, Patriarchy (Fn. 32) 133 ff.

37 Apul.met. 9.12; Ach.Tat. 5.17.3.

38 Cass.Dio 77.10.5; Colum. 1.8.17; Phaedr.app.Perot. 20.
Die sozialen Folgen der Nahrungsverweigerung zeigt die legendenhafte Aufforderung des Räubers Bulla Felix, die Römer sollten ihre Sklaven besser ernähren, damit diese nicht zu Räubern werden müßten (Cass.Dio 77.10.5). In dieser Form mag sie vielleicht nicht historisch sein, die Situation, in der sich vernachlässigte Sklaven oft befanden, beschreibt sie hingegen deutlich.

39 D. DALLA, "Ubi Venus mutatur" (1987) 42 ff. Vgl. damit Trimalchios Bekenntnis: *nec turpe est, quod dominus iubet* (Petron. 75; dazu unten Fn. 45). Zur *turpis violatio* auch M. KASER, Rechtswidrigkeit und Sittenwidrigkeit im klassischen römischen Recht, SZ 60 (1940) 116 ff.

40 Belege für diesen Sprachgebrauch bei P. GUYOT, Eunuchen als Sklaven und Freigelassene in der griechisch-römischen Antike (1980) 41 Fn. 20. Hingegen übersetzen M.

Sklaven hatten kein Anrecht auf Respektierung ihrer sexuellen Integrität oder auf sexuelle Selbstbestimmung. Sie mußten sich den Wünschen ihrer Herren fügen[41] und wurden häufig sexuell ausgebeutet[42]. Die erhaltenen Belege zeigen eine große Bandbreite verschiedener Formen, die die sexuellen Beziehungen von Freien zu Sklaven annehmen konnten[43]. Neben dauerhaften, eheähnlichen Beziehungen zwischen einem *dominus* und seiner *ancilla*, die vielleicht sogar mit Zustimmung der Sklavin aufrechterhalten wurden[44], findet man Fälle, in denen Sklaven Wünsche ihrer *domini* zwar als unvermeidliches Schicksal hinnehmen mußten, aber hoffen durften, dafür durch Freilassung o.ä. belohnt zu werden[45]. Opfer sexueller Übergriffe wurden Sklaven beiderlei Geschlechts und sogar Kinder[46].

FUHRMANN/D. LIEBS, Exempla iuris Romani - Römische Rechtstexte (1988) 81 und J. GEBHARDT, Prügelstrafe und Züchtigungsrecht im antiken Rom und in der Gegenwart (1994) 195 *turpis violatio* mit "schimpfliche Gesetzesübertretung".

41 Vgl. Sen.benef. 3.19.1 ... *servus autem non habet negandi potestatem; ita non praestat, sed paret ...*

42 S. R. SALLER, Slavery and the Roman Familiy, in: M.I. FINLEY (Hg.), Classical Slavery (1987) 79: "To minimize the evidence of Seneca, Plutarch, Martial and others ... is to overlook the Roman slaves' fundamental lack of honor and utter inability to protect themselves."

43 Zu sexuellen Beziehungen zwischen Freien und Sklaven und zur sexuellen Ausbeutung von Sklaven s. L. FRIEDLÄNDER/G. WISSOWA, Darstellungen aus der Sittengeschichte Roms I^{10} (1922; Ndr. 1964) 286 f.; W. KROLL, Die Kultur der ciceronischen Zeit II (1933) 40; W.L. WESTERMANN (Fn. 28) 1059; M.I. FINLEY, Die Sklaverei in der Antike (1985) 114 f.; K. BRADLEY 28, 49 f. und ders. (Fn. 34) 116 f.; M. MORABITO (Fn. 5) 191 ff.; J.F. GARDNER (Fn. 26) 221 f.; H. KLEES (Fn. 32) 69; J. KOLENDO, L'esclavage et la vie sexuelle des hommes libres à Rome, Index 10 (1981) 288 ff.; M. MORABITO, Droit romain et réalités sociales de la sexualité servile, in: J. POUMAREDE/J.P. ROYER (Hg.), Droit, Histoire & Sexualité (1987) 3 ff.; R. SALLER (Fn. 42) 78 f. und F. KUDLIEN, Sklaven-Mentalität im Spiegel antiker Wahrsagerei (1991) 40 ff.

44 W. KROLL (Fn. 43) 40; K. BRADLEY (Fn. 34) 118 und R.P. SALLER (Fn. 42) 71 ff.

45 In diesem Sinne gehörten solche "Dienste" nach dem Selbstverständnis manches Skaven zu seinen Pflichten, wollte er die damit verbundenen Vorteile erreichen. Vgl. Petron. 75 ... *nec turpe est, quod dominus iubet. ego tamen et ipsimae [dominae] satis faciebam. scitis, quid dicam* ... und noch deutlicher Sen.contr. 4 praef. 10 ... *impudicitia in ingenuo crimen est, in servo necessitas, in liberto officium.*
S. auch A. METTE-DITTMANN, Die Ehegesetze des Augustus (1991) 41 und D. DALLA (Fn. 39) 38 ff. Gegen ein allzu wörtliches Verständnis dieser Aussagen wenden sich hingegen W. WALDSTEIN, Operae libertorum (1986) 84 Fn. 226, 245 Fn. 30 sowie R. SALLER (Fn. 42) 84 f. Fn. 38.

46 Mißbrauch von Sklavinnen: z.B. Ach.Tat. 5.17; Salvian.gub.dei 7.4.20; Quint.decl. 301. Vgl. S.B. POMEROY, Frauenleben im klassischen Altertum (1985) 296 f.; K. BRADLEY (Fn. 34) 116 f. und S. TREGGIARI, Questions on Women Domestics in the Roman West, in: Schiavitù, manomissione e classi dipendenti nel mondo antico (1979) 192 ff. mit weiteren Quellenbelegen.
Sexuelle Ausbeutung eines Sklaven durch seine *domina*: Plin.nat. 34.11 f.; Petron. 75.
Homosexuelle Beziehungen des *dominus* zu seinen Sklaven: Petron. 75; Sen.epist.47.7; s. auch P. VEYNE, Leben des Trimalchion, in: ders., Die Originaltät des Unbekannten

Die Urteile der antiken Schriftsteller über sexuelle Beziehungen zu Sklaven variierten nach der persönlichen Einstellung des Autors und dem literarischen Genre: Solches Verhalten wurde von moralisch denkenden Zeitgenossen gerügt[47], von Satirikern verspottet[48] und von anderen wiederum als "Notlösung" akzeptiert[49] und sogar verteidigt[50]. Obwohl nicht alle dieser Praktiken gesellschaftlich gleichermaßen gebilligt wurden, waren sie weit verbreitet. Sogar öffentlich geschätzte Persönlichkeiten wie Cato Censorinus oder Scipio Africanus und Kaiser wie Augustus oder Claudius machten aus ihrem sexuellen Umgang mit Sklavinnen kein Hehl[51]. Die Sexualsphäre von Sklaven genoß keinen rechtlichen Schutz gegen Eingriffe, die durch den Eigentümer oder mit dessen Billigung stattfanden. Rechtliche Verbote schützten nur freie Römer beiderlei Geschlechts vor sexuellen Nachstellungen und betrafen sexuelle Handlungen gegenüber den eigenen Sklaven nicht. So fiel der Geschlechtsverkehr mit (eigenen wie fremden) Sklavinnen auch nicht unter die Strafbestimmungen der *lex Iulia de adulteriis*[52].

Angesichts dieser Praxis sollte die Bedeutung des Beschwerderechts nicht überbewertet werden: Aussichtsreich war eine Beschwerde nur dann, wenn sich der Eigentümer in einer moralisch und gesellschaftlich nicht mehr akzeptablen Weise an seinen Sklaven vergangen hatte. Davon erfaßt waren exzessive Fälle, die nicht nur einen Bruch der gesellschaftlichen Konventionen bedeuteten, sondern sogar Widerstandshandlungen auslösen konnten[53]. Die von Antoninus Pius erlassenen Vorschriften verstärkten ein moralisches Verbot und dienten nicht der Wahrung der sexuellen Integrität von Sklaven, sondern der Moral - und natürlich auch der persönlichen Sicherheit - ihrer Eigentümer.

(1988) 51; K. BRADLEY (Fn. 34) 116 ff. und M.A. CERVELLERA, Omosessualità e ideologia schiavistica in Petronio, Index 11 (1982) 221 ff.
Kindesmißbrauch: z.B. Suet.Tib 43 f., Suet.Vit. 12. Vgl. W. KROLL (Fn. 43) 56 f.; K. BRADLEY (Fn. 34) 117; R.P. SALLER (Fn. 42) 78 f.; A. WATSON, RSL 119; P. GUYOT (Fn. 23) 59 ff. und E. HERRMANN-OTTO, Ex ancilla natus (1994) 310 ff.

47 Vgl. Sen.epist. 95.37 ... *in uxore gravissimum esse genus iniuriae paelicem;* ähnlich Sen.epist. 94.26 und Quint.Inst. 5.11.34 f.

48 Martial. 1.84 *Uxorem habendam non putat Quirinalis, cum velit habere filios, et invenit quo possit istud more: futuit ancillas domumque et agros implet equitibus vernis. Pater familiae verus est Quirinalis.* Weiters Martial. 12.96 f.

49 Vgl. Martial. 3.33 *Ingenuam malo, sed tamen illa negetur, libertina mihi proxima conditio est: extremo est ancilla loco: sed vincet utramque, si facie nobis haec erit ingenua.*

50 Plut. coniugalia praecepta 16 (Moralia 140 b).

51 S.B. POMEROY (Fn. 46) 297.

52 Vgl. z.B. D 48.5.6 pr (*Pap 1 adulter*). S. dazu TH. MOMMSEN, StR 691 und A. METTE-DITTMANN (Fn. 45) 40 ff.

53 Sexuelle Motive spielten bei den Anschlägen auf Hostius Quadra (Sen.nat. 1.16.1, s. oben S. 23 Fn. 73), Pedanius Secundus (Tac.ann. 14.42) und Larcius Macedo (Plin.epist. 3.14; dazu unten S. 119 Fn. 14) eine Rolle.

4.2.3.1 Der Zwang zur Prostitution als Beschwerdegrund?

Dieser Haltung entsprechend wurde der Zwang zur Prostitution[54] in keinem der zitierten Reskripte ausdrücklich berücksichtigt. Jedoch erwähnt Ulpian im Anschluß an das Beschwerderecht der mißhandelten Sklaven einen Auftrag des Kaisers Septimius Severus an den Präfekten Fabius Cilo, dafür Sorge zu tragen, daß Sklaven nicht prostituiert würden[55].

Der Anwendungsbereich dieser Vorschrift ist in der modernen Literatur umstritten. Einige Autoren sehen darin ein Prostitutionsverbot[56] oder eine einem solchen gleichkommende Schutzvorschrift für Sklaven: A. SICARI argumentiert, daß die Pflicht des Präfekten das Fehlen eines generellen Verbots der Prostitution von Sklavinnen mildern sollte[57]. H. HERTER vertritt die Ansicht, daß der Präfekt einschreiten sollte, wenn die Prostituierung gegen ein öffentlichrechtliches Verbot verstieß[58].

Überlegungen dazu dürfen eine Eigenheit der römischen Prostitution nicht außer Acht lassen: Die Mehrzahl der Prostituierten waren Sklavinnen. Es erscheint sogar die Vermutung berechtigt, daß die Mehrzahl der gekauften Sklavinnen prostituiert wurden[59]. Ein effizient durchgesetztes Prostitutionsverbot hätte wirtschaftliche Auswirkungen bis in die obersten Schichten der Gesellschaft gehabt[60]. Ein generelles Verbot dieses einträglichen Geschäftszweiges wäre deshalb wohl auf erheblichen Widerstand gestoßen und in der Praxis undurchsetzbar gewesen. Man

---

54 Zur weiblichen Prostitution s. S.B. POMEROY (Fn. 46) 296 f.; K. SCHNEIDER, Meretrix, RE XV (1931) 1018 ff.; A. HERMANN/H. HERTER, Dirne, RAC III (1957) 1159 ff.; H. HERTER, Die Soziologie der antiken Prostitution im Lichte des heidnischen und christlichen Schrifttums, JbAC 3 (1960) 77 ff.; S. TREGGIARI, Familiy Life among the Staff of the Volusii, Transactions of the American Philological Association 105 (1975) 400 f.; K. BRADLEY (Fn. 34) 116 f. und O.F. ROBINSON, Ancient Rome (1992) 137 ff.
Zur Prostitutierung männlicher Sklaven s. D. DALLA (Fn. 39) 41 f.

55 D 1.12.1.8 (*Ulp ls off praef urbi*) ... *Hoc quoque officium praefecto urbi a divo Severo datum est, ut mancipia tueatur ne prostituantur.* Auf ein Recht zur Beschwerde gegen die Prostituierung schließen daraus A. WACKE, *Audiatur et altera pars*, FS Waldstein (1993) 396 und M. KASER/K. HACKL, RZP 459.

56 Ein Prostitutionsverbot bereits unter Antoninus Pius vermutet O. ROBLEDA, Il diritto degli schiavi nell'antica Roma (1976) 88.

57 A. SICARI, Prostituzione e tutela giuridica della schiava (1991) 137 ff. (m.w.N.). In diesem Sinn bereits - jedoch ohne Argumentation - A. WAGNER, Die soziale Entwicklung des Sklavenrechts in der römischen Kaiserzeit (1968) 27.

58 H. HERTER (Fn. 54) 109 Fn. 733. Dazu verbindet HERTER D 1.12.1.8 (*Ulp ls off praef urbi*) mit einer Hadrian zugeschriebenen Vorschrift, die den Verkauf von Sklaven an Bordellwirte an eine behördliche Genehmigung band (H.A. Hadr. 18.8).
B. HUWILER 260 möchte aus D 1.6.2 (*Ulp 8 off procons*) herauslesen, Antoninus Pius habe den Verkauf einer Sklavin in ein Bordell von deren eigener Zustimmung abhängig gemacht.

59 S. TREGGIARI (Fn. 54) 401.

60 Vgl. D 5.3.27.1 (*Ulp 15 ed*) ... *nam et in multorum honestorum virorum praediis lupanaria exercentur.*

sollte diese Vorschrift daher nicht als umfassendes Verbot verstehen. Damit gab es vermutlich auch kein Recht zur Beschwerde gegen die Prostituierung[61].

TH.A.J. MCGINN interpretiert D 1.12.1.8 (*Ulp ls off praef urbi*) wohl mit Recht in dem einschränkenden Sinn, daß der Präfekt nur angerufen werden konnte, wenn eine Sklavin entgegen einem vertraglich vereinbarten Verbot der Prostitution zugeführt wurde[62]. Durch die Aufnahme der Nebenabrede *ne serva prostituatur* in einen Kaufvertrag wollte der Verkäufer verhindern, daß eine weibliche Person aus seiner *familia* zur Prostitution gezwungen wurde[63]. Diese Klausel schützte daher in erster Linie sein soziales Ansehen.

Die Vorschriften gegen die sexuelle Ausbeutung von Sklaven waren Verhaltensnormen, die die Herren zur Mäßigung und Einhaltung der gesellschaftlichen Moralvorstellungen anhalten sollten, nicht aber Schutznormen zugunsten der Sklaven. Deutlich wird dies bei einer Gegenüberstellung mit den Rechtsbehelfen, die bei sexuell motivierten Angriffen auf fremde Sklaven zur Anwendung kamen[64]. Der Täter konnte in diesen Fällen mittels *actio iniuriarum*[65], *actio legis Aquiliae*[66] oder *actio servi corrupti*[67] vom Eigentümer zur Verantwortung gezogen werden. Als Sanktionen wurden also nur Klagen gewährt, die dem Schutz der Ehre oder des Vermögens des Eigentümers dienten. Solche Angriffe verletzten nach Auffassung der römischen Juristen primär die Rechtssphäre des Eigentümers. Es wäre daher verfehlt, Übergriffe dieser Art als Verletzungen der "Rechte" des Sklaven zu betrachten[68].

---

61 Gegen die Einbeziehung der Prostituierung in den Kreis der dem Eigentümer verbotenen sexuellen Übergriffe spricht weiters, daß die Reskripte auf durch den Eigentümer selbst erzwungene sexuelle Handlungen abstellen (s. dazu unten S. 102), während die Prostituierung von Sklavinnen zur Vermeidung der mit der direkten Kuppelei (*lenocinium*) verbundenen Infamie im Regelfall durch Mittelsmänner betrieben wurde; vgl. D 23.2.43.8 (*Ulp 1 leg Iul et Pap*), 3.2.4.3 (*Ulp 6 ed*) und 5.3.27.1 (*Ulp 15 ed*).

62 TH.A.J. MCGINN, Ne serva prostituatur, SZ 107 (1990) 342 f.; ebenso O.F. ROBINSON, The Criminal Law of Ancient Rome (1995) 69.

63 TH.A.J. MCGINN (Fn. 62) 345 ff.

64 Zum sexuellen Mißbrauch fremder Sklaven und Sklavinnen s. S. TREGGIARI (Fn. 46) 193 und J.F. GARDNER (Fn. 26) 219 f.

65 S. z.B. D 1.18.21 (*Paul 1 off adsessor*), 47.10.9.4 (*Ulp 57 ed*), 47.10.25 (*Ulp 18 ed*) und 48.5.6 pr (*Pap 1 adulter*).

66 S. z.B. D 47.10.25 (*Ulp 18 ed*) und 48.5.6 pr (*Pap 1 adulter*).

67 S. z.B. D 48.5.6 pr (*Pap 1 adulter*).

68 S. Gai 3.222 *Servo autem ipsi quidem nulla iniuria intellegitur fieri, sed domino per eum fieri videtur* ... Einen Wandel in der Spätklassik scheint dagegen D 47.10.15.35 (*Ulp 77 ad*) anzudeuten: *Si quis sic fecit iniuriam servo, ut domino faceret, video dominum iniuriarum agere posse suo nomine: si vero non ad suggillationem domini id fecit, ipsi servo facta iniuria inulta a praetore relinqui non debuit, maxime si verberibus vel quaestione fieret: hanc enim et servum sentire palam est.* Dazu F. RABER, Grundlagen klassischer Injurienansprüche (1969) 84 ff.; O. ROBLEDA (Fn. 57) 88 und H. STRASBURGER, Zum antiken Gesellschaftsideal (1976) 80.

4.3. Der vorgeschriebene Mindeststandard der Sklavenbehandlung

Noch unbestimmter als die Verbote sind die positiven Vorschriften über die Sklavenbehandlung formuliert: Der Gehorsam der Sklaven soll nicht allein durch Gewalt (*non solum imperio*) erzwungen, sondern daneben durch maßvolle Behandlung (*moderatio*[69], *iuste ac temperate tractare*) erreicht werden. Die Sklaven sollen ausreichend versorgt (*sufficientes praebita*)[70] und durch die zugeteilten Aufgaben nicht überfordert werden (*iusta opera*)[71].

4.3.1. Die Vorbilder der Reskripte des Antoninus Pius

Antoninus Pius setzte damit keineswegs neue Maßstäbe. Vergleichbares findet sich bereits bei Cicero[72]. Schon ihm war bewußt, daß Gewalt allein ein untaugliches und daher gefährliches Mittel zur Beherrschung von Sklaven war[73]. Deshalb hielt Cicero den Herrn (natürlich in dessen eigenem Interesse) für verpflichtet, bestimmte Grundbedürfnisse der Sklaven zu erfüllen[74]. Dies lassen die Ratschläge erkennen, welche er an seinen Sohn richtete und die inhaltlich bereits die Reskripte des Antoninus Pius vorwegnahmen.

> Cic.off. 1.41 *Meminerimus autem etiam adversus infimos iustitiam esse servandam. est autem infima condicio et fortuna servorum, quibus non male praecipiunt qui ita iubent uti, ut mercennariis: operam exigendam, iusta praebenda.*

Was auch immer die Motive für diese Änderung gewesen sein mögen (s. die Nachweise bei F. RABER 84), so brachte sie nur die für den Eigentümer positive Auswirkung, nun in diesen Fällen eine Bußzahlung zu erlangen.

69 Zur Bewertung aus der Sicht von Sklaven vgl. eine von einer *familia rustica* gewidmete Grabinschrift für einen *vilicus*: *Hippocrati Plauti vilic(o) familia rust(ica) quibus imperavit modeste* (CIL IX 3028 = ILS 7367). S. dazu J. CARLSEN, Vilici and Roman Estate Managers until AD 284 (1995) 77 f.

70 Zur Ernährung der Sklaven vgl. A. BÜRGE, *Cibaria*. Indiz für die soziale Stellung des römischen Arbeitnehmers?, FS Waldstein (1993) 63 ff. und K. BRADLEY 81 ff. Zur Bekleidung der Sklaven vgl. K. BRADLEY 87 ff.

71 Coll 3.3.5 (*Ulp 8 off procons*). Die Erhöhung des Arbeitspensums wurde als Strafmaßnahme angewandt (Prop. 4.7.41 f.).

72 Dazu P.A. MILANI, La schiavitù nel pensiero politico (1972) 204 ff.; L. HUCHTHAUSEN, Cicero und die Sklaverei, Klio 67 (1985) 480 ff.; J.CH. DUMONT 758 ff.; B. HUWILER 234 ff.; A. BÜRGE, Der mercennarius und die Lohnarbeit, SZ 107 (1990) 96 f. und C. MÖLLER, Die mercennarii in der römischen Arbeitswelt, SZ 110 (1993) 316 f.

73 Cic.Catil. 1.17 *Servi mehercule mei si me isto pacto metuerent, ut te metuunt omnes cives tui, domum meam relinquendam putarem ...*

74 Cic. ad Q.fr. 1.1.24 *Est autem non modo eius, qui sociis et civibus, sed etiam eius, qui servis, qui mutis pecudibus praesit, eorum, quibus praesit, commodis utilitatique servire.*

Ähnliche Vorstellungen und verwandte Formulierungen[75] findet man weiters in Texten der frühen Kaiserzeit.

> Sen.benef. 3.21.2 *Est aliquid, quod dominus praestare servo debeat, ut cibaria, ut vestiarium ...*[76]

> Sen.clem. 1.18.1 *Servis imperare moderate laus est. et in mancipio cogitandum est, non quantum illud inpune possit pati, sed quantum tibi permittat aequi bonique natura, quae parcere etiam captivis et pretio paratis iubet.*

> Colum. 1.8.17 f. ... *tantoque curiosior inquisitio patris familiae debet esse pro tali genere servorum (sc. mancipia ergastuli), ne aut in vestiariis aut in ceteris praebitis iniuriose tractentur, quanto et pluribus subiecti, ut vilicis, ut operum magistris, ut ergastulariis, magis obnoxii perpetiendis iniuriis et rursus saevitia atque avaritia laesi magis timendi sunt. itaque diligens dominus cum et ab ipsis tum et ab solutis, quibus maior est fides, quaerit, an ex sua constitutione iusta percipiant, atque ipse panis potionisque probitatem gustu suo explorat, vestem manicas pedumque tegumina recognoscit. saepe etiam querendi potestatem faciat de iis, qui aut crudeliter eos aut fraudulenter infestent. nos quidem aliquando iuste dolentis tam vindicamus, quam animadvertimus in eos, qui seditionibus familiam concitant, qui caluminantur magistros suos, ac rursus praemio prosequimur eos, qui strenue atque industrie se gerunt.*

Während Senecas Aufforderungen unbestimmt blieben, gab Columella praxisorientierte Anweisungen: Ein *bonus pater familias* sollte sich in eigener Person um die Behandlung der Sklaven kümmern[77], welche in den *ergastula* gehalten wurden und damit der Willkür der Aufseher ausgeliefert waren[78]. Er sollte auf Kleidung und Versorgung[79] achten, sie vor Übergriffen der Aufseher bewahren und ihnen die Möglichkeit zur Beschwerde gegen ungerechte Behandlung bieten. Damit könnte er Vergeltungsmaßnahmen der Sklaven verhindern und seinen Gewinn vermehren: *Haec iustitia et cura patris familiae multum confert augendo patrimonio* (1.8.19)[80].

---

75 Vgl. weiters die Vulgataübersetzung von NT Kol. 4.1 *Domini, quod iustum est et aequum, servis praestate: scientes quod et vos Dominus habetis in caelo.*

76 S. weiters Sen.tranqu.anim. 8.8 *Familia petit vestiarium victumque; tot ventres avidissimorum animalium tuendi sunt, emenda vestis ...*

77 Vgl. damit die Aufforderung des Antoninus Pius an Alfius Iulius in Coll 3.3.6 (*Ulp 8 off procons*) *Itaque et ipse curare debes iuste ac temperate tuos tractare ...*

78 Zu den *ergastula* vgl. D. FLACH, Römische Agrargeschichte (1990) 170 f. und W. BACKHAUS (Fn. 33) 321 ff.
Zu den *vilici* s. M.E. SERGEENKO, Villicus, in: I. BIEZUNSKA-MALOWIST (Hg.), Schiavitù e produzione nella Roma repubblicana (1986) 191 ff.; D. FLACH 170 ff. und J. CARLSEN (Fn. 69) passim.

79 Dazu A. BÜRGE (Fn. 70) 63 ff. Ähnliche Anweisungen gab bereits Cato agr. 5.2.

80 S. auch Colum. 1.8.15 *In ceteris servis haec fere praecepta servanda sunt, quae me custodisse non paenitet* ... Zu Columellas praktischen Motiven vgl. C.E. MANNING, Stoicism and Slavery in the Roman Empire, ANRW II/36.3 (1989) 1526 f.

Der idente Grundtenor spiegelt weder eine einheitliche Theorie der Sklavenbehandlung wider[81], noch sollte man davon ausgehen, daß die Übereinstimmung von philosophischen, landwirtschaftlichen und rechtlichen Texten auf inhaltlicher Abhängigkeit beruht. In ihnen kommen keine jeweils allein fachspezifischen Ideen zum Ausdruck, sondern sie erörtern die allgemein verbreitete Praxis, das "Übliche", unter unterschiedlichen Gesichtspunkten: Bei Seneca unter moralischen Aspekten[82], bei Columella als Mittel der Gewinnsteigerung und in den Reskripten des Kaisers Antoninus Pius zur Verhinderung von Widerstandsakten verzweifelter Sklaven.

Damit wird auch deutlich, daß *iuste tractare* in dem Reskript (Coll 3.3.5, *Ulp 8 off procons*) keinen Rekurs auf philosophische Konzepte oder Gerechtigkeitsvorstellungen bedeutete, sondern auf die bei Columella oder Cicero angesprochene praktische *iustitia*[83] eines *pater familias*[84] verwies: Diese war nichts anderes als ein Kompromiß zwischen den Interessen der Eigentümer und jenen der Sklaven[85], der darin bestand, daß die Eigentümer ihre Sklaven gemäß den Traditionen[86] ernährten und versorgten und sie nicht grundlos mißhandelten[87]. Dafür blieben die Sklaven

---

81 Das Hauptaugenmerk in theoretischen Schriften antiker Autoren zur Sklaverei liegt auf der Begründung und Legitimation der Sklaverei (z.B. Aristot.pol. 1254 b 20 ff., Cic.rep. 3.36), nicht aber in der Betrachtung der Sklaverei als alltäglicher Einrichtung. Vgl. auch W. RICHTER, Seneca und die Sklaven, Gymnasium 65 (1958) 198; N. BROCKMEYER, Antike Sklaverei2 (1987) 4 ff. und M.T. GRIFFIN, Seneca. A Philosopher in Politics (1976) 256 ff.

82 P. VEYNE, Das Römische Reich, in: ders. (Hg.), Geschichte des privaten Lebens I (1989) 75. W. RICHTER (Fn. 81) 213 führt die Parallelen zwischen den Ansichten Columellas und Senecas darauf zurück, daß Seneca die Vorstellungen seiner Zeit in die stoische Lehre integrierte. S. auch C.E. MANNING (Fn. 80) 1525 ff.

83 Ähnlich ... *aequi et boni natura* ... in Sen.clem. 1.18.1 und *durius habere quam aequum est* in Coll 3.3.2 (*Ulp 8 off procons*). Zur letzten Formulierung vgl. V. SCARANO USSANI, L'utilità e la certezza (1987) 61 Fn. 38.

84 Antoninus Pius spricht in seinen Reskripten quasi als *pater familias* des gesamten Reichs, dem das Wohlergehen der Sklavenhalter ein Anliegen ist. Umgekehrt wurde das Hauswesen mit einem Staat verglichen, in dem die Sklaven die Rolle der Untertanen hatten (Plin.epist 8.16 ... *nam servis res publica quaedam et quasi civitas domus est*; weiters Sen.clem. 1.18).

85 In diesem Sinne interpretierte bereits Theophilus 1.8.2 die von Antoninus Pius getroffenen Verfügungen.

86 Die Vorstellung, daß Sklaven und Herren die gleichen Vorstellungen über die angemessene Behandlung hatten, zeigt ein legendenhafter Bericht des Athenaios im sog. Sophistenbankett (6.265c ff.; entstanden ca. zu Beginn des 3.Jh.n.Chr.) über einen Sklavenaufstand in Chios im 3. Jh.v.Chr.: Drimakos, der Führer der Aufständischen, schloß mit den Einwohnern der Insel ein Friedensabkommen, in welchem er versprach, nur ungerechtfertigt mißhandelte Sklaven zu unterstützen und andere ihren Herren zurückzugeben. Nach seinem Tode wurde er wegen dieses Verhaltens zum Heros erklärt, von dem sowohl flüchtige Sklaven als auch die sie verfolgenden Eigentümer Hilfe erwarteten.

87 W.L. WESTERMANN (Fn. 28) 1052 rechnet unter Berufung auf Gal.an.affect. 4.6 ff. damit, daß die grausamen Mißhandlungen, welche sich in den Quellen zeigen, weder all-

ruhig und gehorsam und ermöglichten damit den Eigentümern, möglichst großen Gewinn zu ziehen[88].

Eine in diesem Sinn verstandene *iustitia* bildete den Maßstab, wenn der *dominus* um die behördliche Genehmigung ersuchte, einen Sklaven strafweise als Gladiator zu verkaufen. Der Richter durfte den Verkauf in die Arena nur gestatten, wenn der Eigentümer eine schwerwiegende Übertretung des Sklaven nachwies (*iusta querella*), für welche die angestrebte Strafe eine angemessene Sanktion war.

> D 48.8.11.2 (*Mod 6 reg*) *Post legem Petroniam et senatus consulta ad eam legem pertinentia dominis potestas ablata est ad bestias depugnandas suo arbitrio servos tradere: oblato tamen iudici servo, si iusta sit domini querella, sic poenae tradetur.*

Antoninus Pius' Reskripte bewirkten keine Reform. Der Kaiser erlegte der Gewalt der Sklaveneigentümer inhaltlich keine neuen Beschränkungen auf, er erinnerte an die Tradition[89]. Die Reskripte wendeten sich gegen grundlose Brutalität, gegen Exzesse. Sie verlangten keineswegs die Aufgabe des überkommenen, auf Gewalt beruhenden Disziplinierungsinstrumentariums[90] zugunsten gewaltloser Methoden[91] oder gar Milde. Sie erhoben die Gewohnheit zur rechtlichen Norm[92].

---

gemein üblich, noch gesellschaftlich akzeptiert waren. Zu diesem Beleg auch P. VEYNE (Fn. 82) 74 f.
In D 24.3.22.7 (*Ulp 3 disp*) wertet Ulpian die Mißhandlung von Sklaven als Zeichen einer schwerwiegenden Geisteskrankheit.

88 Mit der Idee, daß die Sklaverei auf Herren wie Sklaven gemeinsamen Vorstellungen basierte, und die daran anknüpfende Fiktion, daß beide Seiten aus diesem Verhältnis gleichermaßen Nutzen zögen, legitimierte bereits Aristoteles die Sklaverei (pol. 1255 b 1 - 15).
Daß Sklaven, wenn sie diese Vorstellungen vielleicht nicht teilten, ihre Anforderungen an "gerechte" oder wenigstens erträgliche Behandlung in ähnlichen Formulierungen zum Ausdruck brachten, bestätigt eine von Sklaven verfaßte Grabinschrift für einen *vilicus*, die der gleichen Terminologie folgt (CIL IX 3028 = ILS 7367; zitiert oben in Fn. 69). Vgl. weiters K. BRADLEY 73.
Ähnliches läßt die Notiz des Plutarch (Cato.mai. 21) erkennen, wonach Cato Sklaven nur dann hinrichten ließ, wenn sie von einem aus Sklaven bestehenden Hausgericht verurteilt worden waren. Dazu E. PÓLAY, Das "regimen morum" des Zensors und die sogenannte Hausgerichtsbarkeit, St. Volterra III (1971) 281 und W. KUNKEL, Das Konsilium im Hausgericht, Kleine Schriften zum römischen Strafverfahren und zur römischen Verfassungsgeschichte (1974) 130 f.

89 Das Festhalten an den überkommenen Traditionen hat auch Mark Aurel als Charakterzug von Antoninus Pius hervorgehoben (M.Aur. 1.16).

90 Cic.off. 2.24 *Sed iis, qui vi opressos imperio coercent, sit sane adhibenda saevitia, ut eris in famulos, si aliter teneri non possunt*; (ähnlich Cic.rep. 3.37: der Herr beherrscht den Sklaven, indem er ihn *coercet et frangit*).
Der Sklave sollte seinen Herrn in erster Linie fürchten: Plin.epist. 1.4 ... *nam mitium dominorum apud servos ipsa consuetudine metus exolescit* ...; Propert. 3.6.6 ... *maioremque timens servus habere fidem* ... und Cic.Cato 37. Vgl. weiters Cic.parad. 41 ... *omnis animi debilitati et humilis et fracti timiditas servitus est.* In dieselbe Richtung argumentiert Gaius

4.4. Die Vorschriften über die Sklavenbehandlung in den Schriften der römischen Juristen

Während in den Reskripten des Antoninus Pius Übergriffe verboten und ein Mindeststandard der Sklavenbehandlung festgesetzt wurden, verkürzten die römischen Juristen, die sich mit den Reskripten beschäftigten, deren Inhalt auf das Verbot der Sklavenmißhandlung.

> Coll 3.3.1 (*Ulp 8 off proc sub titulo de dominorum saevitia*) *Si dominus in servum saevierit vel ad inpudicitiam turpemque violationem conpellat, quae sint partes praesidis, ex rescripto divi Pii ad Aurelium Marcianum proconsulem Baeticae manifestatur.*

Ulpian beschränkte sich im Titel *de dominorum saevitia* des achten Buches seiner Instruktionsschrift *de officio proconsulis*[93] auf eine kurze, einleitende Charakterisierung der Sachverhalte, die einen Statthalter zum Vorgehen gegen einen *dominus* berechtigten. Danach zitierte er die Reskripte des Antoninus Pius und referierte eine ähnliche Entscheidung Hadrians[94]. Er stellte weder weitergehende theoretisch-dogmatische Überlegungen an, noch versuchte er, die Grundgedanken dieser Einzelentscheidungen zu systematisieren. Er sammelte bloß die für die Praxis relevanten Rechtsquellen.

Demgegenüber scheint Gaius bei seiner Erörterung der Reskripte in den *institutiones* eine theoretische Begründung der Mißhandlungsverbote anzustreben, wenn er die Betonung auf das Verbot mißbräuchlicher Rechtsausübung legt.

> Gai 1.53 (*Antoninus Pius*) ... *praecepit, ut si intolerabilis videatur dominorum saevitia, cogantur servos suos vendere. et utrumque recte fit:*

Cassius nach der Ermordung des Pedanius Secundus (vgl. Tac.ann 14.44 und dazu oben S. 18 f.).

Die Furcht vor dem Herrn als Mittel, die Sklaven diszipliniert und arbeitsam zu erhalten (vgl. Colum. 1.2.1), ist ein durchgängiges Motiv der lateinischen Literatur von der Komödie bis zu den christlichen Autoren. Vgl. K. BRADLEY 114; D. NÖRR, C. Cassius Longinus: Der Jurist als Rhetor, FS Bengtson (1983) 210 ff. und R.P. SALLER, Punishment (Fn. 32) 164 f.

91 Für Haussöhne galten verbale Zurechtweisungen als ausreichend, Sklaven hatten dagegen bei geringfügigen Verfehlungen mit körperlicher Züchtigung zu rechnen. S. R.P. SALLER, Patriarchy (Fn. 32) 143 ff.

92 Zur Verrechtlichung des *mos* vgl. U. v. LÜBTOW, Das römische Volk (1955) 627; U.E. PAOLI, Das Leben im alten Rom2 (1961) 149 und F. WIEACKER, RGG 503.

93 Vgl. Coll 3.3 und die Inskription von D 1.6.2; der Titel ist nur in der *Collatio* erhalten. Aus dem Titel ist außer diesen Abschnitten sonst nichts überliefert; s. O. LENEL, Pal. I Sp. 981 (Nr. 2213 f.). Vgl. dazu A. DELL'ORO, I *Libri de officio* nella giurisprudenza romana (1960) 172 f.; zum Charakter des Werkes s. F. SCHULZ, Geschichte der römischen Rechtswissenschaft (1961) 310 ff.

94 Coll 3.3.4 (*Ulp 8 off procons*). Dazu unten S. 129 ff. Zur Zitierpraxis Ulpians vgl. T. HONORÉ, Ulpian (1982) 236 ff.

<regula> male enim nostro iure uti non debemus; <qua ratione et prodigis interdicitur bonorum suorum administratio>.

Gaius' Haltung wird erst dann deutlich, wenn geklärt ist, welche Teile des Paragraphen aus seiner Feder stammen und wie sich diese Aussagen in das System der Institutionen einfügen.

Gerade der letzte Satz dieses Paragraphen wurde vielfach nachklassischer Veränderung verdächtigt[95]. In der überlieferten Form[96] kann man aus dem Hinweis auf die parallelen Einschränkungen der *prodigi*[97] den Eindruck gewinnen, die Vorschriften der Reskripte wären als Beschränkungen des Eigentums verstanden worden. Streicht man nur diesen letzten Teil als nachklassische Ergänzung[98], bleibt zumindest eine verallgemeinernde Aussage des Gaius zum Rechtsmißbrauch. Wenn der Satzteil ab *regula*[99] ein Glossem ist[100], dann bleibt Gaius' eigener Beitrag *et utrumque recte fit* nichtssagend; die Versicherung, diese Einschränkungen bestünden seiner Meinung nach zu Recht, klingt gegenüber kaiserlichen Reskripten, die ohne-

95 Übersicht bei F. WIEACKER, Textstufen (Fn. 2) 190 f.

96 Als echt behandeln den gesamten Satz A.M. HONORÉ, Gaius (1962) 105; P. STEIN, Regulae iuris (1966) 113; R. BONINI (Fn. 2) 155; R.G. BÖHM VIII/IX (Fn. 2) 168 f.; F. GORIA (Fn. 5) 346 f. Fn. 75; A. PALMA, Iura vicinitatis (1988) 174 ff.; G. DE BONFILS (Fn. 6) 50 ff.; E. CAVALLINI, Legge di natura e condizione dello schiavo, Labeo 40 (1994) 80 und A. SICARI (Fn. 53) 206.

97 In beiden Fällen soll die unökonomische Vergeudung von Vermögen verhindert werden. Vgl. die Diskussionen bei I. PFAFF, Zur Geschichte der Prodigalitätserklärung (1911) 24 f. Fn. 6; H. KRELLER, Die Theorie des Mißbrauchs der Rechte in der römischen Rechtslehre, in: Deutsche Landesreferate zum II. Internationalen Kongreß für Rechtsvergleichung im Haag 1937 (1937) 4 f.; M. BARTOSEK, Sul concetto di atto emulativo specialmente nel diritto romano, Atti del congresso internazionale di diritto romano e di storia del diritto (Verona 1948) III (Hg. G. MOSCHETTI) (1951) 207 Fn. 61; O. BEHRENDS, Römische Privatrechtsordnung und Grundrechtstheorie, in: G. DILCHER/N. HORN (Hg.) Sozialwissenschaften im Studium des Rechts IV: Rechtsgeschichte (1978) 40; A. WATSON, RSL 120 f.; N. SCAPINI, I riferimenti alla *ratio* nelle Istituzioni di Gaio, in: Il modello di Gaio nella formazione del giurista (1981) 335 und A. PALMA (Fn. 96) 175.

98 Dafür F. WIEACKER, Textstufen (Fn. 2) 190.

99 Nur gegen das Wort *regula* wenden sich F. SCHULZ, Nachklassische Quaestionen in den justinianischen Reformgesetzen des Codex Justinianus, SZ 50 (1930) 227 und ders. (Fn. 93) 198 Fn. 6; H. KRELLER (Fn. 97) 4; F. DE ZULUETA, The Institutes of Gaius I (1946; Ndr. 1958) 16; P. STEIN (Fn. 96) 113; D. DAUBE, Zur Palingenesie einiger Klassikerfragmente, Collected Studies in Roman Law II (1991) 868 f.; H.L.W. NELSON (Fn. 2) 33; M. DAVID/H.L.W. NELSON (Fn. 2) 75 f.; N. SCAPINI (Fn. 97) 335 und M. KASER (Fn. 2) 45 Fn. 76.

100 In diesem Sinne F. KNIEP, Der Rechtsgelehrte Gaius und die Ediktskommentare (1910) 40; F. SCHULZ, Prinzipien des römischen Rechts (1934) 107 und S. SOLAZZI 199 ff. und ders., Rezension von F. DE ZULUETA, The Institutes of Gaius II (1953), Iura 4 (1953) 287.

hin Gesetzeskraft hatten[101], sogar ein wenig anmaßend. Bei gänzlicher Streichung des letzten Satzes[102], bliebe keine eigene Stellungnahme des Gaius.

Eine Antwort auf die textkritischen Fragen ergibt sich aus der Systematik dieses Institutionenabschnitts und den Akzenten, welche Gaius in der Zusammenfassung der referierten Reskripte setzt. Ab Paragraph 8 des ersten Buches der Institutionen beschäftigt er sich mit personenrechtlichen Problemen und kommt in Paragraph 48 auf die Unterscheidung von *personae sui iuris* und *alieni iuris* zu sprechen. Paragraph 51 leitet den Abschnitt *de iis qui in aliena potestate sunt* ein, wo in drei Paragraphen Aspekte der *potestas* über Sklaven[103] und deren Beschränkungen durch die Rechtsetzungsakte des Antoninus Pius erörtert werden. Vor allem Paragraph 54[104] macht deutlich, daß für Gaius das Eigentum nur den Anknüpfungspunkt der personenrechtlichen *potestas*[105] bildete, mit dieser aber nicht deckungsgleich war[106]: Dort behandelt Gaius das *duplex dominium* an Sklaven, um zu klären, ob die *potestas* dem quiritischen oder dem bonitarischen Eigentümer zustand. Die sachenrechtlichen Folgen der Abspaltung des bonitarischen vom quiritischen Eigentum erörterte er erst in den Paragraphen 40 und 41 des zweiten Buches[107]. Die

101 Gai 1.5.

102 Dafür G. v. BESELER, Beiträge zur Kritik der römischen Rechtsquellen 5 (1931) 2; S. SOLAZZI, L'abuso del diritto in Gai. 1.53, Scritti di diritto romano VI (1972) 665 f. und D. BEHRENS, D 50,17,1., SZ 75 (1958) 359.

103 Vgl. F. DE ZULUETA, The Institutes of Gaius II (1953) 28 f. und A. WATSON, Rome of the XII Tables (1975) 48 f.

104 Gai 1.54 *Ceterum cum apud cives Romanos duplex sit dominium - nam vel in bonis vel ex iure Quiritium vel ex utroque iure cuiusque servus esse intellegatur -, ita demum servum in potestate domini esse dicemus, si in bonis eius sit, etiamsi simul ex iure Quiritium eiusdem non sit: nam qui nudum ius Quiritium in servo habet, is potestatem habere non intellegitur.* S. auch E. VOLTERRA (Fn. 1) 76 ff.

105 Die *dominicia potestas* ist das zentrale Merkmal der Sklaverei, das Gegenteil der *libertas.* S. D 21.1.17.10 (*Ulp 1 ed aedil curul*) *Idem (sc. Caelius Sabinus) recte ait libertatis cuiusdam speciem esse fugisse, hoc est potestate dominica in praesenti liberatum esse.*
D 1.1.4 (*Ulp 1 inst*) *Manumissiones quoque iuris gentium sunt. est autem manumissio de manu missio, id est datio libertatis: nam quamdiu quis in servitute est, manui et potestati suppositus est, manumissus liberatur potestate. ...*
D 41.1.7 pr.(*Gai 2 rer cott*) *Adeo quidem, ut et liberi homines in servitutem deducantur: qui tamen, si evaserint hostium potestatem, recipiunt pristinam libertatem.*

106 Eine partielle Gleichsetzung findet man in D 50.16.215 (*Paul ls ad leg Fuf Canin*) *"Potestatis" verbo plura significantur: in persona magistratuum imperium: in persona liberorum patria potestas: in persona servi dominium. at cum agimus de noxae deditione cum eo qui servum non defendit, praesentis corporis copiam facultatemque significamus. in lege Atinia in potestatem domini rem furtivam venisse videri, et si eius vindicandae potestatem habuerit, Sabinus et Cassius aiunt.*
Aber auch dieser Text bestätigt, daß auf Sklaven bezogen *potestas* nicht ausschließlich die Bedeutung "Eigentum" hatte.

107 Gai 2.40 *Sequitur ut admoneamus apud peregrinos quidem unum esse dominium: nam aut dominus quisque est aut dominus non intellegitur. quo iure etiam populus Romanus olim utebatur: aut enim ex iure Quiritium unusquisque dominus erat aut non intellegebatur dominus. sed postea divisionem accepit dominium, ut alius possit esse ex iure Quiritium*

systematisch konsequente Anordnung des Stoffes legt nahe, daß die unpassende Abschweifung zum *prodigus* nicht von Gaius selbst stammte[108].

In personenrechtlichem Sinn wurden die im Reskript Coll 3.3.2 f. (*Ulp 8 off procons*) verfügten Maßnahmen nicht erst durch Gaius verstanden, sondern bereits das Reskript selbst läßt ein ähnliches Konzept erkennen[109]. Obwohl es dort heißt *nec cuiquam hominum ius suum detrahi*, zeigt doch die Aufforderung an den *praeses*, die Sklaven so zu verkaufen, *ut in potestatem Sabini non revertantur*, daß für den Kaiser nicht der Gesichtspunkt des Eigentumseingriffs, sondern die Entziehung der mißbräuchlich ausgeübten personenrechtlichen Gewalt des *dominus* über seinen Sklaven im Vordergrund stand[110]. Dies erklärt, weshalb Gaius und Ulpian die als Eigentumsbeschränkungen anzusehenden positiven Vorschriften vernachlässigten.

Da nur die Beschränkungen der *potestas* behandelt wurden, stammt auch die von einem Glossator als *regula*[111] bezeichnete Formel *male enim nostro iure uti non debemus* von Gaius[112]. Terminologisch folgte sie dem Reskript Coll 3.3.2 f. (*Ulp 8 off procons*)[113]. Bereits dort wurden *potestas* und *ius*[114] wie in Gai 1.52 f.[115] gleichsetzend

---

dominus, alius in bonis habere. (41) *Nam si tibi rem mancipi neque mancipavero neque in iure cessero, sed tantum tradidero, in bonis quidem tuis ea res efficitur, ex iure Quiritium vero mea permanebit, donec tu eam possidendo usucapias: semel enim impleta usucapione proinde pleno iure incipit, id est et in bonis et ex iure Quiritium tua res esse, ac si ea mancipata vel in iure cessa esset.*

108 Vgl. dazu die abwägenden methodischen Überlegungen von M. KASER, Gaius und die Klassiker, SZ 70 (1953) 135.

109 Auf Coll 3.3.5 f. (*Ulp 8 off procons*) nimmt Gaius nicht ausdrücklich bezug. Die Vernachlässigung dieses Reskripts bestätigt die sonst beobachtbare Tendenz nur.

110 Obwohl dies nur mittels Entziehung des Eigentumsrechts möglich war. Vgl. unten in Fn. 119. Dagegen setzen S. SOLAZZI (Fn. 102) 669 und B. HUWILER 267 *potestas* ausdrücklich mit dem Eigentumsrecht gleich.

111 Zur technischen Bedeutung dieses Einschubs vgl. D. BEHRENS (Fn. 102) 359.

112 Vgl. auch P. KOSCHAKER, Rezension von M. SARGENTI, Il diritto privato nella legislazione di Costantino (1938), SZ 59 (1939) 689 und H. KRELLER (Fn. 97) 4. KRELLER hält selbst die Fassung der Institutionen Justinians (1.8.2 *expedit enim rei publicae, ne quis re sua male utatur*) inhaltlich für klassisch. Zur häufigen Verwendung der *utilitas publica* Formel im Dominat s. D. NÖRR (Fn. 90) 213.
A.M. HONORÉ (Fn. 96) 105 interpretiert diese Stellungnahme als Ablehnung des aristotelischen Konzepts der Sklaverei und Beleg für Gaius' "pride in and preference for Roman humanity rather than Greek sophistry". Zweifel am aristotelischen Bezug dieser Stelle äußert bereits M. KASER in seiner Rezension (Ausgewählte Schriften I, 1976, 266).

113 Dieser Zusammenhang hat offenbar die Kompilatoren veranlaßt, den Text der Gaius-Institutionen im Zuge der Umarbeitung zu den Institutionen Justinians (im Titel 1.8 *De his qui sui vel alieni iuris sunt*) um das Reskript Coll 3.3.2 f. zu ergänzen und im Digestentitel 1.6 (*De his qui sui vel alieni iuris sunt*) an das erste Fragment, das eine Gaius-Katene bestehend aus Gai 1.48, 50, 52 und 53 bildet, jenen Abschnitt aus *Ulp 8 off procons* anzuschließen, der wiederum das Reskript Coll 3.3.2 f. enthält.
S. SOLAZZI (Fn. 102) 667 bestreitet dagegen, daß das Mißbrauchsverbot inhaltlich den Reskripten entnommen wurde.

114 Coll 3.3.2 f. (*Ulp 8 off procons*) ... *potestatem ... inlibatam esse oportet nec cuiquam hominum ius suum detrahi ...*

gegenübergestellt[116]. In inhaltlicher Hinsicht bot Gaius damit eine allgemeine Begründung für die Beschränkungen der *potestas*.

Durch seine prägnante und regelhafte Formulierung, vor allem aber durch seine weite Fassung[117] hat dieser Satz eine wichtige Stellung in der Diskussion über die Haltung der römischen Juristen zum Rechtsmißbrauch gewonnen[118]. Im vorliegenden Zusammenhang kann jedoch ein genaueres Eingehen auf diese Diskussion unterbleiben. Für das Verständnis des Sklavenschutzrechts des zweiten Jahrhunderts ist ausschließlich die Funktion dieser Formulierung im Kontext der gaianischen Institutionen von Bedeutung.

Während sowohl bei Gaius als auch bei Ulpian die *potestas* über die Person des Sklaven und nicht der Sklave als *res*[119] im Zentrum der Betrachtung stand, wandten erst die Institutionen Justinians das Hauptaugenmerk auf die Beschränkung des

---

115 Gai 1.52 *In potestate itaque sunt servi* ... (53) ... *male enim nostro iure uti non debemus* ...

116 In ähnlichem Sinne wird *potestas* auch in einer Konstitution des Constantin verwendet. Jemand hatte im Rahmen der Ausübung seines Züchtigungsrechts (= *potestas*) seinen Sklaven getötet, und es stellte sich die Frage, ob er sich dadurch des Mordes schuldig gemacht hatte (vgl. dazu G. DE BONFILS, Fn. 6, 54): C 9.14.1 pr f. (= CTh 9.12.1, *Imp. Constantinus A. ad Bassum*) *Si virgis aut loris servum dominus adflixerit aut custodiae causa in vincula coniecerit, dierum distinctione sive interpretatione depulsa nullum criminis metum mortuo servo sustineat.* (1) *Nec vero immoderate suo iure utatur, sed tunc reus homicidii sit, si voluntate eum ictu fustis aut lapidis occiderit vel certe telo usus letale vulnus inflixerit aut suspendi laqueo praeceperit vel iussione taetra praecipitandum esse mandaverit aut veneni virus infuderit vel dilaniaverit poenis publicis corpus, ferarum unguibus latera persecando vel exurendo oblatis ignibus membra, aut tabescentes artus atro sanguine permixta sanie defluentes prope in ipsis adegerit cruciatibus vitam relinquere saevitia immanium barbarorum.* (*D. V id. Mai. Romae Constantino A. V et Licinio conss.*; a. 319).

117 Dazu P. STEIN (Fn. 96) 113.

118 Literaturnachweise zum Rechtsmißbrauch bei M. KASER, RPR I 221 f. und RPR II 579. Zur Diskussion von Gai 1.53 im Zusammenhang des Rechtmißbrauches vgl. M. KASER, RPR I 222 Anm. 4; F. SCHULZ (Fn. 100) 107 f.; S. RICCOBONO, La teoria dell'abuso di diritto nella dottrina romana, Bull 46 (1939) 18 ff.; S. SOLAZZI (Fn. 102) 665 ff.; F. RABEL, Grundzüge des römischen Privatrechts² (1955) 12; D. BEHRENS (Fn. 102) 359. Aus jüngster Zeit G. MACOURS, L'abus des droits: esquisse de comparaison entre les théories romaine et contemporaine belge, Mél. Wubbe (1993) 315; W. WALDSTEIN, Eigentum und Gemeinwohl im römischen Recht, in: J. HENGSTSCHLÄGER (Hg.), Für Staat und Recht. FS Schambeck (1994) 173 ff. und P. MADER, Rechtsmißbrauch und unzulässige Rechtsausübung (1994) 31 f.

119 Das Eigentum ist Voraussetzung der personenrechtlich geprägten *potestas*, nicht die *potestas* eine Folge des Eigentums. Die *potestas* kann sogar ohne (quiritisches) Eigentum bestehen (Gai 1.54) oder verlorengehen, obwohl das Eigentum weiterbesteht (s. D 21.1.17.10, *Ulp 1 ed aedil curul*, Text oben in Fn. 105).
Betrachtet man diese Herrschaftsrechte über den Sklaven als Person ausschließlich als sachenrechtliche Befugnisse, dann bleibt unerklärlich, warum die Römer zu ihrer Beschreibung und dogmatischen Erfassung eine personen-/familienrechtliche Terminologie wählten und diese Befugnisse noch im klassischen Recht unübersehbare Parallelen zur *patria potestas* hatten (vgl. dazu die in Fn. 126 zitierte Literatur).

Eigentums: *expedit enim rei publicae, ne quis re sua male utatur*[120]. Dies veränderte den dogmatischen Gehalt der Reskripte in Richtung einer Beschränkung des Sklaveneigentums: Vorschriften polizeilichen Charakters gegen Exzesse einzelner Sklavenhalter wurden zu Beschränkungen des Eigentums an Sklaven uminterpretiert.

Dagegen geht eine - besonders in der modernen deutschen Lehre[121] pointiert vertretene - Ansicht davon aus, daß die römischen Juristen in diesen Zusammenhängen primär die sachenrechtliche Seite der Sklaverei in den Vordergrund stellten[122]. Diese Ansicht beruht auf der Annahme, daß die römischen Juristen im letzten Jahrhundert der Republik begonnen hätten, die Sklaverei unter dem Gesichtspunkt des Eigentumsrechts am Sklaven zu betrachten und die Sklaven aus dem Personenrecht herauszunehmen[123]. Nach dieser Auffassung ist die Züchtigungsgewalt des *dominus* nichts anderes als die Ausübung des Eigentumsrechts. Das *ius*

---

120 Vgl. auch A. PALMA (Fn. 96) 175 f.

121 Anders noch beispielsweise M. VOIGT, Römische Rechtsgeschichte II (1899) 468 ff. Er betrachtet die Beschränkungen der Befugnisse des Herrn als Einschränkungen des Herrenrechts (*dominicia potestas*) und nicht des Eigentums.

122 Z.B. J. BLEICKEN, Verfassungs- und Sozialgeschichte des Römischen Kaiserreiches I[3] (1989) 332 und die Fn. 123 und 124 zitierten Autoren. Ebenso B. D'ORGEVAL, L'empereur Hadrien (1950) 66 und M. MORABITO (Fn. 43) 4 ff.
In der englischsprachigen Literatur ist eine differenzierte thematische Gliederung gebräuchlich. Die Rechtsstellung der Sklaven wird getrennt nach "the slave as res/thing" und "the slave as man" behandelt. S. W.W. BUCKLAND IX f. und A. WATSON, RSL VII. Ähnlich B. ALBANESE, Le persone nel diritto privato romano (1979) 108 ff.; J. GAUDEMET, Institutions de l'antiquité[2] (1982) 548 f. und B. HUWILER 270 f. A. BÜRGE (Fn. 70) 78, konstatiert, "daß das Verhältnis zwischen Herr und Sklave in Rom erheblich feiner durchstrukturiert ist, als es die eigentumsrechtliche Lage erwarten ließe".
Den personenrechtlichen Charakter der Sklaverei betonen in diesen Zusammenhängen hingegen H. STRASBURGER (Fn. 68) 78; R. QUADRATO, La persona in Gaio, Iura 37 (1986) 1 ff.; O. ROBLEDA (Fn. 57) 87; L. AMIRANTE, Sulla schiavitù nella Roma antica, Studi di storia costituzionale romana[2] (1991) 29 ff.; A. SICARI (Fn. 57) 153 und dies. (Fn. 53) 206; A. GUARINO, Diritto privato romano[11] (1997) 692 ff.; A. WATSON, Slave Law in the Americas (1989) 32; K. BRADLEY 16; E. CAVALLINI (Fn. 96) 79 f. und S. FARO, La *libertas ex divi Claudii edicto* (1996) 112 ff.

123 S. vor allem O. BEHRENDS, Prinzipat und Sklavenrecht, in: U. IMMENGA (Hg.), Rechtswissenschaft und Rechtsentwicklung (1980) 79 ff. BEHRENDS entwickelt diese Auffassung vor allem anhand der geänderten Begründung für den Eigentumserwerb am *partus ancillae* (68 ff.). Eine tragfähige Grundlage für die Behauptung, die Sklaverei sei daher ausschließlich unter sachenrechtlichen Gesichtspunkten gesehen worden, stellt diese singuläre Entwicklung aber nicht dar. Für die sachenrechtliche Sichtweise ebenfalls W. SIMSHÄUSER, Sozialbindungen des spätrepublikanisch-klassischen römischen Privateigentums, FS Coing I (1982) 338 f.; gegen die Überbetonung der "Sacheigenschaft" des Sklaven bereits F. SCHULZ (Fn. 100) 146.
Zur Diskussion um den *partus ancillae* vgl. aus jüngerer Zeit P. BIRKS, An Unacceptable Face of Human Property, FS Nicholas (1989) 61 ff.; B. HUWILER 257 f.; J. FILIP-FRÖSCHL, *Partus et fetus et fructus*, FS Waldstein (1993) 99 ff. und E. HERRMANN-OTTO (Fn. 46) 268 ff.

vitae necisque (Gai 1.52) "als die Befugnis zu töten, den Gegenstand des Eigentums zu vernichten" zu qualifizieren[124], entspricht der modernen Eigentumsdoktrin, welche die Dichotomie, daß ein Sklave als Sache behandelt wird, obwohl er Mensch ist, ex definitione konzeptuell nicht zu erfassen vermag. Den römischen Juristen war dieses Problem aber allgegenwärtig. Der Sklave ließ sich praktisch nicht wie eine Sache behandeln. Daher behielt das Sklavenrecht stets personenrechtliche Aspekte[125].

Gerade das Züchtigungsrecht des *dominus* trug im klassischen Recht deutlich einen personenrechtlichen Charakter. Es glich dem Züchtigungsrecht des *pater familias* gegenüber den Gewaltunterworfenen oder dem Züchtigungsrecht des Patrons gegenüber Freigelassenen[126].

Wird die rechtliche Macht über Sklaven nur unter dem Aspekt des Eigentums betrachtet, führen die Reskripte[127] freilich zu einer Sprengung des allgemeinen

---

124 O. BEHRENDS (Fn. 97) 39. Ebenso wird Gai 1.52 von W. SIMSHÄUSER (Fn. 123) 352 Anm. 100 verstanden. Auch S. FARO (Fn. 122) 7 interpretiert die Tötung kranker Sklaven als Vernichtung nutzlos gewordener Sachen.

125 Vgl. die Anwendung von *persona* auf Sklaven durch Gaius: Gai 1.9 *Et quidem summa diviso de iure personarum haec est, quod omnes homines aut liberi sunt aut servi ...* und Gai 1.49 *Rursus earum personarum, quae alieno iuri subiectae sunt, aliae in potestate, aliae in manu, aliae in mancipio sunt.* Dazu W.W. BUCKLAND 3 ff. und R. QUADRATO (Fn. 122) 2 ff. (m.w.N.).
Genauso verwenden römische Juristen die personenrechtliche Terminologie, um sachen- und schuldrechtliche Folgen der Sklaverei zu begründen. Diese werden nicht ausschließlich auf *possessio* oder *dominium* zurückgeführt, sondern mit der *potestas* verknüpft. Vgl. etwa D 41.2.1.5 (*Paul 54 ad ed*) *Item adquirimus possessionem per servum aut filium, qui in potestate est ...* und dazu H.P. BENÖHR, Der Besitzerwerb durch Gewaltabhängige im klassischen römischen Recht (1972) 25 ff.
Besonders deutlich ist die Unterscheidung zwischen der faktischen Gewalt über den Sklaven, d.h. der *potestas*, und sachenrechtlichen Rechtspositionen in PS 2.31.37 *Servus, qui in fuga est, a domino quidem possidetur, sed dominus furti actione eius nomine non tenetur, quia in potestate eum non habet.* Ähnlich D 21.1.17.10 (*Ulp 1 ed aedil curul*, Text oben in Fn. 105).
Zur *potestas* als Voraussetzung der Noxalhaftung G.L. FALCHI, Ricerche sulla legittimazione passiva alle azioni nossali (1976) und H.P. BENÖHR, Zur Haftung für Sklavendelikte, SZ 97 (1980) 283 f.
O. BEHRENDS (Fn. 97) 30 sieht dennoch die personenrechtliche Behandlung der Sklaven durch die Jurisprudenz unter dem steten Primat des Eigentums; personenrechtliche Aspekte kamen seiner Ansicht nach nur insoweit zum Tragen, als sie mit der Eigentumsrechtslage verträglich waren.

126 Vgl. R. QUADRATO (Fn. 122) 32; A. GUARINO (Fn. 122) 699 und F. CASAVOLA, Potere imperiale e stato delle persone tra Adriano ed Antonino Pio, in: ders., Giuristi adrianei (1980) 222 ff., der die inhaltliche Gleichheit von *dominicia potestas* und *patria potestas* betont. Zu den Unterschieden bei der praktischen Ausübung des Züchtigungsrechts über Sklaven und Hauskinder vgl. R.P. SALLER, Punishment (Fn. 32) 157 ff. und ders., Patriarchy (Fn. 32) 142 ff.

127 O. BEHRENDS (Fn. 97) 40 f. argumentiert, daß die scheinbare Widersprüchlichkeit des Reskripts Coll 3.3.2 f. (*Ulp 8 off procons*) "sich aber aus dem Doppelsinn des Wortes Eigentum (erklärt), das sowohl die Institution als auch die individuelle Sachzuordnung

Eigentumsbegriffs und dazu, daß "das Sklaveneigentum zu einem Herrschaftsrecht besonderer Art" wird[128]. Man sollte nicht aus dem Zwangsverkauf[129] - der von den Juristen bezeichnenderweise kursorisch behandelt wird[130] - schließen, die Reskripte oder die sie referierenden Juristen hätten das Problem ausschließlich unter dem Gesichtspunkt der Entziehung des Eigentums gesehen. Die Reskripte brachten Beschränkungen der Herrschaftsmacht des *dominus* über die "Person" des Sklaven, nicht Eigentumsbeschränkungen.

Die personenrechtliche Konzeption zeigt sich weiters darin, daß die einschlägigen Vorschriften ausdrücklich auf Mißhandlungen durch den *dominus* selbst abstellen und nur der mißhandelte Sklave selbst ein Verfahren einleiten konnte[131]. Das Beschwerderecht war auf Beschwerden über den Herrn beschränkt[132] und im Verfahren zeigt sich die personenrechtliche Prägung darin, daß besonderer Wert auf die Einhaltung des Respekts vor dem *dominus* gelegt wurde[133].

4.5. Ergebnisse

Es ist keineswegs auf Zufälle der Überlieferung zurückzuführen, daß die wenigen Vorschriften des klassischen römischen Rechts, welche die Behandlung von Sklaven durch ihren Eigentümer betreffen, im direkten Zusammenhang mit dem Asylschutz der Kaiserstatuen bzw. dem Beschwerderecht bei kaiserlichen Beamten stehen. Dieser Kontext ist damit auch für ihr Verständnis wesentlich.

Ihrem Wortlaut nach erfaßten die von Antoninus Pius erlassenen Reskripte alle Formen der aus der römischen Literatur bekannten Übergriffe auf Sklaven. Die Verbote der grundlosen Mißhandlung und des sexuellen Mißbrauchs ließen sich als generelles Verbot der Sklavenmißhandlung verstehen. Daneben verpflichtete der Kaiser die *domini* zu umfassender Sorge für ihre Sklaven: zu maßvoller Behandlung, ausreichender Versorgung mit dem Lebensnotwendigen und zu gerechter Arbeitszuteilung.

---

des Eigentums bezeichnet." In diesem Text wird jedoch nirgends das Wort Eigentum gebraucht, sondern es ist stets nur von *potestas* die Rede.

128 So D. LIEBS, Römisches Recht⁴ (1993) 162. O. BEHRENDS (Fn. 97) 40 f. beurteilt den Zwangsverkauf als teilweisen Entzug der zum Eigentum gehörenden Verwaltungszuständigkeit, indem der Statthalter "gewissermaßen als hoheitlicher Geschäftsbesorger" den Sklaven veräußert. Das Kaiserrecht bewirkte seiner Ansicht nach eine partielle Abwendung von der Eigentumstheorie der Sklaverei (O. BEHRENDS, Fn. 123, 86 ff.).

129 Vgl. dazu S. 56 ff.

130 Ulpian geht in seiner Einleitung (D 1.6.2 - Coll 3.3.1, *Ulp 8 off procons*) auf ihn überhaupt nicht ein.

131 Eine Klagsmöglichkeit Dritter zugunsten mißhandelter Sklaven wie im attischen Recht kannte das römische Recht nicht. Zum attischen Recht A.R.W. HARRISON, The Law of Athens (1968) 168.

132 D 1.12.1.1 (*Ulp ls off praef urbi*, s. oben S. 52 ff.).

133 S. oben S. 55 ff.

Bei isolierter Betrachtung erwecken diese Vorschriften den Eindruck einer Reform zugunsten der Sklaven. Allerdings enthielten die Vorschriften in inhaltlicher Hinsicht keine Neuerungen, sondern wiederholten nur das, was ohnehin seit Ciceros Zeiten als angemessene Sklavenbehandlung galt und daher wohl in der Praxis meist auch beachtet wurde. Die einzige Neuerung war, daß die gesellschaftliche Praxis zur rechtlich verbindlichen Norm erhoben wurde.

Die Juristen, welche sich mit den Reskripten beschäftigten, reduzierten die in ihnen enthaltenen Ansätze auf das Mißhandlungsverbot. Da die Beschränkungen als Grenzen der personenrechtlichen *dominicia potestas* konstruiert wurden, setzten sie dem *dominus* zuzurechnende Übergriffe voraus. Keine Beschwerdemöglichkeit gab es daher gegen Akte Dritter; genausowenig erfaßte das Verbot die Prostitution von Sklaven. Bei Gaius werden die Grundideen der Reskripte nicht in Richtung eines allgemeinen Rechtsmißbrauchsverbots weiterentwickelt. Insgesamt betrachtet zeigen sich keine Anzeichen für ein Interesse der Jurisprudenz an einer effizienten Umsetzung dieser Sklavenschutzgesetzgebung.

5. Die Auswirkungen des "Sklavenschutzrechts" der Reskripte auf andere Rechtsgebiete

5.1. Vorbemerkungen

Dem im vorigen Kapitel entwickelten personenrechtlichen Verständnis der Reskripte steht eine Auffassung gegenüber, welche diese Vorschriften verallgemeinert und sie im Sinne des modernen Konzepts der Sozialpflichtigkeit des Eigentums versteht[1].

Jede Entscheidung für oder gegen eine dieser Meinungen läuft Gefahr, zur petitio principii zu werden. Die bisher behandelten Texte zur Sklavenbehandlung lassen beide Interpretationen zu. Daher spiegeln die unterschiedlichen Ergebnisse oft nur die verschiedenen Ausgangspunkte der Interpretation wider. Dieses Risiko soll durch eine Erweiterung der Quellenbasis vermindert werden. Auf diesem Wege kann vielleicht erkannt werden, welches der konkurrierenden Konzepte den Standpunkt der römischen Juristen genauer beschreibt.

Zu diesem Zweck bieten sich Texte an, welche die in den Reskripten vorkommenden Sachverhalte unter privatrechtlichem Blickwinkel behandeln. Sie enthalten durchaus genügend Material zur Überprüfung der These, daß die Reskripte eine umfassende Einschränkung der Befugnisse der Sklaveneigentümer brachten und auch außerhalb eines Beschwerdeverfahrens juristisch relevant waren. Außerdem zeigen sie, welche Auswirkungen die Erlassung der Reskripte auf die Einstellung der Sklavenhalter und der Juristen hatte.

Falls die Mißhandlungsverbote in der juristischen Praxis als Eigentumsbeschränkungen oder als Konsequenzen der "Sozialpflichtigkeit" des Eigentums an Sklaven verstanden wurden, wäre anzunehmen, daß dies in privatrechtlichen Schriften römischer Juristen seinen Niederschlag fand. Auch ohne direkte Bezugnahmen müßte man mit Entscheidungen rechnen, die entweder mit den Wertungen der Reskripte in Einklang stehen oder bei Abweichungen eine Auseinandersetzung mit den Grundsätzen der Reskripte erkennen lassen.

Im Folgenden werden die wichtigsten in Frage kommenden Fallkonstellationen, welche Sklavenmißhandlung und Sklavenversorgung unter privatrechtlichen Gesichtspunkten problematisieren, exemplarisch daraufhin untersucht, ob die in solchen Fällen von Juristen und Kaisern getroffenen Entscheidungen die Annahme

1 Vgl. allgemein W. SIMSHÄUSER, Sozialbindungen des spätrepublikanisch-klassischen römischen Privateigentums, FS Coing I (1982) 329 ff. (zur Sklaverei 352 f.).

rechtfertigen, kaiserzeitliche römische Juristen wären von einer allgemeinen Rechtspflicht zur angemessenen Sklavenbehandlung ausgegangen[2].

5.2. Die Pflicht zur ausreichenden Versorgung eigener Sklaven

5.2.1. Vorbemerkungen

Für die römischen Juristen war es selbstverständlich, daß der Eigentümer seine Sklaven versorgte. Daher galt die Übernahme der Obsorge für die Erbschaftssklaven als eine Form der *pro herede gestio*, weil sich der Erbe damit faktisch als Eigentümer verhielt[3].

> UE 22.26 *Pro herede gerit, qui rebus hereditariis tamquam dominus utitur, velut qui auctionem rerum hereditariarum facit, aut servis hereditariis cibaria dat.*

Es handelte sich dabei jedoch nur um ein faktisches Verhalten, das der *dominus* jederzeit aufgeben konnte, ohne daß dies als Verstoß gegen die Reskripte oder andere rechtlich anerkannte Verhaltensmaßstäbe (*boni mores, bona fides*) gewertet worden wäre. Im Privatrecht galt der Schutz nicht den vernachlässigten Sklaven, sondern der freien Dispositionsmöglichkeit des Eigentümers über die "Sache Sklave": Selbst mittelbaren Beeinträchtigungen dieser Dispositionsmöglichkeit wurde dadurch vorgebeugt, daß Dritte, die anstelle des Eigentümers die Versorgung der Sklaven übernahmen, nur dann Ersatz für ihre Aufwendungen erhielten, wenn diese vom Willen des *dominus* gedeckt waren.

---

2 O. BEHRENDS, Prinzipat und Sklavenrecht, in: U. IMMENGA (Hg.), Rechtswissenschaft und Rechtsentwicklung (1980) 70, meint, die republikanischen Juristen hätten eine solche Verpflichtung noch anerkannt, da die *veteres* in D 15.1.40.1 (*Marcian 5 reg*) die Kleidung und die Nahrung des Sklaven nicht zum *peculium* rechneten (... *si vero tunicas aut aliquid simile quod ei dominus necesse habet praestare, non esse peculium* ...), während in D 15.1.25 (*Pomp 23 Sab*) dies nicht mehr der Fall war (*Id vestimentum peculii esse incipit, quod ita dederit dominus, ut eo vestitu servum perpetuo uti vellet* ...). Für diese Unterscheidung bietet bereits W.W. BUCKLAND 197 f. die ansprechende Erklärung an, daß die erste Stelle von der Einräumung eines *peculium* handle, während es in der zweiten um die Erhöhung eines bereits bestehenden *peculium* gehe.

3 IJ 2.19.7 ... *pro herede enim gerere est pro domino gerere*. S. dazu G. COPPOLA, Studi sulla pro herede gestio I (1987) 160 ff.

5.2.2. *Negotiorum gestio*

In den Titeln *de negotiis gestis* (D 3.5; C 2.18[19])[4] begegnet die Ernährung oder Heilung fremder Sklaven durch einen Geschäftsführer als typischer Fall der Anwendung der *actio negotiorum gestorum contraria*[5]. Voraussetzung eines Anspruches des Geschäftsführers war, daß das Geschäft für den Geschäftsherrn nützlich geführt worden war. Die Nützlichkeit bestimmten die römischen Juristen nicht nur anhand objektiver Kriterien, sondern sie prüften weiters, ob der *gestor* damit den subjektiven Interessen des Geschäftsherrn entsprochen hatte[6]. In D 3.5.9(10).1 wurde die Frage der subjektiven Nützlichkeit von Celsus (Proculus) anhand der aufgegebenen *insula* erörtert. Keine ausdrückliche Antwort bietet der Text auf die Frage, ob der Eigentümer in gleicher Weise auch den Ersatz der Kosten für die Versorgung eines Sklaven verweigern konnte, weil er den Sklaven lieber zugrundegehen lassen wollte. Julian dürfte dies zugelassen haben, da er die Bemühung um die Heilung eines kranken Sklaven nicht per se als nützliches Geschäft bewertete, sondern verlangte, daß der *gestor utiliter*, d.h. den subjektiven Interessen des Geschäftsherrn gemäß, verfahren war. In einem anderen Text wird diese Haltung noch deutlicher artikuliert:

> C 2.18(19).10 (*Imp. Alexander A. Secundo et aliis*) *Si servum alienum non inutilem domino constitutum aegrum curastis et negotium utiliter gessistis, competenti vobis actione sumptus recuperare potestis.* (*PP. XII k. Dec. Alexandro A. cons.*, a. 222)

---

4 M. KASER, RPR I 586 ff.; R. ZIMMERMANN, The Law of Obligations (1990) 433 ff. und H.H. SEILER, Der Tatbestand der negotiorum gestio im römischen Recht (1968).

5 D 3.5.9(10).1 (*Ulp 10 ed*), 3.5.21(22) (*Gai 3 ed prov*); C 2.18(19).10 (*Alexander*, a. 222).

6 Der Schlüsseltext ist D 3.5.9(10).1 (*Ulp 10 ed*) *Is autem qui negotiorum gestorum agit non solum si effectum habuit negotium quod gessit, actione ista utetur, sed sufficit, si utiliter gessit, etsi effectum non habuit negotium. et ideo si insulam fulsit vel servum aegrum curavit, etiamsi insula exusta est vel servus obiit, aget negotiorum gestorum: idque et Labeo probat. sed ut Celsus refert, Proculus apud eum notat non semper debere dari. quid enim si eam insulam fulsit, quam dominus quasi impar sumptui dereliquerit vel quam sibi necessariam non putavit? oneravit, inquit, dominum secundum Labeonis sententiam, cum unicuique liceat et damni infecti nomine rem derelinquere. sed istam sententiam Celsus eleganter deridet: is enim negotiorum gestorum, inquit, habet actionem, qui utiliter negotia gessit: non autem utiliter negotia gerit, qui rem non necessariam vel quae oneratura est patrem familias adgreditur.*
iuxta hoc est et, quod Iulianus scribit, eum qui insulam fulsit vel servum aegrotum curavit, habere negotiorum gestorum actionem, si utiliter hoc faceret, licet eventus non sit secutus. ego quaero: quid si putavit se utiliter facere, sed patri familias non expediebat? dico hunc non habiturum negotiorum gestorum actionem: ut enim eventum non spectamus, debet utiliter esse coeptum.
Zur Stelle H.H. SEILER (Fn. 4) 51 ff.; H. HAUSMANINGER, Celsus gegen Proculus, 3. FS v. Lübtow (1991) 55 f.; F.ST. MEISSEL, Geschäftsführung ohne Auftrag (1993) 4 ff. und H. ANKUM, Utiliter Gestum, OIR I (1995) 26 ff.

Ersatz für die Pflege eines kranken fremden Sklaven gebührte demnach unter zwei Voraussetzungen: Die Aufwendungen waren nicht übertrieben und der *dominus* hatte noch Interesse an dem Sklaven. Nichts deutet darauf hin, der Kaiser hätte erwogen, die Einwendung des Eigentümers, er habe an der Heilung des Sklaven kein Interesse mehr gehabt und den Sklaven daher als *inutilis* betrachtet, unter Berufung auf eine Pflicht zur anständigen Behandlung der Sklaven abzuschneiden[7] oder einen im Vertrauen auf die dazu verpflichtenden Vorschriften agierenden *gestor* zu schützen. Auf diese Idee scheinen nicht einmal die Anfragenden gekommen zu sein.

Die völlige Außerachtlassung der Sklavenschutzgesetzgebung in diesem Zusammenhang ist aus einem weiteren Grund überraschend. Diese Entscheidung widerspricht einem Edikt des Claudius, das Sklaven, die (auf der Tiberinsel) krankheitshalber ausgesetzt worden waren, im Falle der Genesung die Freiheit gab[8]. Danach sollte der *dominus* einen kranken Sklaven entweder behandeln oder, wenn er dazu aus ökonomischen Überlegungen nicht bereit war[9], sich damit abfinden, daß der ausgesetzte Sklave im Falle seiner Genesung frei war. Umgehungsversuche durch Vernachlässigung der Pflege oder Entzug der Nahrung wurden mit der Strafe für Mord bedroht: *quod si quis necare quem mallet quam exponere, caedis crimine teneri*[10]. Verhungernlassen wurde von römischen Juristen unter *necare* subsumiert[11]. Die in C 2.18(19).10 getroffene Entscheidung gestattete dem Eigentümer die Nichtbeachtung dieser Schutzvorschrift: Der *dominus* konnte den Sklaven risikolos unversorgt lassen, ohne ihn zu derelinquieren. Wenn sich jemand des Sklaven annahm und eine Heilbehandlung versuchte, mußte der *dominus* nur dann für die Kosten aufkommen, wenn er nach erfolgreicher Beendigung das Geschäft genehmigte. Bei einem fehlgeschlagenen Heilungsversuch brauchte er keinen Ersatz zu leisten, da der Sklave

---

7 Umgekehrt war die Situation, wenn der *gestor* einen nahen Verwandten unterstützt hatte. Obwohl in solchen Fällen keine rechtlich verbindliche Pflicht zur Unterhaltsleistung bestand, wurde die *actio contraria* des *gestors* unter Berufung auf die sittliche Verpflichtung zu solchen Leistungen (*pietas*) unter Umständen gänzlich verweigert. Zu diesen Fällen vgl. H.H. SEILER (Fn. 4) 38 ff.

8 Suet.Claud. 25; D 40.8.2 (*Mod 6 reg*). Dazu R.A. BAUMAN, The Resumé of Legislation in Suetonius, SZ 99 (1982) 109 und zuletzt S. FARO, La *libertas ex divi Claudii edicto* (1996).

9 Cato riet, kränkliche oder alte Sklaven tunlichst zu verkaufen (agr. 3.7); kranken Sklaven sollte außerdem die Ration gekürzt werden (agr. 2.4).

10 Suet.Claud. 25; TH. MOMMSEN, StR 616.

11 Zu diesem Sprachgebrauch vgl. D. NÖRR, Causa mortis (1986) 8. S. weiters S. FARO (Fn. 8) 32 ff. und C.A. CANNATA, Per lo studio della responsabilità per colpa nel diritto romano classico (1969) 103 f.
Andere Beispiele für die Anwendung dieser Terminologie auf die Tötung von Menschen findet man in D 9.2.9.2 (*Ulp 18 ed*), 19.1.21.3 (*Paul 33 ed*, vgl. unten S. 110), 37.9.1.3 (*Ulp 41 ed*); Gai 3.219 und IJ 4.3.16.
Besonders deutlich zeigt diesen Sprachgebrauch D 25.3.4 (= PS 2.24.10, *Paul 2 sent*) *Necare videtur non tantum is qui partum praefocat, sed et is qui abicit et qui alimonia denegat et is qui publicis locis misericordiae causa exponit, quam ipse non habet.* Zur Stelle auch S. FARO (Fn. 8) 67 ff.

bereits *inutilis* gewesen war und von ihm deshalb nicht versorgt worden wäre. Das Risiko für gescheiterte Heilungsversuche trug damit allein der *gestor.*

Die Erlassung der Reskripte hatte keine Haltungsänderung der Eigentümer bewirkt: Sie hielten sich weiterhin nicht zur Heilung ihrer Sklaven verpflichtet und die Jurisprudenz fand keinen Grund, diese Praxis zu mißbilligen.

Die zum Tod eines eigenen Sklaven führende Unterlassung der ordnungsgemäßen Heilbehandlung wurde von römischen Juristen nur als Rechtsproblem angesehen, wenn der Sklave von einem anderen verletzt worden war.

> D 9.2.30.4 (*Paul 22 ed*) *Si vulneratus fuerit servus non mortifere, neglegentia autem perierit, de vulnerato actio erit, non de occiso.*

Daß der *dominus* durch die Vernachlässigung den Tod des Sklaven herbeigeführt hatte, erwähnt Paulus nur, weil dies einen Schadenersatzanspruch wegen *occidere* ausschloß[12]. Auf eine davon unabhängig bestehende Pflicht zur Heilung des eigenen Sklaven nahm auch diese Entscheidung nicht Bezug[13].

5.2.3. *Actio de in rem verso*

Ein ähnliches Bild bieten Beispielsfälle im thematischen Zusammenhang mit der *actio de in rem verso*[14]. Einschlägig sind Fälle, in denen Geld aus dem Vermögen eines Dritten ohne Wissen oder Zustimmung des *dominus* zur Ernährung oder Bekleidung von Sklaven verwendet wurde[15]. Trotz der Nähe dieser Tatbestände zu den von den Reskripten geregelten Fällen, findet sich kein Anhaltspunkt dafür, daß die Juristen eine Verpflichtung des *dominus* zur ausreichenden Versorgung seiner Sklaven mit Nahrung und Kleidern annahmen, auf die sich der Vertragspartner des Sklaven berufen konnte. Statt dessen fand im Einzelfall eine konkrete Prüfung statt, ob die Aufwendungen zur Bereicherung des *dominus* geführt hatten.

---

12 Vgl. schon D 9.2.52 pr (*Alfen 2 dig*) *Si ex plagis servus mortuus esset neque id medici inscienta aut domini neglegentia accidisset, recte de iniuria occiso eo agitur.* Dazu H. ANKUM, Das Problem der "überholenden Kausalität" bei der Anwendung der lex Aquilia im klassischen römischen Recht, Fg. v. Lübtow (1980) 355 f.

13 Vgl. auch die Diskussion über die Haftung des Besitzers für die Vernachlässigung eines stipulierten oder vindizierten Sklaven in D 45.1.91 pr (*Paul 17 ad Plaut*) *Si servum stipulatus fuero et nulla mora intercedente servus decesserit: si quidem occidat eum promissor, expeditum est. sin autem neglegat infirmum, an teneri debeat promissor, considerantibus, utrum, quemadmodum in vindicatione hominis, si neglectus a possessore fuerit, culpae huius nomine tenetur possessor, ita et cum dari promisit, an culpa, quod ad stipulationem attinet, in faciendo accipienda sit, non in non faciendo? quod magis probandum est, quia qui dari promisit, ad dandum, non faciendum tenetur.* Dazu M. WIMMER, Besitz und Haftung des Vindikationsbeklagten (1995) 49 f. (m.w.N.).

14 D 15.3; C 4.26; M. KASER, RPR I 607.

15 D 15.3.3.1, 3, 7, 10 (*Ulp 29 ed*); Gai 4.72a; PS 2.9.1. In manchen Texten ist allerdings nur von *familia* ohne nähere Bestimmung die Rede.

D 15.3.3.3 (*Ulp 29 ed*) *Proinde si servus sumpsit pecuniam, ut se aleret et vestiret secundum consuetudinem domini, id est usque ad eum modum, quem dominus ei praestare consueverat, in rem videri domini vertisse Labeo scribit. ergo idem erit et in filio.*

Ulpian hielt es nicht für notwendig, Labeos Ansicht, daß allein die Gewohnheit des *dominus* den Maßstab für das Vorliegen einer Bereicherung bilden sollte, unter Hinweis auf objektive, rechtliche Maßstäbe zu korrigieren.

5.2.4. *Actio empti*

Ein römischer Jurist konnte sogar den Fall behandeln, daß jemand seine Sklaven möglicherweise bewußt hatte verhungern lassen, ohne darauf einzugehen, daß der Eigentümer zur Ernährung der Sklaven verpflichtet war.

D 19.1.21.3 (*Paul 33 ed*) *Cum per venditorem steterit, quo minus rem tradat, omnis utilitas emptoris in aestimationem venit, quae modo circa ipsam rem consistit: neque enim si potuit ex vino puta negotiari et lucrum facere, id aestimandum est, non magis quam si triticum emerit et ob eam rem, quod non sit traditum, familia eius fame laboraverit: nam pretium tritici, non servorum fame necatorum consequitur. nec maior fit obligatio, quod tardius agitur, quamvis crescat, si vinum hodie pluris sit, merito, quia sive datum esset, haberem emptor, sive non, quoniam saltem hodie dandum est quod iam olim dari oportuit.*

In der modernen Literatur überwiegt die Ansicht, daß die Entscheidung des Paulus nicht einen tatsächlich vorgefallenen Sachverhalt betraf. Statt dessen wird angenommen, daß der Jurist einen Fall konstruierte, anhand dessen gezeigt werden konnte, daß nicht alle aus dem Verzug resultierenden Nachteile vom säumigen Verkäufer zu vertreten wären[16]. Warum der Jurist ein praxisfremdes Beispiel in den Ediktskommentar aufnahm, das als Anschauungsmaterial wohl nicht sehr überzeugend wirken mußte, wird von einem Vertreter dieser Lehre mit der Schwierigkeit begründet, "bei Waren wie ... Fleisch oder Getreide einen Fall zu bilden, an dem demonstriert werden kann, daß das durch Nichtlieferung verletzte Verbraucher-

---

16 Vgl. dazu D. MEDICUS, Id quod interest (1962) 37 ff.; B. KUPISCH, *Id quod interest* bei Nichterfüllung und Verzug des Verkäufers, TR 43 (1975) 18 f.; R. WILLVONSEDER, Die Verwendung der Denkfigur der "*condicio sine qua non*" bei den römischen Juristen (1984) 90 f.
Anders H. HONSELL, Quod interest im bonae-fidei-iudicium (1969) 11, unter der Annahme, Paulus habe an eine Hungersnot gedacht. In einer solchen Situation war es zumindest für Cicero verwerflich, die Sklaven verhungern zu lassen. Hekaton, Vertreter der mittleren Stoa, dachte ähnlich wie die römischen Juristen. Bei einer Teuerung *ad extremum utilitate ... officium dirigit magis quam humanitate* (Cic.off. 3.89). Zur Behandlung von Sklaven bei Hungersnöten vgl. K. BRADLEY 100 f.

interesse zu einem Schaden führt"[17]. Dieses Sachproblem hätte Paulus jedoch ebensogut anhand eines Falls aufzeigen können, in welchem Vieh aufgrund des Verzugs verhungerte[18]. Näher liegt daher die Vermutung, daß der von Paulus zur Veranschaulichung des Problems herangezogene Sachverhalt, mag er auch außergewöhnlich und drastisch gewählt gewesen sein, auf seine Leser durchaus realistisch wirken sollte.

Unabhängig davon, ob ein realer oder ein hypothetischer Fall erörtert wurde, zeigt dieser Text einen interessanten Aspekt der römischen Mentalität: Es bereitete Paulus keine Schwierigkeiten sich vorzustellen, jemand könnte seine Sklaven einfach verhungern lassen, und er setzte dieselbe Denkweise bei seinen Lesern voraus[19]. Nichts deutet darauf hin, daß er mit dem Einwand rechnete, solch ein Verhalten sei völlig undenkbar. Ebensowenig scheint er das Bedürfnis verspürt zu haben, sich mit dem Verbot des Verhungernlassens von eigenen Sklaven auseinanderzusetzen bzw. die bestehende Verpflichtung des Eigentümers zur Ernährung seiner Sklaven in die Diskussion einzuführen, obwohl ihm dies eine weitere Begründung für seine Entscheidung geboten hätte.

5.3. Das Verbot der Mißhandlung eigener Sklaven

Nicht anders ist die Situation bei den anderen Tatbeständen der Reskripte. Jeglicher Hinweis auf das Verbot der *saevitia* gegen die eigenen Sklaven fehlt selbst im folgenden Text.

> D 24.3.24.5 (*Ulp 33 ed*) *Si maritus saevus in servos dotales fuit, videndum, an de hoc possit conveniri. et si quidem tantum in servos uxoris saevus fuit, constat eum teneri hoc nomine: si vero et in suos est natura talis, adhuc dicendum est immoderatam eius saevitiam hoc iudicio coercendam: quamvis enim diligentiam uxor eam demum ab eo exigat, quam rebus suis exiget, nec plus possit, attamen saevitia, quae in propriis culpanda est, in alienis coercenda est, hoc est in dotalibus.*

Der Ehemann haftete seiner Frau für die Mißhandlung der Dotalsklaven trotz seines Eigentums an diesen. Er konnte die Haftung nicht mit dem Hinweis abwenden, daß er seine eigenen Sklaven ebenso brutal behandelte[20].

---

17 B. KUPISCH (Fn. 16) 18 f.

18 Im Bereich der *lex Aquilia* findet man Beispiele für das Verhungern von Vieh (Gai 3.219; IJ 4.3.16; C 3.35.5 *Diocletian/Maximian*, a. 293).

19 Diese Beobachtung bestätigt anhand anderer Quellenstellen S. FARO (Fn. 8) 142 f.

20 W.W. BUCKLAND 263; M. KASER, RPR I 340; A. SÖLLNER, Zur Vorgeschichte und Funktion der actio rei uxoriae (1969) 36; H. HAUSMANINGER, Diligentia quam in suis, FS Kaser (1976) 279; A. WACKE, Ursprung der eingeschränken Arbeitnehmerhaftung, Recht der Arbeit 40 (1987) 327 und J. GEBHARDT, Prügelstrafe und Züchtigungsrecht im antiken Rom und in der Gegenwart (1994) 189 ff.

Dieser Text läßt besonders deutlich den geringen praktischen Einfluß der Sklavenschutzbestimmungen auf die Einstellung der Römer erkennen. Der Ehemann versuchte nicht, die Grausamkeit gegen seine eigenen Sklaven zu verbergen, sondern brachte sie unbefangen als Argument gegen eine Haftung vor. Ulpian begründete den Verschuldensvorwurf nicht mit einem objektiv verbotswidrigen Verhalten des Ehemanns, sondern mit der unterschiedlichen Interessenlage: Da vermögensrechtliche Interessen der Frau verletzt wurden, war das Verhalten des Manns unzulässig. Die Grausamkeit gegen eigene Sklaven bewertete Ulpian nur als tadelnswert (*culpanda*), nicht jedoch als verboten.

5.4. Sklavenmißhandlung und die Beeinträchtigung der Rechte Dritter

Deutlich anders wurde die Betrachtungsweise der römischen Juristen, wenn bei der Sklavenmißhandlung Rechte Dritter beeinträchtigt wurden[21]. Grundlose *saevitia* war in diesen Fällen nicht mehr bloß *culpanda*, sondern wurde der *culpa* zugerechnet[22]. Diese Tatbestände führten zu einer privatrechtlichen Haftung des *dominus*.

> D 21.1.23 pr (*Ulp 1 ed aedil curul*) *Cum autem redhibitio fit, si deterius mancipium sive animo sive corpore ab emptore factum est, praestabit emptor venditori, ut puta si stupratum sit aut saevitia emptoris fugitivum esse coeperit* ...

Der Käufer mußte, obwohl er zwischenzeitig Eigentümer des Sklaven gewesen war, dem Verkäufer im Falle einer Redhibition für Schäden einstehen, die er durch *saevitia* oder sexuellen Mißbrauch des verkauften Sklaven hervorgerufen hatte[23]. Ähnliches zeigt der folgende Text:

> D 13.7.24.3 (*Ulp 30 ed*) *In pigneraticio iudicio venit et si res pignori datas male tractavit creditor vel servos debilitavit. plane si pro maleficiis suis coercuit vel vinxit vel optulit praefecturae vel praesidii, dicendum est pigneraticia creditorem non teneri. quare si prostituit ancillam vel aliud improbatum facere coegit, ilico pignus ancillae solvitur.*

Dieser ursprünglich auf die *fiducia* bezugnehmende Text[24] verbot dem Fiduziar trotz seines Eigentums willkürliche Gewalttaten gegen Sklaven, wenn dadurch der Fiduziant geschädigt wurde. Gleiches galt, wenn der Ehemann seine Position als Eigentümer der Dotalsklaven mißbrauchte[25] oder sich der Eigentümer an einem

---

21 S. auch M. MORABITO, Les réalités de l'esclavage d'après le Digeste (1981) 229.

22 D 9.2.6 (*Paul 22 ed*) *Praeceptoris enim nimia saevitia culpae adsignatur.* Dazu J. GEBHARDT (Fn. 20) 186 ff.

23 Vgl. dazu R. LEDERLE, Mortuus redhibetur (1983) 21 ff.

24 M. KASER, RPR I 462.

25 Oben S. 111.

Sklaven vergriff, an dem ein Nießbrauch bestand[26] oder ein Miteigentümer einen Sklaven verletzte[27].

Zu keiner Haftung kam es, wenn die Verletzung oder Tötung des Sklaven, an dem der Dritte ein vermögenswertes Interesse hatte, als Strafmaßnahme gerechtfertigt werden konnte[28].

Eine ausreichende Versorgung von Sklaven sahen die römischen Juristen nur dann als Rechtspflicht an, wenn vermögensrechtliche Interessen eines anderen berührt wurden[29].

> D 7.1.15 (*Ulp 18 Sab*) (1) *Mancipiorum quoque usus fructus legato non debet abuti, sed secundum condicionem eorum uti: nam si librarium rus mittat et qualum et calcem portare cogat, histrionem balniatorem faciat, vel de symphonia atriensem, vel de palaestra stercorandis latrinis praeponat, abuti videbitur proprietate.* (2) *Sufficienter autem alere et vestire debet secundum ordinem et dignitatem mancipiorum.* (3) *Et generaliter Labeo ait in omnibus rebus mobilibus modum eum tenere debere, ne sua feritate vel saevitia ea corrumpat: alioquin etiam lege Aquilia eum conveniri.*

Zum Schutz des Eigentümers hatte der Usufruktuar auf die Sklaven Rücksicht zu nehmen, sie zu kleiden, zu ernähren, ihnen keine ungewöhnlichen Dienste aufzutragen und sie maßvoll zu behandeln[30]. Auch wenn der Jurist dabei von der *dignitas* der Sklaven sprach, änderte dies nichts daran, daß der Grund für die Beschränkungen in

---

26 D 9.2.12 (*Paul 10 Sab*) *Sed et si proprietatis dominus vulneraverit servum vel occiderit, in quo usus fructus meus est, danda est mihi ad exemplum legis Aquiliae actio in eum pro portione usus fructus, ut etiam ea pars anni in aestimationem veniat, qua nondum usus fructus meus fuit.*

27 D 9.2.19 (*Ulp 18 ed*) *Sed si communem servum occiderit quis, Aquilia teneri eum Celsus ait: idem est et si vulneraverit.*

28 Vgl. D 45.1.96 (*Marcell 12 dig*) *Qui servum mihi ex stipulatu debebat, si in facinore eum deprehenderit, impune eum occidit, nec utilis actio erit in eum constituenda.*
D 30.53.3 (*Ulp 25 Sab*) *Si heres hominem legatum occidit ob facinus, hoc est merentem, sine dubio dicendum erit eum ex testamento non teneri.*

29 A. BÜRGE, *Cibaria.* Indiz für die soziale Stellung des römischen Arbeitnehmers?, FS Waldstein (1993) 67 ff., gelangt zu ähnlichen Schlußfolgerungen: "... die vom Sklaven nicht einklagbaren moralischen Verpflichtungen (erhalten) stets dann rechtliche Beständigkeit und damit ihre klaren Konturen, wenn sie im Verhältnis zu einem Dritten ... relevant werden" (67; ähnlich auch 69 und 75).

30 Die Verschickung zur Feldarbeit war eine gängige Strafmaßnahme für Sklaven der *familia urbana.* Vgl. U.E. PAOLI, Das Leben im alten Rom² (1961) 148; K. BRADLEY, Slaves and Masters in the Roman Empire (1984) 120; M. MORABITO (Fn. 21) 229. Daran änderten mitleidige Bemerkungen der *domini* nichts (vgl. Sen.ira 3.29.1; Colum. 1.8.1 f.). S. weiteres D 28.5.35.3 (*Ulp 4 disp*) ... *Proinde si servus fuerit missus in villam interim illic futurus, quia dominum offenderat, quasi ad tempus relegatus* ... Ein Dritter durfte solche Maßnahmen aber nicht zu Lasten des Eigentümers verfügen.
Zu den Beschränkungen der Befugnisse des Usufruktuars vgl. G. GROSSO, Usufrutto e figure affini nel diritto romano² (1958) 131 f., 204, 251; J. GEBHARDT (Fn. 20) 183 ff.; F. REDUZZI MEROLA, "Servo parere" (1990) 30 f. und A. BÜRGE (Fn. 29) 72 (m.w.N.).

den Interessen des Eigentümers und nicht in Rechten der Sklaven lag[31]. "Natürlich" hatte der Usufruktuar auf eigene Kosten für die Heilung dieser Sklaven zu sorgen.

> D 7.1.45 (*Gai 7 ad ed prov*) *Sicut inpendia cibariorum in servum, cuius usus fructus ad aliquem pertinet, ita et valetudinis impendia ad eum respicere natura manifestum est.*

Die Einschränkungen der Befugnisse unter Hinweis auf die *dignitas* der Sklaven diente dem Schutz ihres Eigentümers. In dessen Interesse war die *saevitia* untersagt und die Verpflichtung zur Fürsorge und medizinischer Versorgung durchsetzbar gestaltet.

5.5. Ergebnisse

Wenn man den Umgang der römischen Juristen mit den durch die antoninischen Reskripte verbotenen Verhaltensweisen gegenüber Sklaven in privatrechtlichen Zusammenhängen untersucht, fällt auf, daß, obwohl dieselben Sachverhalte auftauchen und sogar dieselben Termini verwendet werden, nie darauf Rücksicht genommen wird, daß diese Verhaltensweisen verboten waren. Die Juristen achteten bei Übergriffen auf Sklaven primär auf die vermögensrechtlichen Interessen eines anderen und nicht auf Verstöße gegen die Reskripte.

Darin zeigt sich, daß bei Rechtsfragen der Sklaverei eine konsequente Unterscheidung danach getroffen wurde, ob der Sklave als *persona* oder als *res* involviert war. Die Sklavenschutzvorschriften betrafen die personenrechtliche Gewalt des *dominus* und blieben daher ohne Auswirkungen, wenn es um die Behandlung oder Versorgung von Sklaven unter vermögensrechtlichen Aspekten ging und der Sklave als *res* behandelt wurde.

Der Grund dafür lag nicht in einem spezifischen Defizit der römischen Jurisprudenz, sondern im Institut der Sklaverei selbst. Jede verstärkte Rücksichtnahme auf die Menschlichkeit und damit die Person des Sklaven hätte die Verfügungsmöglichkeit über die "Sache Sklave" beschränkt. In letzter Konsequenz hätte dies das Eigentumsrecht am Sklaven aufgelöst und damit das Sklavenrecht gesprengt[32].

---

31 Zum unüberbrückbaren Gegensatz von *dignitas* und *servitus* s. R.P SALLER, Patriarchy, property and death in the Roman family (1994) 145.

32 Dies war keine Eigenheit des römischen Sklavenrechts, sondern diese Unterscheidungen sind genauso in anderen Rechtsordnungen anzutreffen, sobald eine Abwägung zwischen ökonomischen Interessen und der Rücksichtnahme auf die menschliche Natur des Sklaven notwendig wird (vgl. auch J.D. HARRINGTON, "Res" or "persona": Roman Civil Law's Influence on Southern Slave Law, Labeo 40, 1994, 236 ff.).
Instruktiv hiezu sind die Argumente, die in einem englischen Fall, dem sog 'Zong-case' (1783), vorgebracht wurden. Im Jahre 1781 wurden auf der Überfahrt zwischen Westafrika und Jamaica 131 Negersklaven vom englischen Sklavenschiff Zong ins Meer geworfen, weil wegen eines Navigationsfehlers des Kapitäns die Vorräte nicht mehr ausreichten. 1783 kam es deswegen in London zu zwei Prozessen, in denen der Eigentümer des Schiffes vom Versicherer für jeden ertränkten Sklaven die Versicherungssumme von

Die heute ins Auge fallende Möglichkeit, die in den Reskripten niedergelegten Prinzipien im Wege einer "Drittwirkung" über den ursprünglichen Anwendungsbereich hinaus zu erstrecken, aus ihnen ein System des Sklavenschutzrechts zu bilden, das die Lösung anderer Rechtsfragen beeinflußt hätte, erwogen die römischen Juristen offenbar nicht. Sklavenmißhandlungen wurden von ihnen nur dann thematisiert, wenn sie auch zu privatrechtlichen Konsequenzen führten. An einer systematischen Weiterentwicklung dieser polizeilichen Vorschriften zeigten sie kein Interesse[33]. Die Ideen der Reskripte wurden weder von den Juristen noch von späteren Kaisern beachtet, wiederaufgenommen oder weiterentwickelt[34].

Die geringen Erfolgsaussichten bei einer Beschwerde verhinderten wohl, daß die Praxis ein Bedürfnis nach intensiverer juristischer Auseinandersetzung mit diesen Fragen entstehen ließ.

Aus Sicht der römischen Juristen waren die Vorschriften, welche modern als Sklavenschutzrecht bezeichnet werden, Beschränkungen der Gewalt des *dominus*, die restriktiv interpretiert wurden. Sie bildeteten im Rahmen eines Beschwerdeverfahrens den Prüfungsmaßstab für die Zulässigkeit eines hoheitlichen Eingriffs in die *potestas* des *dominus*. Keinesfalls machten sie die ordentliche Behandlung der Sklaven zu einer allgemein verbindlichen Rechtspflicht, auf die Dritte sich gegenüber dem Herrn berufen konnten. Die rechtsdogmatische Begründung dafür liegt darin, daß in privatrechtlichen Zusammenhängen Sklaven als *res* behandelt werden, im Zusammenhang der Reskripte als *personae*. Daran knüpft sich für die Juristen die Folgerung, daß die Reskripte die personenrechtliche *potestas* beschränkten, diese Beschränkung aber nicht durchschlug, wenn es um das *dominium* und vermögensrechtliche Interessen am Sklaven ging.

£ 30 einklagte (Gregson versus Gilbert). Im zweiten Prozeß plädierte der Anwalt des Klägers mit Argumenten, die wohl von römischen Juristen geteilt worden wären: "This is a case of chattels or goods. It is really so: it is the case of throwing over goods; for to this purpose, and the purpose of the insurance, they are goods and property: whether right or wrong we have nothing to do with it. This property - the human creatures if you will - have been thrown overboard: whether or not for the preservation of the rest, that is the real question." Dieser Ansicht trat der Richter bei: " ... the case of the slaves was the same as if horses had been thrown overboard" (J. WALVIN, Black Ivory. A History of British Slavery, 1992, 16 ff.; Zitate 19 und 20). Nur angemerkt sei, daß das englische Parlament 1790 ein Gesetz erließ, wonach der Versicherer für den Tod über Bord geworfener Sklaven nicht haftete (J. WALVIN 21).
Zum römischen Standpunkt in einer solchen Situation vgl. Cic.off. 3.89 *Quaerit* (sc. Hekaton), *si in mari iactura facienda sit equine pretiosi potius iacturam faciat an servuli vilis. hic alio res familiaris, alio ducit humanitas.*

33 S. auch A. WATSON, Slavery and the Development of Roman Private Law, Bull 90 (1987) 114 f. und zum Verbot der Sklaventötung M. MORABITO (Fn. 21) 231.

34 A. WATSON, Slave Law in the Americas (1989) 37 rechnet mit der Existenz weiterer, nicht überlieferter Vorschriften, an deren Behandlung die Juristen aber kein Interesse hatten. Daß davon keine Spuren nachweisbar sind, während die Reskripte des Antoninus Pius direkt oder indirekt in vierfacher Überlieferung erhalten geblieben sind, ist ein starkes Indiz für die Einmaligkeit dieser Vorschriften.

6. Die rechtspolitischen Motive der Reskripte des Antoninus Pius

6.1. Vorbemerkungen

Über die Beweggründe und Ziele, welche hinter den Erlässen des Antoninus Pius zum Sklavenschutz standen, hat in der Literatur eine kontroverse Diskussion stattgefunden. Eine einhellige Ansicht zeichnet sich bisher noch nicht ab. Man erkannte in den Reskripten den Einfluß von humanitären Ideen, der stoischen Philosophie oder rein utilitaristischer Überlegungen sowie die Auswirkungen der Angst vor Repressalien der Sklaven. Die große Bandbreite der Ansichten rührt vor allem daher, daß jede Interpretation durch ein bestimmtes methodisches oder auch ideologisches Vorverständnis (mit-)bestimmt wird. Noch schwieriger ist es, die persönlichen Motive des Kaisers zu erkennen[1].

6.2. Der Inhalt der Reskripte

Die Begründungen der Reskripte können nur aus der Sicht der Adressaten und Zeitgenossen des Antoninus Pius richtig verstanden werden, nämlich aus jener der römischen Sklaveneigentümer.

Während der Kaiser im ersten Reskript unbestimmt auf ein Eigeninteresse der Sklaveneigentümer an der Beschwerdemöglichkeit hinweist[2], wird er im zweiten Reskript konkreter und stellt die Vorteile, die sich aus der besseren Verwendbarkeit zufriedener Sklaven ergeben, den Gefahren gegenüber, welche Racheaktionen für brutale Herren bedeuten[3].

Gewalt der Herren und Gegengewalt der Sklaven, ein "Gleichgewicht des Schreckens", wären keine Grundlage für jenes "erfolgreiche" Funktionieren der rö-

---

1 S. z.B. F. CASAVOLA, Potere imperiale e stato delle persone tra Adriano ed Antonino Pio, in: ders., Giuristi adrianei (1980) 224 ff.
Die Sinnhaftigkeit einer solchen Fragestellung bezweifelt A. WATSON, Slave Law in the Americas (1989) 1 grundsätzlich: "The lesson of history is that over most of the field of law and especially of private law, in most political and economic circumstances, rulers need have no interest in determining what the rules of law are or should be ... Rulers ... can be, and often have been and are, indifferent to the nature of the legal rules in operation."

2 Coll 3.3.2 (*Ulp 8 off procons*) ... *Sed dominorum interest, ne auxilium ... denegetur his, qui iuste deprecantur ...*

3 Coll 3.3 (*Ulp 8 off procons*) (5) *Servorum obsequium non solum imperio ... contineri oportet.* (6) *Itaque et ipse curare debes iuste ac temperate tuos tractare, ut ex facili requirere eos possis ... ne quid tumultuosius contra accidat ...*

mischen Sklaverei gewesen, ohne das diese Institution keinesfalls jahrhundertelang das römische Sozial-, Wirtschafts- und Rechtsleben determiniert hätte. Da breiter Widerstand der Sklavenschaft die Ausnahme bildete, muß man wohl davon ausgehen, daß die Mehrzahl der Sklaven anständig behandelt wurde und daß sogar die Sklaven selbst ihr Dasein erträglich fanden. Der Vorteil der Herren aus der anständigen Behandlung war, daß sie auf die Loyalität der "zufriedenen" Sklaven vertrauen konnten[4].

Die Reskripte betrafen gerade jene Fälle, in denen dieses Gleichgewicht durch Übergriffe der Herren erschüttert worden war. Nur weil die als *mos maiorum* beachteten Regeln nicht eingehalten wurden und daher von den mißhandelten Sklaven Gefahren ausgehen konnten, griffen die Reskripte ein. Deswegen wiesen sie mit solchem Nachdruck auf die Reaktionen der Sklaven in solchen Situationen hin.

Die römischen Quellen geben Zeugnis von einer Unzahl von Verhaltensweisen, durch welche Sklaven ihre Eigentümer zu schädigen versuchten: Nachlässigkeit bei der Erbringung ihrer Dienste, Sabotage, Denuntiation[5] oder Zauberei[6]. Viele Sklaven trachteten auch, sich durch Flucht[7] oder Selbstmord[8] der Gewalt ihrer Herren zu entziehen.

Vor allem aber aktive, gegen die Person des *dominus* gerichtete Widerstandshandlungen beunruhigten die Zeitgenossen. Die Erinnerung an die großen Sklavenaufstände der Republik, welche unter anderem von mißhandelten Sklaven ausgelöst worden waren[9], war in der frühen Kaiserzeit noch lebendig und brachte bei jeder Gelegenheit die Angst vor der Wiederholung ähnlicher Unruhen zum Ausbruch[10].

---

4 Vgl. H. STRASBURGER, Zum antiken Gesellschaftsideal (1976) 59 ff.; J. VOGT, Sklaverei und Humanität^2 (1972) 83 ff.; U.E. PAOLI, Das Leben im alten Rom^2 (1961) 146 und F. KUDLIEN, Sklaven-Mentalität im Spiegel antiker Wahrsagerei (1991) 150 ff.

5 R.H. BARROW, Slavery in the Roman Empire (1928) 27 f.; A. WATSON, RSL 1; M.I. FINLEY, Die Sklaverei in der Antike (1985) 133 ff.; E.M. SCHTAJERMAN, Die Krise der Sklavenhalterordnung im Westen des römischen Reiches (1964) 52 f.; K. BRADLEY 108, 115 f. und ders., Slaves and Masters in the Roman Empire (1984) 44 f.

6 Petron. 53 *genio male dicere*; ILS 3001.

7 Vor allem H. BELLEN 129 ff. Theophilus 1.8.2 verweist in seiner Erörterung der Reskripte darauf, daß Sklaven durch Selbstmord und Flucht ihren Eigentümer schädigen können.

8 Dazu W.L. WESTERMANN, Sklaverei, RE Suppl. VI (1935) 1054; E. M. STAERMAN, Der Klassenkampf der Sklaven zur Zeit des Römischen Kaiserreiches, in: H. SCHNEIDER (Hg.), Sozial- und Wirtschaftsgeschichte der römischen Kaiserzeit (1981) 330 f.; A. WACKE, Der Selbstmord im römischen Recht und in der Rechtsentwicklung, SZ 97 (1980) 70 ff. und K. BRADLEY 111 f.

9 Diod. 34.2.

10 Beispielsweise bei einem Aufstand von Gladiatoren 64 n.Chr. in Praeneste, der zwar sofort niedergeschlagen werden konnte, beim Volk trotzdem schlimmste Befürchtungen hervorrief (Tac.ann. 15.46 ... *iam Spartacum et vetera mala rumoribus ferente populo, ut est novarum rerum cupiens pavidusque*). Gleiches hatten die Bewohner Roms schon 21 n.Chr. befürchtet (Tac.ann. 4.27 ... *urbem ... , iam trepidam ob multitudinem familiarum, quae gliscebat inmensum, minore in dies plebe ingenua*).

Auch im häuslichen Bereich fürchtete man die kollektive Erhebung der Sklaven (*seditio domestica*)[11].

Aus der römischen Literatur oder aus Inschriften läßt sich die Angst und das Gefühl der Wehrlosigkeit gegenüber Morden oder Mordversuchen durch eigene Sklaven in aller Deutlichkeit nachvollziehen[12]. Daß die hart behandelten und erniedrigten Sklaven oft aus Rache ihre Eigentümer töteten, war sprichwörtlich: ... *proverbium iactatur, totidem hostes esse quot servos* (Sen.epist. 47)[13]. Aber selbst, wenn die Eigentümer ihre Sklaven milde behandelten, fühlten sie sich vor ihnen nicht immer sicher[14].

Widerstand gegen den *dominus* erkannte das römische Recht natürlich keine Berechtigung zu[15]. Nicht ohne Grund ließ Tacitus gerade den Juristen C. Cassius

---

Zu Aufständen von oder unter Beteiligung von Sklaven in der Kaiserzeit s. E.M. STAERMAN (Fn. 8) 308 ff.; W. RAITH, Spartacus (1981) 138 und F. KUDLIEN (Fn. 4) 51 f.

11 Vgl. D 42.4.7.4 (*Ulp 59 ad ed*) *Quid sit autem latitare, videamus. latitare est non, ut Cicero definit, turpis occultatio sui: potest enim quis latitare non turpi de causa, veluti qui tyranni crudelitatem timet aut vim hostium aut domesticas seditiones.*
Vor den *seditiones* der *familia servorum* warnt Columella (oben S. 92); zur *actio servi corrupti* gegen den, der die Sklaven zur *seditio* aufstachelt s. S. 76 Fn. 146.

12 Z.B. App.civ. 3.98; Plin.epist. 3.14, 6.25, 7.6, 8.14; Tac.ann. 14.42; Rhet.Her. 1.24; Sen.epist. 4.8, 107.5; Sen.nat. 1.16.1; D 21.1.23.3 (*Ulp 1 ed aedil curul*); Vat. 6; D 18.7.1 (*Ulp 32 ed*); D 29.5; PS 3.5.
CIL XIII 7070 = ILS 8511 ... *nam erupuit servos mihi vitam et ipse praecipitem sesse deiecit in amnem* ... Dazu P. VEYNE, Das Römische Reich, in: ders. (Hg.), Geschichte des privaten Lebens I (1989) 61 ff.

13 Sen.epist. 4.8. ... *nemo non servus habet in te vitae necisque arbitrium ... non pauciores servorum ira cecidisse quam regum.* Nach Ansicht Senecas war dafür allein die Grausamkeit der Herren verantwortlich: *Non habemus illos hostes, sed facimus* (Sen.epist. 47.5). Vgl. auch Sen.clem 1.18.2 *Quis non Vedium Pollionem peius oderat quam servi sui ...* und tranqu.anim. 8.8. Vgl. dazu M.T. GRIFFIN, Seneca. A Philosopher in Politics (1976) 264 f.
Ähnlich äußerte sich bereits Cato; vgl. Gell. 10.3.17 *Servi iniurias nimis aegre ferunt ...* und Liv. 3.16.3 ... *inter ceteros eminebat terror servilis ne suus cuique domi hostis esset ...*

14 Seinen Bericht über die brutale Ermordung des für seine Grausamkeit bekannten Larcius Macedo (Plin.epist. 3.14) beschließt Plinius mit der Mahnung, daß auch Milde keine Sicherheit biete, da die Sklaven keinen Unterschied machten (... *nec est, quod quisquam possit esse securus, quia sit remissus et mitis; non enim iudicio domini, sed scelere perimuntur*). Dazu H. KUCH, Zu Plinius, Epist. 3,14, in: J. HARMATTA (Hg.), Studien zur Geschichte und Philosophie des Altertums (1968) 170 ff.

15 Daß Augustus nach der Ermordung des Hostius Quadra (Sen.nat. 1.16.1) die Anwendung des *SC Silanianum* aussetzen ließ, weil er der Tat eine gewisse Berechtigung nicht absprechen konnte, blieb ein Einzelfall. Dazu H. VOLKMANN, Zur Rechtsprechung im Prinzipat des Augustus² (1969) 78 ff.; J.M. KELLY, Princeps Iudex (1957) 31 f.; Z. YAVETZ, Plebs and Princeps (1969) 35; D. NÖRR, C. Cassius Longinus: Der Jurist als Rhetor, FS Bengtson (1983) 196 und J.G. WOLF, Das Senatusconsultum Silanianum und die Senatsrede des C. Cassius Longinus aus dem Jahre 61 n. Chr. (1988) 31.

Longinus in der Senatsdebatte über die Hinrichtung der Sklaven des Pedanius Secundus (Tac.ann. 14.43) polemisch die Frage stellen:

> *"An ut quidam fingere non erubescunt, iniurias suas ultus est interfector ... ? pronuntiemus ultro dominum iure caeso videri!"*

Wenn man erwäge, von der harten Linie gegen die gefährlichen Sklaven abzugehen, könne der Senat ja ebensogut urteilsmäßig verkünden, der Sklave habe seinen *dominus* zu Recht getötet[16].

In der Rechtsordnung fand die Furcht vor den eigenen Sklaven im eben angesprochenen *SC Silanianum* ihren deutlichsten Niederschlag. Dieser 10 n.Chr.[17] erlassene Senatsbeschluß und spätere Ergänzungen und Verschärfungen bestimmten, daß alle Sklaven, die sich bei der Ermordung ihres Herrn mit ihm unter demselben Dach aufgehalten hatten, zu foltern und hinzurichten waren. Ausgenommen waren nur diejenigen, welche ihm nachweislich mit allen Mitteln Beistand geleistet hatten[18]. So sollten die Sklaven angehalten werden, den *dominus* gegen Angriffe von welcher Seite auch immer zu schützen[19]. In erster Linie hatte man dabei natürlich die Mitsklaven als potentielle Täter vor Augen[20]. Unschwer ist die Tendenz zu erkennen, nicht nur solidarisches Vorgehen der Sklavenschaft gegen den *dominus* zu verhindern, sondern alle Sklaven in ihrem eigenen Interesse zu "Leibwächtern" ihrer Herren zu machen. Noch Ulpian (*50 ed*, D 29.5.1 pr) begründet die Erlassung dieser Vorschriften folgendermaßen:

> *Cum aliter nulla domus tuta esse possit, nisi periculo capitis sui custodiam dominis tam ab domesticis quam ab extraneis praestare servi cogantur, ideo senatus consulta introducta sunt de publica quaestione a familia necatorum habenda.*

Auf den ersten Blick scheinen keine Gemeinsamkeiten zwischen dem *SC Silanianum* und den Reskripten des Antoninus Pius feststellbar zu sein[21]. Hinter den inhaltlich

---

16 Vgl. dazu D. NÖRR (Fn. 15) 196 und J.G. WOLF (Fn. 15) 30.

17 H. BELLEN, Antike Staatsräson, Gymnasium 89 (1982) 450 Fn. 5 tritt für eine Datierung 17 v. Chr. ein; dazu auch D. NÖRR (Fn. 15) 188 f. (m.w.N.).

18 D 29.5, PS 3.5. Zum Inhalt D. DALLA, Senatus Consultum Silanianum (1980); W.W. BUCKLAND 95 ff.; A. WATSON, RSL 134 ff.; O.F. ROBINSON, Slaves and the Criminal Law, SZ 98 (1981) 233 ff.; J.G. WOLF (Fn. 15) 10 ff. Weitere Angaben bei D. NÖRR (Fn. 15) 188 Fn. 5.

19 Vgl. Tac.ann. 14.44 *Multa sceleris indicia praeveniunt: si servi prodant, possumus singuli inter plures, tuti ... agere.* und dazu J.G. WOLF (Fn. 15) 12.

20 So D. DALLA (Fn. 18) 82 f.
W.W. BUCKLAND 95 und L. SCHUMACHER, Rezension von J.G. WOLF, Das Senatusconsultum Silanianum und die Senatsrede ... (1988), SZ 107 (1990) 641 ff. nehmen an, daß das *SC Silanianum* nur bei der Ermordung des *dominus* durch einen eigenen Sklaven zur Anwendung kam.

21 So M. KASER, RPR I 285 Fn. 25 und J.A. CROOK, *Strictum et aequum*: Law in the Time of Nero, IJ 5 (1970) 360. Der Widerspruch war den Zeitgenossen weniger bewußt als uns

grundverschiedenen Maßnahmen stand jedoch das übereinstimmende Bestreben, die Sklaven von Rachemaßnahmen gegen ihre Herren abzuhalten. Die Gegenüberstellung der wenigen Äußerungen zu den Reskripten mit der reichen Kasuistik zum *SC Silanianum* verdeutlicht, daß sogar die römischen Juristen in erster Linie der Abschreckung vertrauten[22]. Da selbst diese schweren Drohungen keinen hinreichenden Schutz boten[23], versuchte man mit anderen Methoden, die von den Sklaven ausgehenden Gefahren zu verringern[24].

Vergleichbare Hinweise auf Nützlichkeitserwägungen[25] wie in den Reskripten des Antoninus Pius findet man in der Verteidigung des *SC Silaninanum* durch Cassius (Tac.ann. 14.44 *Habet aliquid ex iniquo omne magnum exemplum, quod contra singulos utilitate publica rependitur*)[26].

---

heute. Für Plinius war es vereinbar, humane Sklavenbehandlung und die Durchführung des *SC Silanianum* zu befürworten; vgl. M.T. GRIFFIN (Fn. 13) 281.

22 Vgl. die Beurteilung des *SC Silanianum* durch A. WATSON (Fn. 1) 8: "The measure is harsh, but it is a brilliant legal solution to a fear that must bedevil all slaveowning societies." Ähnlich D. NÖRR (Fn. 15) 210: "Wie gerade die Existenz des SC Silanianum zeigt, gehört die Härte zu denjenigen Qualitäten, die man nicht hypokritisch verbarg, sondern offen zeigte."

23 S. Sen.clem. 1.26 *Crudelitatem privatorum quoque serviles manus sub certo crucis periculo ultae sunt ...*
Nicht jeder *dominus* überlebte einen Anschlag lange genug, um den "tröstlichen" Gedanken mit ins Grab zu nehmen, wenigstens noch die Hinrichtung seiner Sklaven erlebt zu haben (Plin.epist. 3.14 ... *non sine ultionis solacio decessit, ita vivus vindicatus, ut occisi solent*). Ähnliche Argumente verwendet Cassius bei Tac.ann. 14.44.
Zumindest in juristischen Quellen wird von Eigentümern berichtet, die ihren Sklaven die Hinrichtung ersparen wollten (D 29.5.1.38, *Ulp 50 ed* und D 29.5.2, *Call 5 cog*).

24 Coll 3.3.2 (*Ulp 8 off procons*) *Sed dominorum interest ...* Vgl. dazu H. BELLEN (Fn. 17) 464 f. und S. FARO, La *libertas ex divi Claudii edicto* (1996) 136 f.

25 Mit der *utilitas publica* wird zugleich eine wesentliche Grundlage der Prinzipatsverfassung angesprochen; s. H. BELLEN (Fn. 17) 453 ff. Ähnlich O. BEHRENDS, Römische Privatrechtsordnung und Grundrechtstheorie, in: G. DILCHER/N. HORN (Hg.) Sozialwissenschaften im Studium des Rechts IV: Rechtsgeschichte (1978) 41: "Der Mißbrauch des Individualrechts gefährdet die Institution, d.h. zugleich den Inbegriff aller gegenwärtigen und künftigen Individualrechte. Daher muß die Staatsgewalt, deren Hauptzweck eben der Schutz der Individualrechte ist, hier eingreifen." Die Auswirkungen der stoischen Sozialethik, welche das Programm der Adoptivkaiser bestimmte (so ders., Prinzipat und Sklavenrecht, in: U. IMMENGA [Hg.], Rechtswissenschaft und Rechtsentwicklung, 1980, 85 ff.), erblickt BEHRENDS darin, daß es "von einem Gesichtspunkt der Solidarität, hier dem der Sklaveneigentümer, zu einer immanenten Korrektur der strengen Individualrechte kommt."

26 Vgl. D. NÖRR (Fn. 15) 196, 205 ff.; H. BELLEN (Fn. 17) 456 f.; V. RUDICH, Political Dissidence under Nero (1993) 52 und R.A. BAUMAN, Lawyers and Politics in the Early Roman Empire (1989) 96 ff.

6.3. Humanitäre Motive?

Ausschlaggebend für die rechtliche Regelung der Sklaverei im frühen Prinzipat waren nach einer weit verbreiteten Ansicht humanitäre Ideen[27], die Einwirkungen der stoischen Philosophie[28] oder einzelner, vom Stoizismus geprägter Persönlichkeiten[29], insbesondere Senecas[30].

Die Ausdrücke *humanitas* und *humanus* bezeichneten für die Römer nicht eine allgemein verstandene Menschlichkeit, wie sie mit dem Wort Humanität heute primär verbunden wird, sondern das Ideal eines durch sittliche und geistige Bildung geprägten, selbstbestimmten Lebens[31]. Freie Selbstbestimmung und Sklaverei sind

---

27 Z.B. M. VOIGT, Römische Rechtsgeschichte II (1899) 476; A.M. DUFF, Freedmen in the Early Roman Empire (1928) 194 ff.; G. V. BESELER, Beiträge zur Kritik der römischen Rechtsquellen 5 (1931) 2; W. RICHTER, Seneca und die Sklaven, Gymnasium 65 (1958) 213; A.M. HONORÉ, Gaius (1962) 105; G. HÄRTEL, Einige Bemerkungen zur rechtlichen Stellung der Sklaven und zur Beschränkung der Willkür des Herrn gegenüber dem Sklaven bei der Bestrafung im 2./3. Jahrhundert u.Z. anhand der Digesten, Klio 59 (1977) 347; C. CASTELLO, "Humanitas" e "favor libertatis", Sodalitas V (1984) 2175 ff.; W. WALDSTEIN, Operae libertorum (1986) 195 ff., 397 ff.; J. GEBHARDT, Prügelstrafe und Züchtigungsrecht im antiken Rom und in der Gegenwart (1994) 196 ff. und S. FARO (Fn. 24) 110 ff.
Differenzierend J. A. CROOK, Law and Life of Rome (1967) 56; K. BRADLEY (Fn. 5) 127; H. BELLEN 69; TH. WIEDEMANN, Emperors and Gladiators (1992) 76 f. und A. SICARI, Leges venditionis (1996) 207. D. LIEBS, Der Schutz der Privatsfäre in einer Sklavenhaltergesellschaft: Aussagen von Sklaven gegen ihre Herren nach römischem Recht, Bull 83 (1980) 178 Fn. 164 rechnet damit, "daß hinter Pius' systemimmanent materialistischen Worten ein humanitäres Anliegen stecken könnte".

28 A. SCHNEIDER, Zur Geschichte der Sclaverei im alten Rom (1892) 37 ff.; P. BONFANTE, Corso di diritto romano I (1925; Ndr. 1963) 201; A.M. DUFF (Fn. 27) 195; M. LAURIA, Ius[2] (1962) 121; O. BEHRENDS (Fn. 25) 62 ff.; J. BLEICKEN, Verfassungs- und Sozialgeschichte des Römischen Kaiserreiches I[3] (1989) 333; zusammenfassend W.L. WESTERMANN, The Slave Systems of Greek and Roman Antiquity (1955) 116 f.; C.E. MANNING, Stoicism and Slavery in the Roman Empire, ANRW II/36.3 (1989) 1533 ff. und E. CAVALLINI, Legge di natura e condizione dello schiavo, Labeo 40 (1994) 78 ff.

29 Zu Hadrian s. F. PRINGSHEIM, The legal policy and reforms of Hadrian, Gesammelte Abhandlungen I (1961) 91 ff. und H. HÜBNER, Zur Rechtspolitik Kaiser Hadrians, FS Seidl (1975) 72 f.
R.H. BARROW (Fn. 5) 49 f. vermutet eine Vielzahl human gestimmter Persönlichkeiten vom Range eines Plinius, deren Äußerungen uns jedoch verlorengegangen sind.

30 S. v.a. W. RICHTER (Fn. 27) 196 ff. Seneca wird von zahlreichen Autoren auch als Initiator der Beschwerdemöglichkeit beim *praefectus urbi* angesehen; s. H.A. WALLON, Histoire de l'esclavage dans l'antiquité III[2] (1879; Ndr. 1974) 56; M. ROZELAAR, Seneca (1976) 299; J. CARCOPINO, Rom. Leben und Kultur in der Kaiserzeit[3] (1986) 94; C.E. MANNING (Fn. 28) 1532 Fn. 51 und J. GEBHARDT (Fn. 27) 196 ff. Vorsichtiger E. ELORDUY, Die Sozialphilosophie der Stoa (1936) 204 ff.; M.T. GRIFFIN (Fn. 13) 275 ff. kann keinen Einfluß Senecas erkennen.

31 Vgl. z.B. F. SCHULZ, Prinzipien des römischen Rechts (1934) 128 ff.; S. RICCOBONO (jr.), Humanitas, Atti del congresso internazionale di diritto romano e di storia del diritto (Verona 1948) II (1951) 207 ff.; H. HAFFTER, Die römische Humanitas, in: H.

jedoch die größtmöglichen Gegensätze[32]. Diesen Widerspruch hat schon F. SCHULZ, obwohl er die Humanität zu den "Prinzipien des römischen Rechts" zählte, formuliert[33]:

> "Die humanitas fordert Beseitigung des Instituts der Sklaverei oder wenigstens Einschränkung des Herrenrechtes und Annäherung der Sklavenstellung an die eines freien Arbeiters; aber dieses Postulat taucht in der antiken Humanitätsbewegung merkwürdig schüchtern auf. ... In der Kaiserzeit dringt die Humanität auch in der Sklavenfrage energischer vor. Seneca hat das Verdienst, mit großem Nachdruck zwar nicht die Beseitigung der Sklaverei, aber die humane Gestaltung des Sklavenverhältnisses gefordert zu haben ..."

Dieser Widerspruch prägte die theoretische Auseinandersetzung mit der Sklaverei als Einrichtung in der Antike[34]. Aufgrund ihrer Verbreitung bei allen Völkern des Mittelmeerraumes galt die Sklaverei als Grundtatsache menschlichen Zusammenlebens[35]. Das antike Denken stellte sich die Aufgabe, eine Begründung für die Existenz der Sklaverei zu liefern, nicht aber sie einer philosophischen Kritik zu unterziehen. Der Aspekt ihrer historischen Wandelbarkeit, die Möglichkeiten zur Verbesserung des Loses der Sklaven oder der Abschaffung der Sklaverei selbst wurden nicht Gegenstand philosophischer Auseinandersetzung.

OPPERMANN (Hg.) Römische Wertbegriffe (1967) 468 ff.; W. SCHADEWALDT, Humanitas Romana, ANRW I/4 (1973) 43 ff.; F. KLINGNER, Humanität und humanitas, in: ders., Römische Geisteswelt[5] (1984) 720 ff.; R.A. BAUMAN, The 'Leges iudiciorum publicorum' and their Interpretation in the Republic, Principate and Later Empire, ANRW II/13 (1980) 173 ff.; H. KUPISZEWSKI, Humanitas et le droit romain, in: J. E. SPRUIT (Hg.), Maior vinginti quinque annis (1979) 85 ff.; C. CASTELLO (Fn. 27) 2175 ff. und G. CRIFÒ, A proposito di *humanitas*, FS Waldstein (1993) 79 ff. (m.w.N.).

32 S. P. VEYNE, Humanitas: Die Römer und die anderen, in: A. GIARDINA (Hg.), Der Mensch in der römischen Antike (1991) 387 ff.; J. VOGT (Fn. 4) 70; E. PÓLAY, Die Sklavenehe und das römische Recht (1967) 41 f.; H. BELLEN 155 ff.; M.I. FINLEY (Fn. 5) 147; P. BIRKS, An Unacceptable Face of Human Property, FS Nicholas (1989) 62 und S. FARO (Fn. 24) 123 ff. Vgl. die polemische Auseinandersetzung mit dem Begriff der *humanitas* bei Cicero durch W. RAITH (Fn. 10) 54 ff.
Individuelle Humanität, wie sie die Stoa forderte, konnte diesen Widerspruch durch die Freilassung aufheben. Diese wird von Seneca aber nicht gefordert (vgl. unten Fn. 44).

33 F. SCHULZ (Fn. 31) 128 ff. (Zitate 145 und 148); dazu M. RAINER, Humanität und Arbeit im römischen Recht, SZ 105 (1988) 745 ff.

34 P. VEYNE (Fn. 12) 388 ff.

35 D 1.5.4.1 (*Florentin 9 inst*) *Servitus est constitutio iuris gentium, qua quis dominio alieno contra naturam subicitur.*

Innerhalb dieses Rahmens blieben die römischen Humanitätsvorstellungen[36] und die Stellungnahmen der stoischen Philosophie zur Sklaverei[37]. Selbst im berühmten 47. Brief an Lucilius[38], der die ausführlichsten Mahnungen zu menschlicher Sklavenbehandlung in der antiken Literatur enthält, begründet Seneca diese mit einem Appell an die Tugend des Herrn[39] und nicht mit der naturrechtlichen Gleichheit der Sklaven. Er tadelte *saevitia* und *avaritia*, Maßlosigkeit und Exzesse, als moralische Verfallserscheinungen und nicht als Verletzungen von Rechten der Sklaven[40]. Eine Handlungsanleitung, die über das hinausging, was ohnehin der allgemeinen Übung[41] entsprach[42], oder eine grundsätzliche Infragestellung der Sklaverei[43] leitete Seneca aus diesen Überlegungen nicht ab[44].

---

36 F. SCHULZ (Fn. 31) 146 betont, daß Cicero *humanitas* nie auf das Verhältnis Herr-Sklave anwendet. In der Gegenüberstellung von *utilitas* und *humanitas* in Cic.off. 3.89 (dazu S. 110 Fn. 16 und S. 111 Fn. 32) will SCHULZ keine eigene Stellungnahme Ciceros erkennen. Vgl. dazu W. DEN BOER, Private Morality in Greece and Rome (1979) 89 ff.

37 Vgl. C.E. MANNING (Fn. 28) 1519; A. DEMANDT, Der Idealstaat (1993) 51 und M. KASER, Ius gentium (1993) 58.
Die Stoa sieht den Menschen als von Natur aus frei an und legt das Hauptaugenmerk bei der Betrachtung der Dichotomie von Freiheit und Unfreiheit nicht auf die rechtliche, sondern auf die moralische Freiheit, welche einem Sklaven gleichermaßen zukommen kann. Daher erhebt sie keine Forderung nach Beseitigung oder Änderung der äußeren Unfreiheit. Vgl. M. POHLENZ, Die Stoa I^3 (1964) 136; B. HUWILER 219 ff.; K. BRADLEY 135 ff. und S. FARO (Fn. 24) 144 ff.; zu Seneca M.T. GRIFFIN (Fn. 13) 257 ff.

38 S. dazu W. RICHTER (Fn. 27) 199 ff.

39 Sen.epist. 47.1 *Hoc prudentiam tuam, hoc eruditionem decet.*

40 Dazu C.E. MANNING (Fn. 28) 1527 und K.D. BRACHER, Verfall und Fortschritt im Denken der frühen römischen Kaiserzeit (1987) 107 ff.; A.W. LINTOTT, Violence in Republican Rome (1968) 51; M.T. GRIFFIN (Fn. 13) 261 f. und K. BRADLEY 138 f.

41 Seneca integrierte nur allgemein verbreitete zeitgenössische Ideen in die Philosophie der Stoa. S. W. RICHTER (Fn. 27) 213; M.T. GRIFFIN (Fn. 13) 265, 274 ("... his standards for treatment were advanced but not shocking to his contemporaries; his philosophical principles were already clichés.") und C.E. MANNING (Fn. 28) 1526 f.
D. NÖRR (Fn. 15) 212, vermutet sogar, daß C. Cassius' Argumente in der Senatsdebatte nach der Ermordung des Pedanius Secundus (dazu oben S. 18 f.) bei Seneca Verständnis finden konnten. Andererseits gilt Seneca als bedeutendster Vertreter der von C. Cassius bekämpften Richtung; so z.B. D. NÖRR, Zur Biographie des Juristen C. Cassius Longinus, Sodalitas VI (1984) 2971 und M.T. GRIFFIN (Fn. 13) 275 f. Dagegen vermutet V. RUDICH (Fn. 26) 53 f., Seneca habe sich aus opportunistischen Motiven an dieser Debatte nicht beteiligt.

42 Wie Seneca (epist. 47.3 *Vive cum servo clementer, comiter quoque ...*) rät auch Columella (1.8.15) zum "kameradschaftlichen" Umgang mit Sklaven; darin sieht er allerdings ein Mittel der Gewinnsteigerung.

43 S. dazu E. MEYER, Die Sklaverei im Altertum, Kleine Schriften (1910) 211.
Zu einem gegensätzlichen Ergebnis gelangt aufgrund unhistorischer und apologetischer Interpretation der betreffenden Quellen jedoch R. MARCIC, Die Geschichte der Rechtsphilosophie (1971) 66.

44 Den rhetorischen Ausbruch Senecas (*"Servi sunt." immo homines. "servi sunt." immo contubernales. "servi sunt." immo humiles amici. "servi sunt." immo conservi, si cogitaveris*

Die Mentalität der römischen Sklavenhalter erkannte keinen Widerspruch zwischen hochherzigen theoretischen Postulaten und einer harten Praxis[45]. Vergleichbare Inkonsequenzen zeigt sogar die Rechtspolitik von als humanitär geltenden Kaisern wie Hadrian, Antoninus Pius oder Mark Aurel: Sie entschieden keineswegs stets in "sklavenfreundlichem" Sinn, sondern erließen ebenso Vorschriften, welche die Situation der Sklaven verschlechterten[46].

F. SCHULZ gelangte mit voller Berechtigung zu dem negativen Ergebnis, daß humanitäre Ideen die tatsächliche Lage der Sklaven zwar verbesserten, auf die Jurisprudenz jedoch nicht einwirkten[47]. Für die Erlassung der sklavenfreundlichen Gesetzgebung hielt er solche Ideen nicht für ausschlaggebend[48].

Die methodische Hauptschwierigkeit bei Beantwortung dieser Frage liegt darin, daß die Quellen keinerlei unmittelbare Hinweise auf humanitäre Triebfedern für die Schaffung der Vorschriften enthalten[49]. Folgert man aus der Erlassung der

---

tantundem in utrosque licere fortunae.) karikiert Petronius, indem er ihn dem betrunkenen Trimalchio in den Mund legt. Petron. 71 ... *et servi homines sunt et aeque unum lactem biberunt, etiam si illos malus Fatus oppressit.* Für Petronius' Leserschaft lag ein zusätzliches satirisches Element vielleicht gerade darin, daß Trimalchio daraus Konsequenzen zu ziehen bereit war (... *omnes illos in testamento meo manu mitto*). Vgl. dazu J.P. SULLIVAN, Petronius' 'Satyricon' and its Neronian Context, ANRW II/32.3 (1985) 1682. M.T. GRIFFIN (Fn. 13) 260 Fn. 1, dagegen beurteilt dies als Angriff auf den Exsklaven, "who has learned all too well to play the master".

45 Zu dieser Eigenheit der "Sklavenhaltermentalität" vgl. K. BRADLEY 132 ff.

46 S. die Auslegung des *SC Silanianum* zu Lasten einer *ancilla* durch Hadrian in D 29.5.1.28 (*Ulp 50 ed*, dazu H. HÜBNER, Fn. 29, 72), die Zulassung der Sklavenfolter in Finanzverfahren durch Antoninus Pius in D 48.18.9 pr (*Marcianus 2 iudic publ*) oder die Einführung neuer Freilassungsbeschränkungen durch Mark Aurel (D 40.9.17 pr., *Paul ls de libertat*; Text oben S. 19 Fn. 52). Vgl. auch E. CAVALLINI (Fn. 28) 78 ff. m.w.N.

47 F. SCHULZ (Fn. 31) 148 f.

48 Vgl. W.L. WESTERMANN (Fn. 28) 116: "The notable lack of enactments for the protection of slave interests emanating from the eight years when Seneca held political power gives sufficient evidence of the sterility of his teachings as measured by direct and practical results in legislation." Vgl. weiters M.T. GRIFFIN (Fn. 13) 275 ff.
Diese Argumentation hält W. RICHTER (Fn. 27) 218 für irreführend, da Senecas philosophische Werke, mit denen er seine Zeitgenossen und die Nachwelt zu beeinflussen versuchte, erst nach Beendigung der politischen Tätigkeit entstanden. Zweifel an philosophischen Einflüssen Senecas bei G.M. ROSS, Seneca's Philosophical Influence, in: C.D.N. COSTA (Hg.), Seneca (1974) 116 ff.

49 Spätere Zeugnisse, die rückblickend die Verleihung des Asylrechts an die kaiserlichen Statuen mit der *philantropia* begründen, bieten keine Gegenbelege. Zu einem *basilikòs nómos perì tôn prospheugónton en ekklesíai* (ACO I 1.4) vgl. F. v. WOESS 210 (bzw. den Anhang von E. SCHWARTZ 253 ff.); H. BELLEN 69; H. LANGENFELD 133 ff. und J. HERRMANN, Cod. Theod. 9,45: De his, qui ad ecclesias confugiunt, Kleine Schriften zur Rechtsgeschichte (1990) 355 f. und ders., Kaiserliche Erlasse zum kirchlichen Asylschutz für Sklaven, Kleine Schriften zu Rechtsgeschichte (1990) 366 f.
Die *humanitas*, mit der Honorius 419 n.Chr. die Erweiterung des Asylbereichs christlicher Kirchen motiviert (c. Sirmond. 13), entspricht nicht dem Humanitätsbegriff von

Vorschriften auf die dafür maßgeblichen Motive, so bieten sich zwei diametral entgegengesetzte Schlußfolgerungen an.

Eine Möglichkeit ist, daß es das Ziel war, die Lebenssituation der römischen Sklaven zu verbessern, und daß dafür humanitäre Motive ausschlaggebend waren.

Die andere wäre, daß sich die faktische Situation der Sklaven verschlechtert hatte und damit ein staatlicher Eingriff aus pragmatischen Gründen notwendig wurde[50].

Eine Verbesserung der tatsächlichen Situation im Gefolge der Reskripte läßt sich aus den Quellen jedenfalls nicht erweisen. Manche Vorschriften schränkten die Ausbeutung von Sklaven rein formell ein und sicherten damit die staatliche Kontrolle bestimmter Bereiche, z.B. den Verkauf von Sklaven als Gladiatoren oder von Sklavinnen an Bordellwirte[51]. In vielen Fällen sind hinter Vorschriften andere Motive als der Schutz der betroffenen Sklaven erkennbar: Die Vertragsklausel *ne serva prostituatur*, welche die verkaufte Sklavin zu sichern scheint[52], sollte in erster Linie das Ansehen des Verkäufers wahren[53]; die Anerkennung des Freikaufs *suis nummis* sollte verhüten, daß verzweifelte Sklaven, denen die versprochene Freiheit vorenthalten wurde, sich an ihren Herren rächten[54]. Das Verbot der Sklavenkastration erfolgte aus sittlichen Gründen[55].

6.4. Der Charakter der Sanktionen

Man kann auch versuchen, den Inhalt der Vorschriften und die Sanktionen gegen grausame Sklavenhalter als Maßstab des Interesses an einer effizienten Verbesserung der Lage der Sklaven und als Indizien für humanitäre Motive heranzuziehen. Die

F. SCHULZ (vgl. R.M. HONIG, Humanitas und Rhetorik in spätrömischen Kaisergesetzen, 1960, 75).

50 Das vermuten R.H. BARROW (Fn. 5) 29; H. STRASBURGER (Fn. 4) 58; U. v. LÜBTOW, Das römische Volk (1955) 627 und M.T. GRIFFIN (Fn. 13) 273 f.

51 H.A. Hadr. 18.9. Zur Kontrolle der Sklavenbestrafung s. unten S. 131.

52 So z.B. H. BARROW (Fn. 5) 47.

53 TH.A.J. MCGINN, Ne serva prostituatur, SZ 107 (1990) 345 ff. und oben S. 90.

54 G. HORSMANN, Die *divi fratres* und die *redemptio servi suis nummis*, Historia 35 (1986) 319 f.

55 W.W. BUCKLAND 37; A. WATSON, RSL 123; P. GUYOT, Eunuchen als Sklaven und Freigelassene in der griechisch-römischen Antike (1980) 45 ff. und S. FARO (Fn. 24) 130 f. Das damit verbundene Verbot der Sklavenbeschneidung entsprang einer (zeitweilig) antijüdischen Politik. Dazu z.B. E.M. SMALLWOOD, The Jews under Roman Rule (1976) 429 f., 469 f.; A.M. RABELLO, The Legal Condition of the Jews in the Roman Empire, ANRW II/13 (1980) 699 ff. und H. LANGENFELD 42 ff.

Untersuchung des Inhalts der Reskripte hat ergeben, daß sie keine Neuerungen enthielten[56].

Analysiert man das Verfahren und die Sanktionen, mit denen auf Verstöße gegen diese Vorschriften reagiert wurde (oder wenigsten werden sollte) aus den Perspektiven der Beteiligten, des Sklaven und seines *dominus*, so wird deutlich, wessen Interessen in erster Linie geschützt wurden.

Für den Sklaven stellte die Entscheidung zur Beschwerde einen schwerwiegenden Schritt dar: Er mußte zuerst mit praktischen Hindernissen rechnen, einen zuständigen Beamten zu erreichen. Die Hauptschwierigkeit im anschließenden Verfahren bestand darin, die Voreingenommenheit des untersuchenden Beamten zu überwinden und ihn davon zu überzeugen, daß die Übergriffe des *dominus* das gesellschaftlich akzeptierte Maß überschritten hatten. Gelang ihm dies nicht, so hatte er mit einer Bestrafung zu rechnen. Aber selbst die erfolgreiche Beschwerde war mit weitreichenden negativen Konsequenzen verbunden: Durch den Verkauf wurde er aus seinem bisherigen sozialen Umfeld gerissen und verlor den Kontakt mit den Mitgliedern seiner - rechtlich ohnedies nicht anerkannten - Familie[57]. Im Ergebnis unterschied sich eine erfolgreiche Beschwerde damit von einer Bestrafung des Sklaven nur wenig[58]. Dazu kam für den verkauften Sklaven die Ungewißheit über den neuen Eigentümer, der ja keineswegs milder sein mußte, als der bisherige *dominus*[59].

Demgegenüber waren die Nachteile des *dominus* aus einer gegen ihn ergangenen Entscheidung geringfügig. Er hatte nicht mehr zu befürchten, als den Verkauf und einen unter dem üblichen Marktwert des Sklaven liegenden Kaufpreis hinnehmen zu müssen. Ob ihm aus dem öffentlichen Ruf, ein "Sklavenschinder" zu sein, schwerwiegende Nachteile erwuchsen, darüber lassen sich nur Spekulationen anstellen[60].

Auch gibt es keinen Nachweis dafür, daß die wohl weiterhin häufigen Verletzungen dieser Vorschriften von späteren Kaisern zum Anlaß genommen worden wären, die Gebote neuerlich in Erinnerung zu rufen[61], wie dies beispielsweise beim Kastrationsverbot[62] oder dem Verbot, Sklaven ohne Genehmigung als Gladiatoren zu verkaufen, der Fall war[63].

---

56 Oben S. 91 ff. Vgl. P. VEYNE (Fn. 12) 75, der die hauptsächliche Änderung in einer "Moralisierung" der Sklaverei sieht, die weder die tatsächliche Lage der Sklaven verbesserte, noch mit einer rechtlichen Besserstellung einherging.

57 S. dazu K. BRADLEY 54 ff., der versucht, die gravierenden Auswirkungen eines Verkaufs auf die Psyche von Sklaven zu rekonstruieren.

58 Zur Versetzung oder dem Verkauf als Strafmaßnahme vgl. oben S. 113 Fn. 30.

59 Im griechischen Recht wurde ein Verkauf an einen besseren Herrn gefordert; vgl. Plut. de superstitione 4 (Moralia 166 d).

60 Zur gesellschaftlichen Mißbilligung der Sklavenmißhandlung s. oben S. 13 Fn. 13.

61 Das vermutet aber A. WATSON (Fn. 1) 37.

62 Vgl. dazu unten S. 133 f.

63 *Lex Petronia* 19 n.Chr., wiederholt durch ein Reskript der *divi fratres* in D 18.1.42 (*Marcian 1 inst*); dazu W.W. BUCKLAND 36.

6.5. Pragmatische Motive?

Zutreffender sind m.E. daher die Urteile jener Autoren, die auf die in den Quellen explizit angesprochenen Motive vertrauen und den pragmatischen Charakter der Gesetzgebung hervorheben[64]. Aber hier muß vor ideologischen Verzerrungen und Überinterpretationen gewarnt werden. Dies gilt einerseits für eine marxistische Auffassung, welche im Sklavenschutzrecht das Ergebnis eines in den Quellen nicht belegten "Klassenkampfes der Sklaven" erblickt[65]. Zu relativieren ist auch die Ansicht, wonach die kaiserlichen Aktivitäten bewußte und planende Reaktion auf ökonomische[66] oder soziale Krisen[67] waren. Dabei werden die theoretischen Möglichkeiten zur Erkenntnis solcher Zusammenhänge[68] und die Fähigkeiten zur Planung in der Antike überschätzt.

---

64 Vgl. bereits A. PERNICE, Marcus Antistius Labeo I (1873) 115 ff.; W.L. WESTERMANN (Fn. 28) 117; O. KIEFER, Sexual Life in Ancient Rome (1934; Ndr. 1994) 95; S. SOLAZZI, L'abuso del diritto in Gai. 1.53, Scritti di diritto romano VI (1972) 668; K. BRADLEY 172 und ders. (Fn. 5) 129; H. BELLEN 70; W. WILLIAMS, Individuality in the Imperial Constitutions: Hadrian and the Antonines, JRS 66 (1976) 77; A. WATSON, RSL 127; S. TREGGIARI, Questions on Women Domestics in the Roman West, in: Schiavitù, manomissione e classi dipendenti nel mondo antico (1979) 192 f.; TH. WIEDEMANN, Greek and Roman Slavery (1981) 13; F. DE MARTINO, Wirtschaftsgeschichte des alten Rom[2] (1991) 309; G. BOULVERT/M. MORABITO, Le droit de l'esclavage sous le Haut-Empire, ANRW II/14 (1982) 142; V. SCARANO USSANI, L'utilità e la certezza (1987) 62; V. MAROTTA, Multa de iure sanxit (1988) 330; G. HORSMANN (Fn. 54) 315 f., 320 f.

J. VOGT (Fn. 4) 92 spricht vom Zusammenwirken der "harten Tatsachen des sozialen und wirtschaftlichen Prozesses ... mit den philosophischen und religiösen Antrieben auf die Milderung der Sklaverei hin". Ähnlich auch P.A. MILANI, La schiavitù nel pensiero politico (1972) 281 f.; B. HUWILER 263 f.; G. HÄRTEL (Fn. 27) 347; N. SCAPINI, I riferimenti alla *ratio* nelle Istituzioni di Gaio, in: Il modello di Gaio nella formazione del giurista (1981) 330 ff. (dazu die Rezension von R. WILLVONSEDER, SZ 101, 1984, 365); A. SICARI (Fn. 27) 200, 205 und G. GILIBERTI, Studi sulla massima "*Caesar omnia habet*" (1996) 146 f.

M.T. GRIFFIN (Fn. 13) 273 f., sieht den Anlaß zur Gesetzgebung in der zunehmend grausamer werdenden Sklavenbehandlung und der daraus resultierenden Angst vor Revolten. Als weitere Faktoren hebt sie hervor, daß die Staatsgewalt über Mittel zur Intervention verfügte und der politische Wille vorhanden war, diese einzusetzen. Die 'humane' Gesetzgebung war auch ihrer Auffassung nach das Ergebnis utilitaristischer Überlegungen.

65 Z.B. E.M. SCHTAJERMAN (Fn. 5) 73 f.; dies. (Fn. 8) 307 ff. und differenzierend G. HÄRTEL (Fn. 27) 347.

66 So ST. BRASSLOFF, Sozialpolitische Motive in der römischen Rechtsentwicklung (1933) 62 (" ... hauptsächlich wirtschaftliche Erwägungen, insbesondere die Erkenntnis, daß aus Gründen des öffentlichen Interesses der Güterbestand der Nation nicht willkürlich vermindert werden dürfe ...") und ähnlich, wenngleich mit marxistischer Färbung, E. PÓLAY, Das "regimen morum" des Zensors und die sogenannte Hausgerichtsbarkeit, St. Volterra III (1971) 276 ff.

67 Z.B. E. PÓLAY (Fn. 32) 47 f. und G. HÄRTEL (Fn. 27) 347.

68 Vgl. M.I. FINLEY, Ancient Economy[2] (1992) 19 ff.

Bei der Frage nach den Motiven des Antoninus Pius hat sich die moderne Wissenschaft auf ein Terrain begeben, in dem eindeutige Aussagen der Quellen fehlen und jede Antwort - wie die Vielzahl der einander widersprechenden Meinungen deutlich zeigt - stark von der persönlichen Haltung des Forschers geprägt ist[69]. Dabei wäre schon die Fragestellung an sich diskussionswürdig, wird durch sie doch ohne weiteres unterstellt, diese Regelungen hätten aus der Sicht des Antoninus Pius oder seiner Zeitgenossen einer speziellen Begründung oder Rechtfertigung bedurft.

Um die bisherige Tradition zur rechtlichen Norm zu erheben, brauchte der Kaiser keine tiefergehenden Begründungen. Die Motive, aus denen die traditionellen Maßstäbe normalerweise eingehalten wurden, ließen sich genauso als Argumente zur Legitimation seines Eingriffs ins Treffen führen. Mit dem Hinweis auf den Nutzen der Eigentümer rief der Kaiser die seit Generationen bekannten Erfahrungen in Erinnerung, daß maßvoll behandelte Sklaven leicht beherrschbar und nutzbar waren, während mißbrauchte Sklaven nach Gelegenheiten zur Rache suchten. Daher sollte man hinter diesen Äußerungen nicht eine ausgearbeitete Theorie, philosophische Einflüsse oder eine Reaktion auf krisenhafte Vorgänge vermuten.

Unter pragmatischen Gesichtspunkten betrachtet, ergeben diese Rechtsetzungsakte zusammen mit anderen legistischen Maßnahmen des Antoninus Pius im Bereich des Sklavenrechts ein einheitliches Gesamtbild: Die Leitlinie war die Sicherstellung der Beherrschung der Sklaven, einerseits durch die Verpflichtung zur anständigen Behandlung und andererseits durch die staatliche Unterstützung bei der Verfolgung von *fugitivi*[70].

6.6. Strafbarkeit der Sklavenmißhandlung?

In diesen Zusammenhang gehört die Frage, ob neben dem Zwangsverkauf weitere Sanktionen verhängt werden konnten. Die juristischen Quellen enthalten nur ein eindeutiges Zeugnis dafür, daß die Mißhandlung des eigenen Sklaven bestraft wurde.

---

69 Vgl. z.B. die Ausgangsposition von W. HÜTTL, Antoninus Pius (1936) 85 ff.: "Beseelt von dem Geiste der Philanthropie und des Wohlwollens traf Antonin ... Verfügungen, die den Schutz der Persönlichkeit des Sklaven bezweckten" (85). Daraus folgt: " ... und mag auch die offizielle Begründung auf das Interesse der Eigentümer selber hinweisen, so schließt dies gleichwohl nicht aus, daß sie auch aus Gründen der Humanität erlassen worden waren" (87). Vgl. weiters die in Fn. 27 zitierten Autoren.

70 So dehnte ein Reskript (D 11.4.3, *Ulp 7 off proc*) die bis dahin nur in Italien und Rom nach einer *lex Fabia* bestehende Möglichkeit, bei der Suche nach flüchtigen Sklaven fremde Grundstücke zu betreten, auf das gesamte Reich aus. Weiters verringerte Antoninus Pius die Möglichkeiten, durch die sich ein *fugitivus* seinem Herrn entziehen konnte, indem er den Verfall an den *fiscus* als Folge der Flucht außer Landes (D 39.4.16.4, *Marcian ls delator*) und den Verlust des Eigentumsrechts an Sklaven, die sich freiwillig in die Arena meldeten (D 11.4.5, *Tryphonin 1 disp*) abschaffte. Weiters dürfte das *SC Modestianum*, welches die Behinderung der Sklavenverfolgung mit einer Mult von 10.000 Sesterzen bedrohte, unter seiner Herrschaft erlassen worden sein. S. dazu H. BELLEN 10 f. und W. HÜTTL (Fn. 69) 93 .

Coll 3.3.4 (*Ulp 8 off proc*) *Divus etiam Hadrianus Umbram quandam matronam in quinquennnium relegavit, quod ex levissimis causis ancillas atrocissime tractaret.*

Eine gewisse Umbra oder Umbricia[71] war von Hadrian wegen unbegründeten Quälens ihrer Sklavinnen auf fünf Jahre verbannt worden. Ulpian nahm diese Entscheidung in seine *libri de officiis proconsulis* auf, weil die Gründe der Verbannung mit den Beschwerdegründen des davor zitierten Reskripts (Coll 3.3.2 f., *Ulp 8 off proc*) übereinstimmten. Bedeutet dies, daß (zumindest seit Hadrian) die Mißhandlung eines eigenen Sklaven generell strafbar war[72], oder referierte Ulpian an dieser Stelle nur eine Einzelentscheidung[73]?

Für die These, daß die Sklavenmißhandlung generell strafbar war, bietet dieser einzelne Text keine überzeugende Grundlage. Es muß auffallen, daß Hadrians Entscheidung die Mißhandlung von *ancillae* durch eine Frau betraf. Daß Frauen aus purer Launenhaftigkeit dazu neigten, ihre *ancillae* zu quälen, war ein - wohl in erster Linie unter Männern verbreitetes - Stereotyp, für das nicht nur die Werke der misogynen römischen Satiriker zahlreiche Belege bieten[74]. Diese Autoren zeichneten bewußt Zerrbilder "entmenschter Weiber" (L. FRIEDLÄNDER[75]), in denen die Grausamkeit gegen die Sklavinnen nur ein Anzeichen unter vielen für den allgemeinen Niedergang weiblicher Moral in der Kaiserzeit war. Hinter solchen Äußerungen standen weder Mitleid noch Sorge um die Sklavinnen. Während der gute Ruf eines Mannes in der römischen Öffentlichkeit nicht unbedingt darunter litt, wenn ihm

---

71 D 1.6.2 (*Ulp 8 off procons*). Ob damit ihr Name oder ihre Herkunft gemeint ist, ist nicht klar. Für die erste Möglichkeit A. WACKE, Ursprung der eingeschränkten Arbeitnehmerhaftung, Recht der Arbeit 40 (1987) 327; die zweite Lösung vertritt z.B. F. AFFOLTER, Die Persönlichkeit des herrenlosen Sklaven (1913) 134 Fn. 3.

72 Für einen Einzelfall B. D'ORGEVAL, L'empereur Hadrien (1950) 66 und M. KASER, RPR I 286.
Die allgemeine Strafbarkeit nehmen an H. SCHILLER, Geschichte der römischen Kaiserzeit I/2 (1883) 622; F. PRINGSHEIM (Fn. 29) 93 f.; U.E. PAOLI (Fn. 4) 146 und vorsichtig E. LEVY, Gesetz und Richter im kaiserlichen Strafrecht, Gesammelte Schriften II (1963) 461.
Für eine Strafbarkeit ab der antoninischen Zeit B. ALBANESE, Le persone nel diritto privato romano (1979) 112 und D. LIEBS (Fn. 27) 178.
Von einer Strafbarkeit der Sklavenmißhandlung geht weiters S. FARO (Fn. 24) 138 aus (seine Belegstellen betreffen aber ausschließlich Fälle der Tötung durch einen Dritten).

73 Zur Nichtverallgemeinerungsfähigkeit von Reskripten für einen Einzelfall vgl. D 1.4.1.2 (*Ulp 1 inst*) *Plane ex his quaedam sunt personales nec ad exemplum trahuntur: nam quae princeps alicui ob merita indulsit vel si quam poenam irrogavit vel si cui sine exemplo subvenit, personam non egreditur.*

74 Vgl. die Belege bei L. FRIEDLÄNDER/G. WISSOWA, Darstellungen aus der Sittengeschichte Roms I[10] (1922; Ndr. 1964) 287 f. und O. KIEFER (Fn. 64) 90 ff.; weiters Propert. 4.7.35 ff.

75 L. FRIEDLÄNDER/G. WISSOWA I (Fn. 74) 287.

Grausamkeit gegen seine Sklaven nachgesagt wurde[76], war der Maßstab bei Frauen strenger. Frauen, die ihre Sklaven brutal behandelten, wurden moralisch schärfstens verurteilt[77]. Hadrians strenges Vorgehen gegen eine Frau aus der Oberschicht paßt in dieses Bild einer "doppelten Moral"[78].

E. LEVY hat in diesem Zusammenhang vorgeschlagen, eine Notiz aus der Biographie Hadrians (18.7) in der *Historia Augusta* neu zu interpretieren[79]: *Servos a dominis occidi vetuit eosque iussit damnari per iudices, si digni essent.* Nach dem üblichen Verständnis bedeutet der Text, daß Hadrian die Hinrichtung von Sklaven durch ihre Herren von einer vorhergehenden gerichtlichen Entscheidung abhängig machte[80]. Dagegen versucht E. LEVY *eosque* auf *dominos* zu beziehen. Er muß aber selbst eingestehen, daß dies nicht einmal die Strafbarkeit der Sklaventötung unter Hadrian sicher beweist[81]. Ein Größenschluß auf die Strafbarkeit der Sklavenmißhandlung läßt sich daraus nicht ziehen.

Da die von Hadrian gegen die Matrone ausgesprochene Strafe der *relegatio in insulam* auch vom *praefectus urbi* bzw. den Statthaltern verhängt werden konnte[82] und diese Beamten zugleich über die Beschwerden von Sklaven gegen ihre Herren zu

---

76 Selbst von Hadrian wird berichtet, er habe im Zorn einem Sklaven ein Auge ausgeschlagen (Gal.an.affect 4.8). Zweifel an dieser Überlieferung bei W.L. WESTERMANN (Fn. 8) 1054. Zu Augustus' gleichermaßen grausamen Verhalten gegen seine Sklaven vgl. Suet.Aug. 67. Eine Ausnahme bildete der "Extremfall" des Vedius Pollio (vgl. oben S. 20), der aber aus sozialer Geringschätzung so streng beurteilt wurde.

77 Vgl. auch V. MAROTTA (Fn. 64) 330.

78 H. HÜBNER (Fn. 29) 72, vermutet, daß die *equites* im *consilium* "einer Angehörigen des senatorischen Standes einen Denkzettel" erteilen wollten.

79 E. LEVY (Fn. 72) 461 Fn. 182.

80 H.A. WALLON (Fn. 30) 56; H. SCHILLER (Fn. 72) 622; A. SCHNEIDER (Fn. 28) 23; W.W. BUCKLAND 37; P. BONFANTE (Fn. 28) 201; W. HÜTTL (Fn. 69) 86; W.L. WESTERMANN (Fn. 28) 115; H. HÜBNER (Fn. 29) 72; M. MORABITO, Les réalités de l'esclavage d'après le Digeste (1981) 230 f.; G. BOULVERT/M. MORABITO (Fn. 64) 117 und B. HUWILER 259 f.
Die Richtigkeit der Nachricht bezweifeln TH. MOMMSEN, StR 617 Fn. 2; B.W. HENDERSON, The Life and Principate of the Emperor Hadrian A.D. 76 - 138 (1923; Ndr. 1968) 209 und O. ROBLEDA, Il diritto degli schiavi nell'antica Roma (1976) 87 Fn. 389.

81 Diese Interpretation vertritt aber E. PÓLAY (Fn. 32) 39.

82 D 1.12.1.3 (*Ulp ls off praef urbi*) *Relegandi deportandique in insulam, quam imperator adsignaverit, licentiam habet.*
Die Provinzstatthalter bedurften dafür einer kaiserlichen Genehmigung s. D 48.22.6.1 (*Ulp 9 off procons*) *Deportandi autem in insulam ius praesidibus provinciae non est datum, licet praefecto urbi detur: hoc enim epistula divi Severi ad Fabium Cilonem praefectum urbi expressum est. praesides itaque provinciae quotiens aliquem in insulam deportandum putent, hoc ipsum adnotare debeant, nomen vero eius scribendum principi, ut in insulam deportetur: sic deinde principi scribere missa plena opinione, ut princeps aestimet, an sequenda sit eius sententia deportarique in insulam debeat. modo autem tempore, dum scribitur, iubere eum debet in carcere esse.*
Dazu A. SCHILLER, The Jurists and the Prefects of Rome, Bull 57/58 (1953) 74 f. und E. SACHERS, Praefectus urbi, RE XXII (1954) 2522.

entscheiden hatten, hat F. AFFOLTER vermutet, daß diese Strafe regelmäßig bei Sklavenmißhandlungen verhängt wurde[83]. Aber diese Vermutung findet in anderen Quellen keine Bestätigung.

Die übrigen in Frage kommenden Stellen ergeben keine hinreichend klaren Belege für die Bestrafung der Sklavenmißhandlung. Auf den ersten Blick mehrdeutig ist Gaius' Feststellung (1.53):

> *... Sed et maior quoque asperitas dominorum per eiusdem principis (sc. Antonini Pii) constitutionem coercetur...*

Das von Gaius verwendete Wort *coercetur* könnte in diesem Zusammenhang sowohl die bloße Einschränkung der Befugnisse des Herrn als auch die Bestrafung von Mißhandlungen bedeuten[84]. Der sonstige Sprachgebrauch bei Gaius[85] und die Gegenüberstellung von *coercere*[86] bei der Mißhandlung und *teneri*[87] bei der Sklaventötung legen die erste Bedeutung nahe. Mit Recht wurde diese Stelle daher so

---

83 F. AFFOLTER (Fn. 71) 93, 135. In diesem Sinn F. PRINGSHEIM (Fn. 29) 94 und U.E. PAOLI (Fn. 4) 146.

84 Unentschieden M. DAVID/H.L. W. NELSON, Gai Institutionum Commentarii IV. Kommentar (1954) 74.

85 Es sind sechs Texte überliefert, in denen das Wort von Gaius gebraucht wird: *3 ed provinc* (D 3.4.1 pr), *2 rer cott* (D 41.1.3.2), *inst* 1.53 (D 1.6.1.2), 2.67, 2.235 und 4.174. Zweimal davon ergibt sich aus dem Kontext die Bedeutung "bestrafen": Gai 2.235 ... *Poenae autem nomine legari videtur, quod coercendi heredis causa relinquitur* ... und Gai 4.174 *Actoris quoque calumnia coercetur modo calumniae iudicio, modo contrario, modo iureiurando, modo restipulatione.*
Am nächsten kommt der zitierten Stelle D 3.4.1 pr (*Gai 3 ed provinc*), wobei *coercere* die Bedeutung "beschränken, einschränken" hat: *Neque societas neque collegium neque huiusmodi corpus passim omnibus habere conceditur: nam et legibus et senatus consultis et principalibus constitutionibus ea res coercetur. ...* Vgl. H. HEUMANN/E. SECKEL, Handlexikon zu den Quellen des römischen Rechts[11] (1971) 74 s.v. *coercere.*
Vgl. weiters den Sprachgebrauch bei Tac.ann. 11.13 *Et lege lata saevitiam creditorum coercuit, ne in mortem parentum pecunias filiis familiarum faenori darent* ... und Suet.Vesp. 11 *Libido atque luxuria coercente nullo invaluerat; auctor senatui fuit decernendi* ... (jeweils zur Erlassung des *SC Macedonianum*).

86 Vgl. D 24.3.24.5 (*Ulp 33 ed*); oben S. 111.

87 Dazu und zur Abänderung in das eindeutigere *puniri* in IJ 1.8.2 und D 1.6.2.1 (*Gai 1 inst*) F. WIEACKER, Oströmische Gaiusexemplare, FS Schulz II (1951) 121 f.; H.L.W. NELSON, Überlieferung, Aufbau und Stil von Gai Institutiones (1981) 205 f. und M. DAVID/H.L.W. NELSON (Fn. 84) 72 ff.

verstanden, daß Antoninus Pius die Befugnisse der Herren einschränkte[88], nicht aber, daß er für die Sklavenmißhandlung Strafen festsetzte[89].

Die Drohung des Antoninus Pius (... *si meae constitutioni fraudem fecerit, sciet me admissum severius executurum*) richtete sich allein gegen die Übertretung des konkreten Reskripts durch Iulius Sabinus und bietet damit also weder für sich allein, noch im Kontext mit anderen Quellen einen Beleg für die Strafbarkeit[90]. Einen so massiven Eingriff in die *dominicia potestas* hätte Antoninus Pius kaum in Andeutungen verfügt. Weder die Mehrfachüberlieferung noch die Institutionenparaphrase des Theophilus (1.8.2) bieten einen Hinweis, daß diese Texte von späteren Juristen als Straftatbestände interpretiert wurden.

Der zurückhaltende Einsatz von Zwangsmitteln zur Bekämpfung von Übergriffen gegen eigene Sklaven bildet ein Indiz für eine bewußt vorsichtige kaiserliche Rechtspolitik in diesem Bereich. Ganz besonders deutlich wird dies bei einem Vergleich mit den Sanktionen für die (Sklaven-)Kastration[91].

> D 48.8.4.2 (*Ulp 7 off proc*) *Idem divus Hadrianus rescripsit: "Constitutum quidem est, ne spadones fierent, eos autem, qui hoc crimine arguerentur, Corneliae legis poena teneri eorumque bona merito fisco meo vindicari debere, sed et in servos, qui spadones fecerint, ultimo supplicio animadvertendum esse: et qui hoc crimine tenentur, si non adfuerint, de absentibus quoque, tamquam lege Cornelia teneantur, pronuntiandum esse. plane si ipsi, qui hanc iniuriam passi sunt, proclamaverint, audire eos praeses provinciae debet, qui virilitatem amiserunt: nemo enim liberum servumve invitum sinentemve castrare debet, neve quis se sponte castrandum praebere debet. at si quis adversus edictum meum fecerit, medico quidem, qui exciderit, capitale erit, item ipsi qui se sponte excindendum praebuit".*

Bereits Domitian hatte die Kastration mit der *poena legis Corneliae* bedroht. Dabei wurde durch Strafverfahren und Strafen vorgegangen, ohne daß es auf die Initiative des betroffenen Sklaven ankam. Diese Vorschriften konnten die Sklavenkastration nicht erfolgreich bekämpfen, wie ihre oftmalige Wiederholung zeigt. Sie belegen je-

---

88 Z.B. A. WATSON, RSL 120; J.B. MOYLE, The Institutes of Justinian^5 (1913) 11; F. DE ZULUETA, The Institutes of Gaius I (1946; Ndr. 1958) 17; J.A.C. THOMAS, The Institutes of Justinian (1975) 24; W.M. GORDON/O.F. ROBINSON, The Institutes of Gaius (1988) 47; O. BEHRENDS/R. KNÜTEL/B. KUPISCH/H.H. SEILER, Corpus Iuris Civilis I (1990) 13.

89 Im Sinne von Bestrafung übersetzen die Stelle aber J. LAMMEYER, Die Institutionen des Gaius (1929) 25 und L. HUCHTHAUSEN, Römisches Recht^3 (1989) 20. In der Literatur wird diesem Verständnis nirgends gefolgt.

90 Anders F. AFFOLTER (Fn. 71) 134 Fn. 3 und G. HÄRTEL (Fn. 27) 340; vorsichtig dafür E. LEVY (Fn. 72) 461.

91 TH. MOMMSEN, StR 637; K.H. BELOW, Der Arzt im römischen Recht (1953) 128 ff.; A. WATSON, RSL 123; P. GUYOT (Fn. 55) 45 ff. und D. DALLA, L'incapacità sessuale in diritto romano (1978) 71 ff. Zur Effizienz der Vorschriften äußerst skeptisch K. BRADLEY (Fn. 5) 128 f. und P. GUYOT (Fn. 55) 51.

doch klar, daß strengere Sanktionen zum Schutz der Sklaven auch gegen andere Übergriffe durchaus möglich gewesen wären.

6.7. Ergebnisse

Es ist gezeigt worden, daß die Reskripte des Antoninus Pius keine neuen Maßstäbe für die Sklavenbehandlung festsetzten und daher nicht als Versuch zur grundlegenden Reform der römischen Sklaverei mißverstanden werden sollten. Daher verliert die Frage, welche Motive hinter diesem Schritt des Kaisers standen, die bisher zu gegensätzlichen Vermutungen Anlaß gegeben hat, ihre grundlegende Bedeutung. Vorschriften, die keine inhaltliche Neuorientierung versuchten, sondern sich gegen Exzesse richteten und die altbewährten Maßstäbe wieder in Erinnerung riefen, bedurften keiner Rechtfertigung. Der Rückgriff auf die Tradition reichte im Mißbrauchsfall auch als Legitimation zum Eingriff in die Rechtsposition des einzelnen Sklavenhalters. Nach der konservativen römischen Grundeinstellung galt die übliche Sklavenbehandlung als die ideale, weil bewährte Form. Und es war wohl jedem Römer bewußt, daß ein Abweichen von den überlieferten Traditionen die Sklaven zur Rebellion aufstacheln konnte und damit gefährlich war.

Der konkrete Inhalt der allgemein gefaßten Vorschriften ergab sich aus dem Rekurs auf die übliche Praxis. Für die Reichweite des Schutzes, den sie Sklaven damit gaben, waren die Durchsetzungsmechanismen von wesentlicher Bedeutung. Die Schwierigkeiten, den zuständigen Beamten zu erreichen und diesen von den Übergriffen zu überzeugen, sind leicht vorstellbar; dazu kam, daß selbst die erfolgreiche Beschwerde dem Sklaven Nachteile brachte. Wahrscheinlich nahmen Sklaven diese Risiken nur bei gravierenden Übergriffen auf sich. Dies erklärt auch, weshalb bei den wenigen Stellungnahmen römischer Juristen zu den Reskripten das Hauptgewicht auf dem Mißbrauchsverbot lag.

Ohne das Vorliegen einer Beschwerde war von Pflichten des *dominus* gegen eigene Sklaven keine Rede. Diese inhaltlichen Grenzen des Sklavenschutzes machten diese legislativen Akte dennoch nicht bedeutungslos. Wichtig war die Tatsache ihrer Erlassung. Dadurch wurde deutlich, daß der Staat den Anspruch erhob, in Kernbereiche der Sklaverei rechtlich normierend einzugreifen. So wurde die Sklaverei staatlicher Aufsicht und Intervention unterworfen und erstmalig mittels ausformulierter Rechtsnormen die Macht der Eigentümer beschränkt und Sklaven Abhilfe gegen Übergriffe gewährt. Daß es bei Minimallösungen blieb und keine tiefgreifende Reform stattfand[92], sollte nicht überraschen: Die römische Gesellschaft wurde in ökonomischer und sozialer Hinsicht von der Existenz der Sklaverei geprägt. Diese Grundgegebenheit determinierte den Spielraum der rechtlichen Regelungen der Sklaverei. Somit war ausgeschlossen, daß die Rechtsordnung von der

92 G. GILIBERTI (Fn. 64) 147 meint, daß die Reskripte die Grundstruktur der Sklaverei einschneidend veränderten, ja sogar "uno choc culturale notevole" auslösten und damit weit mehr waren als eine Maßnahme, die nur die Unzufriedenheit der Sklaven senken sollte.

grundsätzlichen Rechtlosigkeit dieses Teiles der Bevölkerung Abstriche machte und damit ein wesentliches Fundament der Gesellschaft in Frage stellte. Jede Veränderung des status quo, jeder Ausbau der Rechtsstellung der Sklaven hätte die Position des *dominus* ausgehöhlt und in letzter Konsequenz dazu führen müssen, die Einrichtung der Sklaverei selbst zur Disposition zu stellen. Die Mentalität der Herren wie der Sklaven war durch die vorgegebene Existenz der Sklaverei derart geprägt, daß eine grundlegende Veränderung der Situation höchstens in Form einer Utopie denkbar war.

Ein Vergleich des römischen Rechts mit neuzeitlichen Sklavenrechten zeigt darüber hinaus, daß die römischen Lösungen diesen Problemen in einer für eine Sklavenhaltergesellschaft geradezu idealtypischen Weise gerecht wurden. Diese Lösungen wurden deswegen in der Neuzeit rezipiert[93] oder in Rechtsordnungen ohne erkennbaren Einfluß des römischen Rechts nahezu gleichlautend gefunden[94].

---

93 Z.B. A. WATSON (Fn. 1) passim und D. VISSER, The role of Roman law in the punishment of slaves at the Cape of Good Hope under Dutch rule, Mél. Wubbe (1993) 532 ff.

94 Geradezu identisch mit den römischrechtlichen Regelungen in materieller wie prozessualer Hinsicht sind Bestimmungen eines 1936 (!) erlassenen saudiarabischen Gesetzes (zitiert nach B. LEWIS, Race and Slavery in the Middle East, 1990, 167):
Art. II: The rights of the slave against his owner or possessor are that he (1) feed, clothe, and lodge him; (2) treat him decently and employ him compassionately and without cruelty; (3) care for him in sickness and pay the cost of treatment ...
Art. III: If any slave complains of ill-treatment by his owner or possessor, both parties shall be summoned to appear before the competent authority. If the validity of the complaint is proven, on the first occasion the authority shall give the owner or possessor a warning and allow him a period of grace not exceeding two months, to reconsider the situation of the complainant. If it is proven on a second occasion that the causes of the complaint are still present, the autority shall order the owner or possessor to remove the complainant from his ownership or possession, by sale or otherwise ...

7. Das Asylrecht freier Personen

7.1. Vorbemerkungen

In der wissenschaftlichen Literatur zu *ad statuam confugere* trifft man häufig auf die Ansicht, der Schutz sei entweder von vornherein auf Sklaven beschränkt gewesen oder in der Praxis hauptsächlich von Sklaven in Anspruch genommen worden[1]. Freie Römer hätten diese Möglichkeit nicht oder nur in Ausnahmefällen gehabt. Diesen Eindruck vermittelt vor allem die juristische Überlieferung. In ihrer Mehrzahl beschäftigen sich die Texte mit den Folgen von *confugere ad statuam* von Sklaven. Bei den wenigen Äußerungen klassischer römischer Juristen zum Gebrauch des Asylschutzes von Kaiserbildern durch freie Personen liegt das Hauptaugenmerk auf der Bekämpfung von Mißbräuchen[2]. Dagegen bieten literarische Quellen einige Belege für die - gewiß nicht immer erfolgreiche - Inanspruchnahme des Asylschutzes durch Freie: 30 v.Chr. suchte der Sohn des Antonius in Alexandria bei der Statue des *divus Iulius* Schutz[3]. Belegt sind weiters zwei Fälle aus der Regierungszeit des Tiberius[4]. Dazu kommen eine nicht näher datierbare Zuflucht eines Statthalters bei einer Statue des Tiberius, ein Fall bei Plinius und eine während oder nach der Regierung des Caracalla zu datierende Episode aus der sogenannten *Historia Apollonii regis Tyri*[5].

Der von zahlreichen Autoren angenommene grundsätzliche Ausschluß freier Personen vom Schutz durch *ad statuam confugere* nach klassischem Recht läßt sich weder mit den rechtlichen Regelungen in Einklang bringen, auf denen das Asyl bei den Kaiserbildern beruhte, noch mit deren mentalitätsgeschichtlichen Grundlagen: Jede Zuflucht war ein Appell an den Kaiser und eine Bitte um seine persönliche Hilfe. Die Entscheidung, ob der Flüchtling dieses Schutzes würdig war, stand daher nicht dem Verfolger zu, sondern dem Kaiser, vertreten durch einen Beamten. Eigenmächtige Übergriffe auf den Flüchtling waren gefährlich, da sie als *crimen laesae maiestatis* angesehen werden konnten. Ein Verfolger tat also gut daran, selbst dann, wenn er von der Berechtigung der Zuflucht nicht überzeugt war, von eigenständigen Verfolgungshandlungen vorläufig Abstand zu nehmen und eine behördliche Intervention abzuwarten.

---

1 TH. MOMMSEN, StR 460 f.; F. V. WOESS 209 f.; J.P. ROLLIN, Untersuchungen zu Rechtsfragen römischer Bildnisse (1979) 144 und H. LANGENFELD 111 f.

2 D 48.19.28.7 (*Call 6 cog*) und D 47.10.38 (*Scav 4 reg*); dazu unten S. 146 ff.

3 Suet.Aug. 17. Dazu oben S. 40 f.

4 Tac.ann. 3.36 (21 n.Chr.; unten 139 ff.); Tac.ann. 4.67.4 und Suet.Tib. 53 (27 n.Chr.; unten Fn. 51).

5 Philostr. vita Apoll. 1.15; Plin.epist. 10.74 (unten S. 150 f.); Hist. Apoll. 29.14 (oben S. 31).

7.2. *Ad statuam confugere* in CTh 9.44.1

Die Skeptiker, welche das Asylrecht für Freie zur Zeit der Klassik verneinen, werten erst eine Konstitution aus dem Jahre 386 n.Chr. als frühesten Nachweis einer Anerkennung[6].

> CTh 9.44.1 (= C 1.25.1; *Impp. Valentinianus, Theodosius et Arcadius AAA. Cynegio praefecto praetorio*) *Eos, qui ad statuas vel evitandi metus vel creandae invidiae causa confugerint, ante diem decimum neque auferri ab aliquo neque discedere sponte perpetimur; ita tamen, ut, si certas habuerint causas, quibus confugere ad imperatoria simulacra debuerint, iure ac legibus vindicentur; sin vero proditi fuerint artibus suis invidiam inimicis creare voluisse, ultrix in eos sententia proferatur.* (*dat. prid. non. iul. Constantinopoli Honorio n.p. et Euodio v.c. conss.*, a. 386)

Zentrales Thema dieser Konstitution sind die Verfahrensvorschriften: Unabhängig davon, ob die Zuflucht als begründet (*evitandi metus causa*) oder als mißbräuchlich (*creandae invidiae causa*) anzusehen war, sollte der Flüchtling neun Tage bei der Statue Schutz genießen und mußte während dieser Frist bei ihr verbleiben. Man wird den Text wohl nicht wörtlich dahingehend verstehen dürfen, daß der Flüchtling sich tatsächlich bei der Statue aufhalten mußte[7]. Schon TH. MOMMSEN[8] interpretierte diese Klausel als eine Frist zur Anrufung der Obrigkeit, während H. LANGENFELD[9] meinte, daß vor Ablauf dieser Zeit keine Entscheidung getroffen werden durfte und der Flüchtling für die Dauer der Untersuchung in Haft gehalten wurde. Die Feststellung, ob die Zuflucht zu Recht erfolgt war, oblag dem Prätorianerpräfekten. Bevor er befaßt worden war, sollten weder der Flüchtling noch sein Verfolger durch eigenmächtiges Handeln der Entscheidung vorgreifen: Der Verfolger sollte den Flüchtling nicht behelligen, und dieser durfte sich nicht durch Flucht der Vollziehung einer möglicherweise zu seinen Ungunsten ergehenden Entscheidung entziehen.

Aus der Konstitution gewinnt man den Eindruck, daß die Kaiser eine Regelung des Verfahrens nach einer Zuflucht anstrebten, aber nicht die erstmalige Zulassung von *ad statuam confugere* freier Personen. Dies legt nahe, daß der Schutz von kaiserlichen Bildern für Freie bereits vor dieser Konstitution existierte und wie der von Sklaven schon im klassischen Recht anerkannt war[10]. Um die dieser Ansicht skeptisch gegenüberstehenden Stimmen der Wissenschaft zu widerlegen, soll im folgen-

---

6 TH. MOMMSEN, StR 461; P. TIMBAL DUCLAUX DE MARTIN 30; C. GIOFFREDI 190 und A.D. MANFREDINI 49. Zur gekürzten Fassung in C 1.25.1 vgl. B. BIONDI, Il diritto romano cristiano I (1952) 390 und C. GIOFFREDI 190.

7 So jedoch A.D. MANFREDINI 48.

8 StR 461.

9 H. LANGENFELD 113.

10 Die Aufforderung zur Überprüfung, ob der Flüchtling durch *ius* und *leges* anerkannte Fluchtgründe hatte, setzte ja voraus, daß nach älterem Juristen- und Kaiserrecht auch die Zuflucht freier Personen grundsätzlich anerkannt war. S. auch H. LANGENFELD 113.

den der Nachweis erbracht werden, daß noch die Verfasser der Konstitution den von der klassischen Jurisprudenz entwickelten Grundsätzen folgten.

Inhaltlich scheint die Übereinstimmung mit dem klassischen Recht eindeutig. Der Grundtenor der Entscheidung entsprach dem, was nach klassischem Recht zu erwarten gewesen wäre: Der Flüchtling war ungeachtet seiner Motive bei der Statue geschützt. Diese fanden erst im weiteren Verfahren Berücksichtigung. Analysiert man die thematischen Schwerpunktsetzungen der kaiserlichen Kanzlei, stößt man auf Parallelen, die sogar über die inhaltliche Ebene hinausgehen. Da die Neuordnung des Verfahrens im Mittelpunkt stand, konnte *ad statuam confugere* ohne nähere Erörterung als Anlaß des Verfahrens vorausgesetzt werden. Einen auffälligen thematischen Schwerpunkt bildete jedoch der Grund der Zuflucht. Jeweils zweimal wurde auf die Unterscheidung von erlaubten (*evitandi metus causa* bzw. *certas causas, quibus confugere ad imperatoria simulacra debuerint*) und verbotenen (*creandae invidiae causa* bzw. *artibus suis invidiam inimicis creare voluisse*) Motiven einer Zuflucht hingewiesen[11]. Bemerkenswert ist der pathetisch vorgetragene Hinweis, dem unschuldig Verfolgten gebühre der Schutz des Rechts (*iure ac legibus*).

Dies sind keine Zufälligkeiten. Die besondere Beachtung der Motive des Flüchtlings, ob er jemandem Schimpf antun wollte (*invidiae creandae causa*) und der Hinweis, daß nur eine Flucht aus berechtigten Gründen von den Gesetzen anerkannt sei, sind Themen, die den juristischen Diskurs um das Asylrecht Freier seit mehr als dreieinhalb Jahrhunderten bestimmten und von der kaiserlichen Kanzlei nur wiederaufgenommen wurden. Die Konstitution CTh 9.44.1 folgte inhaltlich und in der Argumentationsweise der Tradition des klassischen Rechts und der klassischen Jurisprudenz.

7.3. Der Fall der Annia Rufilla (Tac.ann. 3.36)

7.3.1. Der Anlaßfall

Den ältesten Beleg für eine Auseinandersetzung mit der Zuflucht einer freien Person bei einem Kaiserbildnis bildet der Bericht des Tacitus über eine Senatsdebatte des Jahres 21 n.Chr.:

> *Exim promptum quod multorum intimis questibus tegebatur. incedebat enim deterrimo cuique licentia impune probra et invidiam in bonos excitandi arrepta imagine Caesaris; libertique etiam ac servi, patrono vel domino cum voces, cum manus intentarent, ultro metuebantur. igitur C. Cestius senator disseruit principes quidem instar deorum esse, sed neque a dis nisi iustas supplicum preces audiri, neque quemquam in Capitolium aliave urbis templa*

11 Teilweise anders D.A. MANFREDINI 57 f. Für MANFREDINI schließen auch diese Formulierungen die Möglichkeit zur Rechtfertigung nicht aus.

perfugere, ut eo subsidio ad flagitia utatur. abolitas leges et funditus versas, ubi in foro, in limine curiae ab Annia Rufilla, quam fraudis sub iudice damnavisset, probra sibi et minae intendantur neque ipse audeat ius experiri ob effigiem imperatoris oppositam. haud dissimilia alii, et quidam atrociora circumstrepebant; precabanturque Drusum daret ultionis exemplum, donec accitam convictamque attineri publica custodia iussit.

Unmittelbarer Anlaß der Diskussionen war die Beleidigung des Senators C. Cestius Gallus durch Annia Rufilla, welche dieser auf dem Weg zur Sitzung (*in foro, in limine curiae*) erlitten hatte. Annia Rufilla hatte ihn beschimpft, wobei sie ihm ein Bildnis des Kaisers Tiberius entgegenhielt (*arrepta imagine Caesaris, ob effigiem imperatoris oppositam*[12]). Deshalb wagte der Senator weder an Gegenwehr[13] noch an die Ergreifung rechtlicher Schritte zu denken. Dies war kein Einzelfall, wie die rege Anteilnahme der anderen Senatoren zeigte. Viele berichteten von Übergriffen durch übel beleumundete Personen, Freigelassene oder sogar Sklaven, die unter ähnlichen Umständen erfolgt waren[14].

Der Senat beschloß daher, daß der Schutz der Kaiserbildnisse nicht zum Nachteil anderer Personen ausgenützt werden dürfe und übergab die Frau dem Konsul Drusus zur Bestrafung, welcher sie einkerkern ließ.

7.3.2. Das Thema der Senatsdiskussion

Die von Cestius und den anderen Senatoren beklagten Übergriffe fielen unter den Tatbestand des Delikts *iniuria*. Da es sich um öffentlich und gegenüber ranghöheren Personen begangene Taten handelte[15], lag eine *iniuria atrox*[16] vor. Diese Unter-

---

12 Beide Ausdrücke sind so zu verstehen, daß die Frau deutlich erkennbar ein Bildnis des Tiberius bei sich trug (dafür z.B. R.A. BAUMAN, Impietas in Principem, 1974, 85 ff.). An die bloße Drohung mit einer Anklage wegen des *crimen maiestatis* denken bei diesen Formulierungen K. NIPPERDEY, Cornelius Tacitus I^5 (1871) 200 und E. KOESTERMANN, Cornelius Tacitus Annalen I (1963) 489.

13 Auf dem Weg zur Senatssitzung war der Senator gegen solche Übergriffe aus einem anderen Grund faktisch wehrlos: Die formelle römische Toga, wie sie bei Senatssitzungen getragen wurde, schränkte seinen Bewegungsspielraum erheblich ein und machte damit die Gegenwehr praktisch unmöglich. Und mit "verrutschter" Toga in der Öffentlichkeit oder im Senat gesehen zu werden, hätte ihn der Lächerlichkeit preisgegeben. Vgl. D. BARGHOP, Forum der Angst (1994) 82 ff.

14 Zur Erniedrigung durch körperliche Mißhandlung s. R.P SALLER, Patriarchy, property and death in the Roman family (1994) 133 ff.

15 Dazu vor allem P. GARNSEY, Social Status and Legal Privilege in the Roman Empire (1970) 200 ff.

16 Gai 3.225 *Atrox autem iniuria aestimatur vel ex facto, veluti si quis ab aliquo vulneratus aut verberatus fustibusve caesus fuerit; vel ex loco, veluti si cui in theatro aut in foro iniuria facta sit; vel ex persona, veluti si magistratus iniuriam passus fuerit, vel senatori ab humili persona facta sit iniuria.*

scheidung zwischen der einfachen und der qualifizierten Form der *iniuria* kannte bereits die zeitgenössische Jurisprudenz[17]. Sanktioniert wurde ein solches Verhalten üblicherweise durch die *actio iniuriarum* auf eine wegen der Qualifikation erhöhte Buße[18].

Warum Cestius nicht die *actio iniuriarum* anstrengte, läßt der - auch bezüglich juristischer Details - präzise Bericht des Tacitus deutlich erkennen: ... *neque ipse audeat ius experiri ob effigiem imperatoris oppositam*. Wegen des ihm entgegengehaltenen Kaiserbilds wagte der Senator nicht, eine *in ius vocatio* vorzunehmen[19]. Es ist leicht vorstellbar, daß der Senator angesichts des großen sozialen Unterschieds zur Beleidigerin vielleicht gar nicht erst daran gedacht hatte, die im Formularverfahren übliche Ladung zu wählen[20], sondern die Frau im Wege der altertümlichen Form einer *in ius vocatio*[21] gewaltsam wegführen lassen wollte[22]. Dieser Zugriff war ihm aber verwehrt, da sie sich durch die Ergreifung des Bilds dem kaiserlichen Schutz anvertraut hatte, was Cestius mit der Gefahr einer Anklage wegen des *crimen laesae maiestatis* konfrontiert hätte. Gerade als Senator mußte er diese Gefahr fürchten, da

---

PS 5.4.10 *Atrox iniuria aestimatur aut loco aut tempore aut persona: loco, quotiens in publico inrogatur: tempore, quotiens interdiu: persona, quotiens senatori vel equiti Romano decurionive vel alias spectatae auctoritatis viro: et si plebeius vel humili loco natus senatori vel equiti Romano, decurioni vel magistratui vel aedili vel iudici, quilibet horum, vel si his omnibus plebeius.*

Dazu U. v. LÜBTOW, Zum römischen Injurienrecht, Labeo 15 (1969) 150 ff.; F. RABER, Grundlagen klassischer Injurienansprüche (1969) 91 ff.; E. PÓLAY, Iniuria Types in Roman Law (1986) 132 ff.; zu *flagitia* vgl. H. USENER, Römische Volksjustiz, RhMus. 56 (1900) 1 ff. und M. KASER, Über Verbotsgesetze und verbotswidrige Geschäfte im römischen Recht (1977) 71 Anm. 11.

17 D 47.10.7.8 (*Ulp 57 ed*) *Atrocem autem iniuriam aut persona aut tempore aut re ipsa fieri Labeo ait, persona atrocior iniuria fit, ut cum magistratui, cum parenti patrono fiat. tempore, si ludis et in conspectu: nam praetoris in conspectu an in solitudine iniuria facta sit, multum interesse ait, quia atrocior est, quae in conspectu fiat. re atrocem iniuriam haberi Labeo ait, ut puta si vulnus illatum vel os alicui percussum.*

Nach F. RABER (Fn. 16) 103 ff. geht die Dreiteilung schon auf Labeo zurück; zweifelnd E. PÓLAY (Fn. 16) 133 f.

18 Gai 3.224 ... *Sed cum atrocem iniuriam praetor aestimare soleat, si simul constituerit quantae pecuniae eo nomine fieri debeat vadimonium, hac ipsa quantitate taxamus formulam, et iudex quamvis possit vel minoris damnare, plerumque tamen propter ipsius praetoris auctoritatem non audet minuere condemnationem.*

S. dazu U. v. LÜBTOW (Fn. 16) 150; TH. MOMMSEN, StR 803; F. RABER (Fn. 16) 103 ff.; O. LENEL, EP 397 ff. und M. KASER/K. HACKL, RZP 228 Fn. 12.

19 *Ius experiri* ist die technische Bezeichnung für die *in ius vocatio*. Vgl. D 2.4.1 (*Paul 4 ed*) *In ius vocare est iuris experiundi causa vocare.*

20 Dieser Ansicht neigt hingegen M. BALZARINI, "De iniuria extra ordinem statui" (1983) 137 Fn. 10 zu.

21 S. XII Tafeln I (1) *Si in ius vocat, ito. ni it, antestamino: igitur em capito.* (2) *Si calvitur pedemve struit, manum endo iacito.* Zur Anwendung von Eigenmacht bei der Ladung rangniedriger Personen im klassischen Formularverfahren vgl. J.K. KELLY, Roman Litigation (1966) 6 f.

22 So schon TH. MOMMSEN, StR 585.

unter Tiberius ähnliche Fälle zu Anklagen und Verurteilungen geführt hatten, ja Anklagen wegen Majestätsverbrechen nach Ansicht des Tacitus geradezu an der Tagesordnung waren[23].

Wie die von Tacitus geschilderten Vorgänge zeigen, bot ein tragbares Kaiserbild (Münze, Medaille o.ä.) auf die gleiche Art und Weise Asylschutz vor Übergriffen, wie die Zuflucht zu einer Statue. Jedoch ließ sich dieses "portable asylum"[24] nicht allein zur Abhaltung von Verfolgern, sondern genauso zur Verhinderung der Gegenwehr bei Angriffen einsetzen. Tacitus' Schilderung der Vorgänge, welche zu der Senatsdebatte geführt hatten, vermittelt den Eindruck, das "portable asylum" habe allein dem Zweck gedient, Übeltäter einer gerechtfertigten Bestrafung zu entziehen, und sei deshalb ein ungerechtfertigtes Privileg gewesen. Es überrascht nicht, daß moderne Autoren diese Beurteilung bereitwillig übernommen haben[25].

Dieses Bild bedarf jedoch der Korrektur oder zumindest einer Relativierung: Im Bericht des Historikers wird ausschließlich die Sicht der Senatoren dargestellt. Cestius' Schilderungen werden weder von den anderen Senatoren noch von Tacitus hinterfragt oder den Aussagen der Frau gegenübergestellt. Ob das Verhalten, welches der Senator als Belästigung und Beleidigung empfand, aus der Sicht der Frau vielleicht durchaus gerechtfertigt war, verschweigt der Bericht. Die rasche Aburteilung der Frau ohne vorherige Anhörung könnte aus heutiger Sicht zumindest Zweifel an Cestius' Version erwecken[26]. Für die Senatoren war es umso leichter, ihm Glauben zu schenken, da viele von ihnen zu Opfern ähnlicher Belästigungen geworden waren. Keiner kritisierte die kursorische Behandlung des Falls; offenbar stand fest, daß die Aussagen des Senators zur Verurteilung ausreichend waren. Dahinter steckte keine gewollte Parteilichkeit, kein Regelverstoß, sondern die offenkundige Einseitigkeit des Verfahrens entsprach dem unterschiedlichen sozialen Ansehen der Beteiligten: Für die Senatoren (wie für Tacitus) stand außer Zweifel, daß die Version des Cestius die "Wahrheit" repräsentierte. Sie verstanden die Empörung des Cestius und zogen nicht in Erwägung, daß die Frau für ihr Verhalten berechtigte Gründe gehabt haben könnte. Die Möglichkeit einer anderen Sichtweise war ihnen nicht bewußt, weshalb sie die Motive der Frau nicht untersuchten und ihr keine Gelegenheit boten, ihren Standpunkt darzulegen.

Die soziale Stellung und der Anteil an der gesellschaftlichen Macht entschieden nicht allein über die Glaubwürdigkeit der eigenen Aussage bzw. über die Möglich-

---

23 S. Suet.Tib. 58 und Tac.ann. 3.38 ... *addito maiestatis crimine, quod tum omnium accusationum complementum erat.*

24 So die anschauliche Bezeichnung durch R.A. BAUMAN (Fn. 12) 87.

25 Z.B. TH. MOMMSEN, StR 460; E. KORNEMANN, Tiberius (1960) 138; H. BELLEN 68; P. TIMBAL DUCLAUX DE MARTIN 30 und M. DUCOS, Les problèmes de droit dans l'oeuvre de Tacite, ANRW II/33.4 (1991) 3208 f.

26 Vgl. P. GARNSEY (Fn. 15) 34.

keit, die eigene Sichtweise in die Diskussion einzubringen[27], sondern prägten die in diesem Bereich anwendbaren rechtlichen Regeln. Das römische Injurienrecht differenzierte anhand des Status von Täter und Opfer: Wurde die *iniuria* an einer hochgestellten Persönlichkeit von einem sozial tieferstehenden Täter begangen, so galt sie als *iniuria atrox*. Im umgekehrten Fall, d.h. wenn das Opfer sozial unterlegen war, bot das Recht keinen Schutz: So galt die Erhebung einer *actio iniuriarum* gegen den Patron als Verstoß gegen die geschuldete *reverentia* und war nur in Ausnahmefällen nach *causae cognitio* durch den Prätor möglich[28]; generell verhinderte oder erschwerte der höhere Stand des Beleidigers oft eine Klage des Beleidigten[29].

Von dieser Wertordnung waren die Äußerungen der Senatsdebatte und die Beurteilung durch Tacitus geprägt. Der durch das "portable asylum" geschaffene Zustand wurde von den Senatoren als irregulär empfunden, weil er Verhaltensweisen ermöglichte, die sonst durch das Injurienrecht unterdrückt wurden. Dazu zählten nicht nur Akte, die unter konkrete *iniuria*-Tatbestände subsumierbar waren, sondern vor allem Verhaltensweisen, die nur deshalb als widerrechtlich definiert wurden, weil sie den sozialen und rechtlichen Vorrang eines Senators mißachteten. Die Senatoren befürchteten den Verlust eines Repressionspotentials zur Disziplinierung der unteren Volksschichten und zur Unterdrückung von Ungehorsam. Dies galt gerade für berechtigte Vorwürfe, bei denen der "Beleidiger" mit der öffentlichen Sympathie rechnen konnte[30]. Unter Berücksichtigung der rechtlichen Ungleichheit im Injurienrecht erscheinen die überlieferten Bewertungen und die Auswirkungen des "portable asylum" in einem anderen Licht.

Das bei Tacitus von diesen Vorgängen gezeichnete Bild ist also ungenau, wenn nicht gar irreführend: Das negative Urteil des Schriftstellers ergab sich aus der für ihn selbstverständlichen und damit nicht hinterfragten Übernahme der senatorischen Perspektive. Man sollte sich deswegen hüten, seiner Behauptung, der Asylschutz der Kaiserbilder wäre regelmäßig mißbraucht worden, zuviel Gewicht beizumessen. Genauso ist die Argumentation des Cestius *abolitas leges et funditus versas* vor diesem Hintergrund zu relativieren: Der Senator rief mit diesen Worten nicht zur Wiederherstellung der Rechtsgleichheit auf, sondern verteidigte rechtlich

---

27 S. auch M. BALZARINI (Fn. 20) 139; P. GARNSEY (Fn. 15) 32; R.J.A. TALBERT, The Senate of Imperial Rome (1984) 471 f. und A.J. WOODMAN/R.H. MARTIN, The Annals of Tacitus. Book 3 (1996) 314.

28 Vgl. P. GARNSEY (Fn. 15) 181 ff. und F. RABER (Fn. 16) 91 ff.

29 D 2.4.13 (*Mod 10 pand*) *Generaliter eas personas, quibus reverentia praestanda est, sine iussu praetoris in ius vocare non possumus.*
D 4.3.11.1 (*Ulp 11 ed*) *Et quibusdam personis non dabitur, ut puta liberis vel libertis adversus parentes patronosve, cum sit famosa. sed nec humili adversus eum qui dignitate excellet debet dari: puta plebeio adversus consularem receptae auctoritatis, vel luxurioso atque prodigo aut alias vili adversus hominem vitae emendatioris. et ita Labeo. quid ergo est? in horum persona dicendum est in factum verbis temperandam actionem dandam, ut bonae fidei mentio fiat.*
Dazu J.M. KELLY (Fn. 21) 66 ff. und P. GARNSEY (Fn. 15) 182 ff.

30 Vgl. auch A.D. MANFREDINI 56.

anerkannte Standesprivilegien. Trotzdem führte er einen Topos in den juristischen Diskurs ein, der nachher vom Spätklassiker Callistrat aufgenommen wurde[31] und dessen Nachhall mehr als dreieinhalb Jahrhunderte später in Formulierungen der kaiserlichen Kanzlei zu finden ist[32].

7.3.3. Die Entscheidung des Senats

Keine Einhelligkeit besteht in der modernen Literatur über die Qualifikation des Verfahrens gegen Annia Rufilla. P. GARNSEY vertritt die Ansicht, der Senat habe sich der Sache angenommen, um dem beleidigten Senator den "cumbrous process of the civil law" zu ersparen[33], während es sich inhaltlich um einen Prozeß wegen *iniuria* gehandelt habe[34]. In eine ähnliche Richtung geht R.A. BAUMAN mit dem Erklärungsversuch, daß durch ein in dieser Sache gefaßtes *senatus consultum* der Anwendungsbereich der *lex Cornelia de iniuriis* auf solche Tatbestände ausgedehnt wurde[35].

Beide Beurteilungen lassen sich aber nur schwer mit dem römischen Injurienrecht in Einklang bringen. In einem Prozeß wegen *iniuria* hätte C. Cestius als der Verletzte die Klage erhoben oder zumindest die Bestrafung der Frau beantragt. Wie aus Tacitus' Bericht aber hervorgeht, wurde von mehreren Senatoren ein *ultionis exemplum* gefordert (*precabantur*) und nicht vom Verletzten eine Entscheidung, die allein seine Angelegenheit betroffen hätte. Gegen die Annahme eines förmlichen Prozesses wegen *iniuria* spricht außerdem, daß Tacitus weder von einer Anhörung der Frau berichtet, noch die verhängte Strafe zu einem Verfahren wegen *iniuria* paßt[36].

Die Diskussion galt nicht der Qualifikation des vergangenen Verhaltens, sondern der Suche nach einem ungefährlichen Weg, um solche Taten künftig zu ahnden. Das Verfahren sollte nicht allein C. Cestius Genugtuung bringen, sondern auch die

---

31 D 48.19.28.7 (*Call 6 cog*) ... *cum enim leges omnibus hominibus aequaliter securitatem tribuant ...*

32 CTh 9.44.1 ... *si certas habuerint causas, quibus confugere ad imperatoria simulacra debuerint, iure ac legibus vindicentur* ... Dazu oben S. 138.

33 P. GARNSEY (Fn. 15) 32 und ähnlich auch R.J.A. TALBERT (Fn. 27) 468. P. GARNSEY (Fn. 15) 200 Fn. 1 macht auch für die Härte der Strafe den niedrigen Status von Annia Rufilla verantwortlich.

34 So auch R.S. ROGERS, Studies in the Reign of Tiberius (1943) 128.

35 R.A. BAUMAN (Fn. 12) 88. Gegen R.A. BAUMANs These und seine Argumente nimmt bereits M. BALZARINI (Fn. 20) 138 f., 141 ausführlich Stellung.

36 Neben den Bußen konnten Koerzitionsmaßnahmen bloß subsidiär ergriffen werden. S. D 47.10.35 (*Ulp 3 omn tribunal*) *Si quis iniuriam atrocem fecerit, qui contemnere iniuriarum iudicium possit ob infamiam suam et egestatem, praetor acriter exequi hanc rem debet et eos, qui iniuriam fecerunt, coercere.*
Dazu F. RABER (Fn. 16) 99 und J. GEBHARDT, Prügelstrafe und Züchtigungsrecht im antiken Rom und in der Gegenwart (1994) 70 ff.

zahlreichen anderen Senatoren befriedigen, denen zwar Ähnliches widerfahren war, die aber - sei es aus Scham oder Angst vor Tiberius - bislang nicht den Mut gefunden hatten, dieses Problem öffentlich zu diskutieren (*quod multorum intimis questibus tegebatur*).

Für das Problem boten sich mehrere Lösungswege an: Es wäre denkbar gewesen, bei Mißbräuchen den Asylschutz aufzuheben und den Täter unmittelbar wegen *iniuria* zur Verantwortung zu ziehen[37]. Ein anderer Weg wäre gewesen, in diesen Fällen eine Klage grundsätzlich zuzulassen und die Frage des Mißbrauchs in einem Vorverfahren abzuklären. Schätzte das Opfer in der ersten Variante die Lage falsch ein, setzte es sich der Anklage wegen eines *crimen laesae maiestatis* aus; bei der zweiten Lösung war nicht auszuschließen, daß Tiberius die Klagserhebung gegen eine durch das kaiserliche Bild geschützte Person als Provokation verstand und zum Anlaß eines Majestätsprozesses nahm.

Es galt eine Lösung zu finden, die einerseits die Bestrafung sicherstellte, andererseits die Initiative des Beleidigten so weit in der Hintergrund treten ließ, daß ein negativer Verfahrensausgang nicht auf ihn zurückfallen konnte. Je weniger ein beleidigter Senator selbst in einem solchen Verfahren hervortreten mußte, desto besser.

Den Ausweg eröffnete wiederum C. Cestius: ... *principes quidem instar deorum esse, sed neque a dis nisi iustas supplicum preces audiri* ...[38]. Mit diesen Worten erklärte er den Kaiser zum Verbündeten der Senatoren: Wie die Götter solle auch er seinen Schutz unschuldig Verfolgten gewähren, Unruhestifter aber wären seiner Gnade nicht würdig. Die Senatoren forderten nunmehr nicht Maßnahmen zu ihrem Schutz, sondern den Schutz des Asylrechts vor Mißbräuchen.

Die daraufhin beschlossene Lösung tastete das Asylrecht bei den kaiserlichen Bildern nicht an, sondern ergänzte es um ein Mißbrauchsverbot[39]: Der unmittelbare Schutz wirkte trotz des Mißbrauchs und verhinderte sogar eine Klage wegen *iniuria*[40], der Täter wurde aber wegen der Verwendung kaiserlicher Bilder *in invidiam alterius* mit der Inhaftierung bestraft. Eine unmittelbare Abwehr von Beleidigungen war nicht mehr möglich, der Beleidigte konnte aber nachträglich und ohne eigenes Risiko eine Verurteilung des Täters herbeiführen.

In keinem Text wird erwogen, den Mißbrauch des Asyls der Kaiserbilder als *crimen laesae maiestatis* zu verfolgen[41]. Die naheliegende Erklärung dafür ist, daß es

37 S. auch M. BALZARINI (Fn. 20) 137.

38 Zur Bedeutung dieses Texts für die Frage nach den Wurzeln von *ad statuam confugere* im Kaiserkult s. oben S. 41. Zur Beschränkung des religiös motivierten Asylschutzes auf unschuldig Verfolgte s. unten S. 164 f.

39 S. auch M. BALZARINI (Fn. 20) 138 ff.

40 Anders TH. MOMMSEN, StR 460 Fn. 5; F. V. WOESS 207 und A. WACKE, Die *potentiores* in den Rechtsquellen, ANRW II/13 (1980) 602 Fn. 198. J.P. ROLLIN (Fn. 1) 147 sieht den Zweck des *senatus consultum* in der Schaffung eines Rechtfertigungsgrundes für einen Asylbruch.

41 Auch die dürftigen Angaben, die Suet.Tib. 53 über das gegen Agrippina wegen einer angeblichen Zuflucht geführte Verfahren enthält, lassen keine Schlüsse auf eine Majestätsanklage zu. Vgl. weiters unten in Fn. 51.

sich bei Flüchtlingen meist um Angehörige der Unterschichten handelte, zu deren Disziplinierung das Instrument der Majestätsanklage nicht notwendig war.

7.3.4. Das Verbot *ne quis imaginem imperatoris in invidiam alterius portaret* (D 47.10.38, *Scaev 4 reg*)

Über die formale Beschlußfassung des Senats in der Angelegenheit der Annia Rufilla fehlen genaue Hinweise bei Tacitus. Der Historiker erwähnt nur, daß die Frau verurteilt und durch den Konsul Drusus inhaftiert wurde. Diese Vorgangsweise führen manche Autoren darauf zurück, daß Drusus als Sohn und Mitkonsul des Tiberius einer geringerem Risiko ausgesetzt war, von Tiberius wegen der Mißachtung seiner *maiestas* zur Verantwortung gezogen zu werden[42]. Da die Verhängung von Haftstrafen aber ohnehin zum Zuständigkeitsbereich eines Konsuls gehörte[43], dürfte Drusus in seiner amtlichen Funktion und nicht aus politischer Vorsicht mit dieser Aufgabe betraut worden sein.

Ein späterer juristischer Text legt außerdem nahe, daß in dieser Angelegenheit ein förmliches *senatus consultum* gefaßt wurde.

> D 47.10.38 (*Scaev 4 reg*) *Senatus consulto cavetur, ne quis imaginem imperatoris in invidiam alterius portaret: et qui contra fecerit, in vincula publica mittetur.*

Sowohl der Tatbestand als auch die verhängte Haftstrafe[44] stimmen mit dem Senatsbeschluß des Jahres 21 n.Chr. überein. Mit Recht sehen einige Autoren den

---

42 Tac.ann. 3.31; vgl. auch M. BALZARINI (Fn. 20) 135 f.
R. SEAGER, Tiberius (1972) 121 nimmt an, der Senat habe in "such a delicate matter" die Entscheidung aus Furcht vor Tiberius allein Drusus überlassen.

43 S. D 1.2.2.16 (*Pomp ls enchirid*) *Exactis deinde regibus consules constituti sunt duo: penes quos summum ius uti esset, lege rogatum est: dicti sunt ab eo, quod plurimum rei publicae consulerent. qui tamen ne per omnia regiam potestatem sibi vindicarent, lege lata factum est, ut ab eis provocatio esset neve possent in caput civis Romani animadvertere iniussu populi: solum relictum est illis, ut coercere possent et in vincula publica duci iuberent.*

44 TH. MOMMSEN, StR 952 Fn. 1 und U. BRASIELLO, La repressione penale in diritto romano (1937) 363 f., 367 setzen hingegen *vincula publica* mit Strafarbeit (*opus publicum*) gleich. Mit Recht ablehnend dazu bereits M. BALZARINI, Pene detentive e "cognitio extra ordinem" criminale, Sodalitas VI (1984) 2879 und A. LOVATO, Il carcere nel diritto penale romano (1994) 117 Fn. 101.
Zur Haftstrafe im allgemeinen: TH. MOMMSEN, StR 960 ff.; TH. MAYER-MALY, Vincula, RE VIII A 2 (1958) 2198 ff.; C. EBNER, Vincula, KP V (1975) 1278 f.; S. ARBANDT/M. MACHEINER, Gefangenschaft, RAC IX (1976) 322 ff.; W. EISENHUT, Die römische Gefängnisstrafe, ANRW I/2 (1972) 268 ff.; M. BALZARINI 2865 ff.; M.A. MESSANA, Riflessioni storico-comparative in tema di carcerazione preventiva, APal 51 (1991) 63 ff. und A. LOVATO passim.

Text als Nachweis für ein 21 n.Chr. gefaßtes *senatus consultum*[45]. Das bisher gewonnene Bild wird jedoch durch eine andere Stelle in Frage gestellt:

> D 48.19.28.7 (*Call 6 cogn*) *Ad statuas confugere vel imagines principum in iniuriam alterius prohibitum est. cum enim leges omnibus hominibus aequaliter securitatem tribuant, merito visum est in iniuriam potius alterius quam sui defensionis gratia ad statuas vel imagines principum confugere: nisi si quis ex vinculis vel custodia detentus a potentioribus ad huiusmodi praesidium confugerit: his enim venia tribuenda est. ne autem ad statuas vel imagines quis confugiat, senatus censuit: eumque, qui imaginem Caesaris in invidiam alterius praetulisset, in vincula publica coerceri divus Pius rescripsit.*

In der überlieferten Form enthält der Text drei verschiedene Vorschriften: Zuerst das Verbot, bei Kaiserstatuen oder sonstigen Kaiserbildern (*imagines*) *in iniuriam alterius* Zuflucht zu nehmen. Dann ein vom Senat erlassenes generelles Verbot: *ne autem ad statuas vel imagines quis confugiat.* Und zuletzt den Hinweis auf ein Reskript des Antoninus Pius, das demjenigen, der eine *imago* des Kaisers *in invidiam alterius* mit sich trug, die Haftstrafe androhte.

Nicht allein wegen der leicht erkennbaren inhaltlichen Brüche, sondern auch aus sprachlichen Gründen hat die Interpolationenkritik die Echtheit des Texts angezweifelt. Von einigen Autoren wurde der gesamte Text für unecht erklärt[46]; am öftesten wurde der Teil *nisi - tribuenda est* als interpoliert gestrichen[47]. In jüngerer Zeit mehren sich hingegen die Stimmen, welche die Echtheit des Texts überzeugend verteidigen[48]. Man wird deshalb davon ausgehen dürfen, einen möglicherweise stark gekürzten und vielleicht dadurch gestörten Text vor sich zu haben, dessen zentrale Aussagen jedoch keinen absichtlichen Änderungen unterzogen worden sind.

Hinsichtlich des Verbots, tragbare kaiserliche Bilder zur Benachteiligung anderer zu verwenden, und der dafür vorgesehenen Haftstrafe stimmt D 48.19.28.7 (*Call*

---

45 R.S. RODGERS, Criminal Trials and Criminal Legislation under Tiberius (1935) 60; ders. (Fn. 34) 128; R.A. BAUMAN (Fn. 12) 88; H. BELLEN 68 und M. CLAUSS, *Deus praesens.* Der römische Kaiser als Gott, Klio 78 (1996) 422.
Gegen eine fixe Datierung R.J.A. TALBERT (Fn. 27) 450; TH. PEKARY, Das römische Kaiserbildnis in Staat, Kult und Gesellschaft (1985) 131; M. BALZARINI (Fn. 20) 146; A.D. MANFREDINI 57 und G. CRIFÒ 196.

46 Gänzlich für unecht hält ihn wohl G. v. BESELER, Beiträge zur Kritik der römischen Rechtsquellen 3 (1913) 165; ähnlich auch C. GIOFFREDI 189 f., der sich aber auch auf die Streichung von *cum enim - quis confugiat* beschränken würde.

47 L. MITTEIS, Ueber den Ausdruck "*Potentiores*" in den Digesten, Mél. Girard II (1912) 233; E. ALBERTARIO, La costruzione "*nisi ... tunc enim*" ed altre somiglianti, Studi di diritto romano VI (1953) 88 f. und F. v. WOESS 207 Fn. 3.
Nur für die Streichung von *in iniuriam* sprach sich L. WENGER, Asylrecht, RAC I 840 aus. F. SCHULZ, Geschichte der römischen Rechtswissenschaft (1961) 239 Fn. 8, hielt die Erwähnung der *potentiores* für einen nachklassischen Zusatz.

48 R. BONINI, I "libri de cognitionibus" di Callistrato (1964) 142 f.; M. BRUTTI, La problematica del dolo processuale nell'esperienza romana II (1973) 552 ff.; A. WACKE (Fn. 40) 604 und M. BALZARINI (Fn. 20) 142.

6 cogn) sowohl mit Tac.ann. 3.36 als auch mit D 47.10.38 (*Scaev 4 reg*) überein. Jedoch führt Callistrat das Verbot nicht auf eine Entscheidung des Senats, sondern auf ein Reskript des Antoninus Pius zurück.

Diese Widersprüche haben bereits bisher die Forschung beschäftigt. Sehr großes Vertrauen in Callistrats Angaben hat R.A. BAUMAN[49] bewiesen und versucht, diese einander widersprechenden Aussagen zu harmonisieren. Seiner Meinung nach habe Antoninus Pius mit dem Reskript die Lockerung eines früher erlassenen allgemeinen Verbots bezweckt[50]. Ein solches Verbot sei 29 n.Chr. anläßlich eines Prozesses gegen Nero und Agrippina durch ein *senatus consultum* erlassen worden. In diesem Verfahren wurden sie zu Unrecht angeklagt, 27 n.Chr. mit einer Zuflucht bei der Statue des *divus Augustus* versucht zu haben, das Volk aufzuwiegeln[51]. Für diese komplizierte Theorie bietet der offenbar verschlechterte Text von D 48.19.28.7 (*Call 6 cogn*) aber keine ausreichende Grundlage[52].

Auch M. BALZARINI[53] hält an der Überlieferung bei Callistrat fest. Das Verbot der mißbräuchlichen Verwendung kaiserlicher *imagines* führt er nicht auf den Fall der Annia Rufilla, sondern auf ein anderes, erstmalig bei Scaevola belegtes *senatus consultum* zurück. Davon unterscheidet M. BALZARINI ein weiteres - das von Callistrat referierte - *senatus consultum*[54], welches die Tatbestände *ad statuas confugere*

---

49 R.A. BAUMAN (Fn. 12) 88 ff.

50 Genau in die Gegenrichtung argumeniert E. SEIDL, Tryphoninus und Callistratus, Eranion Maridakis I (1963) 249. Er nimmt für die frühe Kaiserzeit einen uneingeschränkten Schutz an, übersieht dabei aber Tac.ann. 3.36 und D 47.10.38 (*Scaev 4 reg*).

51 R.A. BAUMAN beruft sich hiezu auf den Bericht über die Vorfälle des Jahres 27 n.Chr. bei Tac.ann. 4.67.4 und auf die Schilderung des Prozesses durch Suet.Tib. 53.
Tac.ann. 4.67.4 ... *ultroque struebantur, qui monerent (sc. Neronem et Agrippinam) perfugere ad Germaniae exercitus vel celeberrimo fori effigiem divi Augusti amplecti populumque ac senatum auxilio vocare. eaque spreta ab illis, velut parent, obiciebantur.*
Suet.Tib. 53 *Novissime calumniatus modo ad statuam Augusti modo ad exercitus confugere velle, Pandatariam relegavit ...*
Nach BAUMAN lag Tiberius' Vergehen (*calumnia*) darin, daß Agrippina wegen einer Tat verurteilt wurde, die erst nach ihrer Begehung durch das in diesem Prozeß gefaßte *senatus consultum* verboten worden sei. Für diese Ansicht beruft er sich auch auf Suet.Tib. 37 *Abolevit et ius moremque asylorum, quae usquam erant.* (Ähnlich jüngst wieder M. CLAUSS, Fn. 45, 431.) Daraus läßt sich für diesen Zweck nichts gewinnen, da dies eine ungenaue Wiedergabe der Ergebnisse der Asylüberprüfung von 22 n.Chr. ist (s. dazu unten S. 171). Die von BAUMAN vorgeschlagene Gleichsetzung von *asylum* und *ad statuam confugere* ist sowohl terminologisch (vgl. oben S. 69) als auch sachlich verfehlt, weil mit Sen.clem. 1.18.2 und Plin.epist. 10.74 zweifelsfrei Belege für die Zulässigkeit der Flucht *ad statuam* innerhalb des Zeitraumes von 29 n.Chr. und der von BAUMAN angenommenen Lockerung des Verbots durch Antoninus Pius vorliegen.

52 Gegen diese Ansicht wenden sich bereits die Rezensionen von R. SEAGER, JRS 66 (1976) 230 f. und J. A. CROOK, TR 44 (1976) 167 ff. sowie A.D. MANFREDINI 48 Fn. 46.

53 M. BALZARINI (Fn. 20) 133 ff. und ähnlich ders. (Fn. 44) 2878 f.

54 M. BRUTTI (Fn. 48) 543 zieht die Identität dieser beiden *senatus consulta* zumindest in Erwägung.

und *imagines in invidiam alterius portare* vereinigt habe. Durch das Reskript des Antoninus Pius sei die bisher bereits übliche Strafe nur fixiert worden[55].

Die Übereinstimmung der drei Belege hinsichtlich der Haftstrafe bei Übertretung des Verbots *ne quis imaginem imperatoris in invidiam alterius portaret* rechtfertigt den Schluß, daß das Verbot erstmalig durch ein *senatus consultum* des Jahres 21 n.Chr. erlassen wurde[56]. Sofern die Zuschreibung an Antoninus Pius nicht ohnehin erst durch die Kürzung des Texts oder durch einen Abschreibfehler zustandekam[57], dürfte sein Reskript das Verbot bloß wiederholt haben.

Diese Interpretation findet eine zusätzliche Stütze in der Argumentation Callistrats, der den von C. Cestius 21 n.Chr. begonnenen Diskurs über das Verhältnis des Asylrechts zum allgemeinen Rechtsschutz wieder aufnimmt: *Cum enim leges omnibus hominibus aequaliter securitatem tribuant, merito visum est in iniuriam potius alterius quam sui defensionis gratia ad statuas vel imagines principum confugere* ... Darin steckt kein Hinweis auf den allgemeinen Schutz durch das Recht[58], sondern die von den Senatoren bereits 21 n.Chr. entwickelte Sichtweise des Asylrechts. Callistrat brachte diese Perspektive nur in eine schärfer gefaßte juristische Form: Auch er unterstellte im Zweifel die unredlichen Beweggründe dessen, der bei einer Statue Schutz suchte. Er verwehrte deren Überprüfung hingegen nicht gänzlich. Während im Verfahren von 21 n.Chr. *abolitas leges et funditus versas* das Argument bildete, um Annia Rufilla die Gelegenheit zur Rechtfertigung zu verweigern, schloß Callistrats Formulierung *cum enim leges omnibus hominibus aequaliter securitatem tribuant* die Berücksichtigung der Argumente des Flüchtlings nicht mehr kategorisch aus. Noch immer aber wurde der Mißbrauch widerleglich vermutet.

---

55 So bereits E. LEVY, Gesetz und Richter im kaiserlichen Strafrecht, Gesammelte Schriften II (1963) 462 f.; weiters R. BONINI (Fn. 48) 151 f. und F. ARCARIA, Senatus censuit (1992) 187 f.

56 Callistrat und Scaevola nennen nicht die zur Bestrafung zuständigen Magistrate, es wäre aber möglich, daß auch sie an die Konsuln bzw. die Provinzstatthalter dachten. S. dazu D 1.2.2.16 (*Pomp ls enchirid*; Text oben Fn. 43) und D 48.19.8.9 (*Ulp 9 off procons*) *Solent praesides in carcere continendos damnare aut ut in vinculis contineantur: sed id eos facere non oportet. nam huiusmodi poenae interdictae sunt: carcer enim ad continendos homines, non ad puniendos haberi debet.* Bei den aufgeführten Beschränkungen handelt es sich nach M. BALZARINI (Fn. 44) 2887 um eine nachklassische Glosse. Zur Stelle auch A. LOVATO (Fn. 44) passim v.a. 128 ff., 229 ff.

57 R.A. BAUMAN (Fn. 12) 88 f. bezeichnet diese Erklärung zwar als "obvious", will aber einem klassischen Juristen einen solchen Irrtum nicht zusinnen. Eine spätere Textverschlechterung kann mit diesem Argument nicht ausgeschlossen werden.
Außerdem könnte die Annahme einer Vertauschung erklären, warum Scaevola dieses Reskript nicht erwähnt. Ein Abschreibfehler dieser Art war bei einer Korrektur leicht zu übersehen, da eine richtige historische Zuschreibung der Urheberschaft des Verbots rechtlich irrelevant war. Die Basiliken verzichten darauf überhaupt (Bas. 60.51.26).

58 So jedoch P. TIMBAL DUCLAUX DE MARTIN 29; R. BONINI (Fn. 48) 142; M. BRUTTI (Fn. 48) 554 ff. und M. BRETONE, Geschichte des römischen Rechts (1992) 241.
Vgl. dazu weiters F. v. WOESS 206 f.; E. SEIDL (Fn. 50) 249; A. WACKE (Fn. 40) 603 und A.D. MANFREDINI 54 ff.

7.4. *Ad statuam confugere* von freien Personen

Anders als Tac.ann. 3.36 und Scaevola D 47.10.38 (*Scaev 4 reg*) beschäftigt sich Callistrat in D 48.19.28.7 (*Call 6 cogn*) auch mit der Zuflucht bei Statuen[59]. Trotz der - wohl auf die Kürzungen des Texts zurückzuführenden - Widersprüche über die Reichweite des Verbots einer Zuflucht bei kaiserlichen Statuen[60], ist deutlich erkennbar, daß nach Ansicht Callistrats der Schutz bei der Statue für freie Personen gleichermaßen bestand. Der Schutz sollte aber nicht mißbräuchlich verwendet werden: *Confugere in iniuriam alterius* war verboten. Es liegt nahe, hier die technische Verwendung des Worts *iniuria* zu vermuten[61]. Unter dem Schutz einer Kaiserstatue konnten zwar keine Angriffe begangen werden, wie das bei der Verwendung tragbarer Kaiserbilder *in invidiam alterius* der Fall war. Zweifellos implizierte bereits die Inanspruchnahme des Asylrechts den Vorwurf, von einem Verfolger zu Unrecht bedrängt zu werden. Die Mißbrauchsvermutung galt deswegen auch bei *confugere ad statuam*[62].

Entsprechend drastisch ist das Beispiel einer zulässigen Zuflucht gewählt: Als Rechtfertigung ließ der Jurist gelten, daß sich der Flüchtling vor der rechtswidrigen Anwendung der Privathaft durch einen *potentior*[63] in Sicherheit bringen wollte. Die Bedeutung und Funktion des Asylrechts in einem solchen Fall ist nicht auf den ersten Blick erkennbar und im Zusammenhang mit dem pathetischen Hinweis auf die durch die Gesetze verbürgte *securitas* wirkt das Beispiel paradox. Dennoch paßte es nahtlos in den Diskurs über die Eingliederung des Asylschutzes in ein Rechtssystem, das rechtliche Gleichheit anhand ständischer Differenzierungen bestimmte. Das Asylrecht sollte diese durch Recht und Gesetz verbürgte Standesordnung nicht destabilisieren, sondern bloß punktuell ergänzen. Sein Schutz wurde zurückgedrängt, wenn er Möglichkeiten zu Übergriffen auf höhergestellte Persönlichkeiten eröffnete, seine Wirkungen blieben erhalten, wenn die Ausübung der gesellschaftlichen Macht der *potentiores* den rechtlich anerkannten Rahmen sprengte. Welche praktische Bedeutung dem Asylrecht in diesem Zusammenhang zukam, zeigt der bereits behandelte Brief des Plinius:

> Plin.epist. 10.74 *C. Plinius Traiano Imperatori: Appuleius, domine, miles, qui est in statione Nicomedensi, scripsit mihi quendam nomine Callidromum, cum detineretur a Maximo et Dionysio pistoribus, quibus operas suas locaverat, confugisse ad tuam statuam perductumque ad magistratus indicasse servisse aliquando Laberio Maximo ...*

---

59 A. WACKE (Fn. 40) 602 möchte zusätzlich eine Stellungnahme zum griechischen Tempelasylwesen erkennen.

60 Zu Textkritik und inhaltlichen Harmonisierungsversuchen s. oben S. 146 ff.

61 E. SEIDL, Moderne zivilrechtliche Lehren als Erkenntnismittel der Rechtsgeschichte, FS Lehmann I[2] (1965) 108; ders. (Fn. 50) 249 und ders., Römische Rechtsgeschichte und römisches Zivilprozeßrecht[3] (1971) 94. Dagegen jedoch A. WACKE (Fn. 40) 601.

62 S. dazu auch A. WACKE (Fn. 40) 604; M. BRUTTI (Fn. 48) 544 und A.D. MANFREDINI 54 ff.

63 Zu diesbezüglichen Interpolationsannahmen s. oben S. 147.

Üblicherweise interpretiert man diesen Text ausschließlich im Zusammenhang von *ad statuam confugere* von Sklaven[64]; zusätzlich bietet er ebenfalls wertvolle Informationen über die Zuflucht eines Freien *ad statuam*. Beachtet man den von Plinius geschilderten Hergang der Ereignisse genau, so erkennt man, daß der Sklavenstatus des Callidromus erst nach seiner Zuflucht entdeckt wurde[65].

Callidromus hatte nach seiner Flucht aus Parthien wie ein Freier in Nikomedia gelebt und mit den beiden Bäckern einen Dienstvertrag abgeschlossen (*operas suas locaverat*). Als diese ihn gegen seinen Willen festhielten, suchte er bei der Statue des Trajan Zuflucht. Daraufhin wurde er einem Magistrat vorgeführt, der bei der Vernehmung den Sklavenstatus entdeckte und dem Statthalter Meldung erstattete.

Durch die Zuflucht konnte ein Freier dem unmittelbaren Zugriff eines übermächtigen Verfolgers entgehen, indem er sich unter den Schutz des Kaisers stellte. Damit war der Verfolger der Gefahr einer Majestätsverletzung bei Fortsetzung der Übergriffe ausgesetzt. Zugleich forderte der Flüchtling durch sein Verhalten die Solidarität und die Unterstützung der Zuschauer[66] und in letzter Konsequenz die behördliche Aufmerksamkeit und den Schutz in seiner Zwangslage ein[67]. Wie nach der Zuflucht eines Sklaven war zu prüfen, ob der Flüchtling das Asylrecht nicht mißbraucht hatte. Eine rechtswidrige Flucht *in invidiam/iniuriam alterius* lag etwa vor, wenn der Nachweis einer Zwangslage mißlang oder der Verfolger verleumdet wurde[68]. In einem solchen Fall konnte die Haftstrafe verhängt werden.

7.5. Ergebnisse

Das Bild, welches in der Literatur bisher vom Asylrecht freier Personen bei Kaiserbildern gezeichnet wurde, ist in zweierlei Hinsicht zu korrigieren.

Zum einen kann die Behauptung, das Asylrecht bei Statuen sei Freien nicht oder nur in Ausnahmefällen zur Verfügung gestanden, nicht aufrechterhalten werden. Der Schutz einer Statue (oder eines anderen Kaiserbilds) entzog jeden Flücht-

---

64 Vgl. dazu oben S. 47 ff.

65 Der Text gibt keinen Hinweis auf eine zwischenzeitige Freilassung, welche das Argument nur verstärken würde.
Für den unfreien *status* z.B. A.N. SHERWIN-WHITE, The Letters of Pliny (1966; Ndr. 1985) 660 ff.; W. WILLIAMS, Pliny. Correspondence with Trajan from Bithynia (*Epistles X*) (1990) 123; K. BRADLEY 23; S.R.F. PRICE, Rituals and Powers (1984) 192 und O. HIRSCHFELD, Die Sicherheitspolizei im römischen Kaiserreich, Kleine Schriften (1913) 597.
Für die Freiheit D. NÖRR, Zur sozialen und rechtlichen Bewertung der freien Arbeit in Rom, SZ 82 (1965) 96 Fn. 151 und E. CIZEK, L'époque de Trajan (1983) 409 (m.w.N.).

66 Vgl. z.B. Hist.Apoll. 29 und dazu oben S. 31 f.

67 Dieses Moment unterschätzt A. WACKE (Fn. 40) 603, wenn er meint: "Vor den notorischen Gewalttaten der *potentiores* konnte die wenig effektive Staatsgewalt nicht anders schützen, als durch die ausnahmsweise Bewilligung des Asylrechts."

68 Vgl. zur Zuflucht von Sklaven D 47.11.5 (*Ulp 5 off proc*) und oben S. 76 f.

ling dem direkten Zugriff eines Verfolgers. Die Berechtigung der Zuflucht war für den Schutz bei dem Kaiserbild nicht Voraussetzung. Die Gründe der Zuflucht wurden erst im Nachhinein von einem Beamten untersucht. Stellte sich dabei heraus, daß der Flüchtling nicht vor einer Bedrohung geflüchtet war, sondern mit der Zuflucht einem anderen Nachteile zufügen wollte, so wurde er inhaftiert. Die Haltung des römischen Rechts war also "asylfreundlicher" als bislang angenommen.

Zum anderen können die Aussagen der Quellen über die Motive der Flüchtlinge nicht ohne Berücksichtigung des sozialen und rechtlichen Kontexts, in dem diese abgefaßt wurden, gelesen werden. Die Tendenz, die Zulässigkeit des Asylschutzes bei freien Personen deswegen stark einzuschränken oder gänzlich abzulehnen, weil darin ein Rechtsmißbrauch und eine Verletzung der Rechtsgleichheit zugunsten von Missetätern lag, bedarf der Relativierung. Diese Einschätzung entsprach den Empfindungen der römischen Oberschicht, welche sich nicht damit abfinden wollte, daß der Schutz von Kaiserbildern Angehörigen der Unterschichten Möglichkeiten zur Mißachtung der Standesgrenzen eröffnete. Aus der Perspektive der aristokratischen Zeitgenossen (zu denen die römischen Juristen zählten) waren dies Mißbräuche. Das Ausmaß der Irritationen, welche diese Form des Schutzes auslösten, zeigt der über mehr als drei Jahrhunderte verfolgbare juristische Diskurs, in dem dieser Aspekt wiederholt betont wurde. Die Argumentation mit dem Topos der Rechtsgleichheit hat es der modernen Lehre leicht gemacht, die Wertungen ungeprüft zu akzeptieren. Jedoch sollte nicht übersehen werden, daß dieses Argument in einer von ständischen Vorstellungen geprägten Rechtsordnung einen anderen Wert hat, als vor dem Hintergrund eines auf weitgehender Rechtsgleichheit aller Bürger beruhenden Rechtsstaats[69].

Aus heutiger Sicht lassen sich die bisherigen Urteile ebensogut umkehren: Im ersten historisch faßbaren Fall, dem Konflikt zwischen Annia Rufilla und C. Cestius Gallus, in dem dieser Topos zum ersten Mal auftauchte, konnte von einer rechtlichen Gleichstellung der Beteiligten keine Rede sein. Wenngleich in der Senatsdiskussion vor allem die Verletzung der (formellen) Rechtsgleichheit beklagt wurde, sollte bei einer historischen Bewertung dieser Vorgänge nicht übersehen werden, daß der Asylschutz Möglichkeiten zur Durchbrechung dieser als natürlich hingenommenen Rechtsungleichheit eröffnete. Dagegen setzten sich die Senatoren zur Wehr, indem sie solche Fälle als Mißbräuche des Asylschutzes definierten und und ihre Bestrafung anordneten.

---

69 Die Gleichbehandlung von nicht standesgleichen Personen galt geradezu als Perversion der Gleichheit. Vgl. die in Plin.epist. 9.5 ausgesprochene Warnung, *ut discrimina ordinum dignitatumque custodias; quae si confusa, turbata, permixta sunt, nihil est ipsa aequalitate inaequalius* (Literaturangaben s. oben. S. 56 Fn. 52).

8. *Signa* und Asylrecht

Wie bei kaiserlichen Statuen konnten Flüchtlinge auch bei den *signa* des römischen Heeres Zuflucht suchen. Der ehemalige Konsul Munatius Plancus geriet 14 n.Chr. in einen Aufstand der germanischen Legionen und rettete sein Leben nur durch die Flucht zum Fahnenheiligtum der 1. Legion.

> Tac.ann. 1.39.4 *Illic signa et aquilam amplexus religione sese tutabatur, ac ni aquilifer Calpurnius vim extremam arcuisset, rarum etiam inter hostes, legatus populi Romani Romanis in castris sanguine suo altaria deum commaculavisset.*

Ähnliches wird auch aus der Zeit nach dem Tode des Kaisers Julian berichtet. Ein wegen Unterschlagungen gesuchter Rechnungsführer (*actuarius*) floh zu den *signa* und versuchte die Soldaten zum Aufruhr anzustacheln.

> Amm. 25.10.7 ... *qui fraudum conscius et noxarum ad militaria signa confugit* ...[1]

Beide Fälle[2] ereigneten sich im Standlager einer römischen Legion. Dort waren die *signa* zusammen mit den Lagergottheiten und kaiserlichen Bildern in einem eigenen Raum aufgestellt[3]. Die asylspendende Wirkung selbst ging, wie Tacitus deutlich her-

---

1 Es ist an die Zuflucht bei den *signa* selbst zu denken und nicht nur an eine Flucht zu einer Heeresabteilung.
Für die erste Bedeutung C. PHILLIPSON, The International Law and Custom of Ancient Greece and Rome I (1911; Ndr. 1979) 357 und die Übersetzung von J. FONTAINE, Ammien Marcellin. Histoire IV/1 (Coll. Budé) (1977) 210; im anderen Sinn übersetzen diese Stelle J.C. ROLFE, Ammianus Marcellinus II (Loeb Classical Library) (1940) 559; W. SEYFARTH, Ammianus Marcellinus. Römische Geschichte III (1970) 195 und O. VEH in: O. VEH/G. WIRTH, Ammianus Marcellinus. Das römische Weltreich vor dem Untergang (1974) 496.

2 Möglicherweise spielte das Asylrecht der *aquila* auch eine Rolle, als Caesar die Legionen des Lepidus auf seine Seite brachte, indem er sich unbewaffnet in dessen Lager begab und sich trotz heftigen Widerstandes der Feldzeichen bemächtigte. Val.Max. 2.81.3 *Quippe cum inermis et lacernatus esset, praeter nomen nihil trahens, ingressus castra Lepidi, evitatis quae iussu hominis pravissimi tela in eum iacta erant, cum lacerna eius perforata esset lancea, aquilam legionis rapere ausus est.*

3 S. dazu A. v. DOMASZEWSKI, Die Religion des römischen Heeres, in: ders., Aufsätze zur römischen Heeresgeschichte (1972) 89 ff.; A. ALFÖLDI, Die Ausgestaltung des monarchischen Zeremoniells am römischen Kaiserhofe, in: ders., Die monarchische Repräsentation im römischen Kaiserreiche (1970) 67 ff.; W. SESTON, Feldzeichen, RAC VII (1969) 689 ff. und J. HELGELAND, Roman Army Religion, ANRW II/16.2 (1978) 1470 ff.

vorhebt, von den *signa* und der *aquila*[4] aus. Das Lagerheiligtum, wo sich diese Kultgegenstände befanden, bildete den Mittelpunkt der römischen Heeresreligion, für römische Soldaten den Mittelpunkt ihres sozialen und religiösen Lebens[5]. Der Schutz im Lagerheiligtum war daher durchaus dem Asylrecht eines Tempels vergleichbar[6]. Das Asylrecht bei den *signa* stand nicht mit den an ihnen befestigten Kaiserbildern in Zusammenhang, sondern entsprang religiösen Vorstellungen[7]. Daneben war eine Flucht zu den Feldzeichen ein Hilfeersuchen an die Legionäre.

Dieser Schutz kam hauptsächlich für Soldaten in Frage und wurde vielleicht bei ungerechtfertigten Übergriffen Vorgesetzter oder bei Gewalttätigkeiten anderer Soldaten in Anspruch genommen. Die Überlieferung läßt hierüber keine sicheren Aussagen zu. Die beiden erhaltenen Fälle zeigen verschiedene Aspekte dieses Schutzes: Munatius Plancus erwartete, daß die aufgebrachten Soldaten vor den für sie so wichtigen *signa* Respekt haben[8] und ihm deswegen nicht weiter nachstellen würden. Die Zuflucht des *actuarius* war darauf angelegt, durch die Hinwendung zu den für sie wichtigen Symbolen die Legionäre zur Solidarität und Unterstützung zu veranlassen.

---

4 Zu deren religiöser Bedeutung vgl. J. HELGELAND (Fn. 3) 1473 ff.

5 Für die römischen Soldaten war das Lager der zentrale soziale Bezugsrahmen, es bildete ihre "Stadt". Vgl. J. HELGELAND (Fn. 3) 1488 ff.

6 Vgl. H. KRUSE, Studien zur offiziellen Geltung des Kaiserbildes im römischen Reiche (1934) 57 Anm. 1, 76 ff.; J.P. ROLLIN, Untersuchungen zu Rechtsfragen römischer Bildnisse (1979) 145; W. SESTON (Fn. 3) 70 und J. HELGELAND (Fn. 3) 1478.

7 Vgl. G.R. WATSON, The Roman Soldier (1969; Ndr. 1985) 129 und W. SESTON (Fn. 3) 700 ff.

8 G.R. WATSON (Fn. 7) 129.

9. Die Regelung des Asylwesens in den Provinzen

9.1. Einleitung

In den östlichen Provinzen des römischen Reichs existierten zu Beginn der Kaiserzeit noch zahlreiche Tempelasyle. Diese gingen auf die im griechischen Rechtsbereich weitverbreitete Einrichtung der Asylie zurück[1]. Bereits ab dem 5. Jh.v.Chr. hatten sich griechische *póleis* durch Verträge verpflichtet, die mit *sylân* bezeichneten Formen von Zugriffen auf bestimmte Personen oder das Gebiet einer anderen Stadt zu unterlassen[2]. So wurden Personen oder Städte und ab dem 3. Jh.v.Chr. verstärkt auch Tempel[3] rechtlich für unverletzlich (*ásylos*) erklärt.

---

1 Zum griechischen Asylwesen vgl. vor allem E. SZANTO, *Asylía*, RE II (1896) 1879 ff.; P. STENGEL, Asylon, RE II (1896) 1881 ff.; R. HERZOG, Heilige Gesetze von Kos (1928) 33 ff.; E. SCHLESINGER passim; P. TIMBAL DUCLAUX DE MARTIN 17 ff.; L. WENGER, Asylrecht, RAC I (1950) 837 ff.; R. HERZOG/G. KLAFFENBACH, Asylieurkunden aus Kos (1952); U.E. PAOLI, "Asilia", NNDI I (1958) 1034 f.; ders., Asilo, NNDI I (1958) 1035 ff.; CH. HABICHT, Samische Volksbeschlüsse der hellenistischen Zeit, AM 72 (1957) 125 ff.; ders., Hellenistische Inschriften aus dem Heraion von Samos, AM 87 (1972) 191 ff.; D. VAN BERCHEM, Trois cas d'asylie archaïque, Museum Helveticum 17 (1960) 21 ff.; M. NILSSON, Geschichte der griechischen Religion II^2 (1961) 88 ff.; P. GAUTHIER, Symbola (1972); J. GOULD, Hiketeia, Journal of Hellenic Studies 93 (1973) 74 ff.; W. ZIEGLER, Symbolai und Asylia (1975); G. CRIFÒ 193 ff.; B. BRAVO, Sulân, Annali della Scuola Superiore di Pisa, ser. 3/10 (1980) 675 ff.; S. CATALDI, Symbolai e relazioni tra le città greche nel V secolo A.C. (1983) 53 ff.; G. FREYBURGER, Supplication grecque et supplication romaine, Latomus 47 (1988) 501 ff.; P. HERRMANN, Rom und die Asylie der griechischen Heiligtümer, Chiron 19 (1989) 127 ff.; W.K. PRITCHETT, The Greek States at War V (1991) 68 ff.; U. SINN, Das Heraion von Perachora, AM 105 (1990) 53 ff.; ders., Greek Sanctuaries as Places of Refuge, in: N. MARINATOS/R. HÄGG (Hg.), Greek Sanctuaries (1993) 88 ff.; S. KREUTER, Außenbeziehungen kretischer Gemeinden zu den hellenistischen Staaten im 3. und 2. Jh.v.Chr. (1992) 57 ff.; G. THÜR/H. TAEUBER, Prozeßrechtliche Inschriften der griechischen Poleis: Arkadien (1994); W. PÖTSCHER, Die Strukturen der Hikesie, Wiener Studien 107/108 (1994/95) (= *Sphairos*. FS W. Schwabl) 51 ff.; A. CHANIOTIS, Die *sylân*-Klausel im Vertrag zwischen Lyttos und Malla (Staatsverträge III 511), SZ 111 (1994) 421 ff.; ders., Conflicting Authorities. Asylia between Secular and Divine Law in the Classical and Hellenistic Poleis, Kernos 9 (1996) 65 ff.; ders., Asylon, DNP II (1997) 144 f. und G. THÜR, Asylia, DNP II (1997) 143 (jeweils m.w.N.).
Eine umfassende Dokumentation der epigraphisch erhaltenen Asylieverleihungen samt Kommentar bietet nunmehr K.J. RIGSBY, Asylia. Territorial Inviolability in the Hellenistic World (1996).

2 Z.B. eigenmächtige Pfandnahme, Personalexekution, Durchsetzung von Ansprüchen auf eine Person, aber auch Raub oder Seeraub. Vgl. E. SZANTO (Fn. 1); K. LATTE, *Sylân*, RE

Während nach der von K.J. RIGSBY jüngst vorgebrachten Theorie die Asylie hauptsächlich ein Ehrentitel war[4], haben andere Autoren zahlreiche Funktionen der Asylie herausgearbeitet: Die Asylie sollte vor Seeräuberüberfällen und Plünderungen in Kriegszeiten schützen[5] oder den Handel fördern[6] und damit Zuwanderer in eine Stadt anziehen. In hellenistischer Zeit galt sie als Zeichen städtischer Unabhängigkeit vom Herrscher[7].

Damit ein Tempel zu einem rechtlich anerkannten Asyl wurde[8], reichten Akte der Priester oder Stadtbehörden nicht aus, sondern es war die vertragliche Anerkennung durch andere Städte oder Herrscher notwendig[9].

Um die Anerkennung zu erwirken, wurden Gesandtschaften entsandt. Zur Legitimation ihrer Ersuchen berief man sich auf wichtige kultische Ereignisse wie Epiphanien von Göttern oder mythische Begebenheiten, auf die Einrichtung von Spielen oder auf Verdienste der ersuchenden Stadt[10]. Die diplomatische Praxis überdauerte die Eingliederung der *póleis* in die hellenistischen Königreiche; sogar der

---

IV A 1 (1931) 1035 ff.; W. ZIEGLER (Fn. 1) 70; P. GAUTHIER (Fn. 1) 210 ff.; B. BRAVO (Fn. 1) 705 ff. und M. DREHER, Das Asyl in der Antike, Tyche 11 (1996) 81 ff.

3 Zur Bedeutung der Asylie für die Erfüllung der religiösen wie nichtreligiösen Funktionen eines Heiligtums (z.B. als Bank) s. U. SINN, Greek Sanctuaries (Fn. 1) 90 f.

4 S. K.J. RIGSBY 22 ff. "I ... think that this gesture (declaration of territorial *asylia*) never brought a recipient anything but honor, and that for most of its history no more than honor was intended by grantor or recipient" (S. 22).

5 M. NILSSON (Fn. 1) 89 und P. KLOSE, Die völkerrechtliche Ordnung der hellenistischen Staatenwelt in der Zeit von 280 - 168 v. (1972) 155.

6 E. SCHLESINGER 61 f.

7 M. ROSTOVTZEFF, Gesellschafts- und Wirtschaftsgeschichte der hellenistischen Welt (1955) 667 ff.; D. VAN BERCHEM (Fn. 1) 23 und K.J. RIGSBY 21.

8 Zur sakralen Unverletzlichkeit der Tempel und zur Tempelschändung (*hierosylía*) sowie zur Asylverletzung vgl. R. TAUBENSCHLAG, Das Strafrecht im Rechte der Papyri (1916) 52; C. PHILLIPSON, The International Law and Custom of Ancient Greece and Rome I (1911; Ndr. 1979) 351 ff.; E. SCHLESINGER 28 ff.; L. WENGER (Fn. 1) 837; M. CICCIÒ, Guerre, *stáseis* e *asylía* nella Grecia del V secolo a.C., in: M. SORDI (Hg.), I santuari e la guerra nel mondo classico (1984) 132 ff.; G. THÜR/H. TAEUBER (Fn. 1) 75 ff.; U. SINN, Heraion (Fn. 1) 110 f. und ders., Greek Sanctuaries (Fn. 1) 92 f.; A. CHANIOTIS, Conflicting Authorities (Fn. 1) 70 f.; M. DREHER (Fn. 2) 83 f. und K.J. RIGSBY 15 ff.

9 M. ROSTOVTZEFF (Fn. 7) 147 ff.; E. SCHLESINGER 63 ff.; L. WENGER (Fn. 1) 837 f.; W. ZIEGLER (Fn. 1) 92 ff. und M. DREHER (Fn. 2) 90 f.
Gegen die herrschende Sicht wendet sich K.J. RIGSBY 4 ff. Seiner Auffassung nach bedurfte die Unverletzlichkeit eines Tempels keiner Anerkennung, sondern diese zeigte nur die besondere Ehrfurcht vor der Gottheit. Die gegenteilige Auffassung hält er, da sie besonders akzentuiert durch römische Quellen dokumentiert ist (s. unten Fn. 13), für römisch und nicht für griechisch.

10 E. SCHLESINGER 65 f. und A. CHANIOTIS, Asylon (Fn. 1) 143. Die Asylie wiederum erleichterte die sichere Durchführung der Spiele und zog Teilnehmer an, wovon das Heiligtum oder die Stadt profitierte. Vgl. R.W.M. SCHUMACHER, Three related sanctuaries of Poseidon: Geraistos, Kalaureia and Tainaron, in: N. MARINATOS/R. HÄGG (Hg.), Greek Sanctuaries. New Approaches (1993) 70.

eigene Herrscher wurde in dieser Form um die Bestätigung von Asylrechten ersucht[11].

9.2. Die Anerkennung von Asylen in der römischen Republik

Die Römer kamen ab dem Beginn des 2. Jh.v.Chr. mit dem griechischen Asylwesen in Kontakt[12]. Sie achteten die Usancen des griechisch-hellenistischen "Völkerrechts" und nützten das Mittel der Asylanerkennung zur Auszeichnung befreundeter oder verbündeter Städte[13].

Meist wandten sich die Städte zuerst an die in ihrem Gebiet operierenden Feldherren um Anerkennung der Asylie für die Stadt oder einen Tempel. Nach deren Genehmigung wurde regelmäßig die Bestätigung durch den Senat eingeholt[14]. Daneben gibt es aber auch Beispiele dafür, daß der Senat direkt um die Anerkennung der *asylía* ersucht wurde[15]. Das zweiteilige Verfahren wurde selbst von den Diktatoren Sulla und Caesar beachtet[16].

---

11 Vgl. A. HEUSS, Stadt und Herrscher im Hellenismus in ihren staats- und völkerrechtlichen Beziehungen (1937) 145 ff.; zu den Verhältnissen im ptolemäischen Ägypten vgl. F. v. WOESS 33 ff. und A. HEUSS 148 f., 153 f.

12 Bereits 242 v.Chr. anerkannten einige unteritalienische und sizilianische Städte die Asylie des Asklepiosheiligtums auf Kos mit Roms Wissen, aber ohne direkte römische Einmischung. Zur politischen Bedeutung dieser Vorgänge vgl. H. BENGTSON, Randbemerkungen zu den koischen Asylieurkunden, Kleine Schriften zur alten Geschichte (1974) 358 ff.; W. DAHLHEIM, Gewalt und Herrschaft (1977) 36; K. LOMAS, Rome and the Western Greeks 350 BC - AD 200 (1993) 103 und K.J. RIGSBY 106 ff.

13 Die Römer übernahmen sowohl das griechische Wort *asylum* für diese Einrichtung als auch das griechische Konzept. Erst die förmliche Anerkennung, machte nach römischer Auffassung einen Tempel zum Asyl: Serv.Aen. 2.761 *IUNONIS ASYLO templo: unde nullus possit ad supplicium extrahi. dictum 'asylum' quasi 'asyrum'. alii 'asylum' ideo dictum, quod nullus inde tolleretur, id est quod sylásthai, hoc est abripi, nullus inde poterat; vel quod fugienti illuc spolia non detraherentur; syla enim Graece aut furta aut spolia dicuntur. hoc autem non est in omnibus templis, nisi quibus consecrationis lege concessum est.* Und weiters Liv. 35.51.2 *Ubi et in fano lucoque ea religione et eo iure sancto, quo sunt templa, quae asyla Graeci appellant* ... (s. dazu K.J. RIGSBY 83) ... sowie Pol. 4.18.10.
Zur Etymologie vgl. beispielsweise E. SCHLESINGER 6 ff.; W. ZIEGLER (Fn. 1) 89 ff. und K.J. RIGSBY 30 ff.; zur lateinischen weiters im Thesaurus Linguae Latinae s.v. *asylum*.

14 Vgl. z.B. die Anerkennung der Asylie von Kolophon durch Lucius und Publius Cornelius Scipio 190 v.Chr. (SHERK Nr. 36 = RIGSBY Nr. 173), von Delphi durch Manius Acilius Glabrio 190 v.Chr. (SHERK Nr. 37 und Nr. 1), von Stratonikeia 81 v.Chr. (SHERK Nr. 18 = RIGSBY Nr. 210) und Oropos 80 v.Chr. (SHERK Nr. 23 = FIRA I Nr. 36 = RIGSBY Nr. 6) durch Sulla. Diese Akte wurden durch den Senat bestätigt.

15 Asylie von Teos 193 v.Chr. (App.Syr. 6; Liv. 34.57 ff.; SHERK Nr. 34 = RIGSBY Nr. 153). Dazu s. A. MASTROCINQUE, Città sacre e 'asylia' alla fine della guerra tra Roma e Antioco III, in: M. SORDI (Hg.), I santuari e la guerra nel mondo classico (1984) 152 ff.;

Die Gesandtschaften der griechischen *póleis* brachten zur Begründung ihrer Wünsche gegenüber dem Senat die gleichen Argumente vor, wie sie bei anderen Städten oder hellenistischen Herrschern Verwendung fanden: Sie riefen ihre Treue zu Rom in Erinnerung[17], berichteten über die Einrichtung von Spielen zu Ehren Roms[18] und brachten Ehrengeschenke oder Opfer in Rom dar[19]. Auf römischer Seite übernahm man die etablierten Bräuche und nützte die Gelegenheit, um die römische Ehrfurcht vor dem betreffenden Heiligtum zu betonen[20].

Mit der Intervention der Römer setzte jedoch ein Wandel und Funktionsverlust der Asylie ein. Ihre bisherige Bedeutung behielt sie nur während der römischen Feldzüge. Da bewahrte die rasche Anerkennung durch einen Feldherrn einen Tempel oder eine Stadt vor Plünderungen durch die Römer[21]. Ähnliches galt in Krisenzeiten, wenn die römische Macht den Frieden und die allgemeine Sicherheit nicht mehr gewährleistete (z.B. während des mithridatischen Kriegs oder der römischen Bürgerkriege). Dann gewannen Tempelasyle vorübergehend für weitere Kreise der Bevölkerung an Bedeutung[22]. Ansonsten machte die *pax Romana* viele Funktionen obsolet[23]. Vor allem aber verlor die Asylie einer gesamten Stadt, da "auswärtige Feinde" fehlten, jeglichen Sinn und praktische Bedeutung. Jedoch blieben die Tempel weiterhin Zufluchtsorte[24].

Nach dem Wegfall der auch in ihren Augen akzeptablen Funktionen sahen die Römer Asyle hauptsächlich als Unterschlupf von flüchtigen Sklaven, Schuldnern oder Verbrechern an. Nach römischer Auffassung sollten diese Personen nicht einmal in den Asylen vor den Zugriffen ihrer Eigentümer, Gläubiger oder der staatlichen Gewalt endgültig Sicherheit finden. Die Inanspruchnahme des Asylrechts war im Regelfall nunmehr gleichbedeutend mit dem Mißbrauch dieses Rechts[25]. Diese

---

W. DAHLHEIM, Struktur und Entwicklung des römischen Völkerrechts im dritten und zweiten Jahrhundert v.Chr. (1968) 100 ff. und K.J. RIGSBY 280 ff.

16 Zu Sulla vgl. oben Fn. 14; zu Caesar M. JEHNE, Der Staat des Dictators Caesar (1987) 339 und weiters P. HERRMANN (Fn. 1) 156 ff.

17 Stratonikeia 81 v.Chr. (SHERK Nr. 18 Z. 36 ff., 78 ff.) und Sardes 44 v.Chr. (Chiron 19, 1989, 133 = RIGSBY Nr. 214 Z. 33 f.).

18 Delphi 189/188 v.Chr. (SHERK Nr. 38 Z. 6 f.); Oropos 80 v.Chr. (SHERK Nr. 23 = FIRA I Nr. 36 = RIGSBY Nr. 6 Z. 48 f.).

19 Stratonikeia 81 v.Chr. (SHERK Nr. 18 Z. 31 ff.).

20 Delphi 189/188 v.Chr. (SHERK Nr. 38); Teos 193 v.Chr. (SHERK Nr. 34 = RIGSBY Nr. 153).

21 Als Beispiele von römischen Übergriffen auf Tempel in Kriegszeiten vgl. Sall.Cat. 11; Strab. 13.595, 14.637.

22 Vgl. die Quellenangaben bei U. SINN, Heraion (Fn. 1) 107 f. S. dazu unten S. 167 und 169.

23 Vgl. G.G. BELLONI 164 und D. MAGIE, Roman Rule in Asia Minor (1950) 504.

24 Die geänderte Funktion erklärt, warum in römischen Quellen nahezu ausschließlich von Tempelasylen die Rede ist. K.J. RIGSBY 21 f. nimmt daher zu Unrecht an, daß die Römer einen anderen Asylbegriff hatten als die Griechen.

25 Die Haltung in diesen Fragen war keine andere als gegenüber *ad statuam confugere*. S. dazu oben S. 149.

Gründe führten unter der Herrschaft des Tiberius zu einem Eingreifen des Senats in das Asylwesen der griechischen Provinzen.

9.3. Die Asylüberprüfung der Jahre 22 und 23 n.Chr.

9.3.1. Der Bericht des Tacitus

Die Asylüberprüfung der Jahre 22 und 23 n.Chr. war die Reaktion der römischen Zentralverwaltung auf die geänderten Funktionen der Asyle[26]. Über ihren Anlaß und Ablauf, die Argumente, mit denen die griechischen Städte ihre Rechte verteidigten, und die vom Senat ergriffenen Maßnahmen ist ein ausführlicher Bericht des Tacitus in den Annalen erhalten (3.60 - 63 und 4.14)[27]. Über den Verlauf des Verfahrens berichtet der Historiker folgendes:

> Tac.ann. 3.60 *Sed Tiberius, vim principatus sibi firmans, imaginem antiquitatis senatui praebebat, postulata provinciarum ad disquisitionem patrum mittendo. crebrescebat enim Graecas per urbes licentia atque inpunitas asyla statuendi; conplebantur templa pessimis servitiorum; eodem subsidio obaerati adversum creditores suspectique capitalium criminum receptabantur, nec ullum satis validum imperium erat coercendis seditionibus populi, flagitia hominum ut caerimonias deum protegentis. igitur placitum ut mitterent civitates iura atque legatos. et quaedam quod falso usurpaverant sponte omisere; multae vetustis superstitionibus aut meritis in populum Romanum fidebant. magnaque eius diei species fuit, quo senatus maiorum beneficia, sociorum pacta, regum etiam, qui ante vim Romanam valuerant, decreta ipsorumque numinum religiones introspexit, libero, ut quondam, quid firmaret mutaretve.* ... (63) *Auditae aliarum quoque civitatium legationes. quorum copia fessi patres, et quia studiis certabatur, consulibus permisere, ut, perspecto iure et si qua iniquitas involveretur, rem integram rursum ad senatum refferent.* ... *factaque senatus consulta, quis multo cum honore modus*

---

26 Zusammenfassende Darstellungen bei V. CHAPOT, La province romaine proconsulaire d'Asie (1904; Ndr. 1967) 406 ff.; TH. MOMMSEN, StR 459 f.; P. STENGEL (Fn. 1) 1884 f.; H. DESSAU, Geschichte der römischen Kaiserzeit II/1 (1926) 44 f.; D. MAGIE (Fn. 23) 503 f.; H. BELLEN 71 f.; G.G. BELLONI 164 ff.; P. HERRMANN (Fn. 1) 127 ff. und K.J. RIGSBY 580 ff.
Ein ähnliches Vorgehen in anderen Provinzen vermuten beispielsweise TH. MOMMSEN, StR 460; E. KORNEMANN, Tiberius (1960) 144 und H. BELLEN 72. Ablehnend dazu G.G. BELLONI 168 und K.J. RIGSBY 584. Ein Vergleich mit Ägypten legt die Einmaligkeit dieser Maßnahmen nahe (F. v. WOESS 211 ff.).

27 Zum Text E. KOESTERMANN, Cornelius Tacitus Annalen I (1963) 535 ff.; ders., Cornelius Tacitus Annalen II (1965) 75 f. und A.J. WOODMAN/R.H. MARTIN, The Annals of Tacitus. Book 3 (1996) 429 ff.
Zu einer Notiz Suetons über die Asylüberprüfung s. unten auf S. 171.

tamen praescribebatur, iussique ipsis in templis figere aera sacrandam ad memoriam, neu specie religionis in ambitionem delaberentur.

9.3.2. Die Quellen des Tacitus

Diese detaillierte und dem chronologischen Ablauf der Ereignisse folgende Schilderung geht auf die Verwendung der *acta senatus* als primäre Quelle zurück[28]. Dieser Arbeitsweise ist einerseits die genaue Kenntnis des Verfahrens zu verdanken, andererseits bedingte sie Ungenauigkeiten und Lücken der Darstellung: Umfassend informiert Tacitus nur über die Gesandtschaften, die vom gesamten Senat angehört wurden (Tac.ann. 3.60 - 62). Kursorisch berichtet er hingegen über den Teil der Untersuchung, der von den Konsuln allein geführt wurde[29]. Über diesen Abschnitt enthielten die *acta senatus* allein den Schlußbericht der Konsuln, in welchem diese nur die bemerkenswertesten Rechtstitel aufführten. Das erklärt, weshalb eine auch inschriftlich belegte Asylieverleihung Caesars an Sardes von Tacitus übergangen wird[30].

9.3.3. Das Verfahren

Die Initiative ging von Tiberius aus, der dem Senat die Untersuchung übertrug. Trotz Tacitus' skeptischem Kommentar lassen sich dafür sachliche Beweggründe finden[31]. Die Anerkennung von Asylen war in der Republik - als "völkerrechtliche Angelegenheit" - regelmäßig durch den Senat erfolgt[32]. Obwohl man vermuten

---

28 S. E. KORNEMANN (Fn. 26) 144 Fn. 35; R. SYME, Tacitus I (1958) 285; ders., How Tacitus Wrote Annals I - III, in: Historiagraphia Antiqua (FS Peremans) (1977) 248 und R.J.A. TALBERT, The Senate of Imperial Rome (1984) 329 ff.

29 Tac.ann. 3.63 ... *auditae aliarum quoque civitatium legationes ...*

30 Vgl. dazu P. HERRMANN (Fn. 1) 130 f.

31 *Tiberius, vim principatus sibi firmans, imaginem antiquitatis senatui praebebat.* Vgl. ähnliche Urteile in ann. 1.77 und bei Suet.Tib. 30 und die Kommentierungen von E. KOESTERMANN I (Fn. 27) 535 und A.J. WOODMAN/R.H. MARTIN (Fn. 27) 431 ff. Mit der Rolle des Kaisers beschäftigt sich ausführlich, wenngleich mit Überbewertungen, G.G. BELLONI passim.
R.E.A. PALMER, Adherence to the Aventine Canon and the *lex Tiburtina*, in: ders., Roman Religion and Roman Empire (1974) 75, vermutet, Tiberius habe, da diese Angelegenheiten mit religiösen Bräuchen zusammenhingen, in seiner Funktion als *pontifex maximus* gehandelt. Die Bedeutung dieser Vorgänge reduziert dagegen P. SCHRÖMBGES, Tiberius und die Res publica Romana (1986) 128, zu Unrecht auf die Behandlung von "Kultproblemen in den Provinzen".

32 Zur republikanischen Rechtslage vgl. Pol. 6.13; TH. MOMMSEN, Römisches Staatsrecht III/2 (1888; Ndr. 1952) 959 ff., 1147 ff. und R.J.A. TALBERT (Fn. 28) 411 ff.

kann, daß die Funktion des Senats bei den von Sulla und Caesar anerkannten Asylrechten sich nur auf die formelle Sanktionierung beschränkte, war auf seine Mitwirkung nie verzichtet worden. Es hätte sich wohl kein erstzunehmender Widerspruch geregt, wenn der Kaiser einen Schritt weiter gegangen wäre und allein entschieden hätte. Daß trotz der gewandelten politischen Verhältnisse dennoch nach der republikanischen "Kompetenzverteilung" vorgegangen wurde, kann als politische Geste gegenüber den griechischen Städten verstanden werden.

Bereits im ersten Verfahrensabschnitt wurde das starke römische Bestreben deutlich gemacht, die Kontinuität zu wahren. Kaiser wie Senat trachteten, die in der Republik bei der Anerkennung von Asylen beachteten Übungen aufrechtzuerhalten. Dazu gehörte auch, daß die selbständige Untersuchung und die abschließende Entscheidung wie bisher beim Senat lagen[33].

Die Einleitung des Verfahrens durch den Kaiser stellte für sich allein kein gravierendes Abweichen von der republikanischen Übung dar. Der Kaiser übernahm damit bei der Asylüberprüfung eine ähnliche Funktion wie ein republikanischer Feldherr, der ein Asylrecht vorläufig anerkannte und die Angelegenheit dem Senat zur endgültigen Beschlußfassung vorlegte. Für die Griechen war es geradezu selbstverständlich, sich zuerst an den Kaiser zu wenden, da sie auch in der Republik ihre Ersuchen meist nicht direkt an den Senat, sondern durch die Vermittlung eines römischen Feldherrn, insbesondere Sullas oder Caesars, gestellt hatten[34].

Die gewählte Vorgangsweise zeigte daneben in materieller Hinsicht das römische Streben nach Kontinuität. Die Römer stellten die Berechtigung von Asylen, die auf nichtrömischen Titeln beruhten, nicht grundsätzlich in Frage[35], sie wollten keine einseitigen Eingriffe verordnen, sondern mit den Städten über eine durch die Funktionsänderung notwendig gewordene Neuordnung verhandeln. Dies erfolgte ganz bewußt in den republikanischen Rechtsformen und in derselben Weise wie die ursprüngliche Anerkennung der Asyle: Der römische Senat lud Gesandtschaften zu

---

Das "völkerrechtliche" Verfahren erklärt die von TH. MOMMSEN, StR 460 Fn. 1 und L. MITTEIS, Reichsrecht und Volksrecht in den östlichen Provinzen des römischen Kaiserreiches (1891; Ndr. 1963) 89 Fn. 1 mit Befremden notierte Tatsache, daß abhängige und autonome Städte derselben Behandlung unterworfen wurden.

33 Vgl. M.P. CHARLESWORTH, Tiberius, in: S.A. COOK/F.E. ADCOCK/M.P. CHARLESWORTH (Hg.), CAH X: The Augustan Empire (44 B.C. - A.D. 70) (1934; Ndr. 1963) 646 und G.G. BELLONI 168 f. Anders TH. MOMMSEN (Fn. 32) 1215 Fn. 3. Ein zusätzlicher Grund war, daß es sich um senatorische Provinzen handelte; vgl. E. KORNEMANN (Fn. 26) 144. G.G. BELLONI 176 f. zieht die kaiserliche Sanktion der *senatus consulta* in Erwägung.

34 Aus griechischer Sicht spielte jedenfalls der Kaiser die zentrale politische Rolle. Dies belegt eine milesische Inschrift, welche Meniskos als "Gesandten an den Kaiser wegen der Asylie des didymäischen Apollon und der Rechte der Stadt" ehrt (IDidyma Nr. 107 samt Kommentar). Zu dieser D. MAGIE (Fn. 23) 1361; P. HERRMANN (Fn. 1) 155 Fn. 79; F. MILLAR, The Emperor in the Roman World^2 (1992) 346 und K.J. RIGSBY 178. E. SCHLESINGER 78 hält den *Sebastós* der Inschrift hingegen für Augustus.

35 Sonst hätte eine Nachschau in den römischen Archiven ausgereicht.

Verhandlungen ein[36] und entschied ohne kaiserliche Ingerenz - *libero, ut quondam, quid firmaret mutaretve*[37]. Die "Getäuschten" waren dabei nicht die Senatoren, denen ihre alte Machtfülle vorgespiegelt werden sollte, sondern die Städte, die als scheinbar gleichrangig und mit Rom gleichberechtigt behandelt wurden.

Die Gesandtschaften wurden erst vom Plenum angehört. Als es dort zu heftigen Diskussionen kam (weil die Anliegen der Griechen durch ihre römischen Patrone vermutlich mit Nachdruck unterstützt wurden[38]), wurden die weiteren Untersuchungen an die Konsuln delegiert. Diese berichteten abschließend an den Senat, der 22 n.Chr. bestätigende *senatus consulta* faßte[39].

Über die Bestätigung der im darauffolgenden Jahr untersuchten Asylrechte schweigt Tacitus (Tac.ann. 4.14). Sie ist durch die inschriftliche Überlieferung eines möglicherweise in Asylangelegenheiten gefaßten *senatus consultum* aus diesem Jahr belegt[40].

9.4. Der Anlaß der Untersuchung und die römischen Kritikpunkte

9.4.1 Die Neuerrichtung von Asylen

Einen Anstoß zur Asylüberprüfung bot die Errichtung neuer Asyle, welcher von der römischen Provinzialverwaltung nicht gegengesteuert werden konnte[41]. Bereits die Aufforderung, die Rechtstitel der Asyle in Rom vorzuweisen, bewog aber diejenigen Städte, die einseitig Tempel zu Asylen erklärt hatten, auf diese zu verzichten (Tac.ann. 3.60).

---

36 Grundsätzlich war die römische Verwaltung bestrebt, die für die Städte teuren Gesandtschaften zu kontrollieren oder zu beschränken. Ausdrückliche Vorladungen kamen in republikanischer Zeit in wichtigen Angelegenheiten vor; vgl. TH. MOMMSEN (Fn. 32) 1214. Zum Gesandtschaftswesen der Kaiserzeit s. F. QUASS, Die Honoratiorenschicht in den Städten des griechischen Ostens (1993) 168 ff.

37 Anders G.G. BELLONI 174 f.

38 Zum Gemeindepatronat M. GELZER, Die Nobilität der römischen Republik, Kleine Schriften I (1962) 89 ff. und E. BADIAN, Foreign Clientelae (1958) 155 ff.
G.G. BELLONI 179 glaubt, daß über die obskuren Rechtsgrundlagen mancher Asyle gestritten wurde. K.J. RIGSBY 24 denkt an Streitigkeiten unter den Städten.

39 Inschriften, die sich auf die Bestätigung der Rechte beziehen könnten, kennt man für Tenos (RIGSBY Nr. 61 samt Kommentar) und Kolophon (K.J. RIGSBY 352).

40 SHERK Nr. 32 = RIGSBY Nr. 184; vgl. die Kommentare von R.K. SHERK 184; P. HERRMANN (Fn. 1) 130 und K.J. RIGSBY 394 ff.

41 Vgl. G.G. BELLONI 169 f.

9.4.2. Die Aufnahme von den Römern mißliebigen Flüchtlingen

Der zweite Kritikpunkt war die wahllose Aufnahme unerwünschter Flüchtlinge (Sklaven, Schuldner, Verbrecher) in die alten Asyle (*conplebantur templa pessimis servitiorum; eodem subsidio obaerati adversum creditores suspectique capitalium criminum receptabantur*)[42]. Beschwerden darüber könnten römische Statthalter und lokale Behörden[43], aber ebensogut Privatpersonen oder Publikanen in Rom vorgebracht haben[44].

Asyle dienten primär als Zufluchtsorte dieser Personengruppen[45]. Ihnen war der Rechtsschutz weitgehend verwehrt, viele griechische Rechte gestanden ihnen jedoch die Zuflucht zu einer Gottheit und damit den Asylschutz zu. Zweck der Asylflucht war, entweder die Vermittlung der Priester in Anspruch zu nehmen[46], oder auf Dauer im Asyl zu bleiben. Diese Traditionen wurden bei den durch die Römer kritisierten Tempelasylen aufrechterhalten.

Insbesondere mißhandelte Sklaven fanden in Asylen Zuflucht[47]. Bezüglich der Rechtsfolgen einer Tempelflucht kannten die griechischen Rechte mehrere Modelle: Der Sklave konnte als Hierodoule an den Tempel fallen[48], gegen das Versprechen

---

42 Weitere mögliche Streitpunkte zählt E.C. SMITH, Tiberius and the Roman Empire (1942) 210 auf.

43 H. DESSAU (Fn. 26) 44 und D. MAGIE (Fn. 23) 503. K.J. RIGSBY 584 vermutet den Statthalter von *Asia*, M'. Aemilius Lepidus, als Initiator.

44 Zu Streitigkeiten zwischen Heiligtümern und Publikanen vgl. das *senatus consultum* über Oropos (SHERK Nr. 23 = FIRA I Nr. 36 = RIGSBY Nr. 6) und Strab. 14.641 (Artemistempel zu Ephesos). Zur Tätigkeit der Publikanen unter Tiberius s. G. ÜRÖGDI, Publicani, RE Suppl. XI (1968) 1202.
Die Bestimmungen für das von Caesar anerkannte Asylrecht des Artemistempels in Sardes (Chiron 19, 1989, 134 = RIGSBY Nr. 214 Z. 62 ff.) regelten vermutlich auch die Rechte römischer Beamter oder der Publikanen gegenüber dem Heiligtum; vgl. P. HERRMANN (Fn. 1) 149 ff.

45 Daneben wurden Asyle aus "alltäglichen" Gründen (z.B. familiäre Streitigkeiten) in Anpruch genommen. S. U. SINN, Heraion (Fn. 1) 112 f. und ders., Greek Sanctuaries (Fn. 1) 90.

46 Vgl. U. SINN, Greek Sanctuaries (Fn. 1) 91.

47 Z.B. Plut. de superstitione 4 (Moralia 166 d ff.); Aristophanes bei Poll. 7.13. S. dazu P. STENGEL (Fn. 1) 1881 f.; H. BELLEN 64 f.; H. KLEES, Herren und Sklaven (1975) 39 ff.; J.H. LIPSIUS, Das Attische Recht und Rechtsverfahren II/1 (1908) 643; K. LATTE, Heiliges Recht (1920) 106 ff.; G. BUSOLT, Griechische Staatskunde I^3 (1920) 281; R.A.W. HARRISON, The Law of Athens (1968) 172; E. WEISS, Die große Inschrift von Gortyn und ihre Bestimmungen über Selbsthilfe und Prozeß, in: E. BERNEKER (Hg.), Zur griechischen Rechtsgeschichte (1968) 330 ff. und A. CHANIOTIS, Conflicting Authorities (Fn. 1) 79 ff.

48 Z.B. Ach. Tat. 7.13; vgl. auch K. LATTE (Fn. 47) 108 und L. DELEKAT, Katoche, Hierodulie und Adoptionsfreilassung (1964) 86 ff.

besserer Behandlung dem Eigentümer zurückgegeben werden[49], oder von den Priestern verkauft werden (*prásin aiteín*)[50]. Möglicherweise war zumindest einheimischen Sklaveneigentümern gestattet, ihre Sklaven aus den Tempeln zu holen[51]. Selbst in diesem Fall bedeuteten die damit verbundenen Schwierigkeiten eine Wertminderung des Sklaven[52]. Die entsprechenden Entscheidungen trafen entweder Priester oder städtische Beamte[53].

Wegen der noch in der Kaiserzeit üblichen Personalexekution (Schuldknechtschaft bzw. Schuldhaft) zogen Tempelasyle auch Schuldner an, welche der weitgehend uneingeschränkten Willkür ihrer Gläubiger entgehen wollten[54]. Große Bedeutung hatte das Schuldnerasyl in Ägypten[55], aber auch der Artemistempel in Ephesos war ein bekannter Zufluchtsort für Schuldner[56].

Manche Tempelasyle nahmen sogar Verbrecher auf. Wenn jemand aufgrund eines Verbrechens mit Friedlosigkeit (Atimie) belegt war[57], blieb als letzter Ausweg die Zuflucht bei einer Gottheit[58]. Aus naheliegenden Gründen stieß gerade diese Möglichkeit auf Kritik[59], und es wurde versucht, solche Mißbräuche zu verhin-

---

49 Z.B. beim Heiligtum der Paliken in Sizilien (Diod. 11.89; 36.3). Vgl. A. HOLM, Geschichte Siziliens im Altertum I (1870, Ndr. 1979) 76 und K. ZIEGLER, Palikoi, RE XVIII (1949) 115.

50 H. KLEES (Fn. 47) 39 f.; J.H. LIPSIUS (Fn. 47) 643; G. BUSOLT (Fn. 47) 281 und R.A.W. HARRISON (Fn. 47) 172.

51 E. WEISS (Fn. 47) 331 ff. Andere Deutungen der entsprechenden Stelle der Mysterieninschrift aus Andania (Syll II^3 763 Z. 81 ff.) geben E. SCHLESINGER 38; F. v. WOESS 175 Fn. 3; H. KLEES (Fn. 47) 41 f.; K.A. CHRISTENSEN, The Theseion: A Slave Refuge at Athens, AJAH 9 (1984) 26 f. und A. CHANIOTIS, Conflicting Authorities (Fn. 1) 80 (m.w.N.).

52 So läßt sich der auf einem Papyrus erhaltene Steckbrief zweier Sklaven aus Memphis (157 v.Chr.) verstehen, in dem für die Auffindung in einem Heiligtum eine geringere Belohnung ausgelobt wurde (UPZ I 121 = P.Par. 10 = SCHOLL Nr. 81). Vgl. dazu die Kommentierung von R. SCHOLL, Corpus der ptolemäischen Sklaventexte I (1990) 281 ff.

53 S. CH. HABICHT, Samische Volksbeschlüsse (Fn. 1) 229 f.; U. SINN, Heraion (Fn. 1) 108 und K.J. RIGSBY 10. Zu Ach.Tat. 7.13 s. unten S. 174 und A. CHANIOTIS, Conflicting Authorities (Fn. 1) 81 f. Den Ablauf einer Asylflucht rekonstruiert U. SINN, Greek Sanctuaries (Fn. 1) 91 f. Zur Diskussion über den Charakter des Verfahrens in Athen vgl. J.H. LIPSIUS (Fn. 47) 643 und R.A.W. HARRISON (Fn. 47) 172.

54 Vgl. dazu und zu den wenig effizienten Beschränkungen der Personalexekution unter Augustus L. MITTEIS (Fn. 32) 444 ff. und E. WEISS, Griechisches Privatrecht auf rechtsvergleichender Grundlage I (1923) 495 ff., 532 ff. (zum Schuldnerasyl).

55 F. v. WOESS passim.

56 Plut. de vitando aere alieno 3 (Moralia 828 d); Apollonios von Tyana, Ep. 65.

57 Vgl. P. STENGEL (Fn. 1) 1881 f.; E. WEISS (Fn. 54) 164 ff.; E. RUSCHENBUSCH, Untersuchungen zur Geschichte des athenischen Strafrechtes (1968) 16 ff.

58 Z.B. Pol. 4.35; Ach.Tat. 8.8; Paus. 2.13.4.

59 Eur.Ion 1313 ff. Dazu M. NILSSON, Geschichte der griechischen Religion I^2 (1955) 773. Daher erzwangen unerwünschte Flüchtlinge manchmal durch die Androhung des Selbstmordes, der die Befleckung des Heiligtums zur Folge gehabt hätte, ihren Zutritt. Vgl. U. SINN, Greek Sanctuaries (Fn. 1) 94.

dern[60]. Große Asylbezirke, die zahlreichen Verbrechern Unterschlupf boten, gefährdeten die Sicherheit der Städte. In Ephesos wurde der Asylbezirk des Artemisions, der von Antonius verdoppelt worden war, bereits von Augustus aus Sicherheitsgründen wieder auf die ursprüngliche Größe reduziert[61].

9.4.3. Der Widerstand der Bevölkerung

Wie Tacitus deutlich macht, war ein wesentlicher Kritikpunkt der Römer, daß der Asylschutz nicht nur zu Unrecht Verfolgten zugestanden wurde. Auch gegenüber rechtmäßiger Verfolgung waren Flüchtlinge geschützt, da Verfolgungshandlungen der lokalen oder der römischen Behörden durch den Widerstand der Bevölkerung verhindert wurden: *nec ullum satis validum imperium erat coercendis seditionibus populi, flagitia hominum ut caerimonias deum protegentis*[62]. Solcher Widerstand richtete sich genauso gegen römische Beamte.

> Cic.Verr. 2.1.85 *Nuper M. Aurelio Scauro postulante, quod is Ephesi se quaestorem vi prohibitum esse dicebat, quo minus e fano Dianae servum suum, qui in illud asylum confugisset, abduceret, Pericles Ephesius, homo nobilissimus, Romam evocatus est, quod auctor illius iniuriae fuisse arguebatur* ...

Wie Cicero beschreibt, scheiterte der Quaestor, der sich für berechtigt hielt, seinen Sklaven aus dem Asyl zu holen, nicht an einer spontanen Sympathiekundgebung des einfachen Volks für den verfolgten Sklaven, sondern an einer durch einen angesehenen ephesischen Bürger geleiteten, gemeinschaftlichen Widerstandsaktion aller Bevölkerungsschichten[63].

Aus römischer Sicht war die Aufnahme der Flüchtlinge ein Ordnungsproblem, das vielleicht durch ein entschlosseneres Durchgreifen der lokalen oder römischen

---

60 In Athen war bei Atimie das Betreten gehegter Stätten und staatlicher Heiligtümer verboten. Vgl. P. STENGEL (Fn. 1) 1881; C. PHILLIPSON (Fn. 8) 350; E. RUSCHENBUSCH (Fn. 57) 18; U. SINN, Greek Sanctuaries (Fn. 1) 91 f. und A. CHANIOTIS, Conflicting Authorities (Fn. 1) 72 ff.

61 Zur Erweiterung durch Antonius s. Strab. 14.639 und dazu T.R.S. BROUGHTON, Roman Asia Minor, in: T. FRANK, An Economic Survey of Ancient Rome IV (1959) 585; H. ENGELMANN, Beiträge zur ephesischen Topographie, ZPE 89 (1991) 293 ff. und K.J. RIGSBY 389 ff.
Zur Verkleinerung durch Augustus vgl. CIL III Suppl. 2 141951 *IMP. CAESAR AUGUSTUS FINES DIANAE RESTITUIT* ... und dazu D. KNIBBE/W. ALZINGER, Ephesos vom Beginn der römischen Herrschaft in Kleinasien bis zum Ende der Principatszeit, ANRW II/7.2 (1980) 759 f.

62 G.G. BELLONI 173 f. will *imperium* als terminus technicus nur auf die römischen Statthalter anwenden.

63 Vgl. V. CHAPOT (Fn. 26) 409; H. BELLEN 64 Fn. 460; R. BERNHARDT, Polis und römische Herrschaft in der späten Republik (1985) 241; G.G. BELLONI 172 und ST. KARWIESE, Groß ist die Artemis von Ephesos (1995) 74 f.

Behörden vor Ort zu bewältigen gewesen wäre, hätten nicht auch politische Aspekte eine Rolle gespielt. Die Griechen sahen in Versuchen, Flüchtlinge aus ihren Heiligtümern zu holen, Übergriffe auf ihre religiösen Einrichtungen und ihre politische Identität. Gerade in den kleinasiatischen Städten konnte dies zu Unruhen führen[64]. Diese konnten leicht außer Kontrolle geraten, da in der (senatorischen) Provinz *Asia* nur geringe Truppenkontingente zur Verfügung standen[65]. Ein weiterer in die politische Sphäre reichender Aspekt war, daß von Flüchtlingen Unruhen angezettelt werden konnten. Die Römer nahmen deutlich wahr, daß zu den Asylflüchtlingen gerade diejenigen Schichten der Bevölkerung gehörten, die üblicherweise ein Unruhepotential bildeten[66].

9.5. Die Argumente der kleinasiatischen Städte

Während Tacitus für die Gründe, die die Griechen zum Widerstand gegen die Verletzung ihrer Tempelasyle motivierten, wenig Verständnis aufbrachte und sie als Vorwände abtat[67], bewies der Senat politisches Feingefühl. Er stellte nicht die von römischer Seite gewünschten Maßnahmen gegen die Mißbräuche der Asylrechte in das Zentrum des Verfahrens, sondern gab durch die Aufforderung, die Rechtsgrundlagen (*iura*) der Asyle vorzulegen, den Städten ausführlich Gelegenheit zur politischen Selbstdarstellung.

---

64 Vgl. die Tumulte anläßlich des Aufenthalts des Paulus in Ephesos (NT act.apost. 19.27); R.E. OSTER, Ephesus as a Religious Center under the Principate, ANRW II/18.3 (1990) 1704.

65 Dazu TH. MOMMSEN, Römische Geschichte V^9 (1921) 323.

66 G.W. BOWERSOCK, The Mechanics of Subversion in the Roman Provinces, in: Opposition et résistances à l'empire d'Auguste à Trajan (Entretiens Hardt XXXIII, 1987) 306 ff. BOWERSOCK weist insbesondere darauf hin, daß die nach dem Tod Neros in den östlichen Provinzen Unruhe stiftenden "falschen Neros" ihre Anhängerschaft aus den gleichen Schichten rekrutierten, die Tacitus als Asylflüchtlinge nennt.
Bereits 104 v.Chr. hatten in das sizilianische Heiligtum der Paliken geflüchtete Sklaven dort den Entschluß zur Revolte gefaßt und damit den zweiten sizilianischen Sklavenkrieg ausgelöst (Diod. 36.3).
E. KOESTERMANN I (Fn. 27) 536 versteht Tacitus so, daß die *seditiones populi* nicht beherrschbar waren, weil die Unruhestifter in die Asyle flüchteten.
Zum Asylschutz bei innenpolitischen Streitigkeiten in vorrömischer Zeit vgl. D. MAGIE (Fn. 23) 504 und M. CICCIÒ (Fn. 8) 132 ff.

67 Das von Tacitus gewählte Vokabel *superstitio* zeigt seine Skepsis gegenüber solchen Argumenten; E. KOESTERMANN I (Fn. 27) 536; G.G. BELLONI 170 f. Zu *superstitio* s. R. MUTH, Vom Wesen römischer "religio", ANRW II/16.1 (1978) 351 f.; P. GARNSEY/R. SALLER, Das römische Kaiserreich (1989) 238 f. und M.TH. FÖGEN, Die Enteignung der Wahrsager (1993) 117 f. (m.w.N.). Allgemein zur identitätsstiftenden Funktion religiöser Mythen für griechische Städte P. VEYNE, Glaubten die Griechen an ihre Mythen? (1987) 95 ff.

Die Städte beriefen sich in altgewohnter Manier auf mythisch-religiöse Ereignisse oder ihre Verdienste um Rom[68]. Als förmliche Rechtstitel nennt Tacitus: *maiorum beneficia, sociorum pacta, regum etiam, qui ante vim Romanam valuerant, decreta ipsorumque numinum religiones.* Ziel der Griechen war, das hohe Alter ihrer Rechte zu belegen oder ihre besonderen Verdienste um Rom herauszustreichen.

9.5.1. Der Musterfall: Ephesos

Aus Respekt wurde die Gesandtschaft von Ephesos als erste im Senat angehört. Das Asyl im Artemistempel[69] war das bedeutendste Kleinasiens und hatte, wie auch aus römischen Urkunden hervorgeht, Vorbildfunktion für die Ausgestaltung anderer Asylrechte[70].

> Tac.ann. 3.61 *Primi omnium Ephesii adiere, memorantes non, ut vulgus crederet, Dianam atque Apollinem Delo genitos: esse apud se Cenchreum amnem, lucum Ortygiam, ubi Latonam partu gravidam et oleae, quae tum etiam maneat, adnisam edidisse ea numina, deorumque monitu sacratum nemus, atque ipsum illic Apollinem post interfectos Cyclopas Iovis iram vitavisse. mox Liberum patrem, bello victorem, supplicibus Amazonum, quae aram insederant, ignovisse. auctam hinc concessu Herculis, cum Lydia poteretur, caerimoniam templo, neque Persarum dicione deminutum ius; post Macedonas, dein nos servavisse.*

Mit gutem Grund stützte sich Ephesos hauptsächlich auf Ereignisse der mythischen Vorzeit[71] und nur beiläufig auf die Achtung des Asylrechts durch Rom. Das vermied eine Diskussion über die Haltung der Stadt im ersten mithridatischen Krieg[72]: Anfänglich hatte die Stadt die römische Sache unterstützt und römerfreundliche

---

68 Tac.ann. 3.60 ... *multae vetustis superstitionibus aut meritis in populum Romanum fidebant.* Zur hellenistischen Praxis vgl. oben S. 156.

69 Dazu D. VAN BERCHEM (Fn. 1) 24 ff.; R.E. OSTER, The Ephesian Artemis as an Opponent of Early Christianity, JbAC 19 (1976) 35 f. und ders. (Fn. 64) 1714 ff.; ST. KARWIESE (Fn. 63) 72 ff. und K.J. RIGSBY 385 ff.
Epigraphische Belege IK 12 (Ephesos II) (1979) Nr. 295; IK 15 (Ephesos V) (1980) Nr. 1520 und 1522 = RIGSBY Nr. 182 und 183.

70 Vgl. das *senatus consultum de Aphrodiensibus* (SHERK Nr. 28 B = FIRA I Nr. 38 Z. 10 ff.) und die Asylrechte der sardischen Tempel (Chiron 19, 1989, 133 Z. 45 ff. = RIGSBY Nr. 214).
Dazu P. HERRMANN (Fn. 1) 143 f.; R.E. OSTER (Fn. 64) 1715; R.E.A. PALMER (Fn. 31) 71.; D. DAUBE, Forms of Roman Legislation (1956) 89 und K.J. RIGSBY 392 f.

71 Dazu auch Strab. 14.639.

72 In der berüchtigten kleinasiatischen Vesper war es 88 v.Chr. auf Befehl von Mithridates zu einem Pogrom an 80000 Römern und Italikern gekommen. Vgl. App.Mithr. 22 und Vell. 2.18.1. Dazu M. ROSTOVTZEFF (Fn. 7) 738 ff. und J.G.F. HIND, Mithridates, in: J.A. CROOK/A. LINTOTT/E. RAWSON (Hg.), CAH IX2: The Last Age of the Roman Republic, 146 - 43 B.C. (1994) 148.

Flüchtlinge im Artemisheiligtum aufgenommen[73]. Bei Annäherung der pontischen Truppen kam es zu einem Seitenwechsel und zur Ermordung der Flüchtlinge[74]. Auch während der Bürgerkriege war das Asylrecht wiederholt von Antonius verletzt worden[75]. Für die Duldung der Übergriffe war die Stadt jeweils durch eine Erweiterung des Asylbereichs belohnt worden[76]. Die Römer nahmen diese Vorgänge nie zum Anlaß, das bedeutende Asyl in Frage zu stellen[77].

Ähnliche Argumente wie die Epheser brachten die Gesandten aus Sardes, Zypern[78], Smyrna und Tenos[79] vor. Auf in vorrömischer Zeit verliehene Privilegien beriefen sich Hierocaesareia, Sardes[80] und Milet[81]. In die Kategorie der *sociorum*

---

73 Vgl. Syll II³ 741 Z. 31 f.; dazu M. ROSTOVTZEFF (Fn. 7) 646 f.

74 App.Mithr. 23; dazu R. BERNHARDT (Fn. 63) 51.

75 Nach Cass.Dio 48.24.2 ließ Antonius die Brüder Kleopatras, nach Ios.ant.Iud. 15.4.1 ihre Schwester Arsinoe aus dem Tempel holen und ermorden. Einen weiteren Übergriff berichtet App.civ. 5.9. Zur Ermordung einiger seiner eigenen politischen Widersacher, die in das Asyl geflohen waren, s. App.civ. 5.4. Dazu R. BERNHARDT (Fn. 63) 241 f. und ST. KARWIESE (Fn. 63) 77.

76 Strab. 14.641. Vgl. dazu dazu R.E. OSTER (Fn. 64) 1715 f. und ST. KARWIESE (Fn. 63) 76. K.J. RIGSBY 389 schließt hingegen aus Cic.Verr. 2.1.85 (oben S. 165) auf einen strafweisen Entzug des Asylrechts nach den mithridatischen Kriegen. Die Wiederherstellung sei erst durch Servilius Isauricus erfolgt.

77 Grundsätzlich respektierten die Römer Asyle aber nur dann, wenn die betreffende Stadt sich gegenüber Rom freundlich verhielt. 193 v.Chr. hatte der Senat die Asylie von Teos anerkannt (Nachweise oben in Fn. 15), und dennoch wurde die Stadt drei Jahre später von einer römischen Armee geplündert, da sie sich auf die Seite von Antiochos III. gestellt hatte (Liv. 37.27 f.; dazu W. RUGE, Teos, RE V A 1, 1934, 550 f. und K.J. RIGSBY 316).

78 Tac.ann. 3.62.4 *Exim Cyprii tribus de delubris, quorum vetustissimum Paphiae Veneri aucto Aërias, post filius eius Amathus Veneri Amathusiae et Iovi Salaminio Teucer, Telamonis patris ira profugus, posuissent.*

79 Tac.ann. 3.63.3 *Nam Zmyrnaeos oraculum Apollinis, cuius imperio Stratonicidi Veneri templum dicaverint, Tenios eiusdem carmen referre, quo sacrare Neptuni effigiem aedemque iussi sint.*
Das Asylrecht des Tempels der Aphrodite Stratonikis ist bis 243 v.Chr. zurück erweisbar s. IK 24 (Smyrna II.1) (1987) Nr. 573 Z 12 f. und Nr. 574 Z. 21 ff. mit dem Kommentar von TH. IHNKEN, IK 8 (Magnesia am Sipylos) (1978) 30 ff.; E. SCHLESINGER 79 f.; W. ZIEGLER (Fn. 1) 188 f. und K.J. RIGSBY 95 ff.
Das Asylrecht des Poseidonheiligtums in Tenos kann bis in das 3./2. Jh.v.Chr. nachgewiesen werden. S. RIGSBY Nr. 53 - 60; dazu E. SCHLESINGER 80 f.; W. ZIEGLER (Fn. 1) 180 f. und K.J. RIGSBY 154 ff. Die Bestätigung dieses Rechts 22 n.Chr. ist möglicherweise inschriftlich belegt (RIGSBY Nr. 61).

80 Tac.ann. 3.63.3 *Propriora Sardianos: Alexandri victoris id donum; neque minus Milesios Dareo rege niti; sed cultus numinum utrisque Dianam aut Apollinem venerandi.* Dazu P. HERRMANN (Fn. 1) 130 f. und K.J. RIGSBY 433 ff. Zum Asyl im Artemistempel s. auch App.civ. 5.9.

81 Es handelte sich um Tempel der Artemis Leukophryne und des didymäischen Apollon, dessen Asylbereich von Caesar um 2 Meilen erweitert wurde (IDidyma Nr. 391 A II Z. 7

pacta war das Dekret der Amphiktyonen einzuordnen, auf das sich Samos berief[82]. Magnesia[83], Hierocaesareia[84], Aphrodisias[85] und Stratonikeia[86] konnten durch römische Feldherren anerkannte und vom Senat bestätigte Rechte und Verdienste um Rom vorweisen. Kos erinnerte daran, daß es die Auslieferung der in das Asklepieion geflüchteten Römer an Mithridates verweigert und diesen das Entkommen nach Rhodos ermöglicht hatte[87]. Weiters bewies Pergamon ein Asylrecht[88].

---

ff.). Diese Asylrechte gehen auf die zweite Hälfte des 3. Jh.v.Chr. zurück; s. K.J.RIGSBY 172 ff.

82 Tac.ann. 4.14 *Is quoque annus legationes Graecarum civitatium habuit, Samiis Iunonis, Cois Aesculapii delubro vetustum asyli ius ut firmaretur petentibus. Samii decreto Amphictyonum nitebantur, quis praecipuum fuit rerum omnium iudicium, qua tempestate Graeci conditis per Asiam urbibus ora maris potiebantur.*
Von Herodot (3.48) wird dazu noch ein Asyl in einem Artemistempel dieser Insel erwähnt.

83 Tac.ann. 3.62.1 *Proximi hos Magnetes L. Scipionis et L. Sullae constitutis nitebantur, quorum ille Antiocho, hic Mithridate pulsis fidem atque virtutem Magnetum decoravere, uti Dianae Leucophryne perfugium inviolabile foret.*
Die Unverletzlichkeit Magnesias ging auf zahlreiche griechische Dekrete aus den Jahren 221/220 v.Chr. zurück (E. SCHLESINGER 74 ff.; W. ZIEGLER, Fn. 1, 195 ff., 214 ff.; K.J. RIGSBY 179 ff.). Zur Bestätigung durch Sulla und Scipio vgl. D. MAGIE (Fn. 23) 109; A.J. WOODMAN/R.H. MARTIN (Fn. 27) 438; A. MASTROCINQUE (Fn. 15) 156 und K.J. RIGSBY 183 ff.

84 Tac.ann. 3.62.3 *Altius Hierocaesarienses exposuere: Persicam apud se Dianam, delubrum rege Cyro dicatum; et memorabantur Perpennae, Isaurici multaque alia imperatorum nomina, qui non modo templo, sed duobus milibus passuum eandem sanctitatem tribuerant.*
Zum epigraphischen Material vgl. IDidyma Nr. 391 A II Z. 7; J. u. L. ROBERT, Hellenica VI (1948) 27 ff., 50 ff.; E. SCHLESINGER 73 und R.J.A. TALBERT (Fn. 28) 97.

85 Tac.ann. 3.62.2 *Aphrodisienses posthac et Stratonicenses dictatoris Caesaris ob vetusta in partis merita et recens divi Augusti decretum adtulere, laudati quod Parthorum inruptionem nihil mutata in populum Romanum constantia pertulissent. sed Aphrodisiensium civitas Veneris, Stratonicensium Iovis et Triviae religionem tuebantur.*
Erhaltenen sind Urkunden von Aphrodisias (SHERK Nr. 28 = FIRA I Nr. 38 = REYNOLDS Nr. 8 = RIGSBY Nr. 212) und ein epigraphischer Beleg der Bestätigung aus der Severer-Zeit (REYNOLDS Nr. 43); zu diesem R.J.A. TALBERT (Fn. 28) 97; D. MAGIE (Fn. 23) 1282 und K.J. RIGSBY 428 ff.

86 Vgl. SHERK Nr. 30 = IK 21 (Stratonikeia) (1981) Nr. 12 = RIGSBY Nr. 211. Zur Frage, ob es sich bei dieser Urkunde um das im Text genannte *decretum Augusti* oder ein *senatus consultum* handelt, vgl. R.K. SHERK 173.
Zum erwähnten Parthereinfall s. weiters Cass.Dio 48.26.

87 Tac.ann. 4.14 ... *Samiis Iunonis, Cois Aesculapii delubro vetustum asyli ius ut firmaretur petentibus. ... neque dispar apud Coos antiquitas, et accedebat meritum ex loco: nam cives Romanos templo Aesculapii induxerant, cum iussu regis Mithridatis apud cunctas Asiae insulas et urbes trucidarentur.*
Die Asylie des Asklepiostempels wurde um 240 v.Chr. anerkannt; vgl. D. MAGIE (Fn. 23) 99; E. SCHLESINGER 73 f; S.M. SHERWIN-WHITE, Ancient Cos (1978) 111 ff.; K.J. RIGSBY 106 ff. und oben in Fn. 12.

Eine Sonderstellung nahm der Wunsch der Kreter ein, das Asyl einer Statue des *divus Augustus* anzuerkennen[89]. Das läßt vermuten, daß *confugere ad statuam principis* bereits 22 n.Chr. in den Provinzen verbreitet war.

9.6. Die Maßnahmen des Senats

Über den Inhalt der Senatsbeschlüsse äußert sich Tacitus knapp (ann. 3.63.4):

> *Factaque senatus consulta, quis multo cum honore modus tamen praescribebatur, iussique ipsis in templis figere aera sacrandam ad memoriam, neu specie religionis in ambitionem delaberentur.*

Zu Beginn hebt Tacitus hervor, daß die Ehrenbezeugungen, welche die *senatus consulta* in Anlehnung an die republikanischen Vorläufer enthielten, nicht funktionslose Höflichkeitsformeln waren, sondern als politische Signale an die Griechen dienten. Sie sollten ihr Prestigestreben befriedigen und es leichter machen, die römischen Eingriffe hinzunehmen. Beim Resumé der inhaltlichen Seite fällt auf, daß Tacitus nur von den Beschränkungen, nicht aber über die Bestätigung der Asylrechte berichtet. Diese Unterlassung rührt daher, daß Tacitus darüber bei der Aufzählung der nachgewiesenen Rechtstitel der Städte informiert hatte. Der Zweck des abschließenden Resumés bestand darin, die Gemeinsamkeiten der zahlreichen *senatus consulta* hervorzuheben. Dies läßt vermuten, daß eine einheitliche Regelung der Ausübung des Asylrechts für alle beteiligten Städte getroffen wurde.

Zum Verhalten der Koer im mithridatischen Krieg s. R. BERNHARDT (Fn. 63) 53 f. und S.M. SHERWIN-WHITE 138 f. Weitere Verdienste als Grund für Privilegien erwähnt Tac.ann. 12.61.

88 Tac.ann. 3.63.2 ... *apud Pergamum Aesculapii compertum asylum* ...
Das Asylrecht wurde von Sulla strafweise entzogen, da die Milesier in das Asyl geflüchtete Römer 88 v.Chr. ermordet hatten (Vgl. R. BERNHARDT, Fn. 63, 38; D. MAGIE, Fn. 23, 237 und K.J. RIGSBY 366, 377). Caesar erneuerte es (RIGSBY Nr. 180), und der Statthalter Servilius Isauricus entschied in einem Streit zugunsten des Asylrechts (SHERK Nr. 55 = RIGSBY Nr. 181; dazu R. BERNHARDT, Fn. 63, 241; D. MAGIE, Fn. 23, 417, 1270 f. und K.J. RIGSBY 377 ff.). B. FORTE, Rome and the Romans as the Greeks saw them (1972) 228 bestreitet ohne Begründung die Bestätigung des Asyls des Asklepieions.
Zum Asylrecht eines Tempels der Athena Nikephoros, das 182/181 v.Chr. anerkannt wurde, s. E. SCHLESINGER 78 f.; W. ZIEGLER (Fn. 1) 229 ff. und K.J. RIGSBY 363 ff.

89 Tac.ann. 3.63.4 *Petere et Cretenses simulacro divi Augusti.* S.R.F. PRICE, Rituals and Powers (1984) 192 denkt dabei an eine Kultstatue. Eine solche könnte sich auch in einem Tempel befunden haben.

Teile der modernen Forschung sind durch diese leicht erklärbare Ungenauigkeit im Verein mit einer Notiz Suetons, welche von einer gänzlichen Abschaffung der Asyle spricht, zu Annahmen über weitgehende, bis zur gänzlichen Beseitigung führende Auswirkungen des römischen Eingriffs verleitet worden. Der betreffende Passus bei Sueton lautet:

Suet.Tib. 37 *Abolevit et vim moremque asylorum quae usquam essent.*

Zahlreiche Autoren haben Sueton bereitwillig Glauben geschenkt[90], andere haben versucht, seine Nachricht mit der Überlieferung durch Tacitus zu harmonisieren[91]. Die vollständige Beseitigung ist schon bei einem Vergleich mit Tacitus' viel ausführlicherem Bericht nicht glaubwürdig[92]. Außerdem finden sich inschriftliche Belege für die Bestätigung von Asylen, die noch bis in die Severer-Zeit das Weiterbestehen einer - zumindest titularen - Asylie beweisen[93].

Die einzige mit Sicherheit nachweisbare radikale Beschränkung des Asylwesens bestand in der freiwilligen Schließung von widerrechtlich neueröffneten Asylen (Tac.ann. 3.60)[94]; später wurden keine neuen Asyle mehr anerkannt[95]. Über die Maßnahmen gegen Mißbräuche[96] lassen sich bloße Vermutungen anstellen. Diese dürften ähnlich gewesen sein wie schon bei früheren Gelegenheiten[97]: Aufgrund der

---

90 Z.B. TH. MOMMSEN, StR 460 Fn. 1; O.F. ROBINSON, The Criminal Law of Ancient Rome (1995) 90; ähnlich D. KNIBBE/W. ALZINGER (Fn. 61) 764 f. Als Beweis für ein Verbot von *confugere ad statuam* versteht hingegen R.A. BAUMAN, Impietas in Principem (1974) 88 ff. diese Stelle; s. dazu oben S. 148 Fn. 51.

91 M. ROSTOWZEW, Studien zur Geschichte des römischen Kolonates (1910) 217 Fn. 2 spricht davon, Tiberius habe die Neuerrichtung (*morem*) verboten und die Wirksamkeit bestehender Asyle (*vim*) beschränkt. H. DESSAU (Fn. 26) 45 f. geht von einer räumlichen Beschränkung der kleinasiatischen Asyle durch den Senat und der nachfolgenden reichsweiten Abschaffung durch den Kaiser aus. E. KORNEMANN (Fn. 26) 144 nimmt Suet.Tib. 37 als Nachweis für stärkere Beschränkungen des Asylrechts in kaiserlichen Provinzen, v.a. in Ägypten.

92 Vgl. bereits B. BARTH, De graecorum asylis (1888) 3 f.; P. STENGEL (Fn. 1) 1884; E. WEISS (Fn. 54) 536; E. KOESTERMANN I (Fn. 27) 543; H. BELLEN 72; P. HERRMANN (Fn. 1) 129; G.G. BELLONI 165; G.W. BOWERSOCK (Fn. 66) 307 und M. DREHER (Fn. 2) 93.

93 Z.B. für Hierocaesareia (Fn. 84), Aphrodisias (Fn. 85), Samos und Kos (Fn. 40). Weitere Nachweise bei B. BARTH (Fn. 92) passim; F. v. WOESS 218 ff.; G.G. BELLONI 179 Fn. 60; P. HERRMANN (Fn. 1) 130; B. FORTE (Fn. 88) 228 und K.J. RIGSBY passim.
Über bauliche Maßnahmen zur Unterbringung der Flüchtlinge, die im Anschluß an die Bestätigung der Asyle getroffen wurden, berichtet U. SINN, Heraion (Fn. 1) 98.

94 Vgl. auch E. KOESTERMANN I (Fn. 27) 536 f.

95 K.J. RIGSBY 29; ungenau spricht L. MITTEIS, Reichsrecht und Volksrecht (Fn. 32) 101 von einer strengen Aufsicht über die Neueröffnung.

96 Der Senat beauftragte die Konsuln ausdrücklich, auf etwaige Mißbräuche zu achten (Tac. ann. 3.63.1 ... *si qua iniquitas involveretur* ...) und über diese zu berichten. Daß Tacitus dazu keine näheren Angaben macht, läßt darauf schließen, daß die Auskunftsbereitschaft der Städte nicht sehr groß war.

97 Vermutlich nahm bereits der Statthalter Servilius Isauricus ein Neuordnung des Asylwesens der Provinz Asia nach den Bürgerkriegswirrnissen vor. Vgl. R. BERNHARDT

Publikationsvorschriften[98], die Tacitus ebenfalls hervorhebt und die für alle Städte gleich oder ähnlich gewesen sein dürften, ist an räumliche Beschränkungen des Asylbereichs[99] oder an den Ausschluß bestimmer Gruppen von Flüchtlingen[100] und an die Überwachung der Zugänge[101] zu denken. Denkbar wäre außerdem eine Vereinheitlichung des Asylwesens nach dem Muster des Artemisions in Ephesos[102] oder die Festlegung von Aufsichts- und Eingriffsrechten römischer Provinzialmagistrate[103]. Keinesfalls wird man jedoch den Schluß ziehen dürfen, daß in den anderen Provinzen, wo vergleichbare Maßnahmen nicht getroffen wurden, die Asylrechte erloschen[104].

(Fn. 63) 241; J. u. L. ROBERT (Fn. 84) 33 ff. und P. HERRMANN (Fn. 1) 154 f. In der dabei erfolgten Neugestaltung des Asylrechts des Artemisions (oben Fn. 61) sieht K.J. RIGSBY 580 ein Vorbild für die Maßnahmen des Senats.

98 Ein republikanisches Muster bildet in dieser Hinsicht das *senatus consultum de Aphrodisiensibus* (SHERK Nr. 28 A = FIRA I Nr. 38 Z. 44 ff.). Dazu F. SCHWIND, Zur Frage der Publikation im Römischen Recht² (1973) 62. Die Asylüberprüfung bestätigt SCHWINDs Vermutung, daß *senatus consulta* in griechischen Städten auf römischen Auftrag hin publiziert wurden.

99 Dafür D. MAGIE (Fn. 23) 504. Beispiele für räumlich begrenzte Asylbereiche: 1000 Fuß beim Tempel des Amphiaros in Oropos (SHERK Nr. 23 = FIRA I Nr. 36 = RIGSBY Nr. 6 Z. 44 f.); 120 Fuß beim Aphroditetempel von Aphrodisias und Plarasa (SHERK Nr. 28 = FIRA I Nr. 38 = REYNOLDS Nr. 8 = RIGSBY Nr. 212); 2 Meilen beim Tempel des Apollon in Didyma bei Milet (IDidyma Nr. 391 A II Z. 7 ff.); 2000 Fuß beim Tempel der persischen Diana in Hierocaesareia (Tac.ann. 3.62).
Zu Verkleinerung des Asyls im Artemision durch Augustus vgl. Fn. 61.

100 F. v. WOESS 217 denkt an *debitores publici*, dagegen G.G. BELLONI 171. Den Gläubigerschutz sieht beispielsweise E. WEISS (Fn. 54) 536 als Grund der Überprüfung.
Debitores publici werden durch Konstitutionen des Theodosius I. (CTh 9.45.1) und des Arcadius (CTh 9.45.3) vom Asylrecht der christlichen Kirchen ausgeschlossen. Vgl. J. HERRMANN, Cod. Theod. 9,45: De his, qui ad ecclesias confugiunt, Kleine Schriften zur Rechtsgeschichte (1990) 352 ff. und ders., Kaiserliche Erlasse zum kirchlichen Asylschutz für Sklaven, Kleine Schriften zur Rechtsgeschichte (1990) 365 f.

101 Zu Athen U. SINN, Greek Sanctuaries (Fn. 1) 92.

102 Verweise auf dieses Asylrecht finden sich bereits in der Republik beim Asylrecht des Aphroditetempels von Aphrodisias und Plarasa (SHERK Nr. 28 B = FIRA I Nr. 38 Z. 10 ff.) und des Artemistempels in Sardes (Chiron 19, 1989, 133 = RIGSBY Nr. 214); s. auch K.J. RIGSBY 392 f.

103 So H. BELLEN 72.

104 S. K.J. RIGSBY 586, der einige literarische Beispiele für spätere Inanspruchnahmen von Asylrechten aufzählt.

9.7. Das griechische Asylwesen und die Vorschriften über die Sklavenbehandlung

Der nächste Eingriff in das Asylwesen erfolgte mehr als ein Jahrhundert später[105] durch Antoninus Pius und ist durch die bereits mehrfach zitierte Stelle aus den Institutionen des Gaius indirekt belegt[106].

> Gai 1.53 *Sed hoc tempore neque civibus Romanis nec ullis aliis hominibus, qui sub imperio populi Romani sunt, licet supra modum et sine causa in servos suos saevire ... nam consultus a quibusdam praesidibus provinciarum de his servis, qui ad fana deorum vel ad statuas principum confugiunt, praecepit, ut si intolerabilis videatur dominorum saevitia, cogantur servos suos vendere. ...* [107]

Die Vorschriften gegen die Sklavenmißhandlung galten für das gesamte Reich und verdrängten lokales Recht[108]. Neben den materiellen Vorschriften waren nunmehr auch die Durchsetzungsmöglichkeiten reichseinheitlich geregelt und der Aufsicht römischer Beamter unterstellt. Antoninus Pius ordnete an, daß nach einer Flucht in ein Tempelasyl wie bei einer Zuflucht *ad statuam* eine Untersuchung durch den Statthalter stattzufinden hatte[109]. Im für den Eigentümer ungünstigsten Fall konnte dieser den Sklaven verkaufen lassen. Sklaven war dadurch die Möglichkeit genommen, mit einer Flucht in einen Tempel ihren Herren endgültig zu entkommen. Darauf reagierte Ulpian (D 21.1.17.12, *Ulp 1 ed aedil curul*), indem er keinen Unterschied zwischen einer Zuflucht *ad statuam* und einer Flucht in einen Tempel mehr machte, wie dies noch die frühklassischen Juristen bei der Behandlung dieses Problems getan hatten[110]. Nach einer Flucht in einen Tempel galt der Sklave nicht mehr als *fugitivus*[111].

Über den Anlaß zur Neuregelung und die Art und Weise, wie es zur Entscheidung des Statthalters in solchen Fällen kam, geben die Quellen keine Auskunft[112].

---

105 St. Karwiese, Ephesos (c. Numismatischer Teil), RE Suppl. XII (1970) 331 f., hat aufgrund numismatischen Materials auf eine Neuregelung des Asylrechts des Artemisions in domitianischer Zeit geschlossen. Dagegen überzeugend M. Dräger, Die Städte der Provinz Asia in der Flavierzeit (1993) 150 f.

106 Manchmal wird die Erwähnung dieser griechischen Einrichtung mit der östlichen Herkunft des Gaius erklärt z.B. D. Liebs, Der Schutz der Privatsfäre in einer Sklavenhaltergesellschaft: Aussagen von Sklaven gegen ihre Herren nach römischem Recht, Bull 83 (1980) 178 Fn. 166.

107 Dazu oben S. 56 ff. und S. 81 ff.

108 Dazu L. Mitteis, Reichsrecht und Volksrecht (Fn. 32) 120. S. oben S. 81 Fn. 1.

109 Vgl. bereits Plin.epist. 10.74 und dazu oben S. 47 ff. Zum Zwangsverkauf S. 57 ff.

110 Vgl. oben S. 71 f.

111 Eine D 21.1.19.1 (*Ulp 1 ed aedil curul*; dazu oben S. 74 ff.) vergleichbare Klausel (etwa *in asylum/ad fana deorum numquam confugisse*) ist nicht belegt.

112 Theophilus 1.8.2 verbindet die Neuregelung des Asylrechts der Tempel mit dem Reskript des Antoninus Pius an Alfius Iulius (s. oben S. 58 f.): Wegen der Grausamkeiten des Iulius Sabinus habe ein Teil seiner Sklaven bei kaiserlichen Statuen, ein anderer in

Die Nutznießer dieser Regelung waren die Sklaveneigentümer, die nicht mehr befürchten mußten, daß nach der Zuflucht der Sklave oder dessen Erlös an den Tempel fiel. Außerdem entschieden die Statthalter vermutlich "objektiver" und damit eigentümerfreundlicher als die städtischen Beamten oder Tempelpriester, die an der Anerkennung der Beschwerdegründe ein ökonomisches Eigeninteresse haben konnten.

Vielleicht hatten sich Eigentümer, denen die Herausgabe ihrer Sklaven verweigert worden war, an die Statthalter gewandt, die den Kaiser um Direktiven ersuchten. Damit einhergehend mochten auch "polizeiliche" Erwägungen eine Rolle gespielt haben: Die nunmehrige Regelung beseitigte den Anreiz, geflüchtete Sklaven eigenmächtig aus den Tempeln zu holen, und vermied Unruhen[113], die ansonsten u.U. ein Eingreifen des Statthalters erfordert hätten.

Im allgemeinen dürfte, sofern keine Pflicht bestand, eine Zuflucht zu melden, der Statthalter nur über Initiative des Eigentümers tätig geworden sein. Noch gegen Ende des zweiten Jahrhunderts berichtet Achilleus Tatios in seinem Roman "Leukippe und Kleitophon" (7.13) davon, daß in Ephesos städtische Beamte (*árchontes*) entschieden, ob eine geflohene Sklavin als Hierodoule im Artemistempel blieb oder an den Eigentümer zurückgegeben wurde. Falls der Roman die zeitgenössische Situation korrekt wiedergibt, belegt dies, daß die Konstitutionen des Antoninus Pius die Rechtspraxis nicht schlagartig veränderten und die alten Strukturen weiterbestanden. Mit der von Gaius referierten Rechtslage ließe sich dies durch die Annahme in Einklang bringen, daß die Statthalter erst gegen abschlägige Entscheidungen der lokalen Autoritäten angerufen wurden.

9.8. Ergebnisse

Die Römer lernten die griechische Asylie als Einrichtung des griechisch-hellenistischen "Völkerrechts" kennen, derer sie sich als Mittel der Politik bei ihren Beziehungen zu griechischen Städten bedienten. Mit der Konsolidierung der römischen Herrschaft verloren die Tempelasyle ihre praktische Bedeutung als Schutz in Krisen und dienten primär flüchtigen Sklaven, Schuldnern oder Verbrechern als Zufluchtsorte.

Durch Beschränkungen vermieden die Städte, daß die Asyle zur Bedrohung der inneren Ordnung in der Stadt wurden. Wenn übervölkerte Asyle eine Stadt vor unlösbare Probleme stellten, kam es zu römischem Eingreifen.

Sonst wurden die Asyle gegen Einmischungsversuche der Römer verteidigt. Dabei spielte neben der Sympathie für die Flüchtlinge die Bedeutung der Asylrechte für das politisch-religiöse Selbstbewußtsein einer Stadt eine wesentliche Rolle[114].

Tempeln Zuflucht gesucht, von wo sie sich an den zufällig vorüberkommenden Statthalter Aelius Marcianus um Hilfe wandten.

113 Vgl. oben S. 165.

114 R.E. OSTER (Fn. 69) 36; G.G. BELLONI 172 f. und P. HERMANN 155 f. HERMANN vermutet weiters, daß die Städte aus den Asylen materielle Vorteile zogen; zur hellenistischen Zeit vgl. M. ROSTOVTZEFF (Fn. 7) 667 ff.

Damit waren Konflikte mit römischen Amtsträgern, Publikanen oder Privatpersonen vorgezeichnet, die so an der Besorgung ihrer Aufgaben und der Verfolgung ihrer Interessen gehindert wurden.

Zur Entschärfung dieser Spannungen führte der Senat 22 und 23 n.Chr. eine Überprüfung der Asylrechte in Teilen Griechenlands und Kleinasiens durch. Diese knüpfte an Formen des republikanischen Staatsrechts an und bot den Städten Gelegenheit, das Prestige der Asylrechte hervorzuheben. Obwohl dieses Verfahren auf "völkerrechtlicher" Ebene stattfand und die Städte formell gleichberechtigte Verhandlungspartner des Senats waren, konnte die Kontinuität der Förmlichkeiten nicht über die gewandelten Rahmenbedingungen hinwegtäuschen: Die Initiative ging von Rom aus und diente zur Verringerung von formalrechtlichen Unterschieden zwischen den Städten und als erster Schritt zu reichseinheitlichen Regelungen. Die Asylrechte verloren damit ihre Bedeutung als Zeichen städtischer Selbständigkeit[115]. Aus der Asylüberprüfung darf trotzdem nicht gefolgert werden, daß die Römer Asyle grundsätzlich ablehnten[116]. Unter Wahrung der römischen Interessen befriedigte der Senat das Prestigestreben der Städte durch die erneute Anerkennung.

Von Antoninus Pius ist ein weiterer Schritt zur reichsweiten Vereinheitlichung des Asylwesens überliefert. Er glich die Rechtsfolgen für die Flucht eines Sklaven in einen Tempel den bereits bewährten Regelungen des *confugere ad statuam principis* an und brachte das Asylrecht für Sklaven endgültig unter staatliche Aufsicht.

---

115 S. auch D. NÖRR, Imperium und Polis in der hohen Prinzipatszeit[2] (1969) 73 f. Zur hellenistischen Situation s. H. BENGTSON, Griechische Geschichte[2] (1960) 485.

116 F. v. WOESS 206 unterstellt einen "Feldzug" gegen die kleinasiatischen Asyle.

10. Tempelasyle in Rom und der Mythos vom *asylum Romuli*

10.1. Einleitung

Über Tempelasyle im Rom der frühen Kaiserzeit sind die Angaben der Quellen knapp und widersprüchlich: Cassius Dio berichtet, daß 42 v.Chr. dem Tempel des *divus Iulius* ein Asylrecht verliehen wurde, dessen Inanspruchnahme schon nach kurzer Zeit durch die Einfriedung des Tempels unmöglich gemacht wurde[1]. 21 n.Chr. wies C. Cestius im Senat darauf hin, daß in Rom keine Übung bestünde, auf dem Kapitol oder in den Tempeln der Stadt Zuflucht zu suchen[2]. Beide Nachrichten wurden in der wissenschaftlichen Literatur als Nachweise gewertet, daß die Römer die Institution des Asylrechts grundsätzlich ablehnten[3].

Mit der den Römern unterstellten Grundhaltung lassen sich die zu Beginn des Prinzipats entstandenen Darstellungen der römischen Frühgeschichte durch Dionysios von Halikarnassos und Livius, welche die wichtigsten Fassungen des römischen Stadtgründungsmythos enthalten, allerdings nicht in Einklang bringen, da in ihnen die Gründung Roms eng mit der Einrichtung eines *asylum* durch Romulus verknüpft wurde, das dem Zweck gedient habe, Zuwanderer anzulocken und die neugegründete Stadt zu bevölkern.

Daran knüpften die eingangs erwähnten Aussagen bewußt an: Cassius Dio machte darauf aufmerksam, daß die Einrichtung eines Asyls die erste seit der Zeit des Romulus war, und die Abschließung des Tempels des *divus Iulius* findet eine Parallele in der von Livius berichteten Umfriedung des *asylum Romuli*. Auf dessen Lage auf dem Kapitol spielte wiederum C. Cestius an. Diese Tradition war den Zeitgenossen bewußt und bildete einen Bezugspunkt für die Haltung und die Äußerungen zum Asylrecht.

Das Verhältnis der Römer des frühen Prinzipats zu Tempelasylen in Rom kann daher nur vor dem Hintergrund dieser Tradition und unter Berücksichtigung der Entwicklung in der Republik richtig verstanden werden. Dieser Rückblick wird zeigen, daß die oft wiederholte Behauptung, daß die Römer Asyle generell ablehnten

---

1 Dio 47.19.2 f. Unten S. 197 ff.

2 Tac.ann 3.36 ... *neque quemquam in Capitolium aliave urbis templa perfugere* ... Dazu bereits oben S. 41.

3 TH. MOMMSEN, StR 458 f.; F. v. WOESS 206 ff.; L. WENGER, Asylrecht, RAC I (1950) 839 f.; U.E. PAOLI, Asilo, NNDI I (1958) 1035 ff.; H. GÜLZOW, Christentum und Sklaverei in den ersten drei Jahrhunderten (1969) 33; D. LIEBS, Römisches Recht[4] (1993) 160 f. und K.J. RIGSBY 574.
Kritik an dieser Ansicht bei D. VAN BERCHEM, Trois cas d'asylie archaïque, Museum Helveticum 17 (1960) 21 ff. und G. CRIFÒ 195.

und asylartige Einrichtungen in Rom gänzlich unbekannt waren, bei einer unvoreingenommenen Untersuchung der Quellen nicht aufrechterhalten werden kann.

10.2. Das *asylum Romuli*

10.2.1. Vorbemerkungen

Die römische Frühgeschichte ist bis heute trotz intensiver Bemühungen der modernen Forschung eine der "schlechtbelichteten Provinzen der Alten Geschichte" (F. WIEACKER) geblieben[4]. Auch wenn der modernen Archäologie wichtige Fortschritte auf diesem Gebiet zu verdanken sind, besteht ein Mangel an Primärquellen, der den Rückgriff auf die selbst nach fast zwei Jahrhunderten moderner kritischer Forschung in ihrem Wert äußerst umstrittenen Schriftquellen notwendig macht. Für das sogenannte *asylum Romuli* sind die Angaben der aus der annalistischen Tradition schöpfenden Autoren des frühen Prinzipats die einzigen Quellen. Ob diese historisch verläßliche Informationen über die römische Frühzeit enthalten, kann in genereller Form weder bejaht noch verneint werden, sondern bedarf einer kritischen Überprüfung im Einzelfall[5].

Eine Untersuchung dieser Überlieferung ist nicht gleichbedeutend mit der Suche nach einem historischen Kern[6] im Sinne des *asylum Romuli* als eines historischen Faktums. Die Frage nach dem institutionellen Hintergrund des *asylum Romuli* kann erst den Abschluß der Untersuchung bilden. Zuvor muß versucht werden, unter den verschiedenen Varianten den wahrscheinlichen Grundbestand der Sage zu isolieren und zu klären, wie und warum das *asylum Romuli* in die Gründungssage Eingang fand, wann die Entstehung dieser Überlieferung anzusetzen ist und welche ätiologischen und ideologischen Funktionen dem *asylum* im Kontext der Gründungssage zukamen.

Ziel dieses Abschnittes ist nicht die umfassende Erörterung aller mit dem Thema zusammenhängenden Probleme dieses Quellenbereichs, die vor allem im althistorischen und religionswissenschaftlichen Schrifttum rege diskutiert werden, sondern die Analyse des *asylum Romuli*-Mythos unter rechtshistorischem Blickwinkel.

---

4 F. WIEACKER, RGG 185. Reiche Nachweise der Literatur bei F. WIEACKER, RGG 185 ff. und T.J. CORNELL passim.

5 Zu diesen methodischen Prämissen statt vieler F. WIEACKER, RGG 144 ff. und T.J. CORNELL 4 ff.

6 Vgl. dazu die scharfe methodische Kritik von T.J. CORNELL 70.

10.2.2. Die Überlieferung vom *asylum Romuli*

Die Geschichte vom *asylum Romuli* wird von antiken Schriftstellern in mehreren Versionen berichtet[7]. Eine Fassung findet sich bei Livius und den ihm folgenden Autoren[8]:

> Liv. 1.8.5 f. ... *locum, qui nunc saeptus descendentibus inter duos lucos est, asylum aperit.* (6) *eo ex finitimis populis turba omnis sine discrimine, liber an servus esset, avida novarum rerum perfugit, idque primum ad coeptam magnitudinem roboris fuit.*

Danach befand sich das sogenannte *asylum* an einem *inter duos lucos* genannten Ort und diente zur Aufnahme von Flüchtlingen aus den benachbarten Völkern, ohne daß Romulus einen Unterschied zwischen Sklaven und Freien machte. In einigen Punkten abweichend ist die Darstellung durch Dionysios von Halikarnassos:

> Dion.Hal.ant. 2.15.4: Den Ort zwischen dem Kapitol und der Burg, der heutzutage in der Sprache der Römer 'zwischen den zwei Hainen' genannt wird und der den Namen damals wegen des Zufalls erhielt, daß er an beiden Seiten, wo er an die Hügel stößt, von dichten Wäldern beschattet wird, weihte er zu einer Freistätte (*hieròn ásylon*) für Flüchtlinge und baute dort einen Tempel; für welchen der Götter oder Genien, weiß ich aber nicht mit Sicherheit zu sagen. Den Flüchtlingen, die in diesen Tempel flüchteten, versprach er unter dem Vorwande der Frömmigkeit gegenüber der Gottheit, daß sie kein Unrecht von den Feinden erleiden würden; und wenn sie bei ihm bleiben wollten, gab er ihnen das Bürgerrecht und einen Teil des von den Feinden erbeuteten Bodens.

Dionysios spricht von einem auf dem Kapitol *inter duos lucos* errichteten Tempel, kann aber keine Gottheit nennen. Außerdem war seinem Bericht nach das Asyl nur Freien offen[9]. Die anderen Schriftsteller, die sich mit dem Asyl ausführlicher beschäftigen, bringen der Version des Dionysios ähnliche Varianten.

---

7 Nachweise der Hauptquellen bei A. SCHWEGLER, Römische Geschichte im Zeitalter der Könige I/1 (1853) 459 f., 464 f. Die weiteren Erwähnungen in der römischen Literatur verzeichnet der Thesaurus Linguae Latinae s.v. *asylum* (ergänze dazu *liber de viris illustribus urbis Romae* 2.1).

8 Vell. 1.8.5 *Id gessit Romulus adiutus legionibus Latinis avi sui; libenter enim his, qui ita prodiderunt, accesserim, cum aliter firmare urbem novam tam vicinis Veientibus aliisque Etruscis ac Sabinis cum imbelli et pastorali manu vix potuerit, quamquam eam asylo facto inter duos lucos auxit.*
Flor. 1.1.9 *Imaginem urbis magis quam urbem fecerat; incolae deerant. erat in proximo lucus; hunc asylum facit, et statim mira vis hominum; Latini Tuscique pastores ... influxerant.*
Macr.Sat. 1.6.16 ... *quam cum Romulus Hosto cuidam ex agro Latino, qui in asylum eius confugerat, virtute conspicuo uxorem dedisset ...*

9 Dion.Hal.ant. 2.15.3 f. Dazu E. GABBA, Dionysius and *The History of Archaic Rome* (1991) 103 und J. POUCET, Les origines de Rome (1985) 261.

Strab. 5.230: Nach der Gründung sammelte Romulus Gesindel, nachdem er ein Asyl (*ásylon témenos*) zwischen der Burg und dem Kapitol eröffnet hatte; und die, die aus den benachbarten Städten dorthin flohen, machte er zu Bürgern.

Plut.Rom. 9: Sobald dann die erste Stadtsiedlung geschaffen war, errichteten sie eine Zufluchtsstätte (*hierón phyximon*) für Flüchtlinge, dem Asylgott (*theós asylaíos*) geweiht, und nahmen alle auf, lieferten weder dem Herrn einen Sklaven noch dem Gläubiger einen Schuldner noch den Behörden einen Totschläger aus, sondern erklärten, daß sie gemäß einer Weisung des pythischen Orakels das Asylrecht heilig hielten[10].

Serv.Aen. 2.761 *Primo autem apud Athenienses statutum est ab Herculis filiis, quos insequebantur hi, qui erant a patre opressi, sicut docet in duodecimo Statius. hoc asylum etiam Romulus imitatus est: unde est: 'quem Romulus acer asylum rettulit'*[11]*, non 'statuit'. quem locum deus Lucoris, sicut Piso ait, curare dicitur.*[12]

Diese Autoren stimmen mit Dionysios dahingehend überein, daß es sich bei dem *asylum* um einen Tempel oder heiligen Bezirk handelte, jedoch können auch sie keine sichere Auskunft über die Gottheit geben. Während Strabon diesen Punkt übergeht, behilft sich Plutarch damit, den Gott durch seine Eigenschaft zu charakterisieren, nämlich Gottheit eines Asyls zu sein (*theós asylaíos*); etwas Ähnliches konstruiert Piso, indem er von *lucus* den Namen der Gottheit *Lucoris* (*Lucaris*) herleitet[13]. Zusätzlich gibt Plutarch den Hinweis, die Gründung des Asyls sei auf Weisung des delphischen Orakels erfolgt. Servius verweist auf griechische Vorbilder. Strabon und Plutarch gehen wie Livius davon aus, daß sogar Sklaven im Asyl Aufnahme fanden. Dionysios, der versuchte, die Römer von dem durch romfeindliche Griechen öfters erhobenen Vorwurf ihrer niederen Abkunft[14] zu befreien, setzte sich in diesem Punkt bewußt von der Tradition ab[15].

---

10 Übersetzung von K. ZIEGLER, Plutarch. Große Griechen und Römer I² (1979) 86.

11 Verg.Aen. 8.342.

12 Vgl. auch Serv.Aen. 8.342 und 8.635.

13 S. A. PERNICE, Parerga VI: Friede und Friedenswahrung im römisch-griechischen Rechte, SZ 17 (1896) 178; A. ROSENBERG, Romulus, RE I A 1 (1920) 1094 und K. LATTE, Der Historiker L. Calpurnius Frugi, Kleine Schriften (1968) 838 f.
Anders jüngst wieder G. FORSYTHE, The Historian L. Calpurnius Piso Frugi and the Roman Annalistic Tradition (1994) 137 ff., der daraus einen Zusammenhang mit der von Plutarch berichteten Weisung des delphischen Orakels konstruiert.

14 Vgl. bereits A. SCHWEGLER (Fn. 7) 464 f. und H. FUCHS, Der geistige Widerstand gegen Rom in der antiken Welt (1938) 15 ff., 85 ff. (m.w.N.). S. weiters unten S. 183.

15 Vgl. H. STRASBURGER, Zur Sage von der Gründung Roms (1968) 34; G. PRACHNER, Untersuchungen zu Überlieferungsproblemen der frührömischen Sklaverei und Schuldknechtschaft (1966) 20 ff.; E. GABBA (Fn. 9) 95, 197; J. POUCET (Fn. 9) 261 und G.B. MILES, Livy (1995) 190.

Ein wesentlicher Unterschied zwischen den durch Livius und Dionysios repräsentierten Versionen besteht vor allem darin, daß die bisher genannten lateinisch schreibenden Autoren von einem *asylum* ohne nähere Bestimmung sprechen, während die griechischen Schriftsteller in Terminologie und der Sache nach das *asylum Romuli* als ein Tempelasyl nach griechischem Vorbild beschreiben[16].

10.2.3. Die Entstehung der Überlieferung

10.2.3.1. Die Datierung der Überlieferung

Die Erzählung vom *asylum Romuli* war kanonisierter Bestandteil fast jeder antiken Schilderung über die Entstehung Roms, die Romulus als Gründer der Stadt nannte[17]. Die Schriftsteller der Zeit des frühen Prinzipats bezogen ihre Informationen von verschiedenen Vorgängern, hauptsächlich aus der jüngeren Annalistik[18]. Wahrscheinlich griffen Dionysios und Livius dafür auf eine gemeinsame Quelle zurück[19]; als Quelle Strabons vermutet man Polybios; Velleius Paterculus dürfte Varro verwendet haben[20].

Den ältesten erhaltenen Beleg und damit einen sicheren terminus ante quem bildet die Erwähnung durch den noch der älteren Annalistik zugehörenden Calpurnius Piso (cos. 133 v.Chr.)[21]. Eine literarische Behandlung sogar schon vor Calpurnius Piso darf aufgrund der Erwähnung des Asyls durch Plutarch vermutet werden. Plutarch standen für die römische Vorzeit besonders ergiebige Quellen zur Verfügung[22]. Für weite Strecken seiner Erzählung berief er sich auf Fabius Pictor als Gewährsmann[23]. Obwohl er bei der Geschichte über das *asylum Romuli* Fabius

16 Von Piso (Serv.Aen. 2.761, Text oben S. 180) wird zwar eine Gottheit, aber kein Tempel erwähnt.

17 Cicero unterdrückt diese Geschichte in *De re publica* (2.4 ff.), wie auch andere "unrühmliche" Details (z.B. die Ermordung des Remus). Vgl. G. PRACHNER (Fn. 15) 21 und H. STRASBURGER (Fn. 15) 34.
Zu den zahlreichen Alternativversionen s. z.B. H. STRASBURGER (Fn. 15) und T.P. WISEMAN, Remus (1995).

18 G. PRACHNER (Fn. 15) 18 ff.

19 TH. MOMMSEN, Die Tatiuslegende, Gesammelte Schriften IV/1 (1906) 26. Zu Livius' Quellen ausführlich E. BURCK, Das Geschichtswerk des T. Livius (1992) 15 ff.

20 G. PRACHNER (Fn. 15) 21 f.

21 M. SCHANZ/C. HOSIUS, Geschichte der römischen Literatur I⁴ (1927) 195 f.; M. FUHRMANN, Calpurnius (III Nr. 1), KP I (1964) 1025.
H. LAST, The Founding of Rome, in: S.A. COOK/F.E. ADCOCK/M.P. CHARLESWORTH (Hg.), CAH VII: The Hellenistic Monarchies and the Founding of Rome (1928) 369 datiert die Entstehung der Überlieferung dennoch in das 1. Jh.v.Chr.

22 TH. MOMMSEN (Fn. 19) 29 und A. ROSENBERG (Fn. 13) 1085.

23 M. SCHANZ/C. HOSIUS (Fn. 21) 171 ff.; A. ALFÖLDI, Early Rome and the Latins (1965) 173 ff.; H. STRASBURGER (Fn. 15) 34 f.

Pictor nicht ausdrücklich als Quelle angab, kann wegen ihres engen Zusammenhangs mit der Erzählung vom Frauenraub[24] vermutet werden, daß sie bereits in den um die Wende zum 2. Jh.v.Chr. griechisch abgefaßten Annalen des Fabius Pictor enthalten war[25]. Es wäre sogar denkbar, daß Fabius Pictor nicht der erste war, der die Asylsage literarisch behandelte, sondern darin seinem griechischen Vorläufer Diokles von Peparethos folgte[26].

Weitere Rückschlüsse auf den Zeitpunkt, zu dem die Geschichte in die Gründungssage aufgenommen wurde, lassen sich aus der Funktion ziehen, die dem *asylum* innerhalb der römischen Frühgeschichte zukam[27]. Das *asylum* zog heimatlose Männer an, die in Rom keine Frauen fanden, und gab damit indirekt Anlaß zum Raub der Sabinerinnen[28]. Der Raub der Sabinerinnen seinerseits bildet eine ätiologische Erzählung, durch welche die Verleihung des Bürgerrechts an die Sabiner erklärt und in die römische Frühzeit verlegt werden sollte. Dieser Teil der Überlieferung wird also etwa gleichzeitig mit der Aufnahme der Sabiner in den römischen Bürgerverband[29] und damit in der Mitte des 3. Jh.v.Chr. entstanden sein[30]. Um diese Zeit fand vermutlich auch das *asylum* seinen Platz im Gründungsmythos.

G. Prachner (Fn. 15) 20 f. sieht in Fabius Pictor eine mögliche Quelle von Dionysios, er schließt ihn als Gewährsmann Plutarchs für die Asylgeschichte jedoch aus, da sich Plutarch in dem Abschnitt, wo vom Asyl die Rede ist, nicht ausdrücklich auf Fabius Pictor beruft. Gegen dieses Argument sprechen jedoch die Motive, die Plutarch für den Frauenraub angibt, die nur durch das *asylum* erklärbar sind.

24 Plutarch (Rom. 14) verwirft die Meinung, Romulus habe nur einen Vorwand für einen Krieg gesucht, und betont, daß es in der Auseinandersetzung mit den Sabinern um die Beschaffung von Frauen für die großteils frauenlosen Zuwanderer ging. Bei der Datierung dieser Ereignisse beruft er sich auf Fabius Pictor.

25 H. Strasburger (Fn. 15) 33; A. Alföldi, Die Struktur des voretruskischen Römerstaates (1974) 120 und G. Forsythe (Fn. 13) 138 f., der auch an eine Behandlung des *asylum* in den *annales* des Ennius denkt.

26 H. Strasburger (Fn. 15) 33; A. Rosenberg (Fn. 13) 1085 und E. Burck (Fn. 19) 19.

27 Zum Folgenden vgl. bereits A. Schwegler (Fn. 7) 468 und ausführlich Th. Mommsen (Fn. 19) 22 ff.; J.B. Carter, Romulus, Romos, Remus, in: W.H. Roscher (Hg.), Ausführliches Lexikon der griechischen und römischen Mythologie IV (1909 - 1915) 184 ff.; A. Rosenberg (Fn. 13) 1093 f.; E. Pais, Storia di Roma dalle origini all'inizio delle guerre puniche I (1926) 320 Fn. 1; H. Last (Fn. 21) 368 f.; G. De Sanctis, Storia dei Romani I^2 (1956) 213; R. Werner, Der Ursprung Roms in seinen eurasischen und orientalischen Beziehungen, FS Parlasca (1990) 209 f. und G.B. Miles (Fn. 15) 19.

28 Vgl. die bei Liv. 1.9.5 berichtete Reaktion der in der Umgebung wohnenden Stämme auf das Ersuchen, Eheverbindungen mit den Römern zuzulassen: *A plerisque rogitantibus dimissi, ecquod feminis quoque asylum aperuissent; id enim demum compar conubium fore.*

29 Die 290 v.Chr. unterworfenen Sabiner erhielten 286 die *civitas sine suffragio* und 241 das volle Bürgerrecht.

30 Th. Mommsen (Fn. 19) 33 datiert in die Zeit des hannibalischen Krieges, frühestens zwei bis drei Generationen davor. H. Strasburger (Fn. 15) 38 f. nimmt als Entstehungszeit des Romulus-Remus-Mythus um 300 v.Chr. an. E. Pais (Fn. 27) 319 geht davon aus, daß

10.2.3.2. Die Herkunft der Überlieferung

Das *asylum Romuli* wird häufig als griechische Erfindung angesehen[31]. Als Argument dafür gilt bereits die aus dem Griechischen entlehnte Bezeichnung[32]. Dies ist aber insofern ungenau, als im klassischen Griechisch eine substantivische Entsprechung zu *asylum* weder inschriftlich noch literarisch belegt ist[33]. Erst Autoren wie Polybios und Dionysios, die in römischer Umgebung und für römisches Publikum ihre Werke verfaßten, verwendeten ein Substantiv *tò ásylon*.

Als Hinweise auf die Herkunft aus dem griechischen Bereich gelten weiters die Details der Überlieferung, welche das *asylum Romuli* an griechische Tempelasyle angleichen, indem sie von der Einrichtung eines Heiligtums berichten oder sich auf einen Auftrag des delphischen Orakels berufen[34]. Ebenso werden die ideologischen Tendenzen der Sage als Hinweis auf einen griechischen Ursprung gewertet: Durch ihre Herkunft aus dem *asylum* sollten die Römer als Abkömmlinge von Verbrechern und entflohenen Sklaven verleumdet werden[35].

---

dieser Mythos schon im 4. Jh. verbreitet war. Um 200 v.Chr. datiert R. WERNER (Fn. 27) 210.

31 Z.B. A. SCHWEGLER (Fn. 7) 466; W. IHNE, Römische Geschichte I (1868) 15; A. PERNICE (Fn. 13) 178; E. SCHWARTZ, Dionysios (Nr. 113), RE V (1905) 959; A. ROSENBERG (Fn. 13) 1086; H. LAST (Fn. 21) 369; H. STRASBURGER (Fn. 15) 33; H. BELLEN 65 und J. POUCET (Fn. 9) 193 f.

32 Z.B. E. CAILLEMER, Asylia, in: CH. DAREMBERG/E. SAGLIO (Hg.), Dictionnaire des Antiquités grecques et romaines I/1 (1873) 509; G. FREYBURGER 141 und M. DREHER, Das Asyl in der Antike, Tyche 11 (1996) 80.
Gegen den Schluß aus dem griechischen Namen auf den griechischen Ursprung der Überlieferung vom *asylum* wenden sich bereits G. DE SANCTIS (Fn. 27) 213; G. CRIFÒ 194 und J.CH. DUMONT 139.

33 W. PAPE, Griechisch-deutsches Handwörterbuch[3] (1880; Ndr. 1954) s.v.; ungenau E. SCHLESINGER 7. S. weiters M. DREHER (Fn. 32) 80 f. und K.J. RIGSBY 32 (mit spätantiken Belegen) und 575.

34 Vgl. J. POUCET (Fn. 9) 193. Zur Bedeutung von Orakelsprüchen für die Verleihung von Asylrechten s. oben S. 156.

35 Bereits A. SCHWEGLER (Fn. 7) 464 f. Fn. 1. Besonders prononciert vertritt diese These E. SCHWARTZ (Fn. 31) 959: "Eine scharfe Spitze erhalten diese Entladungen hellenistischer Antipathie gegen die Römer in der späten und schlechten Erfindung von dem durch Romulus gestifteten Asyl ... Der Hauptzweck der Erfindung des Asyls war, den Römern jedes Götter- und Heroenblut abzusprechen, sie zu einer geschichtslosen Bande zu degradieren ..."
Vgl. weiters H. STRASBURGER (Fn. 15) 33 ff.; F. v. WOESS 206; H. FUCHS (Fn. 14) 15 ff., 41 f.; B. FORTE, Rome and the Romans as the Greek saw them (1972) 200 f. und E. GABBA (Fn. 9) 95.
Vehement setzt die Verleumdung der Römer wegen ihrer Herkunft aus dem *asylum* bei christlichen Schriftstellern ein. Vgl. H. FUCHS (Fn. 14) 85 ff. (mit reichen Quellenangaben). S. z.B. Min.Fel. 25.2 *Nam Asylo prima plebs congregata est: confluxerant perditi, facinerosi, incesti, sicarii, proditores, et ut ipse Romulus imperator et rector populum suum facinore praecelleret, parricidium fecit.*

Die zweifelsohne vorhandenen ideologischen Untertöne der Asylgeschichte beweisen wenig im Hinblick auf einen möglichen griechischen Ursprung. Zieht man in Betracht, daß die Geschichte bereits um die Mitte des 3. Jh.v.Chr. existierte, so würden die antirömischen Tendenzen eher auf romfeindliche Italiker als auf griechische Urheber hindeuten[36]. Das anfänglich positive Rombild der Griechen wandelte sich erst mit der römischen Expansion in den griechischen Osten[37]. Und die Abstammung der Römer wurde erst im 1. Jh.v.Chr. als Kampfmittel antirömischer Polemik entdeckt[38].

Als Mittel der Propaganda eignete sich die tendenziöse Adaptation einer etablierten und selbst von den Römern unbefangen akzeptierten Tradition[39] weit besser als eine Neuschöpfung, die als Abweichung von der herrschenden römischen Überlieferung bekämpfbar gewesen wäre. Deutlich wird dies bei Dionysios, der das *asylum* als unverzichtbaren Teil der Überlieferung anerkennt, aber darauf achtet, nicht auch entlaufene Sklaven zu Stammvätern der Römer zu machen. Gerade diesen Teil der Asylgeschichte verwendeten die Griechen, um die für sie unverständliche Verleihung des Bürgerrechts an freigelassene Sklaven zu erklären und außerdem die Abstammung der Römer zu diskreditieren.

Die aus griechischer Sicht unrühmlichen Details hatten im wohl mündlich tradierten, ursprünglichen Grundbestand der Sage einen anderen Sinn und erhielten erst bei der durch den griechischen Kulturkreis und seine Wertvorstellungen geprägten schriftlichen Fixierung ihre negative Interpretation. Hinter ihnen stehen autochton-italische Vorstellungen, welche die von den Griechen als herabsetzend empfundenen Punkte in einem anderen Licht zeigen: Heimatlose, räuberische Jungmannschaften waren, wie die Institutionalisierung im *ver sacrum* erkennen läßt, im frühen Italien durchaus nichts Außergewöhnliches[40]. Die Aufnahme von Frem-

---

36 G. DE SANCTIS (Fn. 27) 215 beurteilt die Geschichte als eine "maligna invenzione dei Latini", mit der Rom aus dem Latinerbund ausgegrenzt werden sollte. Vgl. auch E. PAIS (Fn. 27) 319.

37 Zur Entwicklung des Rombilds aus griechischer Sicht s. B. FORTE (Fn. 35) passim. H. STRASBURGER (Fn. 15) 37 ff. sieht in den polemischen Elementen ursprüngliche Züge der Gründungssage, die im Laufe der Zeit schärfer akzentuiert wurden.

38 Eine entsprechende Rede wird Mithridates in den Mund gelegt (Iust. 38.4 ff.). Ähnliches sollen bereits die Ätoler den Römern entgegengehalten haben (Iust. 28.2.8 ff. *Quos autem homines Romanos esse? nempe pastores, qui latrocinio iustis dominis ademptum solum teneant, qui uxores cum propter originis dehonestamente non invenirent, vi publica rapuerint* ...). Vgl. dazu B. FORTE (Fn. 35) 112; E.S. GRUEN, The Hellenistic World and the Coming of Rome I (1984) 354; A. DEMANDT, Der Idealstaat (1993) 320 und H. FUCHS (Fn. 14) 14 ff.

39 Mit abwertender Tendenz wird auf das Asyl des Romulus in der heidnischen römischen Überlieferung dagegen selten angespielt. Vgl. Iuv. 8.273 ff. ... *ab infami gentem deducis asylo; maiorum primus, quisquis fuit ille, tuorum aut pastor fuit aut illud quod dicere nolo.* Vgl. weiters die bei H. FUCHS (Fn. 14) 42 genannten Belegstellen.

40 Dazu H. LAST (Fn. 21) 368; A. ALFÖLDI (Fn. 25) 120 ff.; J.N. BREMMER/N.M. HORSFALL, Roman Myth and Mythography (1987) 38 ff. und A. FRASCHETTI, Il mondo romano, in: G. LEVI/J.C. SCHMITT (Hg.), Storia dei giovani I (1994) 56 ff.

den in den römischen Bürgerverband, wie er durch das *asylum* symbolisiert wurde, gehörte zu den anerkannten Grundlinien römischer Politik[41].

Die deutlichsten Anhaltspunkte gegen den griechischen Ursprung liegen jedoch gerade in den Details der Fassung des Dionysios und der mit ihm übereinstimmenden Autoren, mit denen das *asylum Romuli* an ein griechisches Tempelasyl angeglichen wird. Kein Autor kann die wesentliche Frage nach der Gottheit beantworten, welcher das Heiligtum geweiht war. Dionysios' Quellen enthielten vermutlich keine bzw. nicht übereinstimmende Angaben. Strabon schweigt zu diesem Punkt. Plutarch und Piso behelfen sich jeweils mit Konjekturen[42]. Als griechische Schöpfung wäre das *asylum Romuli* ohne Gottheit aber nicht vorstellbar[43]. Daß ein für eine griechisch inspirierte Asyl-Überlieferung so zentraler Teil gänzlich verlorenging, wie TH. MOMMSEN behauptet[44], ohne daß diese Lücke durch eine mit der restlichen Geschichte einigermaßen vereinbare Ergänzung geschlossen wurde, erscheint hingegen unwahrscheinlich. Und mit der Lage des Asyls *inter duos lucos* läßt sich das behauptete Tempelasyl nicht in Einklang bringen[45].

Diese Unstimmigkeiten deuten darauf hin, daß es einen von griechischen Vorstellungen freien Grundbestand der Sage gab, der aber Elemente enthielt, in denen die Griechen eine dem ihnen vertrauten Asylwesen ähnliche Institution erkennen konnten. Diese beschrieben sie als Tempelasyl und ergänzten die fehlenden Details. Von den erhaltenen Versionen steht die von Livius im ersten Buch überlieferte der vermutlichen Grundform am nächsten, da in ihr weder das *asylum Romuli* als griechisches Tempelasyl interpretiert wird[46], noch eine von antirömischen Ressentiments beeinflußte Färbung feststellbar ist.

---

41 Vgl. G. RADKE, Zur Entwicklung der Gottesvorstellung und Gottesverehrung in Rom (1987) 8; T.J. CORNELL, Rome: The History of an Anachronism, in: A. MOLHO/K. RAAFLAUB/J. EMLEN (Hg.), City States in Classical Antiquity (1991) 63 f.; A. DEMANDT (Fn. 38) 199; H. STRASBURGER (Fn. 15) 33 f.; J. GAUDEMET, Institutions de l'antiquité² (1982) 263; ähnlich J.C. RICHARD, Les origines de la plèbe romaine (1978) 185 f., 274.

42 Vgl. oben S. 180 und weiters R.M. OGILVIE, A Commentary on Livy (1965) 62.

43 Vgl. auch E. CAILLEMER (Fn. 32) 510; A. SCHWEGLER (Fn. 7) 466 Fn. 8; TH. MOMMSEN, StR 459 Fn. 3; K.J. RIGSBY 576 f. und D. VAN BERCHEM (Fn. 3) 29 f., der vermutet, daß die Überlieferung, die das Kapitol zum Ort des Asyls machte, auf die etruskische Zeit zurückgeht und der gesamte Berg einer Gottheit geweiht war.

44 TH. MOMMSEN (Fn. 19) 33 vermutet, daß der von Piso genannte *Lucoris* (*Lykoreus*) der älteren Überlieferung zugehört und wegen des griechischen Namens später fallengelassen wurde.

45 Dazu unten S. 193.

46 In der Vorrede des zweiten Buches (2.1.4) bringt Livius daneben aber eine andere Version: *Quid enim futurum fuit, si illa pastorum convenarumque plebs, transfuga ex suis populis, sub tutela inviolati templi aut libertatem aut certe impunitatem adepta ...*
Livius nennt an dieser Stelle weder den Ort, an dem sich der Tempel befunden haben soll, noch bezeichnet er ihn als *asylum*. Da die Nachricht außerhalb des unmittelbaren Zusammenhangs der Stadtgründung steht, wird man wohl nicht davon ausgehen können, daß Livius sich das *asylum* grundsätzlich als Tempelasyl vorstellte. Dies zeigen die Versionen des Velleius Paterculus und die Epitome des Florus (Texte oben in Fn. 8).

10.2.4. Der historische Hintergrund des *asylum Romuli*

10.2.4.1. Vorbemerkungen

Hat die Sage einen historisch faßbaren Hintergrund? Denkbar wäre es, daß sie deswegen tradiert wurde, weil sie an frühere Einrichtungen erinnerte, bestehende erklärte oder an solche anknüpfte. Dies wird im Gefolge TH. MOMMSENs, der die Existenz von Asylen in Rom vor der Kaiserzeit vehement ablehnte, von einem großen Teil der modernen Literatur verneint[47]. Andere Darstellungen erwähnen das *asylum Romuli* ohne Diskussion als Faktum[48] oder erachten Asyle in der Republik für grundsätzlich möglich[49].

Die Historizität des *asylum Romuli* wurde hingegen von F. ALTHEIM in zahlreichen Arbeiten vehement verteidigt[50]. Er ging grundsätzlich davon aus, daß im frühen Italien des 6. Jh.v.Chr. den Tempelasylen Griechenlands vergleichbare Asyle existierten und hielt das *asylum Romuli* in der überlieferten Form für historisch. Aufgrund der Nennung des Asylgottes Lukoris nahm er eine Übernahme bzw. Beeinflussung aus Delphi an. Seiner Meinung nach führte die Verrechtlichung der Beziehungen zwischen Plebejern und Patriziern infolge der 12-Tafelgesetzgebung zum Verschwinden des Asyls[51]. Diese Interpretation, die auf einer harmonisierenden Kombination von oft widersprüchlichen Quellenangaben und der Außerachtlassung der zahlreichen Anachronismen beruhte, hält einer quellenkritischen

---

Dagegen spricht weiters, daß die in Liv. 1.8.5 verwendete Formulierung *asylum aperuit* keinen Hinweis auf die Errichtung eines Tempels gibt. Möglicherweise folgte Livius für den Beginn des zweiten Buches einer Quelle, die bereits die griechische Vorstellung eines Tempelasyls auf das *asylum Romuli* übertragen hatte. Wichtig ist jedoch der Hinweis, daß die *plebs* von den Bewohnern des Asyls abstammte (dazu J.C. RICHARD, Fn. 41, 84 und unten S. 202). Für die Gleichsetzung aber R.M. OGILVIE (Fn. 42) 235; zur Stelle außerdem G.B. MILES (Fn. 15) 161.

47 TH. MOMMSEN, StR 458 f. (dazu oben S. 1); vor TH. MOMMSEN bereits A. SCHWEGLER (Fn. 7) 464 ff.
MOMMSEN folgend erklärt G. WISSOWA, Religion und Kultus der Römer^2 (1912) 474 Fn. 3 die überlieferten Asyle zumindest für "entschieden unrömisch". Gegen Asyle E. CAILLEMER (Fn. 32) 509 ff.; A. PERNICE (Fn. 13) 178; F. V. WOESS 206; P. TIMBAL DUCLAUX DE MARTIN 25 f.; U.E. PAOLI (Fn. 3) 1036; L. WENGER (Fn. 3) 839 und M. DREHER (Fn. 32) 80. Zur Literatur vgl. außerdem J.CH. DUMONT 137 f.

48 Z.B. G. HÄRTEL/E. PÓLAY, Römisches Recht und Rechtsgeschichte (1987) 19.

49 Z.B. C. PHILLIPSON, The International Law and Custom of Ancient Greece and Rome I (1911; Ndr. 1979) 355 f.; E. PAIS (Fn. 27) 318 Fn. 2; G. CRIFÒ, Ricerche sull' "exilium" nel periodo repubblicano I (1961) 120 f.; G. CRIFÒ 194; J.CH. DUMONT 138 ff.; G. FREYBURGER 139 ff. und A. CHANIOTIS, Asylon, DNP II (1997) 144.

50 Vgl. z.B. Römische Religionsgeschichte II (1932) 44 f.; Italien und Rom II (1941) 79, 227 ff.; Römische Religionsgeschichte I (1951) 175 ff. ALTHEIM folgen C. KOCH, Der römische Juppiter (1937) 83 f.; M. SCHUSTER, Veiovis, RE VIII A (1955) 600 ff. und jüngst G. FREYBURGER 139 ff.

51 F. ALTHEIM, Epochen der römischen Geschichte I (1934) 139 ff.

Überprüfung nicht stand[52]. Einen überzeugenden Nachweis einer dem "Asyl des Romulus" vergleichbaren historischen Institution der römischen Frühgeschichte konnte F. ALTHEIM nicht erbringen.

10.2.4.2. Die ätiologische Funktion des *asylum Romuli*

Anhaltspunkte dafür, daß das *asylum Romuli* in die Gründungssage Eingang fand, weil im frühen Rom eine funktional vergleichbare Einrichtung bestanden hatte bzw. in historischer Zeit noch immer bestand, ergeben sich aus einem zweiten ätiologischen Moment der Überlieferung: Außer zur Begründung für den Raub der Sabinerinnen diente das Asyl zur Erklärung der Spaltung der römischen Bevölkerung in Patrizier und Plebejer[53]: Die Patrizier konnten auf respektable Vorfahren verweisen[54], während die im Asyl zusammengelaufenen Plebejer (Min.Fel. 25.2 *Nam Asylo prima plebs congregata est* ...[55]) dazu nicht in der Lage waren.

Dabei handelt es sich nicht um einen Versuch, die als herabsetzend empfundenen Tendenzen der Asylgeschichte zu entschärfen, indem nur die Plebejer zu Nachkommen der Flüchtlinge gemacht wurden. Statt dessen kann man darin einen Hinweis auf das mögliche historische Vorbild des *asylum Romuli* erkennen: den Aventin und seine Bedeutung für die römische *plebs*.

10.2.4.3. Die Bedeutung des Aventin für die *plebs*

Spätestens seit dem 5. Jh.v.Chr. spielte der Aventin eine wichtige Rolle für die römische *plebs*. Ein Teil der Tradition bezeichnet ihn bereits als das Ziel der Sezession

52 Scharfe Kritik bei K. LATTE, Besprechung von: F. ALTHEIM, Römische Religionsgeschichte I (1951), Kleine Schriften (1968) 203 f.

53 Diesen Hinweis haben beispielsweise schon G.B. VICO in der ersten Hälfte des 18. Jh. (Principi di una scienza nuova d'intorno alla communa natura delle nazioni³, 1744; vgl. Prinzipien einer neuen Wissenschaft über die gemeinsame Natur der Völker, 1990, 79 ff.) und N.D. FUSTEL DE COULANGES ca. ein Jahrhundert später aufgegriffen (La Cité antique, 1864; vgl. Der antike Staat, 1981, 179 f., 321). Vgl. dazu J. BINDER, Die Plebs (1909) 184 ff. und J.C. RICHARD (Fn. 41) 5 f., 24 ff. B.G. NIEBUHR, Römische Geschichte I³ (1873) 267 sieht die Aitia der Asylgeschichte in der Begründung der Clientel; dazu J.C. RICHARD (Fn. 41) 24 f.

54 Nur sie konnten die Namen ihrer Väter angeben, daher ihre Bezeichnung (Dion.Hal.ant. 2.8.3). Vgl. J. BINDER (Fn. 53) 172 f.; F. ALTHEIM, Italien (Fn. 50) 174 und J.C. RICHARD (Fn. 41) 90. E. PAIS (Fn. 27) 320 zieht in Erwägung, in der Verbindung von *asylum* und *plebs* eine Schöpfung plebejischer Historiographen zu sehen.

55 S. Liv. 2.1.4 ... *illa pastorum convenarumque plebs, transfuga ex suis populis* ... Dazu oben Fn. 46.

von 494 v.Chr.[56], und 449 v.Chr. erzwang die *plebs* die Abschaffung des Dezemvirats durch eine *secessio* auf den Aventin. Dort lagen auch der für die *plebs* wichtige Dianatempel und das Heiligtum von Ceres, Liber und Libera. Der Aventin war das kultische und religiöse Zentrum der *plebs* und erfüllte die Funktionen, die das Kapitol für die Patrizier hatte[57]. Daher blieb der Berg bis zur Zeit des Claudius außerhalb des *pomerium*, der sakralen Stadtgrenze Roms[58]. Dies inspirierte sogar eine Variante der Gründungssage, in der Remus als Ahnherr der *plebs* seine Auspizien auf dem Aventin einholte und auf diesem Berg die Gründung einer eigenen Stadt namens *Remoria* (oder *Remuria*) plante[59].

Wahrscheinlich ging die Sonderstellung des Aventin historisch auf die Existenz eines alten Dianaheiligtums (ursprünglich nur ein Altar in einem Hain) auf diesem Berg zurück. Da es ein Bundesheiligtum des latinischen Bundes war[60], blieb der Berg, obwohl Teil des römischen Stadtgebiets, in der Königszeit von der römischen Jurisdiktion ausgenommen[61]. In der zweiten Hälfte des 6. Jh.v.Chr.[62] soll der König Servius Tullius dort den Dianatempel, ein *hieròn ásylon*, errichtet haben, wovon noch zur Zeit des Dionysios eine alte Inschrift Zeugnis ablegte[63]. Zahlreiche Indizien lassen vermuten, daß diesem Tempel mit Recht ein Asylrecht zugeschrieben wurde[64].

---

56 Liv. 2.32.3; R.M. OGILVIE, Das frühe Rom und die Etrusker³ (1988) 114 ff.; D. VAN BERCHEM (Fn. 3) 32; M. SORDI, Il Santuario di Cerere, Libero e Libera e il tribunato della plebe, in: dies., (Hg.), Santuari e politica nel mondo antico (1983) 137 ff.; T.P. WISEMAN (Fn. 17) 112 ff. und T.J. CORNELL 256.

57 J. BINDER (Fn. 53) 132 ff.; A. ALFÖLDI (Fn. 23) 98 ff.; M. SORDI (Fn. 56) 138; P. SCHERRER, Aspekte der Volksfrömmigkeit im alten Rom, in: H.CH. EHALT (Hg.), Volksfrömmigkeit (1989) 80 und M. ANDREUSSI, Aventinus mons, in: E.M. STEINBY (Hg.), Lexicon topographicum urbis Romae I (1993) 147 ff.

58 Gell. 13.14.7; V. BLUMENTHAL, Pomerium, RE XXI (1952) 1872 ff. und L. RICHARDSON jr., A New Topographical Dictionary of Ancient Rome (1992) 293 ff.

59 Vgl. T.P. WISEMAN (Fn. 17) 112 ff. und A. FRASCHETTI (Fn. 40) 60 f.

60 G. WISSOWA (Fn. 47) 250 f; K. LATTE, Römische Religionsgeschichte (1960) 169; A. ALFÖLDI (Fn. 23) 85 ff.; ders., Römische Frühgeschichte (1976) 123 ff.; W. EISENHUT, Diana, KP I (1964) 1510 ff; R.M. OGILVIE (Fn. 42) 181 ff. und ders. (Fn. 56) 67 ff.; R. MUTH, Einführung in die griechische und römische Religion (1988) 268 f.; R.E. MITCHELL, Patricians and Plebeians (1990) 56 ff. und F. KOLB, Rom (1995) 124 f.

61 TH. MOMMSEN, Der Begriff des Pomerium, Römische Forschungen II (1879) 37 Fn. 30; D. VAN BERCHEM (Fn. 3) 31 f.; A. GUARINO, La rivoluzione della plebe (1975) 66; A. ALFÖLDI (Fn. 23) 89; R.M. OGILVIE (Fn. 56) 71 f. und T.J. CORNELL 295.

62 Vgl. R.M. OGILVIE (Fn. 42) 182 und ders. (Fn. 56) 70 sowie T.J. CORNELL 295.

63 Dion.Hal.ant. 4.26. Vgl. dazu D. VAN BERCHEM (Fn. 3) 30 f.; R.M. OGILVIE (Fn. 56) 67 f.; R.E.A. PALMER, Adherence to the Aventine Canon and the *lex Tiburtina*, in: ders., Roman Religion and Roman Empire (1974) 57 ff.; J.C. RICHARD (Fn. 41) 572; J.CH. DUMONT 141 f.; T.J. CORNELL 295; L. RICHARDSON jr. (Fn. 58) 108 ff.; L. VENDITTELLI, Diana Aventina Aedes, in: E.M. STEINBY (Hg.), Lexicon topographicum urbis Romae II (1995) 11 ff.; G. FORSYTHE (Fn. 13) 133 und G. FREYBURGER 148.

64 Abgelehnt wird das Asylrecht beispielsweise aber von E. CAILLEMER (Fn. 32) 510; P. TIMBAL DUCLAUX DE MARTIN 27 und K.J. RIGSBY 578 f.

Das Heiligtum der Diana *in Aventino* stand in enger Beziehung zu einem anderen latinischen Bundesheiligtum der Diana in Aricia am Nemisee[65]. Der Priester des aricischen Kults, der sogenannte *rex Nemorensis*, war ein flüchtiger Sklave, der seinen Vorgänger in einem Zweikampf töten mußte, um sodann in einer Form kultischer Freiheit im Heiligtum zu leben, bis er seinerseits von einem Nachfolger getötet wurde. Dieser Ritus kann als Hinweis auf ein archaisches, aber autochthones Asylrecht in Latium interpretiert werden[66].

Das Kultbild der Diana zeigte Ähnlichkeiten mit der ephesischen Artemis, deren Heiligtum geradezu der Prototyp eines Tempelasyls war, und soll - nach der Annalistik - aus Ephesos über Massilia nach Italien gekommen sein[67]. Diese Göttin wurde in Rom als Schutzgöttin der Sklaven verehrt und ihr Fest zu den Iden des August, das Gründungsfest des Dianatempels, war zugleich ein Fest der Sklaven, wie Festus p. 460 (Ed. Lindsay) berichtet[68]:

> *Servorum dies festus vulgo existimatur Idus Aug., quod eo die Ser. Tullius, natus servus, aedem Dianae dedicaverit in Aventino, cuius tutelae sint cervi; a quo celeritate fugitivi vocent cervos.*

Ein weiteres Asylrecht wird dem 493 v.Chr. geweihten Tempel für Ceres, Liber und Libera am Fuße des Aventin bezeugt[69].

> Non. p. 44 *Pandere Varro existimat ea causa dici, quod, qui ope indigerent et ad asylum Cereris confugissent, panis daretur. pandere ergo quasi panem dare, et quod numquam fanum talibus clauderetur, de vita populi Romani lib. i: hanc deam melius putat esse Cererem; sed quod in asylum qui confugisset, panis daretur, esse nomen fictum, a pane dando, pandere, quod est aperire.*

---

65 Dazu und zu den verschiedenen Theorien über die Richtung der Beeinflussung vgl. G. WISSOWA (Fn. 47) 247 ff.; K. LATTE (Fn. 60) 169 ff.; R.M. OGILVIE (Fn. 42) 181 f. und ders. (Fn. 56) 68 ff.; W. EISENHUT (Fn. 60) 1510 ff.; A. ALFÖLDI (Fn. 60) 123 ff.; R. MUTH (Fn. 60) 268 f. und G. RADKE (Fn. 41) 162 ff.

66 G. DE SANCTIS (Fn. 27) 214; F. ALTHEIM, Italien (Fn. 50) 229; unterschiedliche Deutungen geben beispielsweise G. WISSOWA (Fn. 47) 247 ff; K. LATTE (Fn. 60) 171 f.; W. EISENHUT (Fn. 60) 1511 f. und H. BELLEN 143 Fn. 125.

67 R.M. OGILVIE (Fn. 42) 181 f. und ders. (Fn. 56) 68; D. VAN BERCHEM (Fn. 3) 31; L. RICHARDSON jr., Urban Development in Ancient Rome and Imperial Impact, in: A. MOLHO/K. RAAFLAUB/J. EMLEN (Hg.), City States in Classical Antiquity (1991) 385. A. ALFÖLDI (Fn. 60) 124 sieht in dieser Überlieferung eine Erfindung der Annalistik.

68 Dazu F. BÖMER, Untersuchungen über die Religion der Sklaven in Griechenland und Rom I[2] (1981) 220 f.

69 G. WISSOWA (Fn. 47) 298 ff.; K. LATTE (Fn. 60) 161 ff.; A. ALFÖLDI (Fn. 60) 126 ff.; D. VAN BERCHEM (Fn. 3) 30; R. MUTH (Fn. 60) 272 ff.; R.M. OGILVIE (Fn. 56) 113 f.; J.C. RICHARD (Fn. 41) 572; P. SCHERRER (Fn. 57) 79 ff.; F. KOLB (Fn. 60) 122 ff; F. COARELLI, Asylum Cereris, in: E.M. STEINBY (Hg.), Lexicon topographicum urbis Romae I (1993) 130 und ders., Ceres, Liber, Liberaque Aedes; Aedes Cereris, in: E.M. STEINBY (Hg.), Lexicon topographicum urbis Romae I (1993) 260 f; J.CH. DUMONT 140 sowie G. FREYBURGER 149, 151.

Trotz Stimmen in der Literatur, welche die Existenz eines Asylrechts in Zweifel ziehen und nur die Verteilung von Nahrungsmitteln für glaubwürdig erachten[70], verdient diese Nachricht Vertrauen.

Die Einführung des Cereskults erfolgte unter griechischem Einfluß[71], so daß auch aus diesem Grund ein mit diesem Tempel verbundenes förmliches Asylrecht möglich erscheint[72]. Der primäre Grund für das dem Tempel bezeugte Asylrecht dürfte jedoch in der außerordentlichen politischen Bedeutung des Cereskults für die *plebs* gelegen sein, der sich im Zusammenhang mit dem Volkstribunat deutlich zeigt: Die Volkstribunen waren durch den Schwur der *plebs* geschützt, der jeden Frevler für *sacer* und seine Güter der Ceres verfallen erklärte[73]. Auch Strafgelder kamen diesem Heiligtum zugute[74]. Einige moderne Autoren leiten sogar die Unverletzlichkeit der Volkstribunen und anderer plebejischer Amtsträger von diesem Asylrecht ab[75].

Eine solche Beziehung läßt sich nicht belegen[76] und wäre mit dem revolutionären Ursprung der tribunizischen *sacrosanctitas*[77] nur schwer zu vereinbaren. Die einzige Verbindung, die römische Autoren zwischen der Zuflucht in einem Tempel und dem Volkstribunat sahen, lag auf funktioneller Ebene. Noch Cicero verglich den Schutz durch die Tribunen mit dem Schutz eines Tempels bzw. eines Altars[78]. Beide Institutionen dienten dem Schutz gegen ungerechtfertigte Übergriffe, wobei

---

70 G. PRACHNER (Fn. 15) 115 Fn. 73; H. BOLKESTEIN, Wohltätigkeit und Armenpflege im vorchristlichen Altertum (1939; Ndr. 1967) 346 ff.; G. FREYBURGER 151 und K.J. RIGSBY 575 Fn. 4.

71 G. WISSOWA, Ceres, RE III (1899) 1974 f.; T.J. CORNELL 263 f. und F. COARELLI, Ceres (Fn. 69) 260.

72 Keine innenpolitischen Gründe, sondern die Förderung des Handels am nahegelegenen *forum boarium* vermuten D. VAN BERCHEM (Fn. 3) 30 und ihm folgend J.C. RICHARD (Fn. 41) 305 als Gründe für das Asylrecht des Cerestempels wie auch des Dianatempels. Aus ähnlichen Gründen vermuten manche Autoren ein - quellenmäßig nicht belegtes - Asylrecht der *ara maxima* des Herkules auf dem *forum boarium*; s. die Nachweise bei F. KOLB (Fn. 60) 87.

73 H. SIBER, Plebs, RE XXI (1951) 170 ff.; R.M. OGILVIE (Fn. 56) 136; M. SORDI (Fn. 56) 127 ff.; B.S. SPAETH, The Goddess Ceres and the Death of Tiberius Gracchus, Historia 39 (1990) 182 ff.; W. KUNKEL/R. WITTMANN, Staatsordnung und Staatspraxis der römischen Republik II: Die Magistratur (1995) 555 ff., 572 f. (jeweils m.w.N.).

74 Dion.Hal.ant. 6.89; Liv. 3.55.7. Dazu G. WISSOWA (Fn. 71) 1975 f. und W. KUNKEL/R. WITTMANN (Fn. 73) 572 f. (m.w.N.).

75 Vgl. J.CH. DUMONT 140; G. FREYBURGER 150; W. KUNKEL/R. WITTMANN (Fn. 73) 475; D. VAN BERCHEM (Fn. 3) 32. E. PÓLAY, Differenzierung der Gesellschaftsnormen im antiken Rom (1964) 71 leitet die *sacrosanctitas* der Tribunen von der sakralen persönlichen Asylie des römischen *rex* ab.

76 Wenig überzeugend ist D. VAN BERCHEMS (Fn. 3) 32 Verweis auf die griechische Übersetzung *hieròs kaì ásylos* für *sacrosanctus*. Ablehnend auch J.C. RICHARD (Fn. 41) 572.

77 Vgl. statt aller T.J. CORNELL 259 f.

78 Cic.p.red.in sen. 11 ... *qui nisi in aram tribunatus confugisset* ... Vgl. weiters Cic. leg.agr. 2.36 (Text unten S. 196) und Plut.quaest.rom. 81 (Moralia 283 e); dazu N.D. FUSTEL DE COULANGES (Fn. 52) 395.

der Tempelschutz nur von Bedeutung war, bevor die Volkstribunen Unterstützung boten oder wenn sie ihre Befugnisse nicht effektiv ausüben konnten[79].

Es ist daher gut vorstellbar, daß beide Einrichtungen gleichermaßen auf der Bereitschaft der *plebs* zum kollektiven Widerstand gegen Übergriffe beruhten. So wie in der Kaiserzeit Verfolgte durch kollektiven Widerstand geschützt wurden[80], verhinderte vielleicht auch die römische *plebs* schon in den ersten Jahrhunderten der Republik Verletzungen der Tempelasyle auf dem Aventin. Da die Heiligtümer (vor allem der Cerestempel) für das politische Selbstverständnis der *plebs* wichtig waren, ist es wahrscheinlich, daß sie wie die Tribunen verteidigt wurden. Verfolgte, die in einen dieser Tempel flohen, waren damit wie bei einer Interzession den Zugriffen von Patriziern, vor allem aber der patrizischen Magistrate, entzogen.

Die Lage außerhalb des *pomerium*, seine Funktionen als Versammlungsort der revolutionären *plebs*[81] und als religiöses Zentrum von Latinern und *plebs* unterschieden den Aventin vom übrigen Stadtgebiet Roms. Er war dem Einflußbereich der patrizischen Magistrate entzogen und bildete ein kultisches Gegenstück zum Kapitol und den dort angesiedelten, patrizisch dominierten Staatskulten. Wer sich auf dem Aventin niederließ, war zwar in Rom, aber noch nicht politisch und religiös in den patrizisch-römischen Staatsverband eingegliedert. Die Ansiedlung auf dem lange Zeit weitgehend unbebauten[82] und von außen schwer zugänglichen Aventin bildete deshalb in der Frühzeit vielleicht den ersten Schritt zur Aufnahme von Fremden in den römischen Bürgerverband. Der Berg diente als Anlaufstelle für Einwanderer aus der Umgegend[83] und außerdem als Zufluchtsort in Notzeiten[84].

Somit hatte er eine ähnliche Funktion wie das *asylum Romuli* in der Sage von der Stadtgründung, was vermuten läßt, daß darin der historische Anknüpfungspunkt der Überlieferung liegen könnte[85].

---

79 Cic.leg.agr. 2.36 (Text unten S. 196). Bezeichnenderweise suchte C. Gracchus zuerst im Dianatempel auf dem Aventin und anschließend noch in einem Hain Zuflucht. S. Plut.Grach. 37(16) f.; App.civ. 1.26. Dazu D. VAN BERCHEM (Fn. 3) 30; W. KUNKEL/R. WITTMANN (Fn. 73) 649; T.P. WISEMAN (Fn. 17) 114; M. ANDREUSSI (Fn. 57) 148 und L. VENDITTELLI (Fn. 63) 13.

80 S. oben S. 17 ff., S. 31 f. und S. 165 f.

81 A. GUARINO (Fn. 61) 182, 316 f.

82 Zur *lex Icilia de Aventino publicando* vgl. D. FLACH, Die Gesetze der frühen römischen Republik (1994) 95 ff.; M. PENNITZ, Der "Enteignungsfall" im römischen Recht der Republik und des Prinzipats (1991) 129 ff.; M. ANDREUSSI (Fn. 57) 148 und T.J. CORNELL 261 f.

83 P. SCHERRER (Fn. 57) 80; R.M. OGILVIE (Fn. 56) 72; ähnlich A. GUARINO (Fn. 61) 182, 316 f. und R.E. MITCHELL (Fn. 60) 59.
Darin sah bereits N.D. FUSTEL DE COULANGES (Fn. 52) 179 f., 321 die Funktion des *asylum*, das er den antiken Autoren folgend jedoch auf dem Kapitol ansiedelte. Erst die Vermehrung der *plebs* habe seiner Ansicht nach zur Umsiedlung auf den Aventin geführt.

84 Vgl. H. SIBER (Fn. 73) 107 mit Quellen.

85 Vgl. sofort unten S. 193 ff.

Denkbar wäre, daß von patrizischen Magistraten bedrängte Plebejer ursprünglich auf den Berg flüchteten und die Funktion als Zufluchtsort im Laufe der Zeit, vielleicht auch unter Anknüpfung an griechische Vorstellungen, auf die Heiligtümer konzentriert wurde, welche damit zu Asylen wurden[86]. Sobald aber die Volkstribunen auch innerhalb des *pomerium* effektiven Beistand leisten konnten[87], verloren die Flucht aus der "patrizischen" Stadt auf den Aventin und der Asylschutz der dortigen Heiligtümer ihren ursprünglichen Zweck. Dieser Vorgang ist in den Quellen noch erkennbar[88]. Möglicherweise behielten die Asyle weiterhin eine gewisse Bedeutung für Sklaven[89], die keinen Rechtsschutz genossen[90].

10.2.5. Die Lokalisierung des *asylum Romuli*

10.2.5.1 Das Kapitol

Die bisherige Untersuchung hat gezeigt, daß der historische Bezugspunkt des *asylum Romuli* wahrscheinlich in der Funktion des Aventin bzw. der auf diesem Berg gelegenen Heiligtümer zu finden ist. Diese Verbindung widerspricht jedoch den Angaben derjenigen antiken Schriftsteller[91], die das *asylum* auf dem Kapitol, in der Senke *inter duos lucos*[92] zwischen dem Kapitol und der Arx lokalisierten. Einen weiteren Hinweis auf diesen Ort als *asylum* enthält Ovids Festkalender (Fast. 3.429 ff.):

> *Una nota est Marti Nonis, sacrata quod illis templa putant lucos Veiovis ante duos. Romulus ut saxo lucum circumdedit alto, "quilibet huc" inquit "confuge, tutus eris".*

---

86 Eine in die Gegenrichtung gehende Begründung bietet D. VAN BERCHEM (Fn. 3) 32. Er leitet die "Exterritorialität" des Aventin aus der Asylie des Dianatempels her. Gegen einen solchen Zusammenhang H. BOLKESTEIN (Fn. 70) 347 ff.

87 W. KUNKEL/R. WITTMANN (Fn. 73) 580.

88 Cic.leg.agr. 2.36 (Text unten S. 196). S. auch G. CRIFÒ 195 und ders. (Fn. 49) 122.

89 E.M. STAERMAN, Die Blütezeit der Sklavenwirtschaft in der römischen Republik (1969) 181; R.M. OGILVIE (Fn. 56) 72; W. KUNKEL/R. WITTMANN (Fn. 73) 475 und G. CRIFÒ 194.

90 S. oben S. 13.

91 Liv. 1.8.5; Vell. 1.8.5; Strab. 5.230; Dion.Hal.ant. 2.15; Piso bei Serv.Aen. 2.761. Zu den Widersprüchlichkeiten der Ortsangabe bei Livius s. R.M. OGILVIE (Fn. 42) 63 und T.P. WISEMAN, Asylum, in: E.M. STEINBY (Hg.), Lexicon topographicum urbis Romae I (1993) 130.

92 Heute die piazza del Campidoglio. Vgl. S.B. PLATNER/T.S. ASHBY, A Topographical Dictionary of Ancient Rome (1929) 55 f., 283; G. LUGLI, Roma antica (1946, Ndr. 1968) 38 f.; L. RICHARDSON jr. (Fn. 58) 40; T.P. WISEMAN, Flavians on the Capitol, AJAH 3 (1978) 163 ff. und ders. (Fn. 91) 130.

Danach war der 192 v.Chr. errichtete Tempel des Veiovis das Asyl[93]. Leider ist diese späte Angabe nicht vertrauenswürdig: Die Weihe des Tempels erfolgte nach der Entstehung der Asylsage. Eine spätere Verbindung wäre wohl von Autoren aufgegriffen worden, die nach der Asylgottheit suchten. Daß der Veiovistempel ein anderes Asylheiligtum ersetzte, ist auszuschließen[94]. Außerdem spricht die Abschließung des Asyls (Liv. 1.8.5 ... *locum, qui nunc saeptus* ...) gegen den Veiovistempel[95]. Ovids Angaben sind nur ein Versuch, die Überlieferung von einem *inter duos lucos* gelegenen Asyl mit den topographischen Gegebenheiten der frühen Kaiserzeit in Einklang zu bringen; einen Nachweis für ein Asyl auf dem Kapitol bieten sie nicht[96].

10.2.5.2. Der Aventin

Der Hypothese vom Aventin als Vorbild des *asylum* widerspricht in erster Linie, daß mehreren Berichten zufolge das *asylum* auf dem Kapitol oder *inter duos lucos* lag. Jedoch sind die Ortsangaben bei genauerer Betrachtung nicht eindeutig. Das Kapitol wird nur in den Varianten, die an Dionysios anknüpfen, ausdrücklich genannt, die

---

93 Zu Veiovis vgl. G. WISSOWA (Fn. 47) 236 ff; K. LATTE (Fn. 60) 81 ff.; M. SCHUSTER (Fn. 50) 600 ff.
Zur Lage des Veiovistempels *inter duos lucos* vgl. die *Fasti Praenestini* (CIL I² 233) und Virt. 4.8.4.
Für die Gleichsetzung des Veiovistempels mit dem *asylum* L. PRELLER/H. JORDAN, Römische Mythologie 1³ (1881) 265 f.; K. KERÉNYI, Mensch und Gott nach römischer Auffassung, in: ders., Antike Religion (1971) 157; vorsichtig E. CAILLEMER (Fn. 32) 510; E. PAIS, Storia di Roma dalle origini all'inizio delle guerre puniche II (1926) 6 Fn. 2; P. TIMBAL DUCLAUX DE MARTIN 25; besonders nachdrücklich F. ALTHEIM, Religionsgeschichte II (Fn. 50) 55 f. und diesem folgend C. KOCH (Fn. 50) 84; M. SCHUSTER (Fn. 50) 601 und G. FREYBURGER 145 ff.

94 K. LATTE (Fn. 52) 203.

95 Vgl. A. SCHWEGLER (Fn. 7) 466 f. Fn. 8; TH. MOMMSEN, StR 459 Fn. 3 und G. DE SANCTIS (Fn. 27) 215.

96 Da Veiovis auf der Tiberinsel ein weiteres Heiligtum hatte und im ebenfalls dort gelegenen Asklepiosheiligtum kranke Sklaven Pflege fanden (dazu auch oben S. 108), kombinieren manche Autoren diese Nachrichten und gelangen zur Annahme, daß dort ein Asyl oder das *asylum* gewesen wäre. So z.B. M.E. PFEFFER, Einrichtungen der sozialen Sicherung in der griechischen und römischen Antike (1969) 98 f. (Asklepiostempel als "Armen- und Sklavenasyl"); G. FREYBURGER 147 Fn. 56; G. FORSYTHE (Fn. 13) 135 und S. FARO, La *libertas ex divi Claudii edicto* (1996) 98 f.
Im Asklepiostempel dürften Sklaven zwar Unterstützung bei Krankheit gefunden haben, daß sie dort bei Mißhandlungen Asyl fanden, läßt sich diesen Quellen nicht entnehmen. Außerdem paßt die Tradition, wonach das *asylum inter duos lucos*, in einem Hain zwischen zwei Hügeln lag, nicht zur Lokalisierung auf der Tiberinsel.

Ortsangaben des Livius sind eher undeutlich[97]. Wie das Kapitol hat der Aventin zwei Gipfel und war bis in historische Zeit bewaldet[98], wodurch in diesem Punkt die Überlieferung auch auf den Aventin passen würde.

Dennoch spielte gerade die Ortsangabe in der Überlieferung offenbar eine wichtige Rolle und wurde nicht ohne weiteres variiert. Kein antiker Autor versuchte die hier vorgeschlagene Konjektur, die eine einfache Möglichkeit geboten hätte, die Herkunft der *plebs* aus dem Asyl zu erklären und eine Gottheit anzugeben, der das Asyl geweiht war. Was war der Grund, der diesen naheliegenden Schritt verhinderte? Oder, wenn die Hypothese zutreffen sollte, was machte die Abänderung notwendig?

In der historiographischen Tradition, die sich mit der römischen Königszeit befaßte, bildeten Typisierungen und Schematisierungen wesentliche Kompositionskriterien. Die einzelnen Könige wurden nicht als Individuen, sondern als Schöpfer bestimmter staatlicher oder kultischer Einrichtungen dargestellt[99]. Romulus erhielt als eponymer Stadtgründer die Rolle des Schöpfers aller wesentlichen staatlichen Einrichtungen[100]. Zu den politischen Grundgegebenheiten zählte in der Republik, als die Überlieferung vom *asylum Romuli* entstand, der Gegensatz von Patriziern und Plebejern. Für antike Autoren konnte es keinem Zweifel unterliegen, daß die Existenz von zwei Ständen natürlich eng mit der Gründung der Stadt zusammenhing und daher bis auf Romulus zurückging: Die dafür entworfene Erklärung war, daß er das *asylum* eröffnet und so die Vorfahren der Plebejer nach Rom gebracht hatte. Die Verbindung des *asylum* mit dem Stadtgründer machte allerdings den Aventin als Ort des *asylum* unmöglich. Dieser Berg lag außerhalb des *pomerium*, er war plebejisch dominiert und in der Gründungssage dem Remus zugeordnet, weshalb er sich nicht als Ort von Schöpfungen des Romulus eignete[101]. Für das *asylum Romuli* mußte man daher einen anderen Standort finden. Ausgeschlossen war, daß das *asylum* auf den Palatin, den eigentlichen Ort der romulischen Stadtgründung verlegt wurde. Dies hätte die dort ansässigen patrizischen Geschlechter in den Verdacht gebracht, von den Bewohnern des *asylum* abzustammen. Die patrizische Annalistik wählte statt

---

97 Vgl. die Literatur in Fn. 91. Außerdem steht diese Ortsangabe in Widerspruch zu Liv. 1.33.2, wo das Kapitol als Wohnort der Sabiner genannt wird, was die Ansiedlung von Neubürgern auf dem Aventin (!) erforderlich machte.

98 Vgl. M. ANDREUSSI (Fn. 57) 147.

99 Vgl. T.J. CORNELL 119 ff.

100 T.J. CORNELL 119 und A. ROSENBERG (Fn. 13) 1096. Eine ähnliche Funktion hat in der Überlieferung Servius Tullius (T.J. CORNELL 130 f. und R.M. OGILVIE, Fn. 56, 65), der - in diesem Zusammenhang vielleicht nicht ohne Bedeutung - als Erbauer des Dianatempels auf dem Aventin gilt.

101 Vgl. Sen.brev.vit. 13.8 ... *Aventinum montem extra pomerium esse, ut ille adfirmabat, propter alteram ex duabus causis, aut quod plebe eo secessisset, aut quod Remo auspiciante illo aves non addixissent* ... Dazu auch oben S. 187.

dessen das Kapitol[102], wo das *asylum* vielleicht erst später mit dem *inter duos lucos* liegenden Hain identifiziert wurde.

10.3. Das Asylrecht in republikanischer Zeit

Zahlreiche Belege deuten darauf hin, daß im republikanischen Rom Asyle oder verwandte Einrichtungen existierten. In Notzeiten etwa suchte man in heiligen Hainen oder Tempeln Schutz[103].

> Varro in Serv.Aen. 2.512 *Ideo loca sacra civitates habere voluisse, ne per continua aedificia incendia prolaberentur et, ut esset, quo confugerent plerique cum familia sua in periculis.*

In der römischen Komödie gehört der *ad aram* fliehende Sklave zu den wiederkehrenden Figuren[104]. Obwohl es sich dabei um die Übernahme griechischer Vorbilder handelte[105], was Rückschlüsse auf die römischen Verhältnisse erschwert[106], so setzten diese Szenen doch voraus, daß das Publikum mit diesen Vorstellungen vertraut war.

Ähnliches zeigen verschiedene Äußerungen Ciceros[107]. Mit der Zuflucht zu einem Altar vergleicht er Argumente einer wissenschaftlichen Diskussion[108], den

---

102 Die Gefahr mißgünstiger Assoziationen war dort geringer, da Patriziern seit 383 v.Chr. untersagt war, auf dem Kapitol zu wohnen (Liv. 6.20.13). S. aber die kritischen Bemerkungen zu dieser Überlieferung von D. FLACH (Fn. 82) 274 ff.

103 Z.B. Plut.Grach. 37(16) f.; Plut.Cat.min. 28; App.civ. 1.26, 2.11, 2.120. Zu den im folgenden Text zitierten Stellen vgl. auch G. CRIFÒ (Fn. 49) 121 und G. FORSYTHE (Fn. 13) 133 f. Den Beweiswert dieser Stellen als Belege für die Anerkennung des Asyls in Rom bestreitet K.J. RIGSBY 574.

104 Vgl. die bei E. COSTA, Il diritto privato romano nelle commedie di Plauto (1890; Ndr. 1968) 100 f. und O. FREDERSHAUSEN, De iure Plautino et Terentiano (1906) 21 ff. gesammelten Belegstellen und E. CAILLEMER (Fn. 32) 508.

105 P.P. SPRANGER, Historische Untersuchungen zu den Sklavenfiguren des Plautus und Terenz² (1984) 88 (m.w.N.) und G. FREYBURGER, Supplication grecque et supplication romaine, Latomus 47 (1988) 516.
Selbst Details, wie der Versuch, mittels eines Feuers den Flüchtling zu vertreiben (Plaut.Most. 1114), weisen deutlich auf die griechischen Vorbilder hin; vgl. O. FREDERSHAUSEN (Fn. 104) 23 und für die Belege aus dem griechischen Bereich P. STENGEL, Asylon, RE II (1896) 1882.

106 Auf ein Asylrecht schließt daraus J.CH. DUMONT 397; ablehnend TH. MOMMSEN, StR 459 Fn. 2 und U.E. PAOLI (Fn. 3) 1036.

107 Positive Schlüsse für die Anerkennung des Asylrechts zieht aus den Stellen J.CH. DUMONT 139, während H. BOLKESTEIN (Fn. 70) 349 aus ihnen folgert, daß ein Asylrecht in der Republik nicht existierte.

108 Cic.nat. 3.25 ... *tamquam in aram confugitis ad deum.*

Schutz des Rechts und der römischen Behörden[109] oder das *exilium*[110]. Auch die Flucht in ein Privathaus stellt er der Zuflucht *ad aram* an die Seite[111]. In seiner Rede an das Pontifikalkollegium, welche die Ungültigkeit der *consecratio* seines Hauses durch Clodius dartun sollte[112], führt er die Unverletzlichkeit des Hauses auf den Schutz zurück, den Flüchtlinge bei den Hausaltären finden könnten[113].

> Cic.dom. 109 *Quid est sanctius, quid omni religione munitius quam domus unius cuiusque civium? hic arae sunt, hic foci, hic di penates, hic sacra, religiones, caerimoniae continentur; hoc perfugium est ita sanctum omnibus, ut inde abripi neminem fas sit.*

Einen besonders deutlichen Rekurs auf gängige Vorstellungen über das Asylrecht enthielt seine zweite Rede *de lege agraria*[114]:

> Cic.leg.agr. 2.36 *Nam neque ea, quae senatus nominatim vendenda censuit, audet appellare; sunt enim loca publica urbis, sunt sacella, quae post restitutam tribuniciam potestatem nemo attigit, quae maiores in urbe partim periculi perfugia esse voluerunt*[115].

Eine andere Form des Asylschutzes, persönliche Asylie, bestand in der Nähe des *flamen dialis* oder einer Vestalin. Gefesselte, die in das Haus des *flamen dialis* flüchteten, wurden befreit, und die Fessel wurde durch das Dach ins Freie geworfen[116], da man befürchtete, Ringe oder Knoten könnten die Macht des Priesters beeinträchti-

---

109 Cic.p.red.in sen. 11 ... *nisi in aram tribunatus confugisset*; Cic.Verr. 2.2.8 ... *ut numquam ante hoc tempus ad aram legum praesidiumque vestrum publico consilio confugerint* ... ; Cic.Verr. 2.5.126 *Hic locus igitur est unus, quo perfugiant, hic portus, haec arx, haec ara sociorum* ... (damit gemeint sind die Richter des - nie so weit geführten - Verfahrens gegen Verres).

110 Cic.Caec. 100 ... *confugiunt quasi ad aram in exsilium* ... Vgl. E.L. GRASMÜCK, Exilium (1978) 95 ff.

111 Cic.Q.Rosc. 30 ... *sicut in aram confugit in huius domum* ...

112 Zu dieser Rede s. C.J. CLASSEN, Recht - Rhetorik - Politik (1985) 218 ff.

113 Ähnlich Cic.dom. 1 und Deiot. 15. Vgl. damit die Flucht zu einem Hausaltar in Plaut.Most. 1094 ff. Weitere Belege für *aram tangere* bei G. V. BESELER, Bindung und Lösung, SZ 45 (1925) 422 f.; ders., Bindung und Lösung, SZ 49 (1929) 446; ders., Opora (1930) 42 f. und ders., Bindung und Lösung, SZ 55 (1935) 262.
Vgl. weiters J.M. POLAK, The Roman Conception of the Inviolability of the House, Symbolae van Oven (1946) 259 ff. und G. CRIFÒ 195 f.

114 S. dazu F. ALTHEIM (Fn. 51) 143; G. CRIFÒ (Fn. 49) 121 f.; P.P. SPRANGER (Fn. 105) 88 und G. FREYBURGER 149. Vgl. mit dieser Stelle Varro in Serv.Aen. 2.512 (Text oben S. 195). Zum Zusammenhang von Asylrecht und *tribunicia potestas* s. oben S. 190.

115 Vielleicht ist so das leider nicht näher zuordenbare Inschriftenbruchstück CIL VI 824 *IERON KAI ACYLON/SACRUM* zu deuten.

116 Gell. 10.15.8 ... *vinctum, si aedes eius introierit, solvi necessum est et vincula per impluvium in tegulas subduci atque inde foras in viam demitti.* Dazu F. ALTHEIM (Fn. 51) 141 f. und G. FREYBURGER 149.

gen oder ihn fremdem Zauber ausliefern[117]. Berührte ein Verurteilter schutzflehend die Knie des *flamen dialis*, durfte er am selben Tag nicht ausgepeitscht werden[118]. Begegnete ein zum Tode Verurteilter einer Vestalin, so war die Hinrichtung verboten, wenn die Priesterin beschwor, daß die Begegnung zufällig erfolgt war[119]. Da die Vestalinnen von der Eidesleistung grundsätzlich befreit waren[120], läßt die gegen Mißbräuche gerichtete Ausnahmevorschrift darauf schließen, daß solche Fälle vorgekommen sein mögen[121].

10.4. Das Asyl des Caesartempels und kaiserzeitliche Tempelasyle in Rom

Nicht auf römische Traditionen, sondern auf hellenistische Vorbilder griffen die Triumvirn zurück, als sie 42 v.Chr. für den geplanten Tempel des *divus Iulius* das Asylrecht beschlossen[122].

> Cass.Dio 47.19.2 f.: Sie (die Triumvirn) bestimmten, daß niemand, der Schutz suchend in sein (Caesars) Heroon floh, von dort vertrieben oder herausgeholt (*sylásthai*) werden dürfe, was keinem der Götter, (3) außer denen, die bereits unter Romulus verehrt worden waren, zugestanden worden war. Doch als sich dort Leute sammelten, hatte dieser Ort die *asylía* nur dem Namen nach ohne deren Wirkung; denn er wurde umschlossen, so daß niemand mehr eindringen konnte.

Dieser Bericht des Cassius Dio über die Einrichtung eines Asylrechts wurde bisher nicht einmal von einem so grundsätzlichen Skeptiker wie TH. MOMMSEN in Zweifel

117 Zu den Beschränkungen des *flamen dialis* s. Gell. 10.15; G. WISSOWA (Fn. 47) 504 f; K. LATTE (Fn. 60) 402 f. und K. KERÉNYI (Fn. 93) 147 ff. Zum Verbot der Verwendung von Ringen und Knoten vgl. Gell. 10.15.6 und 9.

118 Gell. 10.15.10 ... *si quis ad verberandum ducatur, si ad pedes eius supplex procubuerit, eo die verberari piaculum est*; Serv.Aen. 3.607; weitere Belege bei G. WISSOWA (Fn. 47) 507 Fn. 6 und B. GLADIGOW, Die sakrale Funktion der Liktoren, ANRW I/2 (1972) 300 und G. FREYBURGER 141 und ders. (Fn. 105) 519 f.

119 Plut. Numa 10. Dazu G. WISSOWA (Fn. 47) 507 Fn. 6; C. KOCH, Vesta, RE VIII A (1958) 1735; B. GLADIGOW (Fn. 118) 300 und G. FREYBURGER 149.

120 Sen.contr. 6.8. Aulus Gellius (10.15.31) zitiert dafür eine Bestimmung des prätorischen Edikts: *Sacerdotem Vestalem et flaminem Dialem in omni mea iurisdictione iurare non cogam.* Vorsichtig für die Echtheit dieses Passus O. LENEL, EP 236.

121 Vgl. Cic.Cael. 14.35; Suet.Tib. 2. TH. MOMMSEN, StR 459 Fn. 5 sieht die alleinigen Anwendungsfälle dieser Form von persönlicher Asylie im Bereich der Hauszucht; vgl. weiters F. ALTHEIM (Fn. 51) 141.

122 S. dazu TH. MOMMSEN, StR 460; P. TIMBAL DUCLAUX DE MARTIN 27; U.E. PAOLI (Fn. 3) 1036; L. WENGER (Fn. 3) 839; ST. WEINSTOCK, Divus Julius (1971) 395 ff.; G. CRIFÒ 194; H. BELLEN 65; R.A. BAUMAN, Impietas in principem (1974) 86 f.; TH. PEKARY, Das römische Kaiserbildnis in Staat, Kult und Gesellschaft (1985) 130; G. FREYBURGER 141 f.; S. FARO (Fn. 96) 138; K.J. RIGSBY 577 ff. und A. CHANIOTIS (Fn. 49) 144.

gezogen. MOMMSEN erwog sogar, hierin das Vorbild für ein Asylrecht aller Tempel des Kaiserkults zu sehen[123]. Praktische Auswirkungen konnte dieses Recht jedoch nicht entfalten, da es durch Einfriedung wirkungslos gemacht wurde, als sich Flüchtlinge im Tempel sammelten. Dies muß bereits bald nach seiner Einrichtung stattgefunden haben, da spätere Hinweise auf dieses Asylrecht fehlen. Die Ausführungen des C. Cestius 21 n.Chr.[124] zeigen, daß dieses Tempelasyl bereits zwei Generationen später nicht mehr in Gebrauch war.

Das rasche und spurlose Verschwinden des einzigen formellen Tempelasyls in Rom läßt Zweifel aufkommen, ob es überhaupt jemals wirksam war. Wenngleich Dio das Asylrecht unter den Ehrungen aufzählt, die zusammen mit der Errichtung des Tempels 42 v.Chr. beschlossen wurden, so beweist dies nicht, daß der 29 v.Chr.[125] von Oktavian eingeweihte Tempel jemals als Asyl diente. Und die behauptete Abschließung dieses Tempels, um dadurch die Verwendung als Asyl zu verhindern, ist nur schwer vorstellbar, da die in seinem Inneren befindliche Statue Caesars durch die geöffneten Türen weithin sichtbar war[126]. Vielleicht beabsichtigten die Triumvirn, als sie dem geplanten Tempel die Asylie in Aussicht stellten, bloß eine zusätzliche Ehrung. Caesar selbst hatte bis knapp vor seinem Tod auf Bitten griechischer Städte Asyle bestätigt und die Triumvirn waren in den Provinzen seinem Vorbild gefolgt[127]. Unter diesen Umständen liegt die Vermutung nahe, daß die Asylie bloß titular war und eine zusätzliche Ehrung Caesars bildete, was Dios Feststellung erklären würde, die Asylie habe nur dem Namen nach bestanden.

Die Einfriedung des Asyls, mit der dies Cassius Dio im Anschluß an den *asylum Romuli*-Mythos zu erklären versuchte[128], könnte einen tatsächlichen Hintergrund haben. Der Tempel wurde an der Stelle erbaut, wo Caesars Leichnam von seinen Anhängern verbrannt worden war. Dort hatten diese eine Gedenksäule errichtet, die später durch einen Altar ersetzt worden war. Dieser wurde beim Bau des Tempels in einer Nische an der Vorderseite integriert[129]. Dieser wurde vom

---

123 TH. MOMMSEN, StR 460 spricht noch vorsichtig von einem Anrecht auf Asylie. Dies verallgemeinern bereits P. STENGEL (Fn. 105) 1885; V. CHAPOT, La province romaine proconsulaire d'Asie (1904; Ndr. 1967) 416; P. TIMBAL DUCLAUX DE MARTIN 28 und E.F. BRUCK, Römisches Staatsrecht und Propaganda: Ius Imaginum und Consecratio Imperatorum, in: ders., Über römisches Recht im Rahmen der Kulturgeschichte (1954) 19. Ähnliches behauptet zumindest für die kleinasiatischen Kaisertempel T.R.S. BROUGHTON, Roman Asia Minor, in: T. FRANK, An Economic Survey of Ancient Rome IV (1959) 710; dagegen bereits F. V. WOESS 210, 221.

124 Oben S. 139 f.

125 Cass.Dio. 51.22.3; ST. WEINSTOCK (Fn. 122) 397.

126 Vgl. F. KOLB (Fn. 60) 353 und E. SIMON, Augustus (1986) 84 ff.

127 ST. WEINSTOCK (Fn. 122) 395 ff. und oben S. 157.

128 K.J. RIGSBY 577 vermutet hinter der Geschichte vom *asylum Romuli* überhaupt nur die Absicht, einen Vorläufer für das Asylrecht des Tempels des *divus Iulius* zu konstruieren.

129 G. LUGLI (Fn. 92) 199 f. und L.R. TAYLOR, The Divinity of the Roman Emperor (1931; Ndr. 1975) 97.

Volk nicht weniger verehrt als Casars Statuen[130]. Ausgrabungen haben gezeigt, daß die Nische später durch eine Mauer verschlossen wurde. Möglicherweise geschah dies bereits durch Augustus, um den irregulären Kult zu beschränken[131]. Darin könnte der historische Ansatzpunkt für Dios Version liegen, in der die Abschließung eine weitere Parallele zum *asylum Romuli* bildet[132].

Dafür, daß andere Tempel ein formell verliehenes Asylrecht nach dem Muster des Tempels des *divus Iulius* erhielten, oder die Zuflucht in einen Tempel in Rom in der Kaiserzeit von Bedeutung war, liegen keine Belege vor[133].

10.5. Ergebnisse

Gerade bei der Einschätzung *asylum Romuli* und des Asylrechts in der römischen Republik ist die wissenschaftliche Diskussion bis heute stark von Positionen des 19. Jh. geprägt. TH. MOMMSEN schloß von vornherein die Legitimität des Asylschutzes und daher dessen rechtliche Anerkennung in Rom aus[134]. Aus der Sicht des den rechtsstaatlichen Prinzipien verpflichteten 19. Jh. war der Schutz vor rechtmäßiger Verfolgung, wie er durch Asyle unter Umständen bewirkt werden konnte, tatsächlich nicht zu rechtfertigen, und ein Asylrecht erschien geradezu als ein Widerspruch in sich selbst. Die Möglichkeit zum Mißbrauch, die bei Asylen nicht in stärkerem Maße gegeben ist, als bei anderen Formen vorläufigen Schutzes, stellte MOMMSEN so sehr in den Vordergrund, daß er einen legitimen oder gar legalen Asylschutz verneinte.

Wenngleich aufgrund einer schlechten Quellenlage alle Folgerungen bezüglich des Asylrechts in der Republik und der frühen Kaiserzeit mit einem hohen Maß von Unsicherheit belastet sind, fällt doch auf, daß die republikanischen Quellen von Zuflucht und Zufluchtsstätten, aber nicht von Mißbräuchen berichten. Für Asyle war nach römischem Verständnis stets ein legitimer Platz: ... *sunt enim loca publica urbis, sunt sacella ... quae maiores in urbe partim periculi perfugia esse voluerunt ...* (Cic.leg.agr. 2.36). Daß dieser Schutz nicht mißbraucht werden sollte, verstand sich dabei von selbst: ... *neque quemquam in Capitolium aliave urbis templa perfugere, ut eo subsidio ad flagitia utatur* (Tac.ann. 3.36).

---

130 Zu deren Bedeutung für die Entwicklung des Asylschutzes bei den Kaiserstatuen s. oben S. 40.

131 Vgl. G. LUGLI (Fn. 92) 200; G. FREYBURGER 142; F. KOLB (Fn. 60) 353 und F. COARELLI, Roma (Guide archeologiche Laterza 6; 1995) 93 f.

132 Vgl. Liv. 1.8.5; oben S. 179.

133 Einzelfälle H.A.Hel. 2.3; Aur.Vict.Caes. 23.1; weitere Fälle gescheiterter Fluchtversuche in politischen Unruhen während der Kaiserzeit bei R.A. BAUMAN (Fn. 122) 91; zu vergleichbaren Fällen der späten Republik s. ST. WEINSTOCK (Fn. 122) 242 Fn. 8.

134 StR 458 f.; die Literaturnachweise dazu oben in Fn. 47.

Wie TH. MOMMSEN stuften viele Forschern diesen Schutz als bloßes Faktum, nicht aber als eine Form von Rechtsschutz ein[135]. Die juristische Unterscheidung zwischen Asylrecht und faktischem Schutz in einem Heiligtum (Hikesie/Hiketie) läßt sich jedoch sinnvollerweise nur für den griechisch-hellenistischen Rechtsbereich treffen, wo zwischen der vertraglich garantierten *asylía* und der sakralen Unverletzlichkeit eines Heiligtums differenziert wurde[136]. Den Römern war diese Unterscheidung als Eigenheit des griechisch-hellenistischen "Völkerrechts" bewußt, die für sie in ihren auswärtigen Beziehungen zu beachten war. Am griechischen Asylwesen nahmen sie aber nur insoweit teil, als sie zwar die Asylie fremder Tempel anerkannten, reziproke Akte griechischer Städte jedoch nicht verlangten. Weder anhand der Quellen zur Republik noch aus den juristischen Belegen der Kaiserzeit kann man erweisen, daß die Römer selbst differenzierten[137]. Für das Verständnis der Quellen und die Erkenntnis der internen Verhältnisse Roms läßt sich so nichts gewinnen. Ein Verzicht auf diese Konzeption bringt keinen Verlust an juristischer Präzision oder begrifflicher Schärfe, sondern verhindert, daß funktionell als Asyle wirkende Einrichtungen aus begrifflichen Gründen mit einer anderen, nicht quellenmäßigen Bezeichnung versehen werden.

Abschließend ist auf eine andere Grundannahme zurückzukommen, die in vielen wissenschaftlichen Arbeiten als Ursache der angeblichen Abneigung der Römer gegen das Asylrecht angeführt wird: der Widerspruch zwischen Rechtsgleichheit und Rechtssicherheit und dem Asylrecht[138].

Bereits die Untersuchung von *confugere ad statuam* hat gezeigt, daß dieses Argument den Römern geläufig, aber mit der Anerkennung des Asylrechts nicht unvereinbar war[139]. Gerade unter den "rechtsstaatlichen" Verhältnissen des Prinzipats bildete *confugere ad statuam* eine anerkannte, wenn auch kontrollierte und nicht sehr weit reichende Ergänzung und Erweiterung des Rechtsschutzes[140].

Die weitgehend unwidersprochene Akzeptanz der Überlieferung vom *asylum Romuli* innerhalb der römischen Tradition und die an den Tempel des *divus Iulius* ehrenweise verliehene Asylie zeigen, daß von grundsätzlicher Ablehnung keine Rede sein kann. Mit der Erzählung vom *asylum Romuli* rekonstruierten die römischen Historiographen die Anfänge der Stadt in einer für Griechen unverständlichen Form. Erst die Griechen verkehrten diesen Teil der römischen Frühgeschichte zu einem Propagandamittel gegen das immer mächtiger werdende Rom, einen Gegner, dessen militärische Überlegenheit schmerzlich fühlbar war, und dem man deswegen

135 Anders z.B. G. CRIFÒ (Fn. 49) 120 ff.

136 Vgl. oben S. 155 f.

137 Vgl. oben S. 24 ff.

138 Vgl. auch P. TIMBAL DUCLAUX DE MARTIN 25; G. CRIFÒ 194.

139 Oben S. 149.

140 Das von ihm angenommene Fehlen des Asyls in Rom führt K.J. RIGSBY 574 darauf zurück, daß die *provocatio* kein Bedürfnis nach weiterem Schutz für römische Bürger entstehen ließ. Nutznießer von Asylrechten waren aber typischerweise diejenigen Personengruppen, denen solch ein effizienter Rechtsschutz fehlte.

seine kulturelle Inferiorität anhand der aggressiv entstellten Stadtgründungssage (*ktísis*) umso deutlicher vor Augen führen wollte. Das *asylum Romuli* galt den Römern über lange Zeit nicht als Schandfleck ihrer Geschichte. Erst als die Römer die Sicht der Griechen übernahmen, wurde das *asylum* als störendes Element innerhalb der Überlieferung empfunden.

Der ursprüngliche Anknüpfungspunkt der *asylum*-Überlieferung war die Sonderrolle des Aventins als Zufluchtsort der *plebs* und das Asylrecht, das einige dort gelegene Tempel noch in historischer Zeit hatten. Das zeigt, daß Asyle oder ähnlich anerkannte Zufluchtsorte in Italien und Rom heimisch waren. Noch in der Republik wurden Asyle bei Notsituationen aufgesucht oder schützten Personen, die keinen effektiven Rechtsschutz genossen. Dabei ist natürlich vor allem an Sklaven zu denken[141]; über die praktische Bedeutung und Ausgestaltung des Schutzes kann man bloß Vermutungen anstellen[142]. In der Kaiserzeit wurde diese Möglichkeit in Rom durch *confugere ad statuam* verdrängt.

Die Ergebnisse dieser Untersuchung zeigen, daß das Argument des Widerspruchs von Recht und Asyl mit ideologischen Untertönen eingesetzt wurde, um Asyle zu verunglimpfen. Wo das Argument in antiken Quellen auftaucht, werden damit Standesinteressen verteidigt. Es zeigt nicht, daß Asyle dem Sinn der Römer für Rechtssicherheit und Rechtsgleichheit grundsätzlich widerstrebten, sondern war nur ein griffiger Topos, der dazu dienen mußte, römische Interessen gegenüber den Griechen oder Standesinteressen der politisch bestimmenden Kreise gegenüber den römischen Unterschichten zu legitimieren.

---

141 Vgl. in diesem Sinne J.CH. DUMONT 137 ff.

142 Vgl. z.B. W. KUNKEL/R. WITTMANN (Fn. 73) 475 oder E.M. STAERMAN (Fn. 89) 179 ff.

Literaturverzeichnis

T. ADAM

Clementia Principis. Der Einfluß hellenistischer Fürstenspiegel auf den Versuch einer rechtlichen Fundierung des Principats durch Seneca (1970)

F. AFFOLTER

Die Persönlichkeit des herrenlosen Sklaven. Ein Stück aus dem römischen Sklavenrecht (1913)

B. ALBANESE

Actio servi corrupti, APal 27 (1959) 5 ff.

Le persone nel diritto privato romano (1979)

E. ALBERTARIO

La costruzione "*nisi ... tunc enim*" ed altre somiglianti, Studi di diritto romano VI (1953) 57 ff. (= Il Filangieri 36, 1911, 801 ff.)

A. ALFÖLDI

Early Rome and the Latins (1965)

Die Struktur des voretruskischen Römerstaates (1974)

Römische Frühgeschichte. Kritik und Forschung seit 1964 (1976)

Die Ausgestaltung des monarchischen Zeremoniells am römischen Kaiserhofe, in: ders., Die monarchische Repräsentation im römischen Kaiserreiche[3] (1980) 3 ff. (= Mitteilungen des Deutschen Archäologischen Instituts, Römische Abteilung 49, 1934, 3 ff.)

Insignien und Tracht der römischen Kaiser, in: ders., Die monarchische Repräsentation im römischen Kaiserreiche[3] (1980) 119 ff. (= Mitteilungen des Deutschen Archäologischen Instituts, Römische Abteilung 50, 1935, 3 ff.)

G. ALFÖLDI

Die Freilassung von Sklaven und die Struktur der Sklaverei in der römischen Kaiserzeit, in: H. SCHNEIDER (Hg.), Sozial- und Wirtschaftsgeschichte der römischen Kaiserzeit (1981) 336 ff. (= Rivista storica dell'antichità 2, 1972, 97 ff.)

Römische Sozialgeschichte[3] (1984)

F. ALTHEIM

Römische Religionsgeschichte II. Von der Gründung des kapitolinischen Tempels bis zum Aufkommen der Alleinherrschaft (1932)

Epochen der römischen Geschichte I. Von den Anfängen bis zum Beginn der Weltherrschaft (1934)

Italien und Rom II. Bis zum Latinerfrieden 338 v.Zw. (1941)

Römische Religionsgeschichte I (1951)

L. AMIRANTE

Sulla schiavitù nella Roma antica, Studi di storia costituzionale romana[2] (1991) 29 ff.

M. N. ANDREEV/J. IRMSCHER/E. PÓLAY/W. WARKALLO (Hg.)

Gesellschaft und Recht im griechisch-römischen Altertum I (1968)

M. ANDREUSSI

Aventinus mons, in: E.M. STEINBY (Hg.), Lexicon topographicum urbis Romae I (1993) 147 ff.

H. ANKUM

Das Problem der "überholenden Kausalität" bei der Anwendung der lex Aquilia im klassischen römischen Recht, in: Fg. v. Lübtow (1980) 325 ff.

Utiliter Gestum, OIR I (1995) 19 ff.

S. ARBANDT/M. MACHEINER

Gefangenschaft, RAC IX (1976) 318 ff.

F. ARCARIA

Senatus censuit. Attività giudiziaria ed attività normativa del senato in età imperiale (1992)

M. BAAR

Das Bild des Kaisers Tiberius bei Tacitus, Sueton und Cassius Dio (1990)

W. BACKHAUS

Servi vincti, Klio 71 (1989) 321 ff.

E. BADIAN

Foreign Clientelae (264 - 70 B.C.) (1958)

E. BALOGH

Beiträge zur Zivilprozeßordnung Justinians I: Zur Entwicklung des amtlichen Kognitionsverfahrens bis zu Justinian, Atti del congresso internazionale di diritto romano (Roma 1933) II (1934) 267 ff.

E. BALTRUSCH

Regimen morum. Die Reglementierung des Privatlebens der Senatoren und Ritter in der römischen Republik und frühen Kaiserzeit (1988)

M. BALZARINI

"De iniuria extra ordinem statui". Contributo allo studio del diritto penale romano dell'età classica (1983)

Pene detentive e "cognitio extra ordinem" criminale, Sodalitas VI (1984) 2865 ff.

D. BARGHOP

Forum der Angst. Eine historisch-anthropologische Studie zu Verhaltensmustern von Senatoren im Römischen Kaiserreich (1994)

G. BARONE-ADESI

"Servi fugitivi in ecclesia". Indirizzi cristiani e legislazione imperiale, Atti dell'Accademia Romanistica Costantiniana VIII (1990) 695 ff.

R. H. BARROW

Slavery in the Roman Empire (1928)

B. BARTH

De graecorum asylis (1888)

M. BARTOSEK

Sul concetto di atto emulativo specialmente nel diritto romano, Atti del congresso internazionale di diritto romano e di storia del diritto (Hg. G. MOSCHETTI) (Verona 1948) III (1951) 189 ff.

K. BARWIG/D. R. BAUER

Asyl am heiligen Ort: Sanctuary und Kirchenasyl - vom Rechtsanspruch zur ethischen Verpflichtung (1994)

A. BARZANÒ

La distruzione del Campidoglio nell'anno 69 d.C., in: M. SORDI (Hg.), I santuari e la guerra nel mondo classico (1984) 107 ff.

R. A. BAUMAN

The Crimen Maiestatis in the Roman Republic and Augustan Principate (1967, Ndr. 1970)

Impietas in Principem. A study of treason against the Roman emperor with special reference to the first century A.D. (1974)

The Resumé of Legislation in the Early Vitae of the Historia Augusta, SZ 94 (1977) 43 ff.

'The Leges iudiciorum publicorum' and their Interpretation in the Republic, Principate and Later Empire, ANRW II/13 (1980) 103 ff.

Lawyers and Politics in the Early Roman Empire. A study of relations between the Roman jurists and the emperors from Augustus to Hadrian (1989)

The Resumé of Legislation in Suetonius, SZ 99 (1982) 81 ff.

C. BECCARIA

Dei delitti e delle pene (Hg. F. VENTURI)[2] (1994)

R. C. BEACHAM

The Roman Theatre and its Audience (1991)

A. BECK

Gedanken zum rechtsstaatlichen Aufbau vornehmlich des ausgehenden Prinzipats, in: ders., Itinera Iuris. Arbeiten zum römischen Recht und seinem Fortleben (1980) 73 ff. (= Mél. Meylan I, 1963, 19 ff.)

M. BECK KADIMA/J. C. HUOT

Kirche und Asyl: legitimer Widerstand im Rechtsstaat? (1996)

O. BEHRENDS

Der *assessor* zur Zeit der klassischen Rechtswissenschaft, SZ 86 (1969) 192 ff.

Römische Privatrechtsordnung und Grundrechtstheorie, in: G. DILCHER/N. HORN (Hg.), Sozialwissenschaften im Studium des Rechts IV: Rechtsgeschichte (1978) 13 ff.

Prinzipat und Sklavenrecht. Zu den geistigen Grundlagen der augusteischen Verfassungsschöpfung, in: U. IMMENGA (Hg.), Rechtswissenschaft und Rechtsentwicklung (1980) 53 ff.

O. BEHRENDS/R. KNÜTEL/B. KUPISCH/H.H. SEILER

Corpus Iuris Civilis: Text und Übersetzung. I: Institutionen (1990); II: Digesten 1 - 10 (1995)

D. BEHRENS

Begriff und Definition in den Quellen, SZ 74 (1957) 352 ff.

D 50,17,1., SZ 75 (1958) 353 ff.

E. I. BEKKER

Die Aktionen des römischen Privatrechts II: Prätorisches, richterliches, kaiserliches Recht (1873)

H. BELLEN

Studien zur Sklavenflucht im römischen Kaiserreich (1971)

Antike Staatsräson. Die Hinrichtung der 400 Sklaven des römischen Stadtpräfekten L. Pedanius Secundus im Jahre 61 n.Chr., Gymnasium 89 (1982) 449 ff.

K. H. BELOW

Der Arzt im römischen Recht (1953)

G. G. BELLONI

'Asylia' e santuari greci dell'Asia Minore al tempo di Tiberio, in: M. SORDI (Hg.), I santuari e la guerra nel mondo classico (1984) 164 ff.

H. BENGTSON

Griechische Geschichte. Von den Anfängen bis in die römische Kaiserzeit[2] (1960)

Randbemerkungen zu den koischen Asylieurkunden, Kleine Schriften zur alten Geschichte (1974) 358 ff. (= Historia 3, 1955, 456 ff.)

H. P. BENÖHR

Der Besitzerwerb durch Gewaltabhängige im klassischen römischen Recht (1972)

Zur Haftung für Sklavendelikte, SZ 97 (1980) 273 ff.

D. VAN BERCHEM

Trois cas d'asylie archaïque, Museum Helveticum 17 (1960) 21 ff.

E. BERNEKER (Hg.)

Zur griechischen Rechtsgeschichte (1968)

R. BERNHARDT

Polis und römische Herrschaft in der späten Republik (149 - 31 v.Chr.) (1985)

G. V. BESELER

Beiträge zur Kritik der römischen Rechtsquellen 3 (1913)

Bindung und Lösung, SZ 45 (1925) 396 ff.

Bindung und Lösung, SZ 49 (1929) 404 ff.

Juristische Miniaturen (1929)

Opora (1930)

Beiträge zur Kritik der römischen Rechtsquellen 5 (1931)

Bindung und Lösung, SZ 55 (1935) 226 ff.

E. BICKERMAN

Consecratio, in: Le culte des souverains dans l'Empire romain (Entretiens Hardt XIX, 1973) 1 ff.

I. BIEZUNSKA MALOWIST (Hg.)

Schiavitù e produzione nella Roma repubblicana (1986)

B. BIONDI
Il diritto romano cristiano I: Orientamento religioso della legislazione (1952)
Il diritto romano cristiano II: La giustizia - le persone (1952)

J. BINDER
Die Plebs. Studien zur römischen Rechtsgeschichte (1909; Ndr. 1965)

P. BIRKS
An Unacceptable Face of Human Property, FS Nicholas (1989) 61 ff.

A. BISCARDI
La capacità processuale dello schiavo, Labeo 21 (1975) 143 ff.

H. BLANCK
Wiederverwendung alter Statuen als Ehrendenkmäler bei Griechen und Römern (1969)

J. BLEICKEN
Senatsgericht und Kaisergericht. Eine Studie zur Entwicklung des Prozeßrechtes im frühen Prinzipat (1962)
Rezension von G. VITUCCI, Ricerche sulla praefectura urbi in età imperiale (1956), SZ 80 (1963) 440 ff.
Zum Regierungsstil des römischen Kaisers. Eine Antwort auf Fergus Millar (1982)
Verfassungs- und Sozialgeschichte des Römischen Kaiserreiches I^3 (1989)

v. BLUMENTHAL
Pomerium, RE XXI (1952) 1867 ff.

R. G. BÖHM
Gaiusstudien III (1969)
Gaiusstudien VIII/IX (1975)

F. BÖMER
Untersuchungen über die Religion der Sklaven in Griechenland und Rom I: Die wichtigsten Kulte und Religionen in Rom und im lateinischen Westen[2] (1981)

T. BOLLINGER
Theatralis licentia. Die Publikumsdemonstrationen an den öffentlichen Spielen im Rom der frühen Kaiserzeit und ihre Bedeutung im politischen Leben (1969)

H. BOLKESTEIN
Wohltätigkeit und Armenpflege im vorchristlichen Altertum. Ein Beitrag zum Problem "Moral und Gesellschaft" (1939; Ndr. 1967)

P. BONFANTE
Corso di diritto romano I: Diritto di famiglia (1925; Ndr. 1963)

G. DE BONFILS
Gli schiavi degli ebrei nella legislazione del IV secolo. Storia di un divieto (1992)

R. BONINI

I "libri de cognitionibus" di Callistrato. Ricerche sull'elaborazione giurisprudenziale della "cognitio extra ordinem" I (1964)

Note sul primo libro delle istituzioni giustinianee (I. 1,6,7 e 1,8,2), St. Donatuti I (1973) 143 ff.

G. BOULVERT/M. MORABITO

Le droit de l'esclavage sous le Haut-Empire, ANRW II/14 (1982) 98 ff.

G. W. BOWERSOCK

The Mechanics of Subversion in the Roman Provinces, in: Opposition et résistances à l'empire d'Auguste à Trajan (Entretiens Hardt XXXIII, 1987) 291 ff.

K. D. BRACHER

Verfall und Fortschritt im Denken der frühen römischen Kaiserzeit. Studien zum Zeitgefühl und Geschichtsbewußtsein des Zeitalters nach Augustus (1987)

K. BRADLEY

Slaves and Masters in the Roman Empire. A Study in Social Control (1984)

Slavery and Society at Rome (1994)

U. BRASIELLO

La repressione penale in diritto romano (1937)

ST. BRASSLOFF

Sozialpolitische Motive in der römischen Rechtsentwicklung (1933)

B. BRAVO

Sulân. Représailles et justice privée contre des étrangers dans les cités grecques. Etude du vocabulaire et des institutions, Annali della Scuola Superiore di Pisa, ser. 3/10 (1980) 675 ff.

J. D. BRECKENRIDGE

Roman Imperial Portraiture from Augustus to Gallienus, ANRW II/12.2 (1981) 477 ff.

J. N. BREMMER/N.M. HORSFALL

Roman Myth and Mythography (1987)

M. BRETONE

Geschichte des römischen Rechts. Von den Anfängen bis Justinian (1992) (*Storia del diritto romano*[3], 1989)

N. BROCKMEYER

Antike Sklaverei[2] (1987)

T. R. S. BROUGHTON

Roman Asia Minor, in: T. FRANK, An Economic Survey of Ancient Rome IV. Africa, Asia, Greece, Asia Minor (1959) 499 ff.

E. F. BRUCK

Römisches Staatsrecht und Propaganda: Ius Imaginum und Consecratio Imperatorum, in: ders., Über römisches Recht im Rahmen der Kulturgeschichte (1954) 1 ff. (= Seminar VII, 1949, 1 ff.)

M. BRUTTI

La problematica del dolo processuale nell'esperienza romana II (1973)

W. W. BUCKLAND

The Roman Law of Slavery. The Condition of the Slave in Private Law From Augustus to Justinian (1908)

A. BÜRGE

Der mercennarius und die Lohnarbeit, SZ 107 (1990) 80 ff.

Cibaria. Indiz für die soziale Stellung des römischen Arbeitnehmers?, FS Waldstein (1993) 63 ff.

E. BUND

Maiestas, KP III (1969) 897 ff.

E. BURCK

Das Geschichtswerk des T. Livius (1992)

A. BURDESE (Hg.)

Idee vecchie e nuove sul diritto criminale romano (1988)

G. BUSOLT

Griechische Staatskunde I. Allgemeine Darstellung des griechischen Staates³ (1920)

E. CAILLEMER

Asylia, in: CH. DAREMBERG/E. SAGLIO (Hg.), Dictionnaire des Antiquités grecques et romaines I/1 (1873) 505 ff.

L. CANFORA

Proscrizioni e dissesto sociale nella repubblica romana, in: A. GIARDINA/A. SCHIAVONE (Hg.), Società romana e produzione schiavistica III: Modelli etici, diritto e trasformazioni sociali (1981) 207 ff.

C. A. CANNATA

Per lo studio della responsabilità per colpa nel diritto romano classico (1969)

J. CARCOPINO

Rom. Leben und Kultur in der Kaiserzeit³ (1986) (*La Vie quotidienne à Rome à l'apogée de l'Empire*, 1939)

J. CARLSEN

Vilici and Roman Estate Managers until AD 284 (1995)

J. B. CARTER

Romulus, Romos, Remus, in: W.H. ROSCHER (Hg.), Ausführliches Lexikon der griechischen und römischen Mythologie IV (1909 - 1915) 164 ff.

F. CASAVOLA

Potere imperiale e stato delle persone tra Adriano ed Antonino Pio, in: ders., Giuristi adrianei (1980) 197 ff. (= Labeo 14, 1968, 251 ff.)

C. CASTELLO

"Humanitas" e "favor libertatis". Schiavi e liberti nel I secolo, Sodalitas V (1984) 2175 ff.

D. 40.1.14.1 - Manumissio e lege Augusti, St. Sanfilippo V (1984) 145 ff.

S. CATALDI

Symbolai e relazioni tra le città greche nel V secolo A.C. (1983)

E. CAVALLINI

Legge di natura e condizione dello schiavo, Labeo 40 (1994) 72 ff.

L. CERFAUX/J. TONDRIAU

Un concurrent du christianisme. Le culte des souverains dans la civilisation gréco-romaine (1957)

M. A. CERVELLERA

Omosessualità e ideologia schiavistica in Petronio, Index 11 (1982) 221 ff.

A. CHANIOTIS

Die *sylân*-Klausel im Vertrag zwischen Lyttos und Malla (Staatsverträge III 511), SZ 111 (1994) 421 ff.

Conflicting Authorities. Asylia between Secular and Divine Law in the Classical and Hellenistic Poleis, Kernos 9 (1996) 65 ff.

Asylon, DNP II (1997) 143 f.

V. CHAPOT

La province romaine proconsulaire d'Asie depuis ses origines jusqu'à la fin du haut-empire (1904; Ndr. 1967)

M. P. CHARLESWORTH

Tiberius, in: S.A. COOK/F.E. ADCOCK/M.P. CHARLESWORTH (Hg.), CAH X: The Augustan Empire (44 B.C. - A.D. 70) (1934; Ndr. 1963) 607 ff.

K. A. CHRISTENSEN

The Theseion: A Slave Refuge at Athens, AJAH 9 (1984) 23 ff.

M. CICCIÒ

Guerre, *stáseis* e *asylía* nella Grecia del V secolo a.C., in: M. SORDI (Hg.), I santuari e la guerra nel mondo classico (1984) 132 ff.

E. CIZEK

L'époque de Néron et ses controverses idéologiques (1972)

L'époque de Trajan. Circonstances politiques et problèmes idéologiques (1983)

C. J. CLASSEN

Recht - Rhetorik - Politik. Untersuchungen zu Ciceros rhetorischer Strategie (1985)

M. CLAUSS

Deus praesens. Der römische Kaiser als Gott, Klio 78 (1996) 400 ff.

C. D. N. COSTA (Hg.)

Seneca (1974)

F. COARELLI

Asylum Cereris, in: E.M. STEINBY (Hg.), Lexicon topographicum urbis Romae I (1993) 130

Ceres, Liber, Liberaque Aedes; Aedes Cereris, in: E.M. STEINBY (Hg.), Lexicon topographicum urbis Romae I (1993) 260

Roma (Guide archeologiche Laterza 6) (1995)

C. COGROSSI

Pietà popolare e divinizzazione nel culto di Caesare del 44 a.C., in: M. SORDI (Hg.), Religione e politica nel mondo antico (1981) 141 ff.

G. COPPOLA

Studi sulla pro herede gestio I. La struttura originaria del "gerere pro herede" (1987)

T. J. CORNELL

Rome: The History of an Anachronism, in: A. MOLHO/K. RAAFLAUB/J. EMLEN (Hg.), City States in Classical Antiquity (1991) 53 ff.

The Beginnings of Rome. Italy and Rome from the Bronze Age to the Punic Wars (c. 1000 - 264 BC) (1995)

E. COSTA

Il diritto privato romano nelle commedie di Plauto (1890; Ndr. 1968)

G. CRIFÒ

Ricerche sull' "exilium" nel periodo repubblicano I (1961)

Asilo (diritti antichi), ED III (1958) 191 ff. (= Sul diritto di asilo, in: ders., Libertà e uguaglianza in Roma antica. L'emersione storica di una vicenda istituzionale², 1984, 71 ff.)

A proposito di *humanitas*, FS Waldstein (1993) 79 ff.

J. A. CROOK

Law and Life of Rome. 90 B.C. - A.D. 212 (1967)

Strictum et aequum: Law in the Time of Nero, IJ 5 (1970) 357 ff.

Rezension von R. A. BAUMAN, Impietas in Principem (1974), TR 44 (1976) 167 ff.

Le culte des souverains dans l'Empire romain (Entretiens Hardt XIX) (1973)

W. DAHLHEIM

Struktur und Entwicklung des römischen Völkerrechts im dritten und zweiten Jahrhundert v.Chr. (1968)

Gewalt und Herrschaft. Das provinziale Herrschaftssystem der römischen Republik (1977)

D. DALLA

L'incapacità sessuale in diritto romano (1978)

Senatus Consultum Silanianum (1980)

"Ubi Venus mutatur" - Omosessualità e diritto nel mondo romano (1987)

D. DAUBE

Forms of Roman Legislation (1956)

Civil Disobedience in Antiquity (1972)

Collatio 2.6.5, Collected Studies in Roman Law I (1991) 107 ff. (= Essays Hertz, 1943, 111 ff.)

Ne quid infamandi causa fiat. The Roman Law of Defamation, Collected Studies in Roman Law I (1991) 465 ff. (= G. MOSCHETTI, Hg., Atti del congresso internazionale di diritto romano e di storia del diritto III, Verona 1948, 1951, 411 ff.)

Slave-Catching, Collected Studies in Roman Law I (1991) 501 ff. (= Juridical Review 64, 1952, 17 ff.)

Zur Palingenesie einiger Klassikerfragmente, Collected Studies in Roman Law II (1991) 789 ff. (= SZ 76, 1959, 148 ff.)

M. DAVID/H. L. W. NELSON
Gai Institutionum Commentarii IV. Kommentar (1. Lieferung) (1954)

L. DELEKAT
Katoche, Hierodulie und Adoptionsfreilassung (1964)

F. DE MARTINO
Wirtschaftsgeschichte des alten Rom^2 (1991) (*Storia economica di Roma antica*, 1979)

H. DESSAU
Geschichte der römischen Kaiserzeit II/1. Die Kaiser von Tiberius bis Vitellius (1926)

A. DEMANDT
Der Idealstaat. Die politischen Theorien der Antike (1993)

W. DEN BOER
Private Morality in Greece and Rome. Some historical Aspects (1979)

M. H. DETTENHOFER (Hg.)
Reine Männersache? Frauen in Männerdomänen der antiken Welt (1994)

G. DOBLHOFER
Vergewaltigung in der Antike (1994)

A. DOLL
Von der vis maior zur höheren Gewalt. Geschichte und Dogmatik eines haftungsentlastenden Begriffes (1989)

A. V. DOMASZEWSKI
Die Religion des römischen Heeres, in: ders., Aufsätze zur römischen Heeresgeschichte (1972) 81 ff. (= Westdeutsche Zeitschrift für Geschichte und Kunst 14, 1899, 218 ff.)

M. DRÄGER
Die Städte der Provinz Asia in der Flavierzeit. Studien zur kleinasiatischen Stadt und Regionalgeschichte (1993)

M. DREHER
Das Asyl in der Antike, Tyche 11 (1996) 79 ff.

A. DUCLOUX
L'Eglise, l'asile et l'aide aux condamnés d'après la constitution du 27 juillet 398, RH 69 (1991) 141 ff.

Ad ecclesiam confugere. Naissance du droit d'asile dans les églises (IVe - milieu du Ve s.) (1994)

M. DUCOS
Les problèmes de droit dans l'oeuvre de Tacite, ANRW II/33.4 (1991) 3183 ff.

A. M. DUFF
Freedmen in the Early Roman Empire (1928)

R. DÜLL
Zum Recht der Bildwerke in der Antike, St. Betti III (1962) 129 ff.

J. CH. DUMONT
Servus. Rome et l'esclavage sous la république (1987)

C. EBNER
Vincula, KP V (1975) 1278 f.

W. EDER
Servitus Publica. Untersuchungen zur Entstehung, Entwicklung und Funktion der öffentlichen Sklaverei in Rom (1980)

W. EISENHUT
Diana, KP I (1964) 1510 ff.
Consecratio, KP I (1964) 1278
Die römische Gefängnisstrafe, ANRW I/2 (1972) 268 ff.

E. ELORDUY
Die Sozialphilosophie der Stoa (1936)

J. ENGEMANN
Herrscherbild, RAC XIV (1988) 966 ff.

H. ENGELMANN
Beiträge zur ephesischen Topographie, ZPE 89 (1991) 275 ff.

G. L. FALCHI
Ricerche sulla legittimazione passiva alle azioni nossali. Il possessore di buona fede del servo (1976)

S. FARO
La *libertas ex divi Claudii edicto.* Schiavitù e valori morali nel I secolo d.C. (1996)

J. FILIP-FRÖSCHL
Partus et fetus et fructus. Bemerkungen zur rechtlichen Behandlung der Tierjungen bei den Römern, FS Waldstein (1993) 99 ff.

M. I. FINLEY
Die Sklaverei in der Antike. Geschichte und Probleme (1985) (*Ancient Slavery and Modern Ideology*, 1980)
Ancient Economy² (1985; Penguin 1992)

M. I. FINLEY (Hg.)
Classical Slavery (1987)

D. FLACH
Römische Agrargeschichte (1990)
Die Gesetze der frühen römischen Republik. Text und Kommentar (1994)

E. FLAIG
Den Kaiser herausfordern: Die Usurpation im Römischen Reich (1992)

J. J. FLINTERMAN

Power, Paideia & Pythagoreanism. Greek identity, conceptions of the relationship between philosophers and monarchs and political ideas in Philostratus' *Life of Apollonius* (1995)

M. TH. FÖGEN

Die Enteignung der Wahrsager. Studien zum kaiserlichen Wissensmonopol in der Spätantike (1993)

J. FONTAINE

Ammien Marcellin. Histoire IV/1 (Coll. Budé) (1977)

G. FORSYTHE

The Historian L. Calpurnius Piso Frugi and the Roman Annalistic Tradition (1994)

B. FORTE

Rome and the Romans as the Greeks saw them (1972)

T. FRANK

An Economic Survey of Ancient Rome IV. Africa, Asia, Greece, Asia Minor (1959)

A. FRASCHETTI

Il mondo romano, in: G. LEVI/J. C. SCHMITT (Hg.), Storia dei giovani I. Dall'antichità all'età moderna (1994) 55 ff.

O. FREDERSHAUSEN

De iure Plautino et Terentiano (1906)

G. FREYBURGER

Supplication grecque et supplication romaine, Latomus 47 (1988) 501 ff.

Le droit d'asile à Rome, Les études classiques 60 (1992) 139 ff.

L. FRIEDLÄNDER/G. WISSOWA

Darstellungen aus der Sittengeschichte Roms in der Zeit von Augustus bis zum Ausgang der Antonine I/II[10] (1922), III[10] (1923) (Ndr. 1964)

H. FUCHS

Der geistige Widerstand gegen Rom in der antiken Welt (1938)

M. FUHRMANN

Calpurnius (III Nr. 1), KP I (1964) 1025

M. FUHRMANN/D. LIEBS

Exempla iuris Romani - Römische Rechtstexte (1988)

N. D. FUSTEL DE COULANGES

Der antike Staat. Kult, Recht und Institutionen Griechenlands und Roms (1981) (*La Cité antique*, 1864)

E. GABBA

Dionysius and *The History of Archaic Rome* (1991)

J. F. GARDNER

Women in Roman Law and Society (1986; Ndr. 1990)

V. GARDTHAUSEN
Augustus und seine Zeit I/1 (1891)

P. GARNSEY
Social Status and Legal Privilege in the Roman Empire (1970)

P. GARNSEY/R. SALLER
Das römische Kaiserreich. Wirtschaft, Gesellschaft, Kultur (1989) (= *The Roman Empire. Economy, Society and Culture, 1987*)

J. GAUDEMET
Institutions de l'antiquité² (1982)

P. GAUTHIER
Symbola. Les étrangers et la justice dans les cités grecques (1972)

J. GEBHARDT
Prügelstrafe und Züchtigungsrecht im antiken Rom und in der Gegenwart (1994)

M. GELZER
Die Nobilität der römischen Republik, Kleine Schriften I (1962) 17 ff. (= Die Nobilität der römischen Republik, 1912)

H. GESCHE
Caesar (1976)

A. GIARDINA (Hg.)
Der Mensch in der römischen Antike (1991) (*L'Uomo Romano,* 1989)

A. GIARDINA/A. SCHIAVONE (Hg.)
Società romana e produzione schiavistica III: Modelli etici, diritto e trasformazioni sociali (1981)

G. GILIBERTI
"Beneficium" e "iniuria" nei rapporti col servo. Etica e prassi giuridica in Seneca, Sodalitas IV (1984) 1843 ff.
Studi sulla massima "*Caesar omnia habet*". Seneca, *De beneficiis*, 7.6.3 (1996)

C. GIOFFREDI
Ad statuas confugere, SDHI 12 (1946) 187 ff.

B. GLADIGOW
Die sakrale Funktion der Liktoren. Zum Problem von institutioneller Macht und sakraler Präsentation, ANRW I/2 (1972) 295 ff.

W. M. GORDON/O. F. ROBINSON
The Institutes of Gaius (1988)

F. GORIA
Schiavi, sistematica delle persone e condizioni economico-sociali nel Principato, in: Prospettive sistematiche nel diritto romano (1976) 309 ff.

J. GOULD
Hiketeia, Journal of Hellenic Studies 93 (1973) 74 ff.

E. L. GRASMÜCK

Exilium. Untersuchungen zur Verbannung in der Antike (1978)

M. T. GRIFFIN

Seneca. A Philosopher in Politics (1976)

Tacitus, Tiberius and the Principate, in: I. MALKIN/Z.W. RUBINSOHN, Leaders and Masses in the Roman World. Studies in Honor of Z. Yavetz (1995) 33 ff.

E. GROAG

L. Fabius Cilo, RE VI (1907) 1763 ff.

G. GROSSO

Usufrutto e figure affini nel diritto romano² (1958)

E. S. GRUEN

The Hellenistic World and the Coming of Rome I (1984)

A. GUARINO

La rivoluzione della plebe (1975)

La formazione dell'editto perpetuo, ANRW II/13 (1980) 62 ff.

Le murene di Pollione, in: ders, Iusculum iuris (1985) 247 ff.

Diritto privato romano¹¹ (1997)

H. GÜLZOW

Christentum und Sklaverei in den ersten drei Jahrhunderten (1969)

R. GÜNTHER

Der Aufstand des Spartacus. Die großen sozialen Bewegungen der Sklaven und Freien am Ende der römischen Republik (1987)

R. GÜNTHER/R. MÜLLER

Das goldene Zeitalter. Utopien der hellenistisch-römischen Antike (1988)

P. GUYOT

Eunuchen als Sklaven und Freigelassene in der griechisch-römischen Antike (1980)

CH. HABICHT

Samische Volksbeschlüsse der hellenistischen Zeit, AM 72 (1957) 125 ff.

Hellenistische Inschriften aus dem Heraion von Samos, AM 87 (1972) 191 ff.

Die augusteische Zeit und das erste Jahrhundert nach Christi Geburt, in: Le culte des souverains dans l'Empire romain (Entretiens Hardt XIX, 1973) 39 ff.

G. HÄRTEL

Einige Bemerkungen zur rechtlichen Stellung der Sklaven und zur Beschränkung der Willkür des Herrn gegenüber dem Sklaven bei der Bestrafung im 2./3. Jahrhundert u.Z. anhand der Digesten, Klio 59 (1977) 337 ff.

G. HÄRTEL/PÓLAY

Römisches Recht und Rechtsgeschichte (1987)

H. HAFFTER

Die römische Humanitas, in: H. OPPERMANN (Hg.), Römische Wertbegriffe (1967) 468 ff. (= Neue Schweizer Rundschau NF 21, 1953/54, 719 ff.)

R. HARDER (Hg.)
Didyma II: Die Inschriften von A. Rehm (1958)

J. D. HARRINGTON
"Res" or "persona": Roman Civil Law's Influence on Southern Slave Law, Labeo 40 (1994) 236 ff.

A. R. W. HARRISON
The Law of Athens. The Familiy and Property (1968)

H. HAUSMANINGER
Diligentia quam in suis, FS Kaser (1976) 265 ff.
Celsus gegen Proculus, in: K. SLAPNICAR (Hg.), Tradition und Fortentwicklung im Recht. FS zum 90. Geburtstag von U. v. Lübtow (1991) 53 ff.

J. HELGELAND
Roman Army Religion, ANRW II/16.2 (1978) 1470 ff.

B. W. HENDERSON
The Life and Principate of the Emperor Nero (1905; Ndr. 1968)
The Life and Principate of the Emperor Hadrian A.D. 76 - 138 (1923; Ndr. 1968)

O. HENSSLER
Formen des Asylrechts und ihre Verbreitung bei den Germanen (1954)
Asylrecht, Handwörterbuch zur Deutschen Rechtsgeschichte I (1971) 243 ff.

A. HERMANN/H. HERTER
Dirne, RAC III (1957) 1149 ff.

J. HERRMANN
Cod. Theod. 9,45: De his, qui ad ecclesias confugiunt, Kleine Schriften zur Rechtsgeschichte (1990) 351 ff. (= GS H. Conrad, 1979, 271 ff.)
Kaiserliche Erlasse zum kirchlichen Asylschutz für Sklaven, Kleine Schriften zur Rechtsgeschichte (1990) 363 ff. (= St. Sanfilippo IV, 1984, 257 ff.)

P. HERRMANN
Rom und die Asylie der griechischen Heiligtümer. Eine Urkunde des Diktators Caesar aus Sardeis, Chiron 19 (1989) 127 ff.

E. HERRMANN-OTTO
Ex ancilla natus. Untersuchungen zu den "hausgeborenen" Sklaven und Sklavinnen im Westen des römischen Kaiserreiches (1994)

H. HERTER
Die Soziologie der antiken Prostitution im Lichte des heidnischen und christlichen Schrifttums, JbAC 3 (1960) 70 ff.

P. HERZ
Bibliographie zum römischen Kaiserkult (1955 - 1975), ANRW II/16.2 (1978) 833 ff.

R. HERZOG
Heilige Gesetze von Kos (1928)

R. HERZOG/G. KLAFFENBACH

Asylieurkunden aus Kos (1952)

H. HEUMANN/E. SECKEL

Handlexikon zu den Quellen des römischen Rechts[11] (1971)

A. HEUSS

Stadt und Herrscher im Hellenismus in ihren staats- und völkerrechtlichen Beziehungen (1937)

J. G. F. HIND

Mithridates, in: J.A. CROOK/A.W. LINTOTT/E. RAWSON (Hg.), CAH IX[2]: The Last Age of the Roman Republic, 146 - 43 B.C. (1994) 129 ff.

O. HIRSCHFELD

Die Sicherheitspolizei im römischen Kaiserreich, Kleine Schriften (1913) 576 ff. (= Sitzungsberichte der Berliner Akademie 1891, 845 ff.)

A. HOLM

Geschichte Siziliens im Altertum I (1870, Ndr. 1979)

R. M. HONIG

Humanitas und Rhetorik in spätrömischen Kaisergesetzen (Studien zur Gesinnungsgrundlage des Dominats) (1960)

A. M. HONORÉ

Gaius (1962)

Ulpian (1982)

H. HONSELL

Quod interest im bonae-fidei-iudicium. Studien zum römischen Schadensersatzrecht (1969)

K. HOPKINS

Conquerors and Slaves. Sociological Studies in Roman History I (1978)

G. HORSMANN

Die *divi fratres* und die *redemptio servi suis nummis* (Zu den Motiven der epistula ad Urbium Maximum, Dig.40,1,4), Historia 35 (1986) 308 ff.

H. HÜBNER

Zur Rechtspolitik Kaiser Hadrians, FS Seidl (1975) 61 ff.

L. HUCHTHAUSEN

Cicero und die Sklaverei. Zur Auswertung indirekter Aussagen, Klio 67 (1985) 480 ff.

Römisches Recht[3] (1989)

W. HÜTTL

Antoninus Pius I. Historisch-politische Darstellung (1936)

Antoninus Pius II. Römische Reichsbeamte und Offiziere unter Antoninus Pius/Antoninus Pius in den Inschriften seiner Zeit (1933)

B. HUWILER

Homo et res: Skizzen zur hellenistischen Theorie der Sklaverei und deren Einfluss auf das römische Recht, Mél. Wubbe (1993) 207 ff.

W. IHNE

Römische Geschichte I. Von der Gründung Roms bis zum ersten punischen Kriege (1868)

U. IMMENGA (Hg.)

Rechtswissenschaft und Rechtsentwicklung (1980)

G. IMPALLOMENI

L'editto degli edili curuli (1955)

F. D'IPPOLITO

Ideologia e diritto in Gaio Cassio Longino (1969)

É. JAKAB

Praedicere und cavere beim Marktkauf. Sachmängel im griechischen und römischen Recht (1997)

M. JEHNE

Der Staat des Dictators Caesar (1987)

A. H. M. JONES

'I Appeal unto Caesar', in: ders., Studies in Roman Government and Law (1960) 51 ff. (= Studies presented to D.M. Robinson II, 918 ff.)

W. D. JUST

Asyl von unten. Kirchenasyl und ziviler Ungehorsam - Ein Ratgeber (1993)

E. H. KANTOROWICZ

Die zwei Körper des Königs. Eine Studie zur politischen Theologie des Mittelalters (1990) (*The King's Two Bodies. A Study in Mediaeval Political Theology*[2], 1966)

ST. KARWIESE

Ephesos (c. Numismatischer Teil), RE Suppl. XII (1970) 293 ff.

Groß ist die Artemis von Ephesos. Die Geschichte einer der großen Städte der Antike (1995)

M. KASER

Quanti ea res est. Studien zur Methode der Litisästimation im klassischen römischen Recht (1935)

Rechtswidrigkeit und Sittenwidrigkeit im klassischen römischen Recht, SZ 60 (1940) 95 ff.

Gaius und die Klassiker, SZ 70 (1953) 127 ff.

Infamia und ignominia in den römischen Rechtsquellen, SZ 73 (1956) 220 ff.

Rezension von T. HONORÉ, Gaius, A Biography (1962), Ausgewählte Schriften I (1976) 263 ff. (= Gnomon 35, 1963, 479 ff.)

Das römische Privatrecht I: Das altrömische, das vorklassische und klassische Recht[2] (1971)

Zur Methodologie der römischen Rechtsquellenforschung (1972)

Unlautere Warenanpreisungen beim römischen Kauf, FS Demelius (1973) 127 ff. (= Ausgewählte Schriften II, 1976, 313 ff.)

Das römische Privatrecht II: Die nachklassischen Entwicklungen[2] (1975)

Über Verbotsgesetze und verbotswidrige Geschäfte im römischen Recht (1977)

Ius gentium (1993)

M. KASER/K. HACKL

Das römische Zivilprozeßrecht[2] (1996)

J. KEIL

P. Vedius Pollio, RE VIII A 1 (1955) 568 ff.

J. KEIL/A. V. PREMERSTEIN

Bericht über eine dritte Reise in Lydien, Denkschr. Öst. Akad. phil. Kl. 57 Abh. 1 (1914)

J.M. KELLY

Princeps Iudex. Eine Untersuchung zur Entwicklung und zu den Grundlagen der kaiserlichen Gerichtsbarkeit (1957)

Roman Litigation (1966)

K. KERÉNYI

Mensch und Gott nach römischer Auffassung, in: ders., Antike Religion (Werke in Einzelausgaben VII) (1971) 147 ff.

O. KIEFER

Sexual Life in Ancient Rome (1934; Ndr. 1994)

D. KIENAST

Augustus. Princeps und Monarch (1982)

H. E. KILLY/M. HÖPFNER

Bild II (griechisch-römisch), RAC II (1954) 302 ff.

O. KIMMINICH

Grundprobleme des Asylrechts (1983)

H. KLEES

Herren und Sklaven. Die Sklaverei im oikonomischen und politischen Schrifftum der Griechen in klassischer Zeit (1975)

Griechisches und Römisches in den Traumdeutungen Artemidors für Herren und Sklaven, FS Parlasca (1990) 53 ff.

R. KLEIN

Die Sklaverei in der Sicht der Bischöfe Ambrosius und Augustinus (1988)

G. KLINGENBERG

Das *Edictum divi Marci de rebus alienis a fisco distractis*, RIDA 34 (1987) 181 ff.

F. KLINGNER

Humanität und humanitas, in: ders., Römische Geisteswelt. Essays zur lateinischen Literatur (Ndr. der 5. Aufl. 1984) 704 ff. (= Beiträge zur geistigen Überlieferung, 1947, 1 ff.)

P. KLOSE

Die völkerrechtliche Ordnung der hellenistischen Staatenwelt in der Zeit von 280 - 168 v. Ein Beitrag zur Geschichte des Völkerrechts (1972)

F. KNIEP

Der Rechtsgelehrte Gaius und die Ediktskommentare (1910)

D. KNIBBE/W. ALZINGER

Ephesos vom Beginn der römischen Herrschaft in Kleinasien bis zum Ende der Principatszeit, ANRW II/7.2 (1980) 748 ff.

C. KOCH

Der römische Juppiter (1937)

Vesta, RE VIII A (1958) 1717 ff.

F. KOLB

Rom. Die Geschichte der Stadt in der Antike (1995)

L. KOEP

Consecratio I, RAC III (1957) 269 ff.

Consecratio II, RAC III (1957) 284 ff.

Dedicatio, RAC III (1957) 643 ff.

E. KOESTERMANN

Die Majestätsprozesse unter Tiberius, Historia 4 (1955) 72 ff.

Cornelius Tacitus Annalen I (Buch 1 - 3) (1963)

Cornelius Tacitus Annalen II (Buch 4 - 6) (1965)

Cornelius Tacitus Annalen IV (Buch 14 - 16) (1968)

J. KOLENDO

L'esclavage et la vie sexuelle des hommes libres à Rome, Index 10 (1981) 288 ff.

E. KORNEMANN

Tiberius (1960)

P. KOSCHAKER

Rezension von M. SARGENTI, Il diritto privato nella legislazione di Costantino (1938), SZ 59 (1939) 686 ff.

H. KRELLER

Die Theorie des Mißbrauchs der Rechte in der römischen Rechtslehre, in: Deutsche Landesreferate zum II. Internationalen Kongreß für Rechtsvergleichung im Haag 1937 (1937) 1 ff.

S. KREUTER

Außenbeziehungen kretischer Gemeinden zu den hellenistischen Staaten im 3. und 2. Jh. v.Chr. (1992)

K. KROESCHELL

Asylrecht, Reallexikon der Germanischen Altertumskunde I (1973) 460 ff.

W. KROLL

Die Kultur der ciceronischen Zeit II: Religion, Gesellschaft, Bildung, Kunst (1933)

H. KRUSE

Studien zur offiziellen Geltung des Kaiserbildes im römischen Reiche (1934)

B. KÜBLER

Maiestas, RE XIV (1928) 542 ff.

H. KUCH

Zu Plinius, Epist. 3,14, in: J. HARMATTA (Hg.), Studien zur Geschichte und Philosophie des Altertums (1968) 170 ff.

F. KUDLIEN

Zur sozialen Situation des flüchtigen Sklaven in der Antike, Hermes 116 (1988) 232 ff.

Sklaven-Mentalität im Spiegel antiker Wahrsagerei (1991)

W. KUHOFF

Felicior Augusto melior Traiano. Aspekte der Selbstdarstellung der römischen Kaiser während der Prinzipatszeit (1993)

C. KUNDEREWICZ

Quelques remarques sur le rôle des *kaisareîa* dans la vie juridique de l'Egypte romaine, JJP 13 (1961) 123 ff.

W. KUNKEL

Untersuchungen zur Entwicklung des Kriminalverfahrens in vorsullanischer Zeit (1962)

Herkunft und soziale Stellung der römischen Juristen[2] (1967)

Das Konsilium im Hausgericht, Kleine Schriften zum römischen Strafverfahren und zur römischen Verfassungsgeschichte (1974) 117 ff. (= SZ 83, 1966, 219 ff.)

Prinzipien des römischen Strafverfahrens, Kleine Schriften zum römischen Strafverfahren und zur römischen Verfassungsgeschichte (1974) 11 ff. (= Symbolae David I, 1968, 111 ff.)

W. KUNKEL/R. WITTMANN

Staatsordnung und Staatspraxis der römischen Republik II: Die Magistratur (1995)

B. KUPISCH

Id quod interest bei Nichterfüllung und Verzug des Verkäufers (Pomp. D. 19,1,3,3 und Paul. D. 19,1,21,3), TR 43 (1975) 1 ff.

H. KUPISZEWSKI

Humanitas et le droit romain, in: J.E. SPRUIT (Hg.), Maior vinginti quinque annis. Essays in commemoration of the sixth lustrum of the Institute for Legal History of the University of Utrecht (1979) 85 ff.

D. LADAGE

Soziale Aspekte des Kaiserkultes, FS Vittinghoff (1980) 377 ff.

J. LAMMEYER

Die Institutionen des Gaius (1929)

H. LANGENFELD

Christianisierungspolitik und Sklavengesetzgebung der römischen Kaiser von Konstantin bis Theodosius II (1977)

H. LAST

The Founding of Rome, in: S. A. COOK/F. E. ADCOCK/M. P. CHARLESWORTH (Hg.), CAH VII: The Hellenistic Monarchies and the Founding of Rome (1928) 333 ff.

K. LATTE

Heiliges Recht. Untersuchungen zur Geschichte der sakralen Rechtsformen in Griechenland (1920)

Sylân, RE IV A 1 (1931) 1035 ff. (= Kleine Schriften zu Religion, Recht, Literatur und Sprache der Griechen und Römer, 1968, 416 ff.)

Rezension von: F. ALTHEIM, Römische Religionsgeschichte I (1951), Kleine Schriften zu Religion, Recht, Literatur und Sprache der Griechen und Römer (1968) 198 ff. (= Gnomon 26, 1954, 15 ff.)

Römische Religionsgeschichte (1960)

Der Historiker L. Calpurnius Frugi, Kleine Schriften zu Religion, Recht, Literatur und Sprache der Griechen und Römer (1968) 837 ff. (= 65. Sitzungsberichte der Deutschen Akademie der Wissenschaften zu Berlin. Klasse für Sprachen, Literatur und Kunst. 1960, Nr. 7)

M. LAURIA

Ius. Visioni romane e moderne[2] (1962)

CH. LÉCRIVAIN

Le terme stoïcien verecundia dans la langue du Digeste, RH 14 (1890) 487 f.

R. LEDERLE

Mortuus redhibetur. Die Rückabwicklung nach Wandlung im römischen Recht (1983)

O. LENEL

Palingenesia iuris civilis I/II (1889; Ndr. 1960)

Das Edictum perpetuum. Ein Versuch zu seiner Wiederherstellung[3] (1927)

G. LEVI/J. C. SCHMITT (Hg.)

Storia dei giovani I. Dall'antichità all'età moderna (1994)

E. LEVY

Pauli Sententiae. A Palingenesia of the Opening Titles as a Specimen of Research in West Roman Vulgar Law (1945)

Gesetz und Richter im kaiserlichen Strafrecht. Erster Teil. Die Strafzumessung, Gesammelte Schriften II (1963) 433 ff. (= Bull 45, 1938, 57 ff.)

B. LEWIS

Race and Slavery in the Middle East. An Historical Enquiry (1990)

D. LIEBS

Die Klagenkonkurrenz im römischen Recht. Zur Geschichte der Scheidung von Schadenersatz und Privatstrafe (1972)

Der Schutz der Privatsfäre in einer Sklavenhaltergesellschaft: Aussagen von Sklaven gegen ihre Herren nach römischem Recht, Bull 83 (1980) 147 ff.

Römisches Recht[4] (1993)

A. W. LINTOTT

Violence in Republican Rome (1968)

Provocatio. From the Struggle of the Orders to the Principate, ANRW I/2 (1972) 226 ff.

J. H. LIPSIUS

Das Attische Recht und Rechtsverfahren II/1 (1908)

W. LITEWSKI

Die römische Appellation in Zivilsachen (Ein Abriß). I. Principat, ANRW II/14 (1982) 60 ff.

K. LOMAS

Rome and the Western Greeks 350 BC - AD 200. Conquest and Acculturation in Southern Italy (1993)

G. LONGO

D. 11, 3, in: ders., Ricerche romanistiche (1966) 733 ff. (= Bull 64, 1961, 199 ff.)

A. LOVATO

Il carcere nel diritto penale romano. Dai Severi a Giustiniano (1994)

U. V. LÜBTOW

Das römische Volk. Sein Staat und sein Recht (1955)

Zum römischen Injurienrecht, Labeo 15 (1969) 131 ff. (= Gesammelte Schriften, Abt. I: Römisches Recht 4, 1989, 61 ff.)

G. LUGLI

Roma antica. Il centro monumentale (1946, Ndr. 1968)

R. MACMULLEN

Enemies of the Roman Order. Treason, Unrest, and Alienation in the Empire (1966; Ndr. 1992)

Roman Social Relations. 50 B.C. to A.D. 284 (1974)

G. MACOURS

L'abus des droits: esquisse de comparaison entre les théories romaine et contemporaine belge, Mél. Wubbe (1993) 301 ff.

P. MADER

Rechtsmißbrauch und unzulässige Rechtsausübung (1994)

D. MAGIE

Roman Rule in Asia Minor to the End of the third Century after Christ I/II (1950)

A. D. MANFREDINI

Contributi allo studio dell' "iniuria" in età repubblicana (1977)

'Ad ecclesiam confugere', 'ad statuas confugere' nell'età di Teodosio I, Atti dell'Accademia Romanistica Costantiniana VI (1986) 39 ff.

L. MANNA

Actio redhibitoria e responsibilità per i vizi della cosa nell'editto *de mancipiis vendundis* (1994)

C. E. MANNING

Stoicism and Slavery in the Roman Empire, ANRW II/36.3 (1989) 1518 ff.

A. MANTELLO

'Beneficium' servile - 'Debitum naturale'. SEN., *de ben.* 3.18.1. ss. - D. 35.1.40.3. (Iav., 2 *ex post. Lab.*) I (1979)

U. MANTHE

Rezension von F. CASAVOLA, Giuristi adrianei (1980), SZ 99 (1982) 422 ff.

D. MANTOVANI

Sulla competenza penale del *praefectus urbi* attraverso il *liber singularis di Ulpiano*, in: A. BURDESE (Hg.), Idee vecchie e nuove sul diritto criminale romano (1988) 171 ff.

R. MARCIC

Geschichte der Rechtsphilosophie (1971)

N. MARINATOS/R. HÄGG (Hg.)

Greek Sanctuaries. New Approaches (1993)

V. MAROTTA

Multa de iure sanxit. Aspetti della politica del diritto di Antonino Pio (1988)

J. MARQUARDT

Das Privatleben der Römer I^2 (1886; Ndr. 1980)

C. A. MASCHI

Proprietà divisa per piani, superficie e l'estensione ai provinciali del principio "superficies solo cedit", St. Arangio-Ruiz IV (1953) 135 ff.

A. MASTROCINQUE

Città sacre e 'asylia' alla fine della guerra tra Roma e Antioco III, in: M. SORDI (Hg.), I santuari e la guerra nel mondo classico (1984) 142 ff.

G. MAURACH

Seneca. Leben und Werk (1991)

TH. MAYER-MALY

"*Servum sub poena vinculorum domino reddere*", SDHI 23 (1957) 323 ff.

Vincula, RE VIII A 2 (1958) 2198 ff.

Damnatio Memoriae, KP I (1964) 1374

'Verecundia' in der Rechtssprache, Estudios Iglesias (1988) 375 ff.

TH. A. J. MCGINN

Ne serva prostituatur. Restrictive Covenants in the Sale of Slaves, SZ 107 (1990) 315 ff.

D. MEDICUS

Id quod interest. Studien zum römischen Recht des Schadensersatzes (1962)

C. MEILLASSOUX

Anthropologie der Sklaverei (1989) (*Anthropologie de l'esclavage. Le ventre de fer et d'argent, 1986*)

F. ST. MEISSEL

Geschäftsführung ohne Auftrag. Zwischen Quasikontrakt und aufgedrängter Bereicherung (1993)

M. MEMMER

Der "schöne Kauf" des "guten Sklaven". Zum Sachmängelrecht im Syrisch-römischen Rechtsbuch, SZ 107 (1990) 1 ff.

M. A. MESSANA

Riflessioni storico-comparative in tema di carcerazione preventiva (A proposito di D. 48,19,8,9 - Ulp. 9 *De off. Proc.*), APal 51 (1991) 63 ff.

A. METTE-DITTMANN

Die Ehegesetze des Augustus. Eine Untersuchung im Rahmen der Gesellschaftspolitik des Princeps (1991)

E. MEYER

Die Sklaverei im Altertum, Kleine Schriften zur Geschichtstheorie und zur wirtschaftlichen und politischen Geschichte des Altertums (1910) 169 ff.

G. B. MILES

Livy. Reconstructing Early Rome (1995)

P. A. MILANI

La schiavitù nel pensiero politico. Dai Greci al basso medio evo (1972)

F. MILLAR

The Emperor in the Roman World[2] (31 BC - AD 337) (1992)

R. E. MITCHELL

Patricians and Plebeians. The Origin of the Roman State (1990)

L. MITTEIS

Reichsrecht und Volksrecht in den östlichen Provinzen des römischen Kaiserreichs. Mit Beiträgen zur Kenntnis des griechischen Rechts und der spätrömischen Rechtsentwicklung (1891; Ndr. 1963)

Römisches Privatrecht bis auf die Zeit Diokletians I. Grundbegriffe und Lehre von den Juristischen Personen (1908)

Ueber den Ausdruck "*Potentiores*" in den Digesten, Mél. Girard II (1912) 225 ff.

Il modello di Gaio nella formazione del giurista. Atti del convegno Torinese 4 - 5 Maggio 1978 in onore del Prof. Silvio Romano (1981)

C. MÖLLER

Die mercennarii in der römischen Arbeitswelt, SZ 110 (1993) 296 ff.

K. MÖLLER

Götterattribute in ihrer Anwendung auf Augustus. Eine Studie über die indirekte Erhöhung des Princeps in der Dichtung seiner Zeit (1985)

A. MOMIGLIANO

How Roman Emperors became Gods, in: ders., On Pagans, Jews, and Christians (1987) 92 ff. (= American Scholar, 1986, 181 ff.)

TH. MOMMSEN

Der Begriff des Pomerium, Römische Forschungen II (1879) 23 ff. (= Hermes 10, 1876, 40 ff.)

Römisches Staatsrecht[3] I, II (1887), III (1888) (Ndr. 1952)

Die Tatiuslegende, Gesammelte Schriften IV/1 (1906) 22 ff. (= Hermes 21, 1886, 570 ff.)

Römisches Strafrecht (1899; Ndr. 1955)

Römische Geschichte V. Die Provinzen von Caesar bis Diocletian[9] (1921)

TH. MOMMSEN/P.KRÜGER/A. WATSON
The Digest of Justinian I (1985)

M. MORABITO
Les réalités de l'esclavage d'après le Digeste (1981)
Droit romain et réalités sociales de la sexualité servile, in: J. POUMAREDE/J. P. ROYER (Hg.), Droit, Histoire & Sexualité (1987) 3 ff.

F. MUSUMECI
"*Statuae in publico positae*", SDHI 44 (1978) 191 ff.

R. MUTH
Vom Wesen römischer "religio", ANRW II/16.1 (1978) 290 ff.
Einführung in die griechische und römische Religion (1988)

E. J. NAGL
Flüchtlinge und "Kirchenasyl" (1995)

H. L. W. NELSON
Überlieferung, Aufbau und Stil von Gai Institutiones (1981)

H. G. NIEMEYER
Studien zur statuarischen Darstellung der römischen Kaiser (1968)

M. NILSSON
Geschichte der griechischen Religion I: Die Religion Griechenlands bis auf die griechische Weltherrschaft^2 (1955)
Geschichte der griechischen Religion II: Die hellenistische und römische Zeit^2 (1961)

W. NIPPEL
Aufruhr und "Polizei" in der römischen Republik (1988)

K. NIPPERDEY
Cornelius Tacitus I^5 (1871)

F. NORDEN
Apulejus von Madaura und das römische Privatrecht (1912)

D. NÖRR
Zur sozialen und rechtlichen Bewertung der freien Arbeit in Rom, SZ 82 (1965) 67 ff.
Imperium und Polis in der hohen Prinzipatszeit^2 (1969)
Rechtskritik in der römischen Antike (1974)
Zum Traditionalismus der römischen Juristen, FS Flume I (1978) 153 ff.
C. Cassius Longinus: Der Jurist als Rhetor (Bemerkungen zu Tacitus, Ann. 14.42 - 45), FS Bengtson (1983) 187 ff.
Zur Biographie des Juristen C. Cassius Longinus, Sodalitas VI (1984) 2957 ff.
Causa mortis. Auf den Spuren einer Redewendung (1986)

R. M. OGILVIE
A Commentary on Livy. Books 1 - 5 (1965)
Das frühe Rom und die Etrusker^3 (1988) (*Early Rome and the Etruscans*, 1976)

A. L. OLDE KALTER

Dicta et promissa. De aansprakelijkheid van de verkoper wegens gedane toezeggingen betreffende de hoedanigheid van de verkochte zaak in het klassieke romeinse recht (1963)

J. H. OLIVER

Greek Constitutions of Early Roman Emperors from Inscriptions and Papyri (1989)

Opposition et résistances à l'empire d'Auguste à Trajan (Entretiens Hardt XXXIII) (1987)

R. ORESTANO

Il potere normativo degli imperatori e le costituzioni imperiali. Contributo alla teoria delle fonti del diritto nel periodo romano classico (1937; Ndr. 1962)

B. D'ORGEVAL

L'empereur Hadrien. Oevre législative et administration (1950)

A. DELL'ORO

I *libri de officio* nella giurisprudenza romana (1960)

R. E. OSTER

The Ephesian Artemis as an Opponent of Early Christianity, JbAC 19 (1976) 24 ff.

Ephesus as a Religious Center under the Principate I: Paganism before Constantine, ANRW II/18.3 (1990) 1661 ff.

S.E. OSTROW

The *Augustales* in the Augustan Scheme, in: K.A. RAAFLAUB/M. TOHER (Hg.), Between Republic and Empire. Interpretations of Augustus and His Principate (1990) 364 ff.

K. E. OTTO/B. SCHILLING/K. F. F. SINTENIS (Hg.)

Das Corpus Iuris Civilis (Romani) ins Deutsche Übersetzt von einem Verein Rechtsgelehrter I^2 (1839; Ndr. 1984); II (1831; Ndr. 1984)

Questions de responsabilité (XLVème Session de la Société Internationale "Fernand de Visscher" pour l'Histoire des Droits de l'Antiquité) (1993)

E. PACK

Manumissio in circo? Zum sog. Freilassungsrelief in Mariemont, FS Vittinghoff (1980) 179 ff.

E. PAIS

Storia di Roma dalle origini all'inizio delle guerre puniche I. Le Fonti - L'età mitica (1926)

Storia di Roma dalle origini all'inizio delle guerre puniche II. L'età regia (1926)

A. PALMA

Iura vicinitatis. Solidarietà e limitazioni nel rapporto di vicinato in dirittto romano dell'età classica (1988)

R. E. A. PALMER

Adherence to the Aventine Canon and the *lex Tiburtina*, in: ders., Roman Religion and Roman Empire (1974) 57 ff.

U. E. PAOLI

Asilia, NNDI I (1958) 1034 f.

Asilo, NNDI I (1958) 1035 ff.

Das Leben im alten Rom^2 (1961) (*Vita Romana^8, 1958*)

W. PAPE

Griechisch-deutsches Handwörterbuch^3 (1880; Ndr. 1954)

TH. PEKARY

Das römische Kaiserbildnis in Staat, Kult und Gesellschaft, dargestellt anhand der Schriftquellen (1985)

M. PENNITZ

Der "Enteignungsfall" im römischen Recht der Republik und des Prinzipats (1991)

A. PERNICE

Marcus Antistius Labeo. Das römische Privatrecht im ersten Jahrhunderte der Kaiserzeit I (1873), II/1^2 (1895)

Parerga VI: Friede und Friedenswahrung im römisch-griechischen Rechte, SZ 17 (1896) 167 ff.

P. PESCANI

Difesa minima di Gaio, in: Gaio nel suo tempo. Atti del simposio romanistico (1966) 82 ff.

A. PESCH

De perduellione, crimine maiestatis et memoria damnata (1995)

I. PFAFF

Zur Geschichte der Prodigalitätserklärung (1911)

M. E. PFEFFER

Einrichtungen der sozialen Sicherung in der griechischen und römischen Antike unter besonderer Berücksichtigung der Sicherung bei Krankheit (1969)

C. PHILLIPSON

The International Law and Custom of Ancient Greece and Rome I (1911; Ndr. 1979)

A. PIGANIOL

Les empereurs parlent aux esclaves, Rom 1 (1958) 7 ff.

S. B. PLATNER/T. S. ASHBY

A Topographical Dictionary of Ancient Rome (1929)

M. POHLENZ

Die Stoa. Geschichte einer geistigen Bewegung I^3 (1964)

J. M. POLAK

The Roman Conception of the Inviolability of the House, Symbolae van Oven (1946) 251 ff.

E. PÓLAY

Differenzierung der Gesellschaftsnormen im antiken Rom (1964)

Die Sklavenehe und das römische Recht (1967) (Acta Universitatis Szegediensis de Attila József nominatae. Acta juridica et politica, Tom. XIV, Fasc. 7)

Das "regimen morum" des Zensors und die sogenannte Hausgerichtsbarkeit, St. Volterra III (1971) 263 ff.

Iniuria Types in Roman Law (1986)

J. POLLINI

Man or God: Divine Assimilation and Imitation in the Late Republic and Early Principate, in: K.A. RAAFLAUB/M. TOHER, Between Republic and Empire. Interpretations of Augustus and His Principate (1990) 334 ff.

S. B. POMEROY

Frauenleben im klassischen Altertum (1985) (*Goddesses, Whores, Wives, and Slaves. Women in Classical Antiquity*[9], 1984)

J. POUCET

Les origines de Rome. Tradition et histoire (1985)

G. PRACHNER

Untersuchungen zu Überlieferungsproblemen der frührömischen Sklaverei und Schuldknechtschaft (1966)

L. PRELLER/H. JORDAN

Römische Mythologie 1[3] (1881)

A. v. PREMERSTEIN

Die fünf neugefundenen Edikte des Augustus aus Kyrene, SZ 48 (1928) 419 ff.

Vom Werden und Wesen des Prinzipates (1937)

S. R. F. PRICE

Rituals and Powers. The Roman imperial cult in Asia Minor (1984)

F. PRINGSHEIM

The legal policy and reforms of Hadrian, Gesammelte Abhandlungen I (1961) 91 ff. (= JRS 24, 1934, 141 ff.)

Zur Bezeichnung des Hadrianischen Ediktes als edictum perpetuum, Gesammelte Abhandlungen I (1961) 102 ff. (= Symb. Lenel, 1935, 1 ff.)

Servus fugitivus sui furtum facit, Gesammelte Abhandlungen II (1961) 152 ff. (= FS Schulz I, 1951, 279 ff.)

W. K. PRITCHETT

The Greek States at War V (1991)

Prospettive sistematiche nel diritto romano (1976)

R. QUADRATO

La persona in Gaio. Il problema dello schiavo, Iura 37 (1986) 1 ff.

F. QUASS

Die Honoratiorenschicht in den Städten des griechischen Ostens. Untersuchungen zur politischen und sozialen Entwicklung in hellenistischer und römischer Zeit (1993)

K. A. RAAFLAUB/M. TOHER
Between Republic and Empire. Interpretations of Augustus and His Principate (1990)

F. RABEL
Grundzüge des römischen Privatrechts[2] (1955)

A. M. RABELLO
The Legal Condition of the Jews in the Roman Empire, ANRW II/13 (1980) 662 ff.

F. RABER
Grundlagen klassischer Injurienansprüche (1969)

G. RADKE
Zur Entwicklung der Gottesvorstellung und Gottesverehrung in Rom (1987)

M. RAINER
Humanität und Arbeit im römischen Recht, SZ 105 (1988) 745 ff.

W. RAITH
Spartacus. Wie Sklaven und Unfreie den römischen Bürgern das Fürchten beibrachten (1981)

B. RAWSON (Hg.)
Marriage, Divorce, and Children in Ancient Rome (1991)

F. REDUZZI MEROLA
"Servo parere". Studi sulla condizione giuridica degli schiavi vicari e dei sottoposti a schiavi nelle esperienze greca e romana (1990)

J. REYNOLDS
Aphrodisias and Rome. Documents from the excavation of the theatre at Aphrodisias conducted by professor Kennan T. Erin, together with some related texts (1982)

S. RICCOBONO
La teoria dell'abuso di diritto nella dottrina romana, Bull 46 (1939) 1 ff.

S. RICCOBONO (jr.)
Humanitas, Atti del congresso internazionale di diritto romano e di storia del diritto (Hg. G. MOSCHETTI) (Verona 1948) II (1951) 207 ff.

J. C. RICHARD
Les origines de la plèbe romaine. Essai sur la formation du dualisme patricio-plébéien (1978)

L. RICHARDSON (jr.)
Urban Development in Ancient Rome and Imperial Impact, in: A. MOLHO/K. RAAFLAUB/J. EMLEN (Hg.), City States in Classical Antiquity (1991) 381 ff.
A New Topographical Dictionary of Ancient Rome (1992)

W. RICHTER
Seneca und die Sklaven, Gymnasium 65 (1958) 196 ff.

K. J. RIGSBY
Asylia. Territorial Inviolability in the Hellenistic World (1996)

J. u. L. ROBERT

Hellenica. Recueil d'épigraphie de numismatique et d'antiquités grecques VI. Inscriptions grecques de Lydie (1948)

O. F. ROBINSON

Slaves and the Criminal Law, SZ 98 (1981) 213 ff.

Ancient Rome. City planning and administration (1992)

The Criminal Law of Ancient Rome (1995)

J. P. ROLLIN

Untersuchungen zu Rechtsfragen römischer Bildnisse (1979)

O. ROBLEDA

Il diritto degli schiavi nell'antica Roma (1976)

R. S. RODGERS

Criminal Trials and Criminal Legislation under Tiberius (1935)

Studies in the Reign of Tiberius. Some Imperial Virtues of Tiberius and Drusus Julius Caesar (1943)

Ateius Capito and Tiberius, Synteleia Arangio-Ruiz I (1964) 123 ff.

J. C. ROLFE

Ammianus Marcellinus II (Loeb Classical Library) (1940)

A. ROSENBERG

Romulus, RE I A 1 (1920) 1074 ff.

G. M. ROSS

Seneca's Philosophical Influence, in: C. D. N. COSTA (Hg.), Seneca (1974) 116 ff.

M. ROSTOVTZEFF (M. ROSTOWZEW)

Studien zur Geschichte des römischen Kolonates (1910)

Gesellschafts- und Wirtschaftsgeschichte der hellenistischen Welt I - III (1955) (*The Social and Economic History of the Hellenistic World*, 1941)

M. ROZELAAR

Seneca. Eine Gesamtdarstellung (1976)

V. RUDICH

Political Dissidence under Nero. The price of dissimulation (1993)

W. RUGE

Teos, RE V A 1 (1934) 539 ff.

E. RUSCHENBUSCH

Untersuchungen zur Geschichte des athenischen Strafrechtes (1968)

E. SACHERS

Praefectus urbi, RE XXII (1954) 2502 ff.

R. SALLER

Slavery and the Roman Familiy, in: M.I. FINLEY (Hg.), Classical Slavery (1987) 65 ff.

Corporal Punishment, Authority, and Obedience in the Roman Household, in: B. RAWSON (Hg.), Marriage, Divorce, and Children in Ancient Rome (1991) 144 ff.

Patriarchy, property and death in the Roman family (1994)

G. DE SANCTIS

Storia dei Romani I. La conquista del primato in Italia[2] (1956)

N. SCAPINI

I riferimenti alla *ratio* nelle Istituzioni di Gaio, in: Il modello di Gaio nella formazione del giurista. Atti del convegno Torinese 4 - 5 Maggio 1978 in onore del Prof. Silvio Romano (1981) 325 ff.

V. SCARANO USSANI

L'utilità e la certezza. Compiti e modelli del sapere giuridico in Salvio Giuliano (1987)

W. SCHADEWALDT

Humanitas Romana, ANRW I/4 (1973) 43 ff.

M. SCHANZ/C. HOSIUS

Geschichte der römischen Literatur bis zum Gesetzgebungswerk des Kaisers Justinian I: Die römische Literatur in der Zeit der Republik[4] (1927)

R. SCHEIPER

Bildpropaganda der römischen Kaiserzeit unter besonderer Berücksichtigung der Trajanssäule in Rom und korrespondierender Münzen (1982)

P. SCHERRER

Aspekte der Volksfrömmigkeit im alten Rom, in: H. CH. EHALT (Hg.), Volksfrömmigkeit. Von der Antike bis zum 18. Jahrhundert (1989) 67 ff.

Schiavitù, manomissione e classi dipendenti nel mondo antico (1979)

A. SCHILLER

The Jurists and the Prefects of Rome, Bull 57/58 (1953) 60 ff.

Trade Secrets and the Roman Law; the Actio Servi Corrupti, in: ders., An American Experience in Roman Law. Writings from Publications in the United States (1971) 1 ff. (= Columbia Law Review 30, 1929/30, 837 ff.)

H. SCHILLER

Geschichte der römischen Kaiserzeit I/2: Von der Regierung Vespasians bis zur Erhebung Diokletians (1883)

E. SCHLESINGER

Die griechische Asylie (1933)

A. SCHNEIDER

Zur Geschichte der Sclaverei im alten Rom (FS der Universität Zürich für Jhering) (1892)

H. SCHNEIDER (Hg.)

Sozial- und Wirtschaftsgeschichte der römischen Kaiserzeit (1981)

K. SCHNEIDER

Meretrix, RE XV (1931) 1018 ff.

R. SCHOLL

Corpus der ptolemäischen Sklaventexte I (1990)

E. SCHÖNBAUER

Personalitätsprinzip und Privatrechtsordnung im Römerreiche, Anz.Ak.Wien 1960 Nr. 25 (1961) 182 ff.

P. SCHRÖMBGES

Tiberius und die Res publica Romana: Untersuchungen zur Institutionalisierung des frühen römischen Principats (1986)

E. M. SCHTAJERMAN (STAERMAN)

Die Krise der Sklavenhalterordnung im Westen des römischen Reiches (1964)

F. SCHULZ

Nachklassische Quaestionen in den justinianischen Reformgesetzen des Codex Justinianus, SZ 50 (1930) 212 ff.

Prinzipien des römischen Rechts (1934; Ndr. 1954)

Geschichte der römischen Rechtswissenschaft (1961) (*History of Roman Legal Science*[2], 1953)

L. SCHUMACHER

Servus Index. Sklavenverhör und Sklavenanzeige im republikanischen und kaiserzeitlichen Rom (1982)

Rezension von J.G. WOLF, Das Senatusconsultum Silanianum und die Senatsrede des C. Cassius Longinus aus dem Jahre 61 n. Chr. (1988), SZ 107 (1990) 641 ff.

R. W. M. SCHUMACHER

Three related sanctuaries of Poseidon: Geraistos, Kalaureia and Tainaron in: N. MARINATOS/R. HÄGG (Hg.), Greek Sanctuaries. New Approaches (1993)

F. SCHWIND

Zur Frage der Publikation im Römischen Recht mit Ausblicken in das altgriechische und ptolemäische Rechtsgebiet[2] (1973)

M. SCHUSTER

Veiovis, RE VIII A (1955) 600 ff.

E. SCHWARTZ

Dionysios (Nr. 113), RE V (1905) 934 ff.

A. SCHWEGLER

Römische Geschichte im Zeitalter der Könige I/1 (1853)

S. P. SCOTT

The Civil Law V (1932; Ndr. 1973)

R. SEAGER

Tiberius (1972)

Rezension von R.A. BAUMAN, Impietas in Principem (1974), JRS 66 (1976) 230 f.

E. SEIDL

Tryphoninus und Callistratus, Eranion Maridakis I (1963) 231 ff.

Moderne zivilrechtliche Lehren als Erkenntnismittel der Rechtsgeschichte, FS Lehmann I[2] (1965) 97 ff.

Römische Rechtsgeschichte und römisches Zivilprozeßrecht[3] (1971)

H. H. SEILER

Der Tatbestand der negotiorum gestio im römischen Recht (1968)

R. SELINGER

Die Religionspolitik des Kaisers Decius. Anatomie einer Christenverfolgung (1994)

M. E. SERGEENKO

Villicus, in: I. BIEZUNSKA MALOWIST (Hg.), Schiavitù e produzione nella Roma repubblicana (1986) 191 ff.

W. SESTON

Feldzeichen, RAC VII (1969) 689 ff.

W. SEYFARTH

Ammianus Marcellinus. Römische Geschichte 3 (Buch 22 - 25) (1970)

R. K. SHERK

Roman Documents from the Greek East. *Senatus consulta* and *epistulae* to the Age of Augustus (1969)

A. N. SHERWIN-WHITE

The Letters of Pliny. A Historical and Social Commentary (1966; Ndr. 1985)

S. M. SHERWIN-WHITE

Ancient Cos. An historical study from the Dorian settlement to the Imperial period (1978)

H. SIBER

Plebs (Staats- und privatrechtliche Stellung der Plebs und ihrer Angehörigen), RE XXI (1951) 103 ff.

A. SICARI

Prostituzione e tutela giuridica della schiava. Un problema di politica legislativa nell'impero romano (1991)

Leges venditionis. Uno studio sul pensiero giuridico di Papiniano (1996)

H. SIEMS

Zur Entwicklung des Kirchenasyls zwischen Spätantike und Mittelalter, in: O. BEHRENDS/M. DIESSELHORST (Hg.), Libertas. Grundrechtliche und Rechtsstaatliche Gewährungen in der Antike und Gegenwart (Symposion aus Anlaß des 80. Geburtstages von F. Wieacker) (1991) 139 ff.

E. SIMON

Augustus. Kunst und Leben in Rom um die Zeitenwende (1986)

W. SIMSHÄUSER

Sozialbindungen des spätrepublikanisch-klassischen römischen Privateigentums, FS Coing I (1982) 329 ff.

U. SINN

Das Heraion von Perachora. Eine sakrale Schutzzone in der korinthischen Peraia, AM 105 (1990) 53 ff.

Greek Sanctuaries as Places of Refuge, in: N. MARINATOS/R. HÄGG (Hg.), Greek Sanctuaries. New Approaches (1993) 88 ff.

E. M. SMALLWOOD

The Jews under Roman Rule. From Pompey to Diocletian (1976)

E. C. SMITH

Tiberius and the Roman Empire (1942)

S. SOLAZZI

Glosse a Gaio, Scritti di diritto romano IV (1972) 153 ff. (= St. Riccobono I, 1936, 73 ff.)

L'abuso del diritto in Gai. 1.53, Scritti di diritto romano VI (1972) 665. (= SDHI 30, 1954, 304 ff.)

Rezension von F. DE ZULUETA, The Institutes of Gaius II. Commentary (1953), Iura 4 (1953) 285 ff.

A. SÖLLNER

Zur Vorgeschichte und Funktion der actio rei uxoriae (1969)

M. SORDI

Il Santuario di Cerere, Libero e Libera e il tribunato della plebe, in: M. SORDI (Hg.), Santuari e politica nel mondo antico (1983) 127 ff.

M. SORDI (Hg.)

Religione e politica nel mondo antico (1981)

Santuari e politica nel mondo antico (1983)

I santuari e la guerra nel mondo classico (1984)

B. S. SPAETH

The Goddess Ceres and the Death of Tiberius Gracchus, Historia 39 (1990) 182 ff.

TH. SPÄTH

'Frauenmacht' in der frühen römischen Kaiserzeit? Ein kritischer Blick auf die historische Konstruktion der 'Kaiserfrauen', in: M.H. DETTENHOFER (Hg.), Reine Männersache? Frauen in Männerdomänen der antiken Welt (1994) 159 ff.

P. P. SPRANGER

Historische Untersuchungen zu den Sklavenfiguren des Plautus und Terenz^2 (1984)

H. STRASBURGER

Zur Sage von der Gründung Roms (1968) (= Studien zur Alten Geschichte II, 1982, 1017 ff.)

Zum antiken Gesellschaftsideal (1976)

ST. WEINSTOCK

Divus Julius (1971)

E. M. STAERMAN

Die Blütezeit der Sklavenwirtschaft in der römischen Republik (1969)

Der Klassenkampf der Sklaven zur Zeit des Römischen Kaiserreiches, in: H. SCHNEIDER (Hg.), Sozial- und Wirtschaftsgeschichte der römischen Kaiserzeit (1981) 307 ff. (= Jahrbuch für Wirtschaftsgeschichte 1971, Teil 2, 149 ff.)

P. STEIN

Regulae Iuris. From juristic rules to legal maxims (1966)

E. M. STEINBY (Hg.)

Lexicon topographicum urbis Romae I (1993), II (1995)

P. STENGEL

Asylon, RE II (1896) 1881 ff.

J. P. SULLIVAN

Petronius' 'Satyricon' and its Neronian Context, ANRW II/32.3 (1985) 1666 ff.

J. SÜNSKES THOMPSON

Demonstrative Legitimation der Kaiserherrschaft im Epochenvergleich. Zur politischen Macht des stadtrömischen Volkes (1993)

R. SYME

Tacitus I (1958)

How Tacitus Wrote Annals I - III, in: Historiagraphia Antiqua. Commentationes Lovanienses in honorem W. Peremans septuagenarii editae (1977) 231 ff.

Who was Vedius Pollio?, in: ders., Roman Papers II (1979) 518 ff. (= JRS 51, 1961, 23 ff.)

E. SZANTO

Asylía, RE II (1896) 1879 ff.

H. W. TAJRA

The Trial of St. Paul. A Juridical Exegesis of the Second Half of the Acts of the Apostles (1989)

R. J. A. TALBERT

The Senate of Imperial Rome (1984)

R. TAUBENSCHLAG

Das Strafrecht im Rechte der Papyri (1916)

L. R. TAYLOR

The Divinity of the Roman Emperor (1931; Ndr. 1975)

J. W. TELLEGEN

The Juridical Nature of Statues of Roman Emperors: Pliny, X. 8 - 9, in: Questions de responsabilité (XLVème Session de la Société Internationale "Fernand de Visscher" pour l'Histoire des Droits de l'Antiquité) (1993) 333 ff.

P. TIMBAL DUCLAUX DE MARTIN

Le droit d'asile (1939)

J. A. C. THOMAS

The Institutes of Justinian. Text, Translation and Commentary (1975)

G. THÜR

Asylia, DNP II (1997) 143

G. THÜR/H. TAEUBER

Prozeßrechtliche Inschriften der griechischen Poleis: Arkadien (1994)

S. TREGGIARI

Familiy Life among the Staff of the Volusii, Transactions of the American Philological Association 105 (1975) 393 ff.

Questions on Women Domestics in the Roman West, in: Schiavitù, manomissione e classi dipendenti nel mondo antico (1979) 185 ff.

G. ÜRÖGDI

Publicani, RE Suppl. XI (1968) 1184 ff.

H. USENER

Römische Volksjustiz, RhMus. 56 (1900) 1 ff.

O. VEH/G. WIRTH

Ammianus Marcellinus. Das römische Weltreich vor dem Untergang (1974)

L. VENDITTELLI

Diana Aventina Aedes, in: E.M. STEINBY (Hg.), Lexicon topographicum urbis Romae II (1995) 11 ff.

P. J. VERDAM

St.-Paul et un serf fugitif. Etude sur l'épître à Philémon et le droit, Symbolae van Oven (1946) 211 ff.

S. VEROSTA

International Law in Europe and Western Asia between 100 and 650 A.D., Recueil des Cours 111 (1964)

P. VEYNE

Glaubten die Griechen an ihre Mythen? Ein Versuch über die konstitutive Einbildungskraft (1987) (*Les Grecs ont-ils cru à leur mythes?*, 1983)

Leben des Trimalchion, in: ders., Die Originalität des Unbekannten. Für eine andere Geschichtsschreibung (1988) (*Vie de Trimalcion,* Annales, économies, sociétés, civilisations 16, 1961, 213 ff.)

Das Römische Reich, in: ders. (Hg.), Geschichte des privaten Lebens I: Vom Römischen Imperium zum Byzantinischen Reich (1989) (*Histoire de la vie privée I: De l'Empire romain à l'an mil*, 1985)

Humanitas: Die Römer und die anderen, in: A. GIARDINA (Hg.), Der Mensch in der römischen Antike (1991) 382 ff.

G. B. VICO

Prinzipien einer neuen Wissenschaft über die gemeinsame Natur der Völker I/II (1990) (= *Principi di una scienza nuova d'intorno alla communa natura delle nazioni*[3], 1744)

D. VISSER

The role of Roman law in the punishment of slaves at the Cape of Good Hope under Dutch rule, Mél. Wubbe (1993) 525 ff.

F. VITTINGHOFF

Der Staatsfeind in der römischen Kaiserzeit. Untersuchungen zur "damnatio memoriae" (1936)

G. VITUCCI

Ricerche sulla praefectura urbi in età imperiale (sec. I - III) (1956)

J. VOGT

Sklaverei und Humanität. Studien zur antiken Sklaverei und ihrer Erforschung² (1972)

M. VOIGT

Römische Rechtsgeschichte II (1899)

H. VOLKMANN

Zur Rechtsprechung im Principat des Augustus² (1969)

E. VOLTERRA

Manomissioni di schiavi compiute da peregrini, St. De Francisci IV (1956) 73 ff.

A. WACKE

Die *potentiores* in den Rechtsquellen. Einfluß und Abwehr gesellschaftlicher Übermacht in der Rechtspflege der Römer, ANRW II/13 (1980) 562 ff.

Der Selbstmord im römischen Recht und in der Rechtsentwicklung, SZ 97 (1980) 26 ff.

Ursprung der eingeschränken Arbeitnehmerhaftung, Recht der Arbeit 40 (1987) 321 ff.

Audiatur et altera pars. Zum rechtlichen Gehör im römischen Zivil- und Strafprozeß, FS Waldstein (1993) 369 ff.

A. WAGNER

Die soziale Entwicklung des Sklavenrechts in der römischen Kaiserzeit. Insbesondere aufgrund des Codex Iustinianus (1968)

H. WAGNER

Studien zur allgemeinen Rechtslehre des Gaius. Ius gentium und ius naturale in ihrem Verhältnis zum ius civile (1978)

W. WALDSTEIN

Operae libertorum. Untersuchungen zur Dienstpflicht freigelassener Sklaven (1986)

Eigentum und Gemeinwohl im römischen Recht, in: J. HENGSTSCHLÄGER (Hg.) Für Staat und Recht. FS H. Schambeck (1994) 168 ff.

A. WALLACE-HADRILL

Image and Authority in the Coinage of Augustus, JRS 76 (1986) 66 ff.

Rome's Cultural Revolution, JRS 79 (1989) 159 ff.

H. A. WALLON

Histoire de l'esclavage dans l'antiquité III² (1879; Ndr. 1974)

J. WALVIN

Black Ivory. A History of British Slavery (1992)

W. WARKALLO

Actio de servo corrupto directa - Ein Beitrag zur Frage der Vollkommenheit des römischen Privatrechts, in: M.N. ANDREEV/J. IRMSCHER/E. PÓLAY/W. WARKALLO (Hg.), Gesellschaft und Recht im griechisch-römischen Altertum I (1968) 296 ff.

A. WATSON

The Law of Persons in the Later Roman Republic (1967; Ndr. 1984)

Rome of the XII Tables. Persons and Property (1975)

Roman Slave Law (1987)

Slavery and the Development of Roman Private Law, Bull 90 (1987) 105 ff.

Slave Law in the Americas (1989)

A. WATSON

Morality, Slavery and the Jurists in the Later Roman Republic, in: ders., Legal Origins and Legal Change (1991) 263 ff. (= Tulane Law Review 42, 1967/68, 289 ff.)

Roman Slave Law and Romanist Ideology, in: ders., Legal Origins and Legal Change (1991) 279 ff. (= Phoenix, 1983, 53 ff.)

G. R. WATSON

The Roman Soldier (1969; Ndr. 1985)

E. WEISS

Griechisches Privatrecht auf rechtsvergleichender Grundlage I. Allgemeine Lehren (1923)

Die große Inschrift von Gortyn und ihre Bestimmungen über Selbsthilfe und Prozeß, in: E. BERNEKER (Hg.), Zur griechischen Rechtsgeschichte (1968) 315 ff.

L. WENGER

Institutionen des römischen Zivilprozeßrechts (1925)

Asylrecht, RAC I (1950) 836 ff.

R. WERNER

Der Ursprung Roms in seinen eurasischen und orientalischen Beziehungen, FS Parlasca (1990) 195 ff.

G. WESENER

Nichtediktale Einreden, SZ 112 (1995) 109 ff.

W. L. WESTERMANN

Sklaverei, RE Suppl. VI (1935) 894 ff.

The Slave Systems of Greek and Roman Antiquity (1955)

F. WIEACKER

Oströmische Gaiusexemplare, FS Schulz II (1951) 101 ff.

Textstufen klassischer Juristen (1960; Ndr. 1975)

Augustus und die Juristen seiner Zeit, TR 37 (1969) 331 ff.

Römische Rechtsgeschichte. Quellenkunde, Rechtsbildung, Jurisprudenz und Rechtsliteratur I: Einleitung, Quellenkunde, Frühzeit und Republik (1988)

TH. WIEDEMANN

Greek and Roman Slavery (1981)

Emperors and Gladiators (1992)

W. WILLIAMS

Individuality in the Imperial Constitutions: Hadrian and the Antonines, JRS 66 (1976) 67 ff.

Pliny. Correspondence with Trajan from Bithynia (*Epistles X*) (1990)

R. WILLVONSEDER

Die Verwendung der Denkfigur der "*condicio sine qua non*" bei den römischen Juristen (1984)

Rezension von Il modello di Gaio nella formazione del giurista. Atti del convegno Torinese 4 - 5 Maggio 1978 in onore del Prof. Silvio Romano (1981), SZ 101 (1984) 359 ff.

M. WIMMER

Besitz und Haftung des Vindikationsbeklagten (1995)

T. P. WISEMAN

Flavians on the Capitol, AJAH 3 (1978) 163 ff.

Asylum, in: E.M. STEINBY (Hg.), Lexicon topographicum urbis Romae I (1993) 130

Remus. A Roman myth (1995)

G. WISSOWA

Ceres, RE III (1899) 1970 ff.

Religion und Kultus der Römer^2 (1912)

Ceres, RE III (1899) 1970 ff.

Consecratio, RE IV (1901) 896 ff.

Dedicatio, RE IV (1901) 2356 ff.

A. WLOSOK (Hg.)

Römischer Kaiserkult (1978)

F. v. WOESS

Das Asylwesen Ägyptens in der Ptolemäerzeit und die spätere Entwicklung. Eine Einführung in das Rechtsleben Ägyptens besonders der Ptolemäerzeit (1923)

Asylía, SZ 46 (1926) 32 ff.

A. J. WOODMAN/R.H. MARTIN

The Annals of Tacitus. Book 3 (1996)

J. G. WOLF

Das Senatusconsultum Silanianum und die Senatsrede des C. Cassius Longinus aus dem Jahre 61 n. Chr. (1988)

Z. YAVETZ

Plebs and Princeps (1969)

The Urban Plebs in the Days of the Flavians, Nerva and Trajan, in: Opposition et résistances à l'empire d'Auguste à Trajan (Entretiens Hardt XXXIII, 1987) 135 ff.

P. ZANKER

Augustus und die Macht der Bilder (1987)

K. ZIEGLER

Palikoi, RE XVIII (1949) 100 ff.

Plutarch. Große Griechen und Römer I^2 (1979)

R. ZIEGLER
Die "Historia Apollonii Regis Tyri" und der Kaiserkult in Tarsos, Chiron 14 (1984) 219 ff.

W. ZIEGLER
Symbolai und Asylia (1975)

R. ZIMMERMANN
The Law of Obligations. Roman Foundations of the Civilian Tradition (1990)

F. DE ZULUETA
The Institutes of Gaius I. Text with Critical Notes and Translations (1946; Ndr. 1958)
The Institutes of Gaius II. Commentary (1953)

Quellenverzeichnis

1. Juristische Quellen

1.1. Vorjustinianische Quellen

1.2. Corpus iuris civilis

Institutiones Iustiniani

1.3. Nachjustinianische Quellen

2. Literarische Quellen

3. Inschriften, Papyri

Sachregister

Wiener Studien zu Geschichte, Recht und Gesellschaft
Viennese Studies in History, Law, and Society

Herausgegeben von Nikolaus Benke

Band/Vol. 1 Richard Gamauf: Ad statuam licet confugere. Untersuchungen zum Asylrecht im römischen Prinzipat. 1999.